U0899428

普通高等教育“十二五”汽车类规划教材

汽 车 概 论

主　编　赵英勋

副主编　席　敏　胡　溧　李世伟

参　编　王淑萍　杨界平　邓扬科

机 械 工 业 出 版 社

本书系统地介绍了汽车基本知识。主要内容包括汽车起源、汽车发展史、汽车结构原理、新能源汽车、汽车基本性能、汽车运用技术、汽车营销与保险、汽车文化。本书内容丰富、图文并茂、通俗易懂、实用性强。

本书附带教学课件，可在机械工业出版社教育服务网(www.cmpedu.com)注册后免费下载，方便教师授课和学生课外自学。本书可作为普通高等院校非汽车类专业选修课的教材，也可作为汽车类专业本科、高职高专新生的教材，还可作为汽车培训的参考教材，同时也是广大汽车爱好者全面快捷了解汽车的学习参考书。

图书在版编目(CIP)数据

汽车概论/赵英勋主编. —北京：机械工业出版社，2012.3(2021.6重印)

普通高等教育“十二五”汽车类规划教材

ISBN 978-7-111-37335-3

Ⅰ.①汽… Ⅱ.①赵… Ⅲ.①汽车—高等学校—教材 Ⅳ.①U46

中国版本图书馆CIP数据核字(2012)第016066号

机械工业出版社(北京市百万庄大街22号 邮政编码100037)
策划编辑：赵海青 责任编辑：赵海青 孙 鹏
版式设计：石 冉 责任校对：张晓蓉
封面设计：张 静 责任印制：李 昂
北京铭成印刷有限公司印刷
2021年6月第1版第10次印刷
184mm×260mm ·15.75印张·387千字
19701—20700册
标准书号：ISBN 978-7-111-37335-3
定价：45.00元

电话服务	网络服务
客服电话：010-88361066	机 工 官 网：www.cmpbook.com
010-88379833	机 工 官 博：weibo.com/cmp1952
010-68326294	金 书 网：www.golden-book.com
封底无防伪标均为盗版	机工教育服务网：www.cmpedu.com

前　言

从2009年起，我国汽车产销量位居世界之首，成为第一大汽车生产国和消费国。我国汽车已加速进入千家万户，拥有汽车已成为一种时尚，汽车产业已成为我国的支柱产业。

作为当代大学生，提前熟悉汽车，了解汽车基本知识，已经成为时代的要求，成为大学生的必修课。目前许多普通高等学校、高职高专的非汽车类专业都开设了“汽车概论”选修课程，它有利于开阔学生视野，提高学生综合素质，增强学生就业竞争能力。对于汽车类专业的新生来说，在入学时开设“汽车概论”课程，可以激发学生对本专业的兴趣和爱好，关心汽车产业发展动态，提高学生学习的积极性，增强学生学习的使命感，并促进其他课程的学习。为满足当代大学生对汽车知识的需求，特撰写本书！

本书是作者多年汽车概论课程教学实践的结晶。本书题材丰富，内容新颖，集汽车基本知识、汽车灿烂文化、汽车发展史、汽车最新技术于一体，将读者感兴趣的热点，如电动汽车、电控技术、汽车运动、汽车博览等尽囊其中；本书结构严谨、层次分明、内容分布合理，有汽车的起源、发展、结构、原理、性能、使用、营销、保险、品牌、运动、博览等，能帮助读者循序渐进而有趣地学习；本书图文并茂，实用性强，能帮助读者更快、更好地了解和掌握汽车基本知识；本书通俗易懂，论述深入浅出，简单明了，理论联系实际，能很好地适应不同层次、不同专业的读者。

本书为机械工业出版社组织编写的普通高等教育“十二五”汽车类规划教材，由武汉科技大学赵英勋任主编，席敏、胡溧、李世伟任副主编。第二章由胡溧编写，第五章由席敏编写，第六章由李世伟编写，第九章由王淑萍、邓扬科和杨界平编写，其他章由赵英勋编写。

在撰写本书的过程中，参阅了大量的书籍资料，获益匪浅，在此向这些作者表示衷心的感谢！

由于作者水平所限，书中难免存在不足，敬请各位读者批评指正。

编　者

目　录

第一章

汽车发展概况

汽车是时代的产物，是一种现代化的交通运输工具。汽车的诞生使人类逐步步入现代化的文明进程，100多年的汽车发展史在人类历史长河中仅是一瞬，但汽车的诞生和发展却给人类社会带来了巨大而深刻的变化。汽车以其惊人的发展、卓越的性能和广泛的用途渗透到人类活动的各个领域，成为21世纪现代文明的主要标志，成为人们生活、工作、休闲的工具和伙伴。

第一节　汽车的诞生历程

人类对自然界的认识是逐渐加深的，从最初的人力、畜力车，到蒸汽汽车、电动汽车以及内燃机汽车的诞生，经历了一个漫长的发展过程。

一、马车时代

车辆是人类实行陆上运输的主要工具。车辆的主要特征是具有在陆地支撑面上滚动的车轮。自从人类发明了车轮并制造出车辆后，就用驯化了的马、牛拉车。马车是古代运输、代步和打仗的最主要工具。

由于没有其他合适的动力取代马，马车时代一直延续了三四千年。在这漫长的岁月中，马车本身在技术上也十分成熟，由两轮发展到四轮，具有制动系统、悬架系统、充气轮胎和相当讲究的车厢(图1-1)，时速可以达到30km/h以上。除了动力装置和传动系统以外，它已具备了早期汽车的基本结构：车厢、车轮、悬架和制动系统。因此，马车已为汽车的诞生创造了条件。随着机械化大生产和经济贸易的迅速扩展，马车的速度和载质量都受到极大的

图1-1　欧洲19世纪的双层马车

限制，越来越无法适应日益繁重的运输任务，人们渴望着能制造出多拉快跑的其他动力车辆。

二、蒸汽汽车时代

蒸汽机的诞生，无疑是人类利用动力机械的一大突破。从此，人们靠燃料的燃烧就可以得到源源不断的动力。世界上最初可载人的汽车就是以蒸汽机作为动力装置的蒸汽汽车。

最早的蒸汽汽车是法国人尼古拉斯·约瑟夫·居纽(Nicolas Joseph Cugnot)在1769年制造的，如图1-2所示。这是一辆用来拉炮的蒸汽三轮车，一个硕大的钢制锅炉被放置在前轮的前方，锅炉后边有2个50L的气缸。锅炉产生的蒸汽被送到两个气缸中，推动气缸内的活塞上下运动，并通过简单的曲拐把活塞的运动传给前轮，使前轮转动，车辆行走。由于蒸汽机的效率很低，锅炉供气不足，车辆只能走走停停，每行驶15min停车一次，然后用15min时间加水、燃烧，产生蒸汽再继续行驶，时速3.5km/h。试车时，由于前轮(转向轮)压着很重的锅炉，操纵转向很费力，在下坡时车辆失去了控制，撞到了兵工厂的墙上，车辆受到了严重损坏。尽管如此，这次尝试毕竟使汽车朝向实用化方向迈出了第一步，开创了轮式车辆用自备动力装置进行驱动的新纪元，为今后汽车的诞生奠定了基础。1770年，这辆车经过修整作为世界上第一辆汽车，至今珍藏在巴黎的国家博物馆内。1771年，尼古拉斯·约瑟夫·居纽又研制成功了更大型的蒸汽汽车，可以载重4~5t，时速可达9.5km/h。

图1-2　第一辆蒸汽汽车

尼古拉斯·约瑟夫·居纽的成功给后来者以极大的启发和激励，在欧洲各国和美国出现了研究和制造蒸汽汽车的热潮。各种用途的蒸汽汽车相继问世，汽车的车身和其他机构也得到迅速发展。到了19世纪中叶，出现了一个蒸汽汽车的全盛时期。

1801年，英国的煤矿工程师、后来又是铁路蒸汽机车的发明者理查德·特雷威蒂克(Richard Trevithick)制造出英国最早的蒸汽汽车。该车为三轮结构，车速达14.5km/h。1803年，特雷威蒂克又制成了外形类似公共马车的蒸汽汽车，载客8人，在平路上车速可达9.6km/h。至此，蒸汽汽车逐渐成熟，步入了实用阶段。

1825年，英国公爵嘉内又使蒸汽汽车进一步完善，制成了第一辆蒸汽公共汽车，载客18人(图1-3)，行驶速度增加到19 km/h。不久，嘉内利用这辆车在英国中部地区开始了世界上最早的公共汽车运营业务，所以这辆车也被认为是世界最早的公共汽车。

1828年，英国人沃尔特·汉考克制造了比嘉内的汽车性能更好的蒸汽公共汽车，可以载客22人，最高车速可达32km/h。

1834年，英国成立了世界上最早的公共汽车运输公司——苏格兰蒸汽汽车公司，从而使汽车运输走向社会化和企业化。图1-4为伦敦街头最早出现的收费蒸汽公共汽车。

1828年，法国人佩夸尔制造了一辆蒸汽牵引汽车，如图1-5所示。这辆车首次采用发动

图 1-3　英国最早的蒸汽公共汽车

图 1-4　世界上最早的收费蒸汽公共汽车

机前置后轴驱动的总体布置方案，在发动机和后轴之间采用链条传动。为了使转弯灵活，后轴由两根半轴构成，当中由差速齿轮连接。此外，两个较小的前轮是各自与车架弹性相接的，称为独立悬架。这种独立悬架设计在当时具有划时代的意义。佩夸尔的链条传动、差速器、独立悬架等设计对汽车的发展贡献极大，至今仍在汽车上广泛应用。

图 1-5　佩夸尔制造的蒸汽牵引汽车

1870 年，英国的约翰·尤尔制造出世界上最早的蒸汽货车，车长 7.8m，装有 250r/min 的双缸蒸汽机，采用后轮驱动。

1883 年，法国人提翁·浦东合组汽车公司，专业制造三轮蒸汽汽车，从此蒸汽汽车由单个试制进入工业生产阶段。

19 世纪末，蒸汽汽车的技术性能有了很大的提高，还出现了不烧煤而烧石油的蒸汽机，

使蒸汽机的体积大大缩小，重量也减轻了许多，速度也随之提高，一些蒸汽汽车的车速达到了 100km/h 以上，蒸汽汽车的性能达到了高峰，进入鼎盛时期。到 1902 年为止，仅美国就制造出了 4000 多辆蒸汽汽车。

由于蒸汽汽车速度慢，体积大，热效率低，起动时间长，空气污染严重，随着内燃机汽车、电动汽车的大量涌现和性能的不断提高，蒸汽汽车逐步退出了历史舞台。1916 年，随着英国最后一部双座 11kW 皮尔逊·考克斯牌汽车驶出厂门，从此结束了蒸汽汽车的时代。

三、电动汽车的发明

1821 年，英国物理学家麦克尔·法拉第发明了原始的电动机，随后他又发明了发电机和变压器，这三项发明又促成了发电厂和电动机械的发明与应用，使人类迈入了前所未有的电气时代。

电动汽车是以电气为主体的，它是蒸汽汽车与内燃机汽车两个时代交替时出现的。早在 1830 年就有人研究电动汽车。大约到 1860 年前后，由于铅蓄电池的商品化，为开发电动汽车创造了有利条件。1873 年，英国人罗伯特·戴维森（Robert Davidson）在马车的基础上制成了第一辆具有实用价值的、用蓄电池驱动的电动汽车。1881 年，法国巴黎出现了第一辆蓄电池三轮车。随后欧洲各国相继生产出各类电动汽车。到 19 世纪末，电动汽车在欧洲已相当普及。

图 1-6 1899 年考门·杰纳茨驾驶的电动汽车

1890 年，美国诞生了第一辆蓄电池汽车，车速达 23km/h。蓄电池汽车由于噪声低、易起动、运转平稳、操作简单，在美国发展很快。

1898 年，在法国举行的汽车大赛中，电动汽车击败了参赛的所有蒸汽汽车和内燃机汽车，引起了世界汽车界对电动汽车的关注。1899 年，法国人考门·杰纳茨驾驶着电动汽车（图 1-6）创造了车速 106km/h 的世界纪录。

1900 年，英国人哈特制造的电动汽车，每个车轮上都装有一个电动机来驱动，车速达 80km/h，这是世界上第一辆 4 轮驱动的汽车。

在 20 世纪初，蒸汽汽车、电动汽车和内燃机汽车基本上是三足鼎立。1900 年美国汽车的产量为 4195 辆，其中电动汽车为 1575 辆、蒸汽汽车为 1684 辆、内燃机汽车为 936 辆。在以后的 20 年间，电动汽车与蒸汽汽车和内燃机汽车展开了激烈的竞争，但最后都在竞争中让位于内燃机汽车。1919 年美国电动汽车（图 1-7）的产量达到 5000 辆的最高峰，但同年内燃机汽车的产量却是 160 万辆。

图 1-7 20 世纪初的电动汽车

电动汽车后来迅速被内燃机超越，并开始了

持续一百年的历史沉默。这一方面是内燃机技术发展很快，转速提高，功率上升，重量减轻，故障减少；而另一方面是电动汽车存在诸多不足：汽车造价昂贵，蓄电池充电慢而费用高，续驶里程短。所以电动汽车退居一隅，仅在某些特殊的、不宜采用内燃机的地方，如仓库内、坑道中，电动汽车继续得到应用。

20 世纪 60 年代以后，由汽车的普及导致的两大问题使人们的眼光重新转向电动汽车。一是石油危机，即世界总的石油储量难以长期支持高速发展的内燃机汽车的石油消费；二是环境保护，汽车排放的有害气体严重污染大气，直接威胁着人类的健康和赖以生存的环境。电动汽车既可广泛利用各种能源，又可在行驶中不产生有害排放，噪声也低，正好克服内燃机汽车的缺点。在 20 世纪七八十年代，世界各主要工业发达国家的政府和各主要汽车公司投入巨大的人力、物力来研究、试验、试用电动汽车，20 世纪 90 年代更成为“热点”。21 世纪的现在，电动汽车正逐步走向实用。展望未来，电动汽车会在不久的将来以崭新的面貌取代内燃机汽车。

四、内燃机汽车的诞生

蒸汽汽车的缺陷促使人们寻求一种质量轻、功率大，可直接使燃料在气缸中燃烧做功的内燃机作为汽车动力装置。

1. 内燃机的发明

1794 年，英国人斯垂特(Street)首次提出燃料与空气混合成可燃混合气的原理。

1807 年，瑞士人里瓦兹制成了电火花点火的煤气机，但配气和点火是手动的。

1820 年，英国人塞西尔(Cecil)成功研制连续运转的煤气机。

1824 年，法国人萨迪·卡诺(Sadi Camot)提出了热机的循环理论。

1838 年，英国人巴尼特(William Bamett)发明了内燃机点火装置，并研制成功原始的二冲程煤气机。

1860 年，法国技师雷诺尔(Etienne Lenoir)研制了第一台二冲程实用型煤气机，该发动机不压缩混合气，用电火花点火，内燃机从此开始商品化生产。

1862 年，法国铁路工程师罗彻斯，发表了等容燃烧的四冲程发动机理论，并指出压缩混合气是提高热效率的重要措施。

1866 年，德国工程师尼古拉斯·奥托在前人很多发明和制造技术的基础上，成功地研制出动力史上具有划时代意义的活塞式四冲程内燃机，转速为 80 ~ 100r/min。1876 年，奥托运用循环理论对四冲程内燃机进行了改进，试制出第一台实用型活塞式四冲程内燃机，它将煤气与空气的混合气压缩后，再点火燃烧，能产生较强的爆发力，提高了内燃机的热效率和输出功率，转速提高到 250r/min。这种内燃机利用活塞往复四个行程，将进气、压缩、燃烧膨胀、排气四个过程融为一体，使内燃机结构简化、整体紧凑。奥托内燃机的发明为现代汽车的诞生奠定了坚实的基础，而奥托作为内燃机奠基人已被载入史册，而奥托循环至今还在沿用。

奥托成功后，欧洲各地迅速出现了改进型内燃机。如 1885 年，戈特利布·戴姆勒制成了世界上第一台轻便小巧的化油器式、电点火的小型汽油机，转速达到了当时创纪录的 750r/min。

这样，到 19 世纪 80 年代，通过近一百年的努力，小型内燃机终于在技术上取得了突破，已经可以实用了，并可装上汽车。内燃机的发明与完善为内燃机汽车的诞生提供了动力来源。

2. 汽车的诞生

早在第一辆汽车诞生前，与它相关的许多发明就已经出现了，如内燃机、点火装置、蓄电池、充气轮胎、弹簧悬架、制动系统等。所以汽车是许多发明或技术的综合运用，是人类智慧的结晶。

汽车发明像物种起源一样，几乎在同一时期生成许多原始汽车，到底谁是第一辆汽车的发明者有过争论，但多数人把德国的卡尔·本茨(Carl Benz)1885 年制造的三轮车(图 1-8)作为世界上第一辆汽车，该车使用单缸两冲程汽油机，排量 0.785L，功率 0.654kW，最高车速 15km/h，具备现代汽车的一些基本特点，如火花点火、化油器供油、水冷循环、钢管车架、钢板弹簧、前轮转向、后轮驱动、带制动手柄，是世界上最早装备差速齿轮装置的汽车。该车于 1886 年 1 月 29 日获得世界上第一项汽车发明专利证书。因此，1886 年 1 月 29 日被公认为是汽车诞生日。

1886 年，德国人戈特利布·戴姆勒(Gottlieb Daimler)在马车上安装了自己设计的单缸汽油机，又将马车加以改装，添加了传动、转向等机构，发明了世界上第一辆四轮汽车(图 1-9)。

图 1-8　卡尔·本茨的三轮汽车

图 1-9　戈特利布·戴姆勒的四轮汽车

1886 年被公认为现代汽车诞生之年。本茨和戴姆勒是人们公认的以内燃机为动力的现代汽车发明者。他们的发明创造，成为汽车发展史上最重要的里程碑，因此他们两人被世人尊称为“汽车之父”。

第二节　汽车工业发展史

汽车问世后，很快以它的新奇、刺激抓住了有钱人和求新者的心，激起了商人投资的热情，汽车的生产、开发很快从欧洲向世界各国蔓延，形成了争奇斗妍、发展日新月异、令人目不暇接的局面，促进了汽车技术和汽车工业的飞速发展。

一、欧洲是汽车工业的摇篮

欧洲作为近代文明的发源地，爆发了人类社会历史上两次伟大的工业革命，引发了社会经济结构和生活结构的巨大变化，以及人类衣、食、住、行、用各方面的变革。1886 年，

汽车在欧洲的发明，则意味着一个全新领域——汽车工业的诞生。19 世纪的最后十几年，是汽车逐渐成长的时期。强大的社会需求促使汽车技术得到空前的发展，法国成为当时的汽车生产大国。德国、美国、英国和意大利也都开始进行汽车的生产。

1889 年，法国工程师埃米尔·拉瓦索和路易斯·雷内·本哈德向戴姆勒购买汽油发动机装车，并首先将齿轮变速器应用于汽车，从此开始了小批量生产汽车。

1890 年，法国人阿尔芒·标致开始生产以燃油为动力的汽车，装有戴姆勒汽油发动机的标致牌“2 型”车面世(图 1-10)，并成为第一辆标致汽车。1896 年，标致创立了以雄狮为商标的标致汽车公司，这就是标致雪铁龙公司的前身。由于标致家族具有较好的重工业基础，又有雄厚的经济实力，汽车生产发展很快。1900 年，标致已经开始批量生产汽车，第 1000 辆标致车诞生。

1895 年，埃米尔·拉瓦索重新设计汽车，发动机装在汽车前部，用脚踏板控制供油，通过离合器、变速器、锥形主减速器及链条将发动机动力传到汽车后轮，本哈德在汽车驾驶室前方加装风窗玻璃，并设计后厢和车篷，从而使汽车脱离了马车的设计，奠定了现代汽车设计的雏形。

图 1-10　1890 年的标致牌“2 型”车

1898 年，路易斯·雷诺完成了“小马车”的制作，通过传动轴将变速器输出的动力传给驱动轮，取代了齿轮和链条，提高了传动效率。同年，雷诺三兄弟创立了雷诺汽车公司。随着雷诺传动轴的出现，汽车的基本结构就已经确定。

1893 年，奔驰公司开始推出“维多利亚”牌轿车，1894 年投入批量生产。1895 年，奔驰公司销售了 125 辆维多利亚牌轿车。

1901 年，汽车和汽车所用的汽油发动机在实用化方面已基本成熟。戴姆勒公司开发出梅赛德斯牌汽车(图 1-11)。该车已具备现代汽车许多特征：如发动机前置后驱动、齿轮变速器、充气轮胎和安装在侧边的转向盘，成为早期汽车的代表作。从此，梅赛德斯就作为戴姆勒公司高级汽车的名牌商标。

1904 年，贵族出身的赛车手劳斯和工程师莱斯联手，成立了劳斯莱斯公司。该公司以生产高性能的豪华汽车为宗旨，创立了名车极品劳斯莱斯，图 1-12 是 1907 年使劳斯莱斯闻名于世的劳斯莱斯极品银色魔鬼。

图 1-11　1901 年梅赛德斯汽车

图 1-12　1907 年劳斯莱斯银色魔鬼

在这一时期，欧洲还出现了很多汽车公司，如奥斯汀公司、罗孚公司、菲亚特公司。欧洲成了世界汽车工业的摇篮，为汽车工业的发展奠定了基础。

当时，欧洲生产的汽车实际上是一种做工十分精致、供富人游乐消遣的产品。因此，汽车的设计与生产也迎合这种需求，研制的汽车都是轿车，而且是豪华型轿车，价格昂贵，一般人的经济条件难以承受。汽车只是王公贵族、官员富商的奢侈品，是金钱、权力和地位的象征。正因为这样，汽车需求相对有限，产量不大，其生产基本上是手工作坊式，限制了汽车工业的发展。

二、美国汽车工业后来居上

19 世纪末，美国经济已达到较高水平，工业生产处于世界前列，钢铁、石化等工业均有较大发展，为汽车工业的率先形成和发展创造了条件。美国汽车的起步虽然比欧洲晚，但在随之而来的汽车技术大传播中，美国形成了强大的汽车工业，一跃而成为世界汽车工业中心，并在随后的数十年，美国汽车工业一直遥遥领先，雄踞榜首。美国对汽车不仅实现了流

水线生产，而且把汽车从奢侈品变成了生活必需品，从而改变了人们的生活方式，也改变了社会。美国汽车工业的突飞猛进，不仅使汽车工业成为美国国民经济的最主要支柱产业，也使美国进入了现代化，成为世界上独一无二的经济大国。

自从1893年美国制成第一辆汽油内燃机汽车后，美国汽车工业以惊人的速度发展。1895年，美国辽阔的领土上只有4辆汽车在行驶，而法国有450辆，德国有数十辆。5年后，美国汽车年产量达到4000辆，已赶上当时产量最多的法国，德国该年汽车产量将近1000辆。而到1914年第一次世界大战前，全世界汽车保有量大约200万辆，美国占了大部分，有130万辆。1914年至1918年，欧洲经济遭受第一次世界大战的破坏，而这4年期间，美国汽车工业却采取一系列重大改革措施，取得划时代的进步，把欧洲远远地甩在后面。

对于美国汽车工业的形成，亨利·福特做了突出的贡献。1903年，亨利·福特创办了福特汽车公司(Ford)。为了制造出理想的大众化汽车，1903年至1908年间，福特带领他的设计师和制造人员，不断改进汽车设计，相继开发了19款不同的汽车，并按字母表顺序将它们从A到S命名，由于各种原因均未被采用。1908年，福特推出廉价的第20款车型，即T型车(图1-13)。该车采用四缸四冲程汽油机，排量2.89L，功率25hp(1hp = 0.735kW)，最高车速可达65km/h。该车结构简单、经济实用、性能优良、物美价廉、便于维修。T型车一问世就受到美国人和代理商的欢迎，第一年就生产10000多辆。1913年，福特公司在底特律建成了世界上第一条汽车生产线，开辟了汽车大批量流水线生产的新时代，给汽车工业带来了革命性的变化，推动了美国汽车工业的高速发展，并从此奠定了美国汽车生产大国的地位。自流水线生产开始，T型车的年产量大幅度增加，1914年产量达30万辆，1917年产量达到73万辆，1923年产量达到180万辆。T型车从开始到1927年5月停产换型的20年时间，共计生产1500万辆，创造了世界汽车生产史上的奇迹，而车价也由开始的1000美元左右降到了265美元。

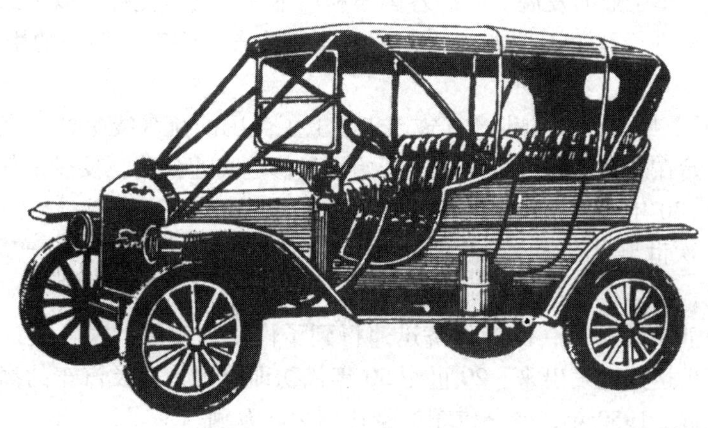

图1-13　福特T型车

1908年，美国通用汽车公司(GM)成立。它是各零部件专业生产厂协作组建起来的专业性公司(集中装配,统一管理)。生产组织方式的改革使汽车生产的效率更高，另外通用汽车公司不失时机地抓住了市场需求的变化，克服了福特公司车型单一的不足，及时开发了功能齐全、色彩鲜艳的“雪佛兰”轿车。1927年，雪佛兰的销量达一百万辆，通用汽车公司从福特公司手中夺取了市场，其产量超过了福特汽车公司，一跃成为美国最大的汽车生产厂家。

1925 年，美国克莱斯勒汽车公司成立，由于经营得当，1929 年成为美国第三大汽车公司，1933 年还一度超过福特汽车公司而居第二位。

1908～1929 年，是美国汽车工业发展最快的时期，其产量由初期不足 20 万辆猛增至 1929 年的 534 万辆。美国汽车大量销往欧洲，并在欧洲各国建立分公司和总装厂。

美国汽车工业的特点是规模化生产，流水线作业，劳动生产率高，汽车产量大。从 20 世纪初开始到 20 世纪 70 年代初，美国汽车工业一直遥遥领先，产量居世界之首，1965 年就已达到 1112 万辆；后来最高达到 1300 万辆。

从 20 世纪 70 年代末到 21 世纪的今天，美国汽车工业在世界汽车大国中已失去了昔日辉煌时期的优势，其产量有所下降，1980～1993 年被日本赶超，2009 至今被中国赶超。

三、欧洲汽车工业奋起直追

欧洲本是汽车的发源地，欧洲人擅长于发明创造，精工细作。按当时欧洲的经济发展状况和工业发展水平，欧洲完全有条件使汽车工业得到较快发展。但由于欧洲是两次世界大战的发源地，战争重挫了欧洲的汽车工业，使欧洲的汽车生产远远落后于美国。欧洲汽车工业的大发展，是在第二次世界大战结束后开始的。

第一次世界大战结束后，法国的雪铁龙汽车公司才把福特的大批量生产方式首次引进欧洲。这时，福特的 T 型车以其物美价廉大量在欧洲销售。1929 年，北美(美国和加拿大)的汽车生产量为 479 万辆，而欧洲各国共计只有 55 万辆。就在这一年，美国的通用和福特还分别买下了英国和德国的两家汽车厂，直接在欧洲组织大批量生产，这些都刺激了欧洲的汽车厂家。

1930 年后，欧洲各国为了保护本国民族工业，开始对美国汽车提高进口关税，特别是对汽车零部件进口课以重税，迫使美国在欧洲各国的汽车总装厂改造成为汽车制造厂，由此也促进了欧洲各国汽车工业的发展。欧洲各国还利用本国的技术优势，以多品种和轻便普及型新产品与美国汽车进行竞争。例如，意大利的菲亚特省油轿车，德国的甲壳虫普及型轿车等。

20 世纪 30 年代，欧洲汽车的生产方式逐步跟上了美国的流水线生产。汽车保有量也成倍地增长，汽车开始在欧洲各国普及。德国开始大量修建高速公路，反过来促进了汽车工业的发展。在 20 世纪 30 年代末，欧洲汽车产量达到了百万辆水平。

1939 年，第二次世界大战爆发。欧洲各国的汽车工业几乎全部转为生产军用载货汽车、军用越野车、坦克、轰炸机以及各种军火。

1945 年第二次世界大战后，欧洲经济迅速得到了恢复和发展，家庭收入成倍增长，被战火压抑的消费需求迅速迸发出来。20 世纪 50 年代初即出现了普及汽车的高潮，从而迎来了汽车工业的大发展。1950 年，欧洲汽车产量达到 200 万辆。

尽管此时欧洲汽车工业比美国落后，但欧洲的汽车产品显露出了欧洲人的卓越开发才能。例如，目前已被广泛采用的子午线轮胎、前轮驱动、盘式制动器、独立悬架、汽油喷射等先进技术，都是在欧洲开始发展起来的。各厂家开发出的各种经济节油的微型车和小型车，精工细作的豪华车，各种新款的跑车，都成为美国人喜爱的产品。

1950 年后，由于中东地区廉价石油的大量开采，更刺激了欧洲汽车工业的发展，到 1966 年，欧洲汽车产量突破 1000 万辆。德国从 20 世纪 50 年代中期至 70 年代中期 20 年中，

年产量从30多万辆猛增到400多万辆。由于欧洲汽车产品的多样化，比美国汽车的体积大、高油耗更加适应世界各地的汽车消费者，使得欧洲车风行世界，如德国的甲壳虫车成为美国市场的走俏产品。1970年后，欧洲汽车年产量超过了美国，到1973年，欧洲汽车产量进一步提高到1500万辆。同时，欧洲的大型汽车制造公司还纷纷到美国去投资建厂，明显地改变了第二次世界大战前美国福特汽车公司和通用汽车公司到欧洲投资建厂的格局。

欧洲汽车工业的发展主要集中在德国、法国、英国、意大利、西班牙五个国家。20世纪70年代，德国汽车产量在300~400万辆；法国300~320万辆；英国150~230万辆；意大利150~200万辆；西班牙50~100万辆。1973年以后，欧洲汽车产量在1500~1800万辆之间波动。世界汽车工业的重心从美国移向了欧洲。

欧洲汽车工业的特点，既有美国式大规模生产的特征，又有欧洲式多品种高技术的趋势。欧洲汽车工业的奋起直追和欧美汽车工业的激烈竞争，使得欧洲和美国的汽车技术都得到了进一步的发展。

四、日本汽车工业崛起腾飞

20世纪30年代，丰田、日产等汽车公司先后成立，推进了日本汽车工业的发展。第二次世界大战前，日本汽车工业规模较小，1941年汽车产量达5万辆。第二次世界大战期间，日本汽车工业服务于战时体制，汽车年产量下降到几千辆。第二次世界大战后，日本经济呈现混乱状态，汽车工业困难重重，汽车工厂濒临破产，到1950年，汽车年产量才恢复到3万辆。

1950年朝鲜战争爆发，日本成为美军的后勤基地，这给日本经济的振兴和汽车工业的发展带来了契机。美军向日本汽车制造公司的大量订货，给日本汽车工业带来高额利润，同时也逐渐提高了日本国产汽车的年产量。1955年，日本汽车产量达到了7万辆。

日本汽车工业在复苏初期采取了巧妙的对策：不同欧美汽车强敌正面竞争，不生产欧美占优势的车型，而瞄准国内的消费需求，开发二轮、三轮和小四轮大众化车型(排量在350~500mL)。这样，日本在轻型车和小型车方面取得了飞速的进展，为汽车工业的崛起腾飞积累了资金和经验，打好了基础。接着，日本开始引进欧美先进的汽车技术，进入汽车工业的大发展时期。

1960年，日本汽车产量增加到48万辆；1961年为81.4万辆，超过意大利(75.9万辆)；1964年为170.2万辆，超过法国(161.6万辆)而位居世界第三；1967年为314.6万辆，超过联邦德国(248万辆)而位居世界第二。1968年，产量突破400万辆大关，并以物美价廉的优势大量出口，打进了美国市场。

日本以贸易立国，将扩大汽车出口置于重要战略地位。为提高汽车出口竞争能力，进行了不懈的努力。20世纪60年代初，日本汽车制造商独自创造了欧美汽车公司所没有的生产系统，孕育出了举世闻名的“全面质量管理”和“精益生产”管理体系。它是继美国福特创造的“大量生产方式”后，管理上的又一场革命，它比大批量生产方式更趋完善，其追求的目标是不断降低成本、无废品、零库存和产品多样化，即以最少投入获得最大经济效益。它保证了日本汽车工业在极短的时间里生产出品质好、性能高、价格低廉、品种多样的小型车。于是这种小型车，在1968~1970年，在竞争压力颇大的美国市场脱颖而出，并畅销全世界，顺利实现了快速增长的目标。

随着汽车出口竞争能力的增强，日本汽车出口量高速增长。1960年，日本汽车出口量不足4万辆；到1970年，汽车出口量突破100万辆，年均增长率39%。两次石油危机期间，欧美汽车纷纷减产，而日本却以其油耗低的小型汽车进一步占领和扩大国际市场。1973年，汽车出口量达到200万辆；1977年，出口量达到400万辆；1980年，出口量再猛增到600万辆。日本汽车在出口量大增的同时，而汽车进口量始终保持很低水平。1966~1980年，汽车年进口量仅1~6万辆。

由于日本实现了汽车国内销售量和出口量双高速增长，因此迎来了日本汽车工业的高速发展。1970年，日本汽车年产量达528.9万辆；1980年，达1104万辆，首次超过美国(801万辆)而位居世界第一。当年，日本汽车出口量占全世界汽车出口总量的51%，其中出口美国240万辆，占美国汽车进口量的67%，美国国内的汽车市场被日本占领了21%。1987年，日本汽车的年产量占世界汽车年产总量的26.6%，而美国和西欧四国只分别占23.7%和24.8%。在汽车高速发展的同时，日本的各大汽车制造公司纷纷到美国投资建厂，日本汽车的年产量连续14年(1980~1993年)超过美国位居世界第一，1990年日本汽车产量达1350万辆创历史纪录。这标志着世界汽车工业的重心已移向日本。

五、汽车工业现状及发展趋势

1. 汽车公司集团化和国际化

汽车工业在走向繁荣的过程中，不仅是生产力有所发展，而且生产关系也逐渐适应大规模的现代化生产技术，形成高度垄断集中。频繁地使汽车更新换代，不仅促进产品销售，也是大公司击败小公司实行集中垄断的重要法宝。从20世纪末至21世纪初，汽车企业集团化的局面更趋明显。发达国家的汽车工业主要仅由3~5个汽车集团组成，如美国为3个，日本、德国为5~6个汽车集团。世界汽车产业主要由三大板块或“6+3”格局主导。三大板块是指以“三巨头”为代表的美国板块，以丰田、本田、日产为骨干的日本板块，以及包括戴姆勒、大众、雷诺、宝马等在内的欧洲板块。“6+3”格局是：“6”即通用、福特、戴姆勒、丰田、大众、日产-雷诺；“3”即宝马、本田和标致雪铁龙。但由于近年来金融危机的影响，世界各大公司的并购重组和新兴市场的崛起，各大汽车公司的格局发生了重大变化。如2010年，世界汽车年产量7761万辆，产量前十名的汽车制造商见表1-1，从表中可以看出，它们的年产量约占全球汽车总产量的67%，垄断了全球汽车市场。

表1-1　2010年全球十大汽车制造商汽车产量排名

名　次	汽车制造商	年产量/万辆	占全球市场(%)
1	丰田	855.7	11.0
2	通用	847.6	10.9
3	大众	734.1	9.5
4	现代起亚	576.5	7.4
5	福特	498.8	6.4
6	日产	398.2	5.1
7	本田	364.3	4.7
8	标致雪铁龙	360.6	4.65
9	铃木	289.3	3.7
10	雷诺	271.6	3.5
合计	—	5196.7	66.85

由于许多发达国家的汽车保有量和需求量已渐趋饱和，汽车工业发展的势头已减缓，市场争夺和企业竞争激化，有的企业不景气和严重亏损导致股权转让和兼并改组。各大汽车公司为了在激烈的竞争中求生存，一方面采取各种手段增强产品的竞争力，另一方面采取将产品输出变为资本输出的对策，寻求多样化的合作方式，实现跨国经营，进行合资入股、渗透兼并，使汽车生产趋于国际化，全球10大汽车公司均为国际性的跨国集团。

2. 汽车产业全球化

当今，跨国汽车公司都在加强全球化运作，在不同地区推出标准相似的车型，实施平台战略，哪里有市场，就在哪里建立自己的汽车装配线，在销售市场所在地或靠近市场的地方进行最终装配，充分利用当地资源和廉价劳动力来降低生产和经营成本。美国、日本、欧洲主要汽车公司除立足本国生产以外，海外公司遍布世界各地，通过实施本土化战略实现全球生产。目前，世界主要汽车公司基本为国内产量和国外产量各占一半。另外，汽车零部件供应商采取跟随跨国汽车公司的战略，其全球化进程也加速进行。出于时效性和保证质量的考虑，汽车厂商在实施全球化的进程中，也努力复制供应链结构，要求供应商在其投资的地区或工厂附近建立生产线。主要供应商与跨国汽车公司之间通过利用彼此之间的分工优势在供应资源上互相享有质量、信息、标准、价格等优势，越来越多的供应商通过整车企业被纳入独资或与东道国合资汽车企业的准一体化纵向配套体系之中，使汽车产业链进一步呈现全球化。

目前各大汽车跨国公司的自制率都在30%左右，如通用公司自制率为35%，丰田为22%，福特为38%。整车制造商越来越倾向于将部分产品的开发、制造、装配工作外包给零部件供应商去做，而自己仅掌握几种关键性零部件的生产。对标准化的一般性零部件则按性能、质量、价格、技术、服务等供货条件在全球范围比较选择，充分利用全球资源，实行全球采购。

随着经济全球化和全球科技的飞速发展，汽车工业的技术研发活动也发生了深刻的变革。技术知识扩散、转移和利用的速度、强度大大提高，汽车设计和研发的全球化趋势日益明显。越来越多的跨国汽车公司将技术开发机构（主要是适应性开发和设计）扩散到世界各地，使开发的产品更符合当地市场的需求和更便于利用当地的人力、技术资源，降低企业的成本和风险，如日本汽车公司在美国、欧洲设有多个研发中心，而美国洛杉矶附近就集中了美国、日本、意大利、瑞典、韩国等汽车公司的多个技术中心。跨国汽车公司之间国际技术联盟也逐渐增多，在关键技术和零部件总成上进行联合开发，以实现优势互补。汽车零部件厂家为了适应汽车工业的全球化趋势，也将研发活动扩散到了世界各地。

汽车产业的全球化之所以可行，是在推行全球化的过程中，跨国汽车公司主要输出的是产品和成熟技术，而对于涉及核心的研发等则牢牢控制在自己手中，并对世界市场的运作严格按照自己的战略意图来进行。虽然研发出现全球化的趋势，但仅仅是限制在跨国集团内部或集团之间。跨国汽车公司不会将核心技术转移给集团以外的企业。跨国汽车公司在国外设立研发机构或外包研发业务都严格限制在一定范围内，那些高附加值、高技术含量的敏感技术仍由自己研发和掌握，以保持核心技术上的竞争优势。从我国近几年引进外资可以看出，跨国公司对技术转让极为严格。其限制不仅仅涉及整车、关键零部件相关技术，甚至在一些高附加值的原料制造，跨国公司也是以独资的形式在中国设生产线。

3. 广泛采用新技术

各汽车公司为改善汽车性能，提高汽车产品质量，降低成本，取得最大的经济效益和占领汽车市场，广泛采用了新技术。

在动力性和经济性方面，广泛采用柴油增压技术和绝热技术、电子控制的燃料喷射系统、全电子化点火系统、无级变速等技术，在材料构成中则注重轻质高强度的多层复合材料、碳纤维增强塑料、应用陶瓷等新型材料的研究和使用。

在行驶安全性与舒适性方面，研究和采用电子车速控制、ABS、电子防碰撞、声呐、障碍报警、瞌睡防止器、高性能多夹层安全玻璃、防火措施、防爆轮胎、车高电子调节等技术。

在设计制造和产品质量方面，广泛采用计算机辅助设计、计算机辅助工程分析、计算机辅助试验、计算机辅助造型、计算机辅助制造、计算机辅助集成制造系统和计算机虚拟现实系统等先进技术，并使控制手段电子化，未来汽车智能化。

在环保和能源方面，世界上各汽车生产厂都在积极开发代用燃料，开发更安全、舒适、无污染和节能的环保汽车。目前，各大汽车制造商都盯准了电动汽车，相信性能更完善、续驶里程更长的电动汽车在不远的将来就会进入百姓家庭。

现代汽车将随着科学技术的进步和新技术的应用，不断完善、不断创新，朝着智能化、安全化、环保化、信息化、轻量化、多样化方向发展。

4. 汽车生产方式“柔性化”

随着汽车产业的发展，汽车消费者的需求也在不断发展，统一品牌、统一款式、统一档次的产品已不能完全满足不同顾客的需求。因此，对汽车的生产也必须根据产品类型不同而随时变化，产生柔性化生产。这种生产方式既可大批量生产，又可根据用户需求进行单件生产，是一种随意性很强的生产方式。它结合了大批量生产和单件生产方式的优点，以准时化和自动化为支柱，以销售部门作为生产过程的起点，按订货合同组织多品种小批量生产，全面追求“尽善尽美”，满足多元化需求，获得更大的经济效益。由于世界消费市场的个性化、时尚化、多样化热潮已经波及汽车消费市场，汽车产品的个性化、时尚化、多样化也成为发展的必然趋势。柔性化生产是汽车生产满足市场需求的重要手段，在争夺市场的竞争中，其重要性越来越突出。

5. 汽车产业向新兴市场转移

进入21世纪，欧美汽车厂家相继遭遇销售不振的情况，美国汽车公司的经营状况尤为严峻。欧洲汽车产业的情况虽然稍好于美国，但也面临增长迟缓的问题。与此同时，日本丰田汽车公司上升为世界第一大汽车公司。目前，以中国、俄罗斯、印度为代表的新兴市场对汽车的需求增加，其汽车的产销呈现出快速增长的势头。

为了争夺新兴市场份额，跨国汽车企业将加快向发展中国家转移先进技术的步伐，技术全球化趋势日益明显。在传统市场的份额逐步缩小的时期，争夺新兴市场已成为跨国汽车公司的战略重点和利益增长点。在新兴的市场里，传统的竞争手段作用已不明显，技术创新能力成为跨国公司在新兴市场竞争取胜的关键，它们通过在新兴市场设立研发中心，通过核心技术和知识产权的转移，从而使其技术与跨国公司的研发水平接近甚至同步。由于中国汽车市场潜力巨大，目前，全球10大汽车公司均在中国合资办厂，效果显著，使得中国汽车快速发展，2009—2011年，中国汽车年产量连续三年位居世界第一。

第三节　中国汽车工业的发展

中华人民共和国的成立，为中国汽车工业的发展提供了条件。经过60多年的艰苦努力，中国汽车工业从无到有、从小到大，形成了一个产品种类齐全、生产能力较大的汽车工业体系，成为了国家重要的支柱产业。中国汽车工业经历了创建、成长和全面发展三个历史阶段。

一、创建阶段(1953～1965年)

1953年7月，第一汽车制造厂(简称一汽)在长春奠基。1956年7月，一汽生产出第一辆解放牌载货汽车，结束了中国不能生产汽车的历史。一汽因此被誉为中国汽车工业的摇篮。此时，一汽具有年产3万辆4t解放牌载货汽车的能力。

1957年5月，一汽开始设计轿车。1958年5月，中国人迈出了自制轿车的第一步，制造出第一辆东风CA71型轿车(图1-14)。1958年7月，又试制出红旗CA72型高级轿车(图1-15)，该车发动机为8缸，V形排列，功率162kW，转速4000r/min，装有自动变速器。红旗牌高级轿车是国产高级轿车的先驱。1963年8月，一汽建立轿车分厂，逐步形成具有批量生产能力的红旗牌轿车生产基地。经过进一步改进产品性能和质量，一汽又试制出红旗CA770型三排座高级轿车。1966年4月，首批20辆红旗CA770型轿车送到北京，作为国家主要领导人乘坐用车。

图1-14　东风CA71型轿车

图1-15　红旗CA72型轿车

1957年开始的“大跃进”，使全国各地出现了第一次汽车热。随后，就是三年经济困难时期，汽车产量下降。经过调整，建成了几个主要汽车制造厂，如南京汽车制造厂、上海汽车制造厂、济南汽车制造厂、北京汽车制造厂，形成了中国汽车生产体系的雏形。

1958年3月，南京汽车制造厂诞生了第一辆跃进130型轻型载货汽车。跃进NJ130型汽车投产后，成为当时我国轻型载货汽车的主力车型。

1958年9月，上海汽车制造厂诞生了第一辆国产凤凰牌轿车，开创了上海制造轿车的历史。1964年，凤凰牌轿车更名为上海SH760型轿车(图1-16)，自上海轿车投产到20世纪80年代初，上海汽车制造厂是中国唯一的普通轿车制造厂。

图1-16　SH760型轿车

1959 年，济南汽车制造厂参照捷克生产的斯柯达 706RT 型 8t 载货汽车设计我国重型载货汽车。1960 年 4 月，成功制造 8t 黄河 JN150 型重型载货汽车。从此黄河牌汽车驰骋于祖国大地。

1961 年，北京汽车制造厂试制出第一辆北京 BJ210 型轻型越野汽车，经过改进试制，1963 年 3 月定名为北京 BJ210C 型轻型越野汽车。1964～1966 年，试制、鉴定定型为北京 BJ212 型轻型越野汽车。从此北京汽车制造厂成为我国轻型越野汽车的生产基地。

在创建阶段，汽车工业共投资 11 亿元，形成了“一大四小”5 个汽车制造厂，汽车年生产能力近 6 万辆，车型 9 个品种。至 1965 年底，全国民用汽车保有量近 29 万辆，其中国产汽车 17 万辆(一汽累计生产 15 万辆)，汽车工业总产值 14.8 亿元，初步奠定了中国汽车工业独立发展的基础。

二、成长阶段(1966～1980 年)

这个阶段，以中、重型载货汽车和越野汽车发展为主，同时发展矿用自卸车。由于备战的原因，国家确定在“三线”的山区建设第二汽车制造厂(简称二汽)、四川和陕西汽车制造厂。

1967 年 4 月 1 日，中国最大规模的二汽在湖北十堰的山沟里正式破土动工，同时在湖北省内外安排新建、扩建 26 个重点协作配套厂。1975 年 7 月，二汽东风 EQ240 型 2.5t 越野汽车生产基地建成并投产；1978 年 7 月，二汽东风 EQ140 型 5t 载货汽车生产基地建成并开始投入批量生产。

1966 年 3 月，四川汽车制造厂在四川大足举行开工典礼。四川汽车制造厂主要负责生产 10t 以上的重型越野汽车。1966 年 6 月，红岩牌 CQ260 型越野汽车在綦江齿轮厂试制成功，后改型为红岩 CQ261。1971 年 7 月，四川汽车制造厂开始批量生产红岩牌 CQ261 型越野汽车。

1974 年 12 月，陕西汽车制造厂生产的延安牌 SX250 型越野汽车鉴定定型。1978 年 3 月，陕西汽车制造厂和陕西齿轮厂建成，延安牌 SX250 型越野汽车正式投产。

1969 年以后，上海、本溪等地投入矿用自卸汽车试制、生产；安徽、南阳、丹东等地开始生产重型载货汽车。1969 年 7 月，由上海汽车底盘厂试制的上海 SH380 型 32t 和 SH361 型 15t 矿用自卸车试制成功。1971 年 12 月，第一汽车制造厂试制成功 60t 矿用自卸汽车。

在这个阶段，全国各地积极发展汽车工业，出现了遍地开花的现象。至 1980 年，全国约有汽车制造厂近 70 家，改装车厂近 200 家，汽车零部件厂 2000 多家，我国汽车工业体系基本形成。1980 年，全国生产汽车 22.2 万辆，是 1965 年产量的 5.48 倍；1966～1980 年，各类汽车累计生产 163.9 万辆；1980 年全国民用汽车保有量 169 万辆，其中载货汽车 148 万辆。

三、全面发展阶段(1981 年至今)

在这个阶段，国家采用了正确的方针政策，汽车工业进行了产品结构调整，实行了对外开放，引进国外先进技术和资本，形成了完整的汽车工业体系，汽车工业进入全面快速发展期。

1982 年 5 月，在北京成立了中国汽车工业公司。在中汽公司的统一领导和管理下，汽

车行业以各个大型骨干厂为主，联合一批相关的中、小企业组建了解放、东风、南京、重型、上海、京津冀六个汽车工业联营公司和一个汽车零部件工业联营公司，促进了企业之间的合作和专业化分工生产，有利于技术引进和技术改造。“六五”计划期间，我国汽车工业加快了主导产品更新换代和新产品开发的步伐，注重提高产品质量和添加品种，调整产品结构，大力发展轿车，使汽车产量翻了一番，1985 年产量超过 44 万辆。

1984 年，我国汽车行业第一个合资企业——北京吉普汽车有限公司成立(与美国克莱斯勒公司合资)。其后长安机器厂与日本铃木、南京汽车公司与法国依维柯、上海汽车集团与德国大众、广州汽车厂与法国标致、天津汽车公司与日本大发、一汽与德国大众、二汽与法国雪铁龙等纷纷进行合作与合资。先后引进先进技术 100 多项，其中整车项目 10 多项，取得了显著成效。

1985 年，中央在“七五”规划中，把汽车工业列为国家支柱产业。1987 年，我国政府确定了重点发展轿车工业的战略决策。这两项决定确立了我国汽车工业在国民经济中的重要地位以及汽车工业发展的重点。汽车工业坚持走联合、高起点、专业化、大批量的道路，进入了大发展时期。中汽公司及其下属机构经过调整改组，充实了解放、东风、重型三大汽车企业集团，并在国家计划中单列户头。以天津、上海、沈阳等城市为中心的汽车生产企业也组成了一些地方性企业集团。此外，其他部、委所属企业以及一批军工企业也从事汽车产品的生产。“七五”计划期间，一汽具有年产 8 万辆新一代装载 5t 的 CA141 货车的生产能力，二汽具有年产 10 万辆货车的生产能力。各汽车企业定型投产的基本车型有 30 多种，改装车、专用汽车新产品 200 多种。至 1993 年底，我国汽车年产量达 129.7 万辆，跃居世界第 12 位。

1994 年，国务院颁布《汽车工业产业政策》，提出“增强企业开发能力，提高产品质量和技术装备水平，促进产业组织的合理化，实现规模经济，到 2010 年成为国民经济的支柱产业”的奋斗目标。国家开始对汽车产业的发展方向进行了重新定位，其中重要的是把汽车和家庭联系起来。家庭轿车市场孕育多年的潜能被无限放大，富裕起来的中国人激发了对轿车强烈的购买能量，渴望拥有一辆自己的轿车不再是遥远梦想，中国轿车工业的春天开始到来。

此时，中国各主要汽车集团公司都与国外大汽车公司合资，国内汽车企业进一步改组兼并，对汽车产业组织结构进行优化调整，初步形成了“3 + 6”格局，即一汽、东风(原二汽)、上汽三大汽车集团，加上广州本田、重庆长安、安徽奇瑞、沈阳华晨、南京菲亚特、浙江吉利六个独立骨干轿车企业。其中一汽、东风和上汽三大汽车集团的汽车产量就占全国产量的 52% 。

此时，商用车产品系列逐步完整，发展迅速，生产能力逐步提高，具有一定的自主开发能力；重型汽车、轻型汽车的不足得到改变；轿车生产开始向规模化方向发展。至 1999 年底，我国汽车年产量达 183 万辆，跃居世界第 9 位。

进入 21 世纪后，中国汽车工业进入快速的发展阶段，这可从国际汽车制造商协会公布的汽车排名数据(表 1-2)看出。1999 年，我国产量不到 200 万辆，排名第 9。而仅过了 1 年，我国已经跃居世界第 8，不过，这时我国的汽车产量，仅相当于发达国家一个中等汽车公司的水平。2002 年，我国汽车工业迎来了第一次“大井喷”，全年汽车产量增幅接近 41% ，跃居世界第 5，被写入“世界井喷史”。在 2008 年金融危机冲击下，2009 年我国汽车产量达

1379.10万辆，奇迹般同比增长48%，位居世界第一。更令人惊讶的是，在高速增长后的2010年，我国汽车产量仍以32%的增幅继续保持世界第一。从200万到1300万辆，从全球第八到全球第一，中国汽车产业仅用不到10年的时间，实现了跨越式发展，完成了其他市场要用50年甚至上百年才能完成的壮举。

表1-2　中国汽车1999~2010年产量及排名

年份	1999	2000	2001	2002	2003	2004
汽车产量/万辆	183	206.9	233.4	328.7	444.4	523.4
世界排名	9	8	8	5	4	4
年份	2005	2006	2007	2008	2009	2010
汽车产量/万辆	570.8	718.9	888.2	934.5	1379.1	1826.5
世界排名	4	3	3	2	1	1

进入21世纪以来，中国汽车工业已经在整个国民经济发展中占有了重要地位，中国已成为世界上最大的汽车生产国和最大的新车销售市场。世界更加关注中国，中国汽车行业已经成为外资企业、跨国公司进入数量最多的行业，在中国进行汽车零部件生产的外资企业超过1200家，世界汽车跨国公司已悉数在中国建立合资公司，为其配套的零部件公司也相继进入国内，纷纷以合资、控股、独资的方式在中国建立起零部件企业近500家。这些企业在进入中国的同时，也把它们之间的国际市场竞争引向中国国内市场。中外在汽车设计、技术开发领域的合作不断加强；与汽车相关的宣传、展览、文化活动等合作也越来越多；中外在技术、管理、贸易、人员交流等方面合作越来越深入。2006年，中国汽车及零部件进出口出现22亿美元顺差，这说明中国汽车工业真正进入国际市场，成为国际性产业。随着上汽收购韩国双龙、南汽收购英国罗孚、吉利收购沃尔沃，长城、中顺、吉利、华晨等海外建厂都说明中国汽车企业已经走出了国门，基本具备了建立全球战略的基础和发展框架。

2009年1月14日，国务院通过了《汽车产业调整和振兴规划》，首次提出实施自主品牌战略。国家将在技术开发、政府采购、融资渠道等方面制定相应政策，引导汽车生产企业发展自主品牌。中国汽车工业如果没有自主品牌作为支撑，在国际产业竞争中的地位就只能处于“低层”，甚至是依附地位。汽车产品失去品牌就失去市场，因此，要成为中国汽车大市场的主导者或有地位的竞争者，就要实施品牌优先战略，扶持自主品牌发展。目前，中国汽车工业在自主品牌方面取得了令人瞩目的成绩，有的企业更是取得了骄人的发展。如奇瑞公司2009年以超过50万辆的成绩位居全球汽车企业第22位，较2008年的第26位上升了4位，是排名上升最快的汽车公司之一。如2009年，在出口市场急剧萎缩的形势下，自主品牌轿车销量还大幅度提高，如吉利汽车销量首次突破30万辆，奇瑞轿车销量接近50万辆，比亚迪汽车2009年再创佳绩，全年汽车销量超过40万辆，比上年翻了一番，长城汽车销量同比增长超过60%。另外，2009年和2010年中国自主品牌车型在中国整个乘用车市场的占有率分别达到40%和50%，这比2001年自主品牌乘用车市场占有率不足5%来说是一个可喜的进步。不过中国大多数汽车自主品牌规模小、自主开发能力弱、技术含量不高、缺乏国际竞争力。

在未来的很长一段时间，汽车工业都将是中国的支柱产业之一。在中国政府有关汽车产业的各项政策支持下，中国汽车工业必将进一步扩大开放，进一步推动自主创新，将全方位

融入世界汽车工业。而中国国内经济环境向好，消费环境进一步改善，伴随中国社会汽车消费的增加，广阔的中国汽车市场也将继续保持拉动世界汽车工业发展的角色，中国汽车工业将继续保持健康、快速发展，使中国从一个汽车大国变为汽车强国。

第四节　汽车外形演变史

人们认识、了解汽车往往从汽车外形开始。在视觉上感受汽车发展的主要特征是汽车外形的演变。汽车自诞生以来，其外形随着人们审美观的发展和时代的进步不断在改变。在100多年发展史中，汽车外形的变化翻天覆地，最富特色。外形的演变不仅仅是美感的需要，更重要的是功能和实用的需求，也是汽车制造商为赢得市场、获取较大利润而常采用的措施。

一、马车型汽车

汽车诞生之前，马车是较好的交通工具，其造型发展得相当完美。19世纪末，最早的汽车是由马车演变或改装而来的，其外形(图1-17、图1-18)基本上沿用了马车的造型，因此人们称这时的汽车为无马的“马车”。马车型汽车是汽车发明时期的过渡产品，由于它很难抵挡风雨的侵袭，因而不久便被箱形汽车所淘汰。

图1-17　1892年的标致汽车

图1-18　1901年美国最畅销的奥兹莫比尔汽车

二、箱形汽车

美国福特汽车公司1915年生产出一种新型的福特T型车(图1-19)，其乘员舱的造型很像一只大箱子，因而被称为“箱形汽车”。图1-20是1928年的凯迪拉克箱形汽车。这种带窗、带门的箱形汽车延续至今。箱形汽车在造型中没有引进空气动力学原理，高速行驶时空气阻力很大，可以说是技术尚未成熟时代的产物。

三、流线形汽车

随着对空气动力学原理研究的不断深入，以及人们对车型美观多样化的追求，从20世纪30年代起，人们对车身进行了大量的试验研究，提出了光滑、封闭、流线形等设计思想，汽车外形向流线形方向发展。

图1-19　1915年福特T型车

1934 年，美国克莱斯勒公司生产的气流牌轿车，首先采用了流线形的车身外形(图 1-21)。该车前照灯隐入车身之内，翼子板与汽车侧面造型圆滑相接，使车身变得圆滑、流畅，它宣告了汽车造型新时代的开始。1936 年福特公司在气流牌轿车的基础上，加以精炼，成功研制了林肯和风牌流线形轿车，图 1-22 为 1940 年的林肯流线形高级轿车。

图 1-20　1928 年凯迪拉克汽车

图 1-21　1934 年克莱斯勒气流牌轿车

流线形车身的大量生产是从德国“大众”开始的。1933 年德国的波尔舍博士设计了一种外形貌似甲壳虫的汽车(图 1-23)。波尔舍最大限度地发挥了甲壳虫外形的长处，力求车身阻力最小，汽车廉价耐用、维修简便，易为民众接受。由于第二次世界大战的原因，甲壳虫型汽车直到 1949 年才真正大批量生产，并开始畅销世界各地，以一种车型累计生产超过二千万辆的最高纪录而著称于世，使得该车成为同类车之王，甲壳虫也成为该车的代名词。德国大众汽车公司也因此而名声大振。

图 1-22　1940 年的林肯高级轿车

图 1-23　甲壳虫型轿车

甲壳虫型轿车的特点是外形美观，空气阻力小，适应高速行车，但也存在着乘员空间过分狭小、横向稳定性差等缺点。

四、船形汽车

1949 年，福特公司经过几年的努力推出新车型——福特 V8 型轿车(图 1-24)，开创了

图 1-24　船形汽车

船形汽车的新时代。这种车型改变了以往汽车造型的模式，使前翼子板和发动机罩，后翼子板和行李舱罩溶于一体，前照灯和散热器罩也形成整体，车身两侧形成平滑的侧面，乘员舱位于中部，整个造型很像一只小船，所以人们把这类车称为船形汽车。

船形汽车强调以人为本的设计思想，汽车外形美观大方，操纵轻便，乘坐舒适，高速行驶的稳定性好。船形汽车也有不足，主要是车尾部过分向后伸出，形成阶梯状，在高速时会产生较强的空气涡流，空气阻力较大。

从 20 世纪 50 年代开始一直到现在，福特公司的那种具有行李舱的 4 门 4 窗轿车的基本造型，已被全世界确认为轿车的标准形式，因此，V8 船形汽车的诞生具有划时代的历史意义。

五、鱼形汽车

1952 年，美国通用汽车公司生产的别克牌轿车（图 1-25），开创了鱼形汽车的时代。这种车车身后部无阶梯，是斜背式，像鱼苗背形状，因此称其为鱼形汽车。

图 1-25　鱼形汽车

鱼形汽车背部和地面所成的角度比较小，尾部较长，围绕车身尾部的气流与车身分离的现象较小，因而涡流阻力引起的空气阻力相对较小。鱼形汽车车身其他部分由船形汽车演变而来，所以基本上保留了船形汽车的长处，诸如车室宽大、视野开阔、车身侧面的形状阻力较小、造型更富有动感、乘坐舒适等。鱼形汽车也存在着一些致命的弱点：一是鱼形汽车的后窗玻璃倾斜过于厉害，致使玻璃的表面积增大了 1～2 倍，强度有所下降；二是当汽车高速行驶时会产生一种升力，使车轮附着力减小，从而抵挡不住横风的吹袭，易发生横向偏离的危险，汽车的操纵稳定性下降。鉴于鱼形汽车的这一缺点，设计师往往在鱼形汽车的后部安上一个上翘的“鸭尾巴”式结构来克服一部分空气的升力，这便是“鱼形鸭尾式”

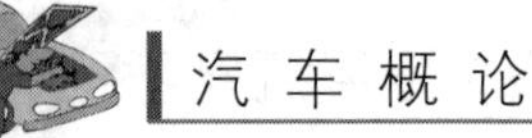

汽车。

六、楔形汽车

为解决汽车高速行驶的升力问题，经过大量的探求和试验后，人们终于找到了一种车型——楔形汽车。这种汽车前低后高，头尖如楔，车身整体向前下方倾斜(图1-26)。

图1-26　楔形汽车

1963年，美国司蒂倍克公司生产了司蒂倍克·阿本提楔形汽车，从此就开始了楔形车时代。1964年，福特汽车公司的雷鸟牌高级轿车开始采用楔形造型；后来赛车上广泛采用楔形造型。楔形汽车是现代高速汽车接近的理想造型，目前世界各国汽车公司都生产过带有楔形效果的轿车。

楔形汽车造型简洁大方，清爽利落，高速行驶时，空气阻力小，能克服升力，防止前轮发飘，可提高汽车操纵稳定性。楔形造型对于现代汽车来说，无论是从动感和舒适方面，还是从空气动力学的体现方面，都比较符合现代人们的主观要求，具有极强的时代气息，给人以美的享受和速度的快捷感。

汽车外型从马车的直线形演变为汽车的流线形、楔形，是汽车造型设计的一种飞跃。但人类是永远不会满足现状的，汽车外形的演变将会随着时代的进步，随着人们对科学技术的研究以及审美观的变化，永无止境地演绎下去。汽车在每次外形演变的过程中，都将会伴随着美感的增强和空气阻力的减小。相信汽车外型的演变，会推动汽车文明和汽车产业的发展，不断以崭新的面貌展现在世人面前。

思 考 题

1. 公认的汽车发明人是谁？汽车诞生日是哪一天？
2. 分析世界汽车工业发展史，简述世界汽车工业的现状及发展趋势。
3. 分析中国汽车工业发展史，简述中国汽车工业的现状及发展趋势。
4. 汽车外形经过了哪些演变？每次演变解决的核心问题是什么？

第二章

汽车总论

汽车通常是指不用轨道、不用架线，而用自带动力装置驱动的轮式车辆，一般具有4个或4个以上的车轮。汽车是现代社会广泛使用的一种快速而机动的陆路运输工具，其主要用途是载运人员或货物，也可用来牵引或作为其他的用途。了解汽车可从汽车的总体开始，从汽车的种类、编号规则到汽车的识别代码，从汽车的总体构造到汽车的行驶原理，有一个逐渐认识的过程。

第一节　汽车分类

随着汽车工业的发展，汽车的种类越来越多，为便于区别和管理，必须对它进行分类。汽车分类方法很多，按什么标准分类，可视研究者主观的需要选择。下面介绍几种常用的分类方法。

一、按用途分类

汽车按用途可分为轿车、客车、货车、越野汽车、专用汽车、自卸汽车、牵引车和竞赛汽车等类型。

1. 轿车

轿车用于载运人员及其随身物品，是座位布置在两轴之间的四轮汽车(图2-1)，乘坐2~9个乘员(包括驾驶人)。轿车主要供单位和私人使用，是进入家庭的主要车型，其产量和保有量居各类车型之首。

图2-1　轿车

(1) 按发动机排量分类　轿车可分为以下几个等级。

1) 微型轿车：排量≤1.0L，如奇瑞汽车生产的奇瑞QQ微型车。

2) 普通级轿车：排量1.0~1.6L，如广州本田汽车生产的飞度轿车。

3) 中级轿车：排量1.6~2.5L，如上海大众生产的桑塔纳轿车。

4) 中高级轿车：排量2.5~4L，如日本丰田生产的皇冠轿车。

5) 高级轿车：排量4L以上，如一汽生产的红旗CA7460轿车。

(2) 按车身形式分类　轿车可分为普通轿车、旅行轿车、活顶轿车和华贵轿车。

(3) 按结构形式分类　轿车可分为两厢式和三厢式，如图2-2所示。

a)

b)

图 2-2　两厢式和三厢式轿车

a）两厢式轿车　b）三厢式轿车

两厢式轿车是发动机舱为一厢，乘员舱和行李舱为另一厢，这种轿车的后部造型没有明显的阶梯形状，车身内部结构比较紧凑，汽车长度短，因而机动性好，驾驶更加灵活；三厢式轿车则发动机舱、乘员舱、行李舱各占一厢，这种轿车在外观上能明显区分出它们的界限，其车身结构强度较大，行李舱空间也比较宽敞。

2. 客车

客车是具有长方形车厢，用于载运乘客及其随身行李物品的汽车（图 2-3），乘坐 9 个以上乘员。客车主要供公共服务用。

图 2-3　客车

（1）按车辆长度分类　根据车辆长度，客车分为以下几个等级。

1）微型客车：总长度不超过 3.5m，如一汽吉林轻型车厂生产的 JL6320 微型客车。

2）轻型客车：总长度 3.5 ~ 7m，如天津客车厂生产的三峰 TL6481 轻型客车。

3）中型客车：总长度 7 ~ 10m，如郑州宇通客车厂生产的 ZK6831H 中型客车。

4）大型客车：总长度 10 ~ 12m，如郑州宇通客车厂生产的 ZK6112D 大型客车。

5）特大型客车：总长度大于12m，如上海客车厂生产的SK6141A3铰接客车和南京金陵双层客车厂生产的JL6121S双层客车。

（2）按用途分类　客车可分为旅行客车、城市客车、长途客车、游览客车、铰接式客车及双层客车等。

3. 货车

货车是主要用于运载货物，有的也可以牵引全挂车的汽车(图2-4)，在其驾驶室内可以容纳2～6个乘员。货车通常采用前置发动机，车身分为独立的驾驶室和货厢两部分。

（1）按最大总质量分　根据厂定最大总质量，货车分为以下几个等级。

1）微型货车：最大总质量≤1.8t，如一汽吉林轻型车厂生产的JL1010微型货车。

2）轻型货车：最大总质量1.8～6.0t，如北京轻型汽车有限公司生产的BJ1041轻型货车。

3）中型货车：最大总质量6.0～14.0t，如东风汽车公司生产的EQ1091中型货车。

图2-4　货车

4）重型货车：最大总质量>14t，如中国重汽集团公司生产的黄河JN1181C13重型货车。

（2）按驾驶室的外形和结构分　可分为长头货车、平头货车和短头货车。

（3）按货厢结构形式分　可分为有顶货厢式货车和无顶货厢式货车。

4. 越野汽车

主要用于非公路条件下，运载人员或货物，也可用于牵引各种装备的汽车(图2-5)。越野汽车采用全轮驱动，离地间隙高、车身坚固、通过性强，能适应恶劣道路、野外行驶、跋山涉水。越野汽车按厂定的最大总质量分类。

图2-5　越野汽车

1）轻型越野汽车：最大总质量≤5t，如东风汽车公司生产的东风牌EQ2050E轻型越野汽车。

2）中型越野汽车：最大总质量5.0～13.0t，如东风汽车公司生产的东风牌EQ2090GS

中型越野汽车。

3）重型越野汽车：最大总质量 > 13t，如东风汽车公司生产的东风牌 EQ2162N 重型越野汽车。

5. 专用汽车

专用汽车用来完成特定的载运或作业任务，是装有专用设备或经过特殊改装的汽车（图 2-6）。它可分为专用轿车、专用客车、专用货车及特种作业车。

（1）专用轿车　以轿车为基础进行改装而成，如检阅车、指挥车、运动车等。

（2）专用客车　以客车为基础进行改装而成，如囚车、监察车、救护车等。

（3）专用货车 为载运特殊货物装有专用设备的货车，如自卸车、罐式车、保温冷藏车等。

（4）特种作业车　装有专用设备用于完成特殊任务的特种汽车，如消防车、高空作业车、起重举升车等。有的特种作业车兼有完成作业和运输任务的功能，如垃圾集运车、洒水车、水泥搅拌车等、污泥吸排车等。

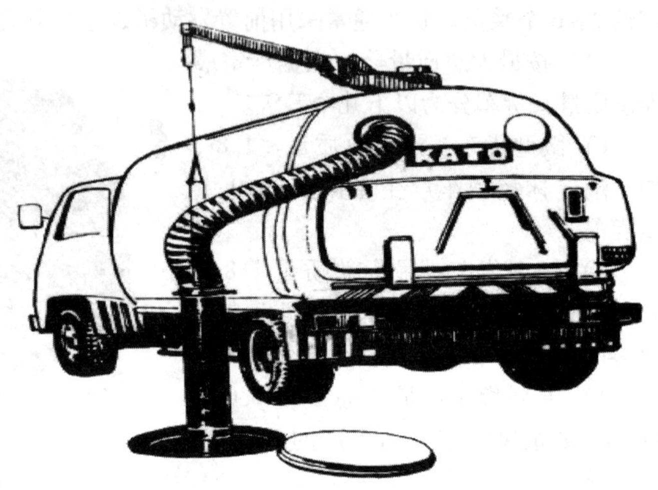

图 2-6　专用汽车——污泥吸排车

6. 自卸汽车

主要用于矿区、工地运输矿石、砂石等散装货物，并能自身卸货的汽车（图 2-7）。自卸汽车按厂定最大总质量分类。

图 2-7　自卸汽车

1）轻型自卸汽车：最大总质量 ≤ 6t，如东风汽车公司生产的 EQ3062FL4 轻型自卸汽车。

2）中型自卸汽车：最大总质量 6 ~ 14t，如东风汽车公司生产的 EQ3071GL6 中型自卸汽

车。

3）重型自卸汽车：最大总质量 > 14t，如东风汽车公司生产的 EQ3160GF5 型重型自卸汽车。

4）矿用自卸汽车：矿用自卸汽车的允许最大装载质量一般为 15t 以上，最大的已达 300t。

7. 牵引汽车

牵引汽车是专门或主要用于牵引挂车的汽车（图 2-8），通常可分为半挂牵引汽车和全挂牵引汽车。半挂牵引汽车后部设有牵引座，用来牵引和支撑半挂车前端。而全挂牵引汽车本身带有车厢，其外形虽与货车相似，但其车辆长度和轴距较短，而且尾部设有拖钩。

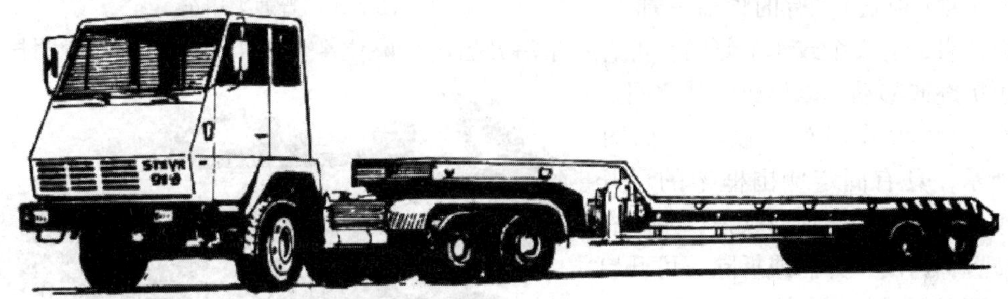

图 2-8 牵引汽车

8. 竞赛汽车

竞赛汽车是按照特定的竞赛规范而设计的汽车，图 2-9 为兰博基尼赛车。著名的汽车竞赛有一级方程式、拉力赛、耐力赛等。竞赛汽车的结构和设计原理虽然与其他汽车大致相同，但由于竞赛过程中汽车的各种零部件及其性能都需要经受极其严峻的考验，因此在竞赛汽车上集中使用了当今世界汽车制造工业和科技的高精尖技术，其成本高昂。

图 2-9 兰博基尼赛车

二、按通用性分类

这种分类是将私人作为代步工具的车辆和公务及商业经营用的运输车辆分成两大类，即乘用车和商用车。它适用于汽车一般概念、统计、牌照、保险、政府政策和管理。

1. 乘用车

在设计和技术特性上主要用于载运乘客及其随身行李和临时物品的汽车，包括驾驶人座位在内最多不超过 9 个座位。它也可以牵引一辆挂车。乘用车具体划分为普通乘用车、活顶乘用车、高级乘用车、小型乘用车、敞篷车、舱背乘用车、旅行车、多用途乘用车、短头乘用车、越野乘用车和专用乘用车共 11 种。

图 2-10　普通乘用车

（1）普通乘用车　该类车如图 2-10 所示，采用封闭式车身，固定式硬质车顶（顶盖），有的顶盖一部分可以开启，有 2 个或 4 个侧门，可有一个后开启门。座位 4 个或 4 个以上，至少两排，后座椅可折叠或移动，以形成装载空间。

图 2-11　活顶乘用车

（2）活顶乘用车　该类车如图 2-11 所示，具有固定侧围框架的可开启式车身，车顶为硬顶或软顶，至少有两个位置：封闭，开启或拆除。可开启式车身可以通过使用一个或数个硬顶部件和/或合拢软顶将开启的车身关闭。车内座位 4 个或 4 个以上，至少两排。2 个或 4 个侧门。4 个或 4 个以上侧窗。

（3）高级乘用车　该类车如图 2-12 所示，采用封闭式车身，固定式硬质车顶，有的顶盖一部分可开启。前后座之间可以设有隔板。座位 4 个或 4 个以上，至少两排，后排座椅前可安装折叠式座椅。4 个或 6 个侧门，也可有一个后开启门。6 个或 6 个以上侧窗。

图 2-12　高级乘用车

（4）小型乘用车　该类车如图 2-13 所示，采用封闭式车身，固定式硬质车顶，有的顶盖一部分可以开启。通常其后部空间较小，座位 2 个或 2 个以上，至少一排。2 个侧门，也可有一个后开启门。2 个或 2 个以上侧窗。

（5）敞篷车　该类车如图 2-14 所示，带有折叠式可开启车顶。车顶可为软顶或硬顶。软顶车更为常见，通常采用帆布、乙烯或塑料作为车顶材料，配以可折叠的支架；硬顶车的车顶为金属材质，通常可以自动开合。座位 2 个或 2 个以上，至少一排。大部分敞篷车为两门式，四门款式较为少见。

图 2-13　小型乘用车

(6) 舱背乘用车　该类车如图 2-15 所示，采用封闭式车身，侧窗中柱可有可无，固定式硬质车顶，有的顶盖一部分可以开启。座位 4 个或 4 个以上，至少两排。后座椅可折叠或移动，以形成装载空间。2 个或 4 个侧门，车身后部有一舱门。

图 2-14　敞篷车

(7) 旅行车　该类车如图 2-16 所示，采用封闭式车身，车尾外形按可提供较大的内部空间设计，固定式硬质车顶，有的顶盖一部分可以开启。座位 4 个或 4 个以上，至少两排。座椅的一排或多排可拆除，或装有向前翻倒的座椅靠背，以提供装载平台。2 个或 4 个侧门，并有一后开启门。4 个或 4 个以上侧窗。

图 2-15　舱背乘用车

图 2-16　旅行车

(8) 多用途乘用车　该类车如图 2-17 所示，只有单一车室载运乘客及其行李或物品。当车辆同时具备下列两个条件时，则不属于乘用车而属于货车。

图 2-17　多用途乘用车

1) 除驾驶人以外的座位数不超过 6 个。只要车辆具有可使用的座椅安装点，就应算座位存在。

2)

$$P-(M+N\times68)>N\times68$$

式中　P——最大设计总质量；

M——整车整备质量与 1 位驾驶人质量之和；

N——除驾驶人以外的座位数。

(9) 短头乘用车　该类车一半以上的发动机长度位于车辆前风窗玻璃最前点以后，并且转向盘的中心位于车辆总长的前四分之一部分内。

(10) 越野乘用车　该类车如图 2-18 所示，采用所有车轮同时驱动(包括一个驱动轴可以脱开的车辆)的方式，其整车几何特性(接近角、离去角、纵向通过角、最小离地间隙)、结构特性(驱动轴数、差速锁止机构或其他型式机构)和技术特性(爬坡度)等均按照车辆能在非正常道路上行驶的要求设计。

(11) 专用乘用车　它是运载乘员或物品并完成特定功能的乘用车，它具备完成特定功能所需的特殊车身和装备。专用乘用车一般包括旅居车、防弹车、救护车、殡仪车等。

图 2-18　越野乘用车

2. 商用车

在设计和技术特性上用于运送人员和货物的汽车，并且可以牵引挂车，乘用车不包括在内。商用车包括客车、半挂牵引车、货车三类。

(1) 客车　在设计和技术特性上用于载运乘客及其随身行李的商用车辆，包括驾驶人座位在内座位数超过 9 座。客车有单层的或双层的，也可牵引一挂车。客车又分为小型客车、城市客车、长途客车、旅游客车、铰接客车、无轨电车、越野客车、专用客车等。

(2) 半挂牵引车　装备有特殊装置用于牵引半挂车的商用车辆。

(3) 货车　一种主要为载运货物而设计和装备的商用车辆。货车又分为普通货车、多用途货车、全挂牵引车、越野货车、专用作业车、专用货车等。

第二节　汽车产品编号规则

一、国产汽车编号规则

为了在生产、管理、使用和维修中便于识别不同的国产汽车，我国多次发布国标，对国产汽车规定了统一的型号编制规则。在现在保有的国产汽车中，很多汽车按照国标 GB 9417—1988《汽车产品型号编制规则》来编制型号。下面对国标 GB 9417—1988 的主要内容进行说明。

1. 汽车产品型号的组成

汽车产品型号是一组指定的汉语拼音字母和阿拉伯数字编号，但为了避免和数字的混淆，不采用汉语拼音字母中的“I”和“O”。汽车产品型号由企业名称代号、车辆类别代号、主参数代号、产品序号组成，必要时附加企业自定代号。对于专用汽车及专用半挂车还应增加专用汽车分类代号，如图 2-19 所示。

□□ ○ ○○ ○ □□□ ⬚⬚⬚

企业名称代号　车辆类别代号　主参数代号　产品序号　专用汽车分类代号　企业自定代号

图 2-19　汽车产品型号的组成

□—用汉语拼音字母表示　○—用阿拉伯数字表示　⬚—用汉语拼音字母或阿拉伯数字表示

2. 汽车产品型号的各参数表示方法

(1) 企业名称代号　位于产品型号的第一部分，用代表企业名称的两个汉语拼音字母表示。

(2) 车辆类别代号　位于产品型号的第二部分，用一位阿拉伯数字表示，其类别代号见表2-1。

(3) 主参数代号　位于产品型号的第三部分，用两位阿拉伯数字表示。

1) 载货汽车、越野汽车、自卸汽车、牵引汽车、专用汽车与半挂车的主参数代号表示车辆的总质量(t)，牵引汽车的总质量包括牵引车上的最大质量，当总质量在100t以上时，允许用三位数字表示。

表2-1　车辆类别代号

车辆类别代号	车辆种类	车辆类别代号	车辆种类	车辆类别代号	车辆种类
1	载货汽车	4	牵引汽车	7	轿车
2	越野汽车	5	专用汽车	8	
3	自卸汽车	6	客车	9	半挂车及专用半挂车

2) 客车的主参数代号表示车辆长度(m)，当车辆长度小于10m时，应精确到小数点后一位，并以长度(m)值的10倍数值表示。

3) 轿车的主参数代号表示发动机排量(L)，应精确到小数点后一位，并以其值的十倍数值表示。

4) 主参数不足规定位数时，在参数前以“0”占位。

5) 当车辆主参数有变化，但不大于原定型设计主参数的10%时，其主参数代号不变，大于10%时，应改变主参数代号。

(4) 产品序号　位于产品型号的第四部分，用阿拉伯数字表示，数字由0、1、2……依次使用。

(5) 专用汽车分类代号　位于产品型号的第五部分，用反映车辆结构特征和用途特征的三个汉语拼音字母表示。专用汽车结构特征代号如表2-2所示；专用汽车用途特征代号另行规定。

表2-2　专用汽车的结构特征代号

车类	厢式汽车	罐式汽车	专用自卸汽车	特种结构汽车	起重举升汽车	舱栅式汽车
代号	X	G	Z	T	J	C

(6) 企业自定代号　位于产品型号的最后部分，同一种汽车结构略有变化而需要区别时，可用汉语拼音字母或阿拉伯数字表示，位数也由企业自定。

3. 汽车型号编制实例

汽车型号CA1091：表示为第一汽车制造厂生产的总质量为9310kg的第二代载货汽车。

汽车型号BJ2022：表示为北京吉普汽车有限公司生产的总质量为2060kg的第三代越野汽车北京吉普“挑战者”。

汽车型号EQ7202：表示为东风汽车公司生产的排量为1.998L的风神牌轿车。

汽车型号 TJ6481：表示为天津客车厂生产的车长为4750mm 的第二代客车。

汽车型号 HY4300：表示为汉阳特种汽车制造厂生产的公路上行驶的总质量为 30000kg 的第一代牵引汽车。

汽车型号 CA3210：表示为第一汽车制造厂生产的总质量为 21720kg 的第一代自卸汽车。

二、车辆识别代号编码规则

1. 车辆识别代号及其作用

车辆识别代号(Vehicle Identification Number)是车辆制造商在车辆生产时指定的一组字码，简称 VIN。车辆识别代号(VIN)载有车辆的特定信息，利用 VIN 代号可以识别该车的生产国家、制造厂商、车辆类型、品牌名称、车型系列、车身形式、发动机型号、车型年款等信息，它是真正意义上的"汽车身份证"，它在世界范围内具有很强的通用性、唯一性。每辆车的 VIN 代号，会伴随着车辆注册、保险、年检、维修，直至回收或报废而载入每辆车的服役档案。

我国从 2004 年 10 月 1 日起，正式实施国家标准 GB 16735—2004《道路车辆 车辆识别代号(VIN)》，与国际车辆识别代号(VIN)接轨。

2. 车辆识别代号基本内容

车辆识别代号 VIN 由三部分组成：即世界制造厂识别代号(WMI)、车辆说明部分(VDS)和车辆指示部分(VIS)，共有 17 位字母或阿拉伯数字，如图 2-20 所示。

(1) 世界制造厂识别代号(WMI)　它由 3 位(即 VIN 的第 1 ~3 位)字码排列组合构成，它具有车辆制造厂的世界唯一性。ISO 组织授权美国汽车工程师学会 SAE 作为其国际代理，负责为世界各国指定地区代码及国别代码，负责 WMI 的保存与核对。

1) WMI 中的第 1 位字码是表示一个地理区域的字母或数字，根据预期的需要，可给某一地理区域指定几个字码，如北美是 1 ~ 5，欧洲是 S ~ Z，非洲是 A ~ H，亚洲是 J ~ R(中国是 L)，大洋洲是 6、7，南美是 8、9、0 等。

2) WMI 中的第 2 位字码是表示一个特定地区内的一个国家的字母或数字，由 ISO 统一分配给中国的代码为 0 ~ 9 和 A ~ Z。第 1、2 位字码的组合将能保证国家识别标志的唯一性。

3) WMI 中的第 3 位字码是表示由国家机构指定的某个特定制造厂。

对于年产量≥500 辆的汽车制造厂，世界制造厂识别代号由第 1、2、3 位字码组合，其组合能保证制造厂识别标志的唯一性，如图 2-20a 所示。

对于年产量 <500 辆的汽车制造厂，将第一部分 WMI 的 3 位字码和第三部分 VIS 的第 3、4、5 位字码一起作为世界制造厂识别代号，如图 2-20b 所示。

(2) 车辆说明部分(VDS)　它用来表示车辆主要技术参数和性能特征，它提供说明车辆一般特性的资料。此部分由 6 位(即 VIN 的第 4 ~9 位)字码组成，由汽车制造厂自定。如果制造厂不用其中的一位或几位字码，应在该位置填入制造厂选定的字母或数字占位。

VDS 的第 1 ~5 位字码应对车型特征进行描述，其描述的车型特征应包括车辆类型、车辆结构特征、车辆装置特征、车辆技术特性参数等方面的内容。

VDS 的最后一位为检验位，它是在制造厂确定了 VIN 的其他 16 位字码后，按标准加权计算得到的，用以核对车辆识别代号的准确性。它可以是 0 ~9 中任一数字或字母 X。

(3) 车辆指示部分(VIS)　它表示一辆车的具体代码，表明车辆的车型年份、装配厂和

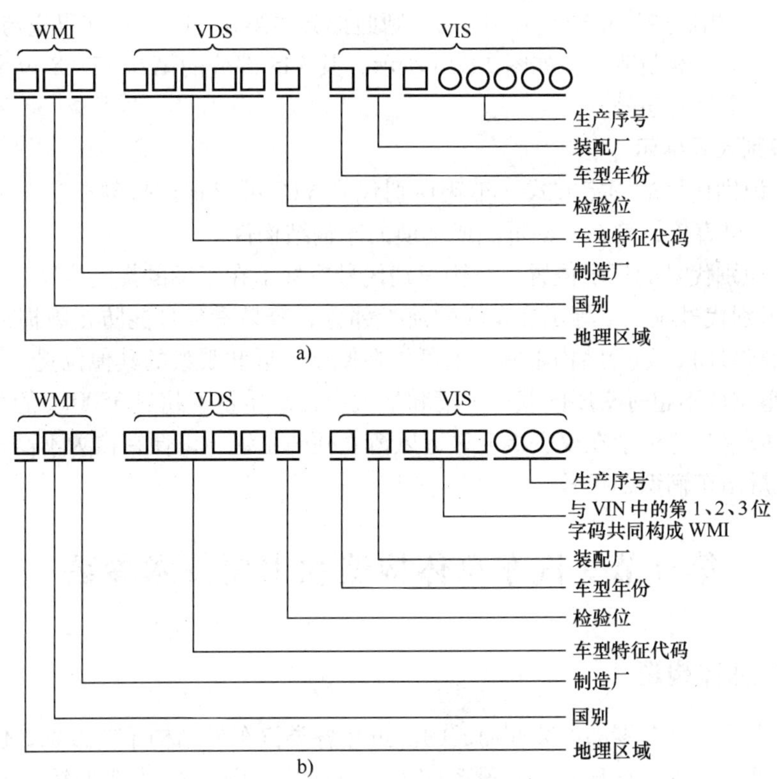

图 2-20 车辆识别代号的组成

a）汽车产量≥500 辆 b）汽车年产量＜500 辆

□—代表字母或数字 ○—代表数字

生产序号。此部分由 8 位(即 VIN 的第 10～17 位)字码组成。

1）VIS 部分第 1 位字码代表年份，年份代码按表 2-3 的规定使用，30 年循环一次。

表 2-3 车型年份代码表

年 份	代 码	年 份	代 码	年 份	代 码	年 份	代 码
2001	1	2011	B	2021	M	2031	1
2002	2	2012	C	2022	N	2032	2
2003	3	2013	D	2023	P	2033	3
2004	4	2014	E	2024	R	2034	4
2005	5	2015	F	2025	S	2035	5
2006	6	2016	G	2026	T	2036	6
2007	7	2017	H	2027	V	2037	7
2008	8	2018	J	2028	W	2038	8
2009	9	2019	K	2029	X	2039	9
2010	A	2020	L	2030	Y	2040	A

2）第 2 位字码代表装配厂，若无装配厂，制造厂可规定其他的内容。

3）第 3～8 位字码，当制造厂生产的某种类型车辆年产量≥500 辆时，表示生产序号，如图2-20a所示；当制造厂年产量<500辆，则此部分的第3、4、5位字码应与WMI的3位字码一起表示一个车辆制造厂，如图2-20b所示，其VIS部分的第6、7、8位字码表示生产序号。一辆车一个生产序号。

3. 车辆识别代号标示

（1）车辆识别代号的固定方式　车辆识别代号VIN可以直接打刻在车架上，对于无车架的车身而言，可直接打刻在不易拆除或更换的车辆结构件上。

（2）车辆识别代号的标示位置　车辆识别代号应标示在车辆的指定位置。

1）车辆识别代号应尽量标示在车辆的前半部分、容易看到且能防止磨损或替换的车辆结构件上(玻璃除外)，如受结构限制，也可放在便于接近和观察的其他位置。

2）对于座位数不超过9座的载客车辆和最大设计总质量不超过3500kg的载货车辆，其车辆识别代号应永久地标示在仪表板上靠近风窗立柱的位置，以便在白天不需移动任何部件能够从车外分辨出车辆识别代号。

第三节　汽车总体构造和主要技术参数

一、汽车总体构造

汽车是由成千上万个零部件装配而成的。虽然各类汽车的结构千差万别，但其总体构造一般是由发动机、底盘、车身和电器设备四大部分构成。图2-21为典型轿车的总体构造示意图。

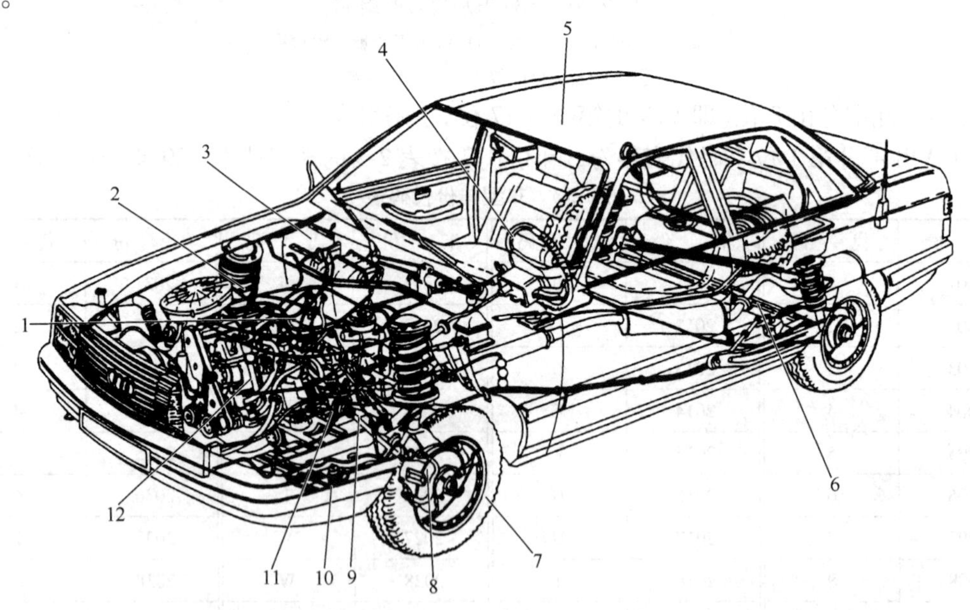

图2-21　典型轿车总体构造

1—发动机　2—悬架　3—空调　4—转向盘　5—车身　6—后梁　7—驱动转向轮

8—制动器　9—传动轴　10—副车架　11—变速器　12—离合器

1. 发动机

发动机是汽车的心脏，动力的源泉。其作用是将燃料燃烧的热能转化为机械能，然后再

通过底盘的传动系统传至汽车驱动轮，从而驱动汽车行驶。目前，国内、外汽车发动机绝大多数采用往复活塞式四冲程内燃机，主要有汽油机、柴油机。

汽车发动机是一部由多种机构和装置组成的复杂机器。它一般由曲柄连杆机构、配气机构、燃料供给系统、润滑系统、冷却系统、点火系统(汽油机)和起动系统组成。

2. 底盘

底盘是汽车的基础，在其上安装有发动机、车身及其各种附属设备。底盘用于传递发动机发出的动力，使汽车产生运动，并保证汽车能按驾驶人的操作意图正常行驶。

汽车底盘一般由传动系统、行驶系统、转向系统和制动系统组成。

3. 车身

汽车车身包括驾驶室和各种形式的车厢，而轿车的车身多为整体承载式车身。车身用以容纳驾驶人、乘客和装载货物。车身应为全体乘员提供安全、舒适的乘坐环境，因此车身应具有隔声、隔热、减振、安全的功能。

车身尤其是轿车车身应具有装饰性功能，车身的造型和色彩应能起到美化生活和环境的作用。车身是一种精致的综合艺术品，应以其明晰的雕塑形体、优雅的装饰件和内部覆饰材料以及赏心悦目的色彩使人获得美的感受，使拥有者倍感自信和洒脱。

车身应具有合理的外部形状，应考虑空气动力学的要求，在汽车行驶时能有效地引导周围的气流，以减少空气阻力，降低燃料消耗。目前，轿车的车身采用了整体流线形的造型设计，其外观优美，空气阻力系数小，颇具现代气质，能体现实用与典雅相融的风格，使得拥有者倍感实惠和风光。

4. 电器设备

汽车电器设备可分为汽车电源和用电设备两大部分，主要由电源、起动系统、点火系统、照明及信号装置、仪表及报警装置、电子控制装置和辅助电器。汽车电器设备的作用是保证汽油机点火、发动机起动、汽车照明、仪表指示和信号报警，监视发动机及其他机构的技术状态，保障空调和其他一些电子控制装置的正常工作。

二、汽车主要技术参数

为评价汽车产品性能，正确使用车辆，汽车产品说明书上常提供一些主要技术参数。这些参数既是汽车使用的基础，又是汽车选购的依据。

1. 汽车性能参数

(1) 最高车速　汽车最高车速是指汽车在良好的水平路面上能达到的最高行驶速度(km/h)。最高车速越高，则汽车动力性越好。值得注意的是：在实际使用中用到最高车速的机会不多或者是根本没有。因此，选购汽车时没有必要追求过高的最高车速。

(2) 最大爬坡度　汽车最大爬坡度是指汽车在最低档行驶所能通过的最大坡度。坡度一般用坡高与水平距离比值的百分数表示。汽车最大爬坡度越大，则汽车克服道路阻力的能力越强。

(3) 平均燃油消耗量　汽车平均燃油消耗量是指特定条下汽车单位行驶里程的燃油消耗量，通常用某一车速的100km耗油升数(L/100km)来计量，它是评价汽车燃油经济性的主要指标。平均燃油消耗量越小，则汽车的经济性就越好。

2. 汽车质量参数

(1) 整车整备质量　它是汽车完全装备好的质量(kg)，包括发动机、底盘、车身、全部电器设备等完整车辆的质量以及汽车正常行驶用的燃油、润滑油、冷却液、备胎和随车工具的质量，但不包括驾驶人、乘员及货物的质量。整备质量越小的汽车，其燃油消耗越少，经济性越好。

(2) 最大装载质量　它是汽车在良好路面上行驶时所允许的最大额定载质量(kg)。轿车和客车的载质量一般以乘坐人数表示，其额定载客人数即车上额定的座位数。超载行驶将导致汽车早期损坏、制动距离变长并诱发交通事故。

(3) 最大总质量 它是汽车满载时的总质量(kg)，即汽车整备质量与最大装载质量之和。

3. 汽车尺寸参数

(1) 外形尺寸　它包括车长 B、车宽 G 和车高 H 三方面尺寸，如图 2-22 所示。

车长是指汽车长度方向前后两极端之间的距离，也称汽车总长。汽车总长尺寸越大，则意味着纵向可利用空间越大，但太长的车身会给掉头、停车造成不便。一般中小型乘用车长 4m 左右，接近 5m 长的可算作大型车了。按我国有关规定，公路车辆的极限总长是：货车、越野车、客车不大于 12m，铰接式客车不大于 18m，汽车带挂车不大于 20m。

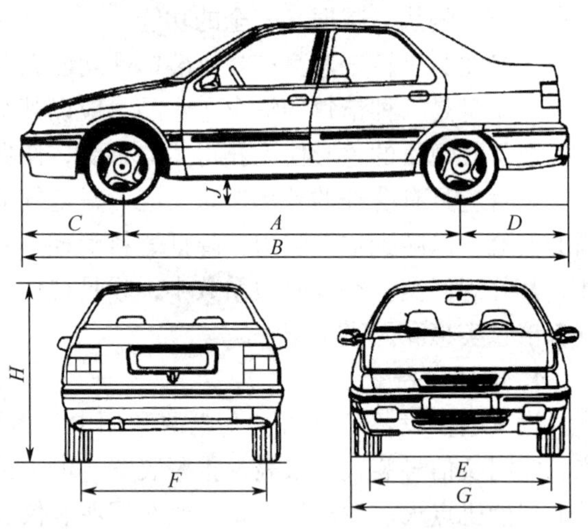

图 2-22　汽车尺寸参数示意图

车宽是指汽车宽度方向两侧极端之间的距离。车宽主要影响乘坐空间和操纵稳定性，对于乘用车，如果要求横向布置的三个座位都有宽阔的乘坐感，其车宽一般都要达到 1.8m。车宽越宽，可使轮距增加，汽车的侧向稳定性越好，不易侧翻。但车身太宽会降低在市区行走、停泊的方便性。因此，对于轿车来说，车宽 2.0m 是一个公认的上限。接近或超过 2m 的车都很难驾驶。按我国有关规定，公路车辆的极限车宽不得大于 2.5m。

车高是指汽车最高点至地面间的距离。大部分轿车高度在 1.5m 以下，不宜过高，以降低全车重心，确保高速转弯不会翻车。按我国有关规定，公路车辆的极限总高不得大于 4m 。

(2) 轴距　它是指汽车两轴中心线之间的距离，如图 2-22 中的 A。对多轴汽车，轴距应从前至后分别注明相邻两轴间距离，总轴距为各轴距之和。轴距的长短对整车的舒适性、操控稳定性影响很大，轴距越长，乘员的乘坐空间越宽敞，汽车直行的稳定性越好。但轴距越长，车辆的转向灵活性和机动性就越差。

(3) 轮距　它是指汽车同一轴上左右两轮中心面之间的距离，如图 2-22 中的 E、F。若为双轮胎时，则为同一轴左右双轮中心面之间的距离。轮距越大，汽车的侧向稳定性越好，很多高性能跑车车身翼子板都向外抛，就是为了尽量扩大轮距。

(4) 前、后悬　前悬是指汽车最前端至通过前轴轴线的垂面间的距离，如图 2-22 中 C；

后悬是指汽车最后端至通过后轴轴线的垂面间的距离，如图2-22中D。前、后悬尺寸不宜过长，否则会使汽车的接近角、离去角过小而影响汽车通过性。

（5）最小离地间隙　它是指汽车满载时，除车轮外汽车最低点至地面的距离，如图2-22中J。后驱车的离地最低点一般在后轴中央，前驱车一般在前轴，也有些轿车的离地最低点在前防撞杆下缘。最小离地间隙高，汽车通过性好，但其重心高，使汽车的操纵稳定性变差。一般轿车的最小离地间隙为130～200mm，符合正常道路状况的使用要求；越野车最小离地间隙普遍大于200mm。

第四节　汽车行驶原理

汽车行驶是汽车驱动力与行驶阻力综合作用的结果。若要汽车正常行驶，则必须满足汽车行驶的驱动与附着条件。

一、汽车驱动力

汽车驱动力是指汽车行驶时，由地面提供给驱动轮的克服各种行驶阻力推动汽车前进的作用力。汽车驱动力产生原理如图2-23所示，汽车行驶时，发动机的输出转矩经由传动系的离合器、变速器和主减速器施加一个驱动力矩T_t至驱动轮上，力图使驱动轮旋转。当驱动轮转动时，在轮胎与地面接触点，车轮对地面施加一个向后的切向作用力F_0，与此同时，路面对车轮也施加了一个数值相等、方向与汽车行驶方向相同的切向反作用力F_t，则F_t就是推动汽车行驶的驱动力。驱动力的数值与发动机的转矩、传动系的参数和车轮滚动半径有关，其大小可用下式计算：

图2-23　汽车驱动力产生原理

$$F_t = \frac{T_t}{r} = \frac{T_e i_0 i_g \eta_T}{r}$$

式中　F_t——驱动力(N)；

T_t——作用在驱动轮的驱动力矩(N·m)；

T_e——发动机输出的有效转矩(N·m)；

i_g——变速器的传动比；

i_0——主减速器的传动比；

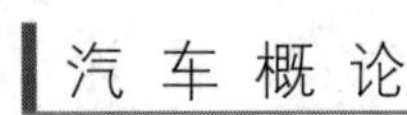

η_T——传动系统的效率；

r——车轮半径(m)。

二、汽车行驶阻力

汽车行驶过程中，阻止汽车前进的阻力有滚动阻力、空气阻力、坡度阻力和加速阻力四种，这些阻力合称为行驶阻力。

1. 滚动阻力 F_f

滚动阻力是指车轮在路面滚动时，轮胎与路面之间的相互作用和相应变形所产生的阻力。

弹性车轮在硬路面上滚动时，路面的变形很小，轮胎变形是产生滚动阻力的根本原因；车轮在沿松软路面(如松软土路、沙地、雪地等)滚动时，轮胎变形较小，而路面变形引起的滚动阻力占主导地位。汽车滚动阻力可用下式计算：

$$F_f = Gf\cos\alpha$$

式中 F_f——滚动阻力(N)；

G——汽车总重力(N)；

α——道路坡度角(°)；

f——滚动阻力因数。

滚动阻力与路面条件、轮胎结构、轮胎气压、汽车质量、行驶车速等都有关系。汽车在硬路面上行驶时，路面状况越好，轮胎气压适当高些、车轮滚动时的变形越小，滚动阻力越小；汽车总质量越小，行驶车速越低，车轮滚动时的变形越小，滚动阻力越小；子午线轮胎在相同条件下比普通斜交轮胎滚动阻力小。

2. 空气阻力 F_w

空气阻力是指汽车直线行驶时，空气作用在汽车行驶方向上的分力。

汽车行驶时，由于汽车与空气的相对运动，汽车要挤开周围的空气，车身前部受到气流压力，而车身后部因空气涡流产生真空，如图 2-24 所示，这样汽车前后部形成压力差，此外还存在着空气与汽车表面之间的摩擦，再加上冷却发动机、室内通风以及汽车外部表面凸起零件引起的气流干扰等，就形成了空气阻力。

图 2-24 汽车行驶时的空气流动

空气阻力主要与汽车的外部形状、正面投影面积、汽车运动速度有关。空气阻力大小可用下式计算：

$$F_w = \frac{C_D A v^2}{21.15}$$

式中　F_w——空气阻力(N)；

C_D——空气阻力系数，取决于汽车的形状和表面的粗糙程度，由风洞试验测得，典型轿车的 C_D 约为 0.30 ~ 0.41，客车的 C_D 约为 0.50 ~ 0.80，货车的 C_D 约为 0.8 ~ 1.0；

A——迎风面积(m^2)，即汽车行驶方向的投影面积，典型轿车的 A 约为 1.7 ~ 2.1m^2，客车的 A 约为 4 ~ 7m^2，货车的 A 约为 3 ~ 7m^2；

v——汽车与空气的相对速度，在无风时即汽车的行驶速度(km/h)。

3. 坡度阻力 F_i

坡度阻力是指汽车上坡行驶时，汽车重力沿坡道方向的分力，如图 2-25 所示。坡度阻力的大小取决于汽车的总质量和道路的坡度角，可由下式计算：

$$F_i = G\sin\alpha$$

式中　F_i——坡度阻力(N)；

G——汽车重力(N)；

α——道路坡度角(°)。

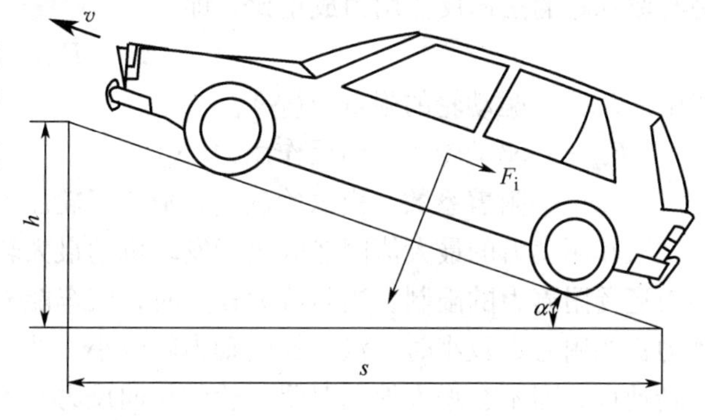

图 2-25　汽车的坡度阻力

4. 加速阻力 F_j

加速阻力是指克服汽车质量加速运动时的惯性力。其大小主要与汽车总质量、旋转质量和加速度有关。其总质量、旋转质量、加速度越大，则加速阻力就越大。汽车加速阻力可用下式计算：

$$F_j = \delta m \frac{dv}{dt}$$

式中　F_j——加速阻力(N)；

m——汽车质量(kg)；

$\frac{dv}{dt}$——汽车行驶的加速度(m/s^2)；

δ——汽车旋转质量换算系数，货车的 δ 约为 1.1，轿车的 δ 约为 1.05 ~ 1.08。

注意：汽车行驶阻力与汽车的运动状态有关，低速行驶时，滚动阻力占绝大部分；高速行驶时，空气阻力占主导地位；坡度阻力在上坡时表现为阻力，在下坡时表现为助力；加速阻力在加速时表现为阻力，在减速时表现为助力。

三、汽车行驶条件

1. 汽车行驶的驱动条件

当路面的接触强度足够时，若汽车驱动力与各行驶阻力的平衡关系不同，则汽车的运动状态不同。若 $F_t > F_f + F_w + F_i$，则汽车将加速行驶；若 $F_t = F_f + F_w + F_i$，则汽车将匀速行驶；若 $F_t < F_f + F_w + F_i$，则汽车将不能起步，或行驶的汽车将减速直至停车。

因此，满足汽车行驶的第一个条件是：$F_t \geqslant F_f + F_w + F_i$，该式就是汽车行驶的驱动条件。

2. 汽车行驶的附着条件

汽车行驶的驱动条件满足时，汽车还不一定能够正常行驶，如松软路面或建筑工地上有时会见到汽车驱动轮陷入泥坑，驱动轮相对地面产生滑转，汽车不能行驶的现象，驾驶人采用猛踩加速踏板的方法，力图增大汽车驱动力，其结果只能使驱动轮加速旋转，汽车仍不能行驶。这种现象说明，地面作用在驱动轮上的切向反力，受地面接触强度的限制，并不能随意增大。汽车行驶除满足驱动条件外，还要满足地面接触强度提供的条件，即附着条件，汽车才能正常行驶。

无侧向力作用时，地面对轮胎切向反作用力的极限值，称为附着力。在硬路面上，附着力与驱动轮的法向反作用力成正比，即

$$F_\varphi = F_{z\varphi}\varphi$$

式中 F_φ——驱动轮的附着力(N)；

$F_{z\varphi}$——驱动轮的法向反作用力(N)；

φ——附着系数，由试验确定，取决于轮胎、路面和使用条件。

汽车驱动力的最大值固然取决于发动机的最大转矩和传动系的传动比，但实际发出的驱动力还受附着力的限制。当附着力较大时，汽车能充分发挥发动机的动力，能得到较大的驱动力；当附着力较小时，汽车的驱动力就较小，即使加速踏板踩到底，也只会增加驱动轮的滑转速度，而不会增大地面对驱动轮的切向反力，不会增大驱动力。所以汽车行驶必须满足的第二个条件是：$F_t \leqslant F_\varphi$，该式就是汽车行驶的附着条件。

3. 汽车正常行驶的条件

由汽车行驶的驱动条件和附着条件可以看出，保证汽车正常行驶的必要与充分条件是：汽车驱动力应大于或等于汽车滚动阻力、坡度阻力和空气阻力之和，且小于或等于汽车附着力，即 $F_f + F_i + F_w \leqslant F_t \leqslant F_\varphi$。可见，汽车正常行驶的条件就是汽车行驶的驱动与附着条件。

注意：路面提供的实际驱动力首先取决于汽车能输出的动力，同时还受路面附着条件的限制。汽车克服阻力的能力越大，路面附着条件越好，汽车越容易正常行驶。

思 考 题

1. 汽车按用途可分为哪几类？
2. 什么是乘用车？什么是商用车？
3. 解释汽车型号 CA1092、EQ2080 的含义。
4. 什么是车辆识别代号？车辆识别代号的作用是什么？它有哪几部分组成，包含哪些信息？
5. 汽车总体构造有哪几部分组成？各部分的功用是什么？
6. 什么是汽车的最高车速和最大爬坡度？其数值的大小对汽车有何影响？
7. 什么是汽车的整备质量？它对汽车的油耗有何影响？
8. 汽车的外形尺寸、轴距、轮距对汽车的性能有何影响？

9. 什么是汽车的驱动力？它是如何产生的？
10. 汽车的行驶阻力有哪些？各自产生的原因是什么？
11. 汽车的驱动条件是什么？汽车的附着条件是什么？
12. 简述汽车的行驶原理。

第三章

汽车发动机

发动机是将某一种形式的能量转换为机械能的机器，现代汽车发动机主要采用往复活塞式内燃机，它将燃料燃烧的热能转化为机械能。它具有功率大、热效率高、结构紧凑、体积小、质量轻、起动容易等优点。

第一节　发动机概述

一、发动机的分类

车用往复式活塞内燃机可以按照不同的特征进行分类。

按完成一个工作循环所需行程数不同，可分为四冲程发动机和二冲程发动机，现代汽车主要采用四冲程发动机。

按所燃用燃料不同，可分为汽油发动机、柴油发动机和其他燃料发动机。

按发火方式不同，可分为点燃式发动机和压燃式发动机。汽油发动机和采用甲醇、乙醇、液化石油气、天然气燃料的发动机属于点燃式发动机，柴油发动机属于压燃式发动机。

按冷却方式不同，可分为水冷式发动机和风冷式发动机。现代汽车绝大多数采用水冷式发动机。

按气缸数不同，可分为单缸发动机、双缸发动机和多缸发动机。现代汽车主要采用多缸发动机，因其平稳性好，功率大。轿车使用最多的是4缸发动机和6缸发动机，高级轿车也有采用8缸发动机的。

按气缸布置形式不同，可分为单列式发动机、双列式发动机和水平对置式发动机。现代汽车的双列式发动机多采用V形布置。

按进气状态不同，可分为自然吸气式发动机和增压式发动机。目前，汽油机常用自然吸气式，柴油机常用废气涡轮增压。

二、发动机的基本结构及常用术语

1. 发动机基本结构

图3-1为单缸汽油发动机的基本结构示意图。发动机的工作腔称作气缸，其内表面为圆柱形。气缸内的活塞通过活塞销与连杆

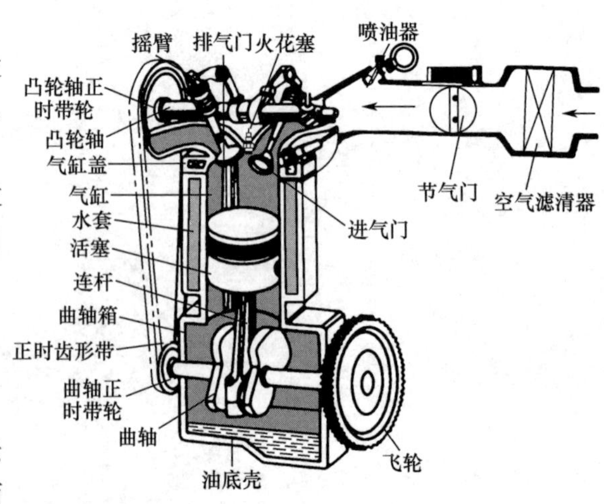

图3-1　单缸汽油发动机的基本结构

一端铰接，连杆另一端与曲轴连接。当活塞在气缸内往复运动时，便通过连杆推动曲轴旋转。气缸的顶端用气缸盖封闭。在气缸盖上装有进、排气门，通过凸轮轴控制进、排气门开闭，实现向气缸内充气和向气缸外排气。

2. 发动机常用术语

发动机常用术语可通过图 3-2 加以说明，主要如下。

上止点：活塞顶部离曲轴回转中心最远处，通常指活塞顶部的最高位置。

下止点：活塞顶部离曲轴回转中心最近处，通常指活塞顶部的最低位置。

活塞行程(S)：活塞上止点与下止点间的距离。活塞由一个止点移动到另一个止点，运动一次的过程称为行程。

曲柄半径(R)：曲轴与连杆大端的连接中心到曲轴回转中心线的距离。显然，曲轴每转一周，活塞移动两个行程，$S=2R$。

气缸工作容积(V_h)：活塞从上止点到下止点所让出的空间容积。其计算公式为：

$$V_h = \frac{\pi D^2 S}{4 \times 10^6}$$

式中　V_h——气缸工作容积(L)；

D——气缸直径(mm)；

S——活塞行程(mm)。

发动机排量(V_L)：发动机所有气缸工作容积的总和。若为单缸发动机，则发动机排量就是气缸工作容积；若气缸数为 i，则 $V_L = V_h i$。一般来说，排量越大，发动机功率就越大。

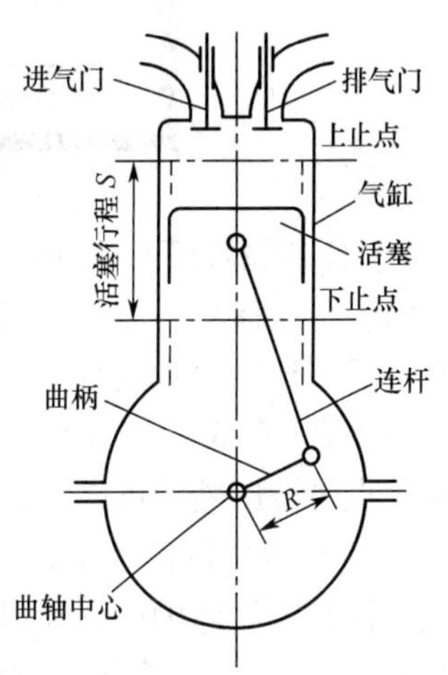

图 3-2　发动机常用术语示意图

燃烧室容积(V_c)：活塞在上止点时，活塞顶上面空间的容积。

气缸总容积(V_a)：活塞在下止点时，活塞顶上面空间的容积。它等于气缸工作容积与燃烧室容积之和，即 $V_a = V_h + V_c$。

压缩比(ε)：气缸总容积与燃烧室容积的比值，即

$$\varepsilon = \frac{V_a}{V_c} = 1 + \frac{V_h}{V_c}$$

压缩比的大小反映了气缸内气体被压缩的程度。排量相同的发动机，压缩比越大，其功率越大。现代汽油机压缩比可达 9～11，柴油机压缩比一般为 16～20。

三、发动机的工作原理

1. 四冲程汽油机工作原理

汽油机工作时，先将燃料和空气在气缸外部混合，形成可燃混合气，然后吸入气缸，经压缩后使之点火燃烧发出热能，以气体为工作介质并通过活塞和连杆使曲轴旋转，从而使热能转变为机械能，最后再将燃烧后的废气排出气缸。汽油机经历的工作过程为：进气行程、压缩行程、做功行程和排气行程，如图 3-3 所示。

(1) 进气行程　进气行程中，进气门打开，排气门关闭，转动的曲轴通过连杆带动活塞从上止点向下止点运动，缸内容积增大、压力降低而形成真空，产生吸力将可燃混合气经进气门吸入气缸。由于进气系统的阻力，进气终了时缸内气体的压力略低于大气压，约为

0.075～0.09MPa。混合气温度约为370～400K。

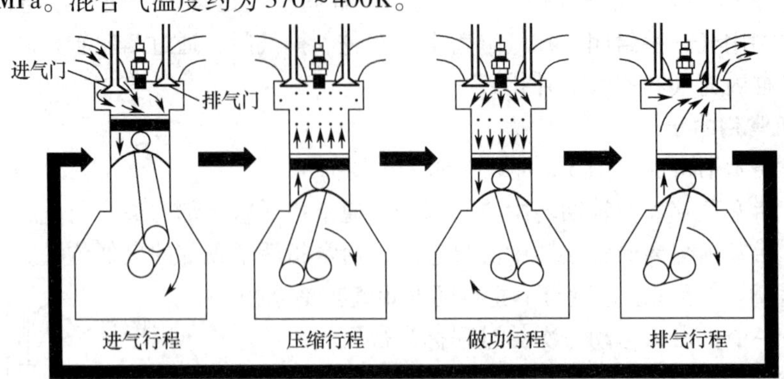

图3-3　四冲程汽油机工作原理

（2）压缩行程　在压缩行程中，进、排气门全部关闭，曲轴通过连杆推动活塞由下止点向上止点移动，对可燃混合气进行压缩，使其压力、温度升高，以便发动机发出较大功率，活塞到达上止点时压缩终了。此时，混合气被压入活塞上方很小的燃烧室中，可燃混合气压力高达0.6～1.2MPa，温度可达600～700K。在压缩行程接近终了时，火花塞产生电火花，点燃被压缩的可燃混合气。

（3）做功行程　在做功行程中，进、排气门仍然关闭。此时由于可燃混合气的迅速燃烧，使缸内气体的压力和温度迅速升高，最高压力可达3～5MPa，相应的温度则为2200～2800K。在高温、高压气体作用力的推动下，活塞从上止点向下止点运动，活塞的下移通过连杆使曲轴进行旋转运动，并产生转矩而对外做功。做功行程接近终了时，气缸内气体压力降至0.3～0.5MPa，温度则降至1300～1600K。

（4）排气行程　在排气行程中，进气门关闭，排气门打开，曲轴带动活塞由下止点向上止点运动，缸内容积由大变小，废气在缸内压力和活塞的推动下，被排出气缸进入大气，活塞到上止点时，排气行程结束。排气终了时，缸内压力稍高于大气压力，约为0.105～0.115MPa，废气温度约为900～1200K。

至此，发动机经历了一个进气、压缩、做功和排气的工作循环，曲轴转两周，完成一次热能转换。此循环周而复始地进行，发动机则连续产生动力。

2. 四冲程柴油机工作原理

四冲程柴油机和四冲程汽油机工作原理基本相同，每个工作循环也是由进气、压缩、做功和排气四个行程所组成的。但由于柴油和汽油的性质不同，因而柴油机在基本结构、可燃混合气的形成、着火方式等方面与汽油机有较大区别。

柴油机没有火花塞，其喷油器直接安装在气缸顶，向气缸内喷油。柴油机工作时，进气行程进入气缸的是纯空气，而不是可燃混合气；在压缩行程末，喷油器向气缸喷入高压柴油，与压缩空气混合，由于气缸的高温高压作用，柴油迅速着火燃烧，在做功行程气体急剧膨胀，推动活塞做功，之后进行排气。柴油机着火方式属于压燃式，而不是汽油机的点燃式。

四、发动机的主要性能指标

1. 有效功率

发动机有效功率是指通过飞轮对外输出的功率，其计算公式如下：

$$P_e = \frac{T_e n}{9550}$$

式中　P_e——有效功率(kW)；

T_e——有效转矩(N·m)；

n——发动机转速(r/min)。

发动机有效功率随着发动机的工况而变化，即随着发动机转速、节气门开度和施加在发动机上的阻力矩大小而变化。发动机铭牌和说明书上标明的功率是发动机的额定功率，对应的转速是额定转速。发动机有效功率是发动机的动力性评价指标，它反映发动机瞬时做功能力的大小。通常，发动机最大功率越大，汽车的最高车速也越高，动力性越好。

2. 有效转矩

发动机有效转矩是指通过飞轮对外输出的转矩。它反映发动机克服外界阻力能力的大小，是发动机的动力性评价指标。发动机的最大转矩就是额定转矩，它是在发动机节气门全开时曲轴能对外输出的极限转矩，它只能在某一特定转速下产生。通常，在传动系统参数一定时，发动机最大转矩越大，汽车的爬坡能力、加速能力、克服外界阻力的能力也越大。

3. 燃油消耗率

发动机燃油消耗率是指单位有效功的燃油消耗量，即每1kW·h所消耗的燃油质量，也称比油耗，其计算公式如下：

$$g_e = \frac{1000 G_T}{P_e}$$

式中　g_e——燃油消耗率，单位[g/(kW·h)]；

G_T——每小时的燃油消耗量(kg/h)；

P_e——发动机有效功率(kW)。

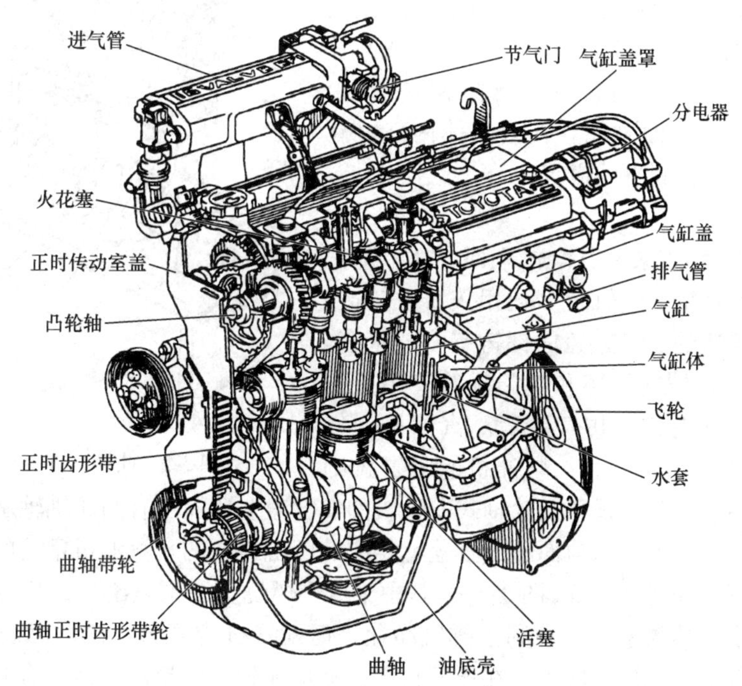

图3-4　汽油喷射发动机结构图

发动机燃油消耗率随着发动机负荷、转速等工况的变化而变化，但通常有一个最小值，叫最小燃油消耗率。最小燃油消耗率越小，对应的转速范围越宽广，则发动机输出净功率所消耗的燃料越少，经济性就越好。

五、发动机的总体结构

汽车发动机总体结构复杂，汽油机主要由曲柄连杆机构、配气机构、燃料供给系统、润滑系统、冷却系统、点火系统和起动系统组成。柴油机因其着火方式是压燃，故与汽油机相比，少了点火系统。图 3-4 为汽油喷射发动机的总体结构图。

第二节　曲柄连杆机构

曲柄连杆机构是发动机的核心和基础，其功用是将燃料燃烧产生的热能经机构转变为机械能，将活塞的直线往复运动转变为曲轴的旋转运动而对外输出动力。曲柄连杆机构由机体组、活塞连杆组和曲轴飞轮组组成，如图 3-5 所示。

一、机体组

机体组是发动机的骨架，发动机各机构和各系统都安装其上，因此要求机体组有足够的强度和刚度。机体组由气缸体、气缸盖、气缸垫和油底壳等组成。

1. 气缸体

气缸体是发动机的安装基础，用来装配或支撑各部件。气缸体由灰铸铁或铝合金铸成(图 3-6)。其上部加工有气缸，下部有曲轴支撑孔。曲轴运动的空间称为曲轴箱。在气缸体内部铸有许多加强肋、水套和润滑油道等。

2. 气缸盖

气缸盖(图 3-5)安装在气缸体上面，从上部密封气缸并构成燃烧室。气缸盖多数用灰铸铁铸造，也有用铝合金铸造的。气缸盖内部铸有冷却水套，缸盖上还装有进、排气门座和气门导管，用于安装进、排气门，还有进、排气道等。汽油机的气缸盖加工有安装火花塞的孔，柴油机的气缸盖则加工有安装喷油器的孔。顶置凸轮轴式发动机的气缸盖上还加工有凸轮轴轴承孔。

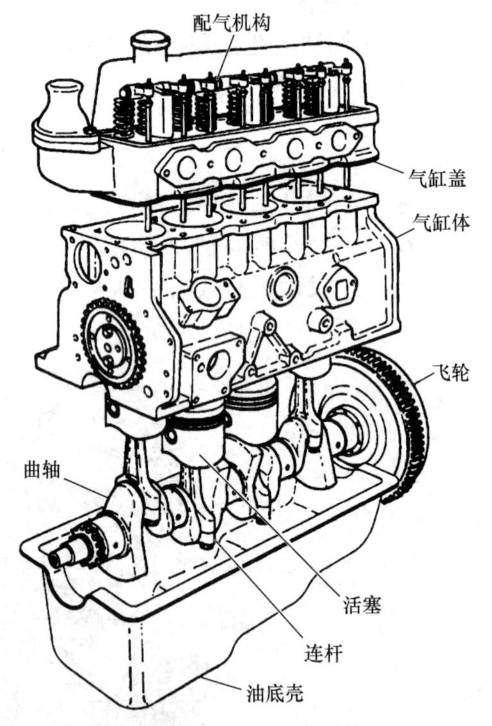

图 3-5　曲柄连杆机构的组成

汽油机燃烧室是由活塞顶面和气缸盖上相应的凹坑组成的。汽油机常见的燃烧室结构形状有半球形、楔形和浴盆形等(图 3-7)。其中半球形燃烧室结构紧凑，火焰行程短，燃烧速率大，热损失小，热效率高，有利于排气净化，但配气机构复杂。楔形燃烧室结构简单紧凑，散热面积较小，热损失较少，在压缩行程中能形成较强的挤压涡流，有利于提高混合气的混合质量，但火花塞置于燃烧室最高处，火焰传播距离长。盆形燃烧室结构简单，工艺性

好，制造成本低，但因气门直径易受限制，因而进排气效果不如半球形燃烧室。

3. 气缸垫

气缸垫(图 3-8)安装在气缸盖和气缸体之间，其功用是保证气缸盖与气缸体接触面的密封，防止漏气、漏水和漏油。气缸垫上除气缸孔外，还留有将缸体与缸盖固定的螺栓孔，以及由缸体通往缸盖的水孔和润滑油孔。

发动机上采用的气缸垫主要有三种，即多层薄金属垫、金属-复合材料垫和金属-石棉垫，前两种多在轿车上使用。气缸垫是易损件，通常是一次性使用。

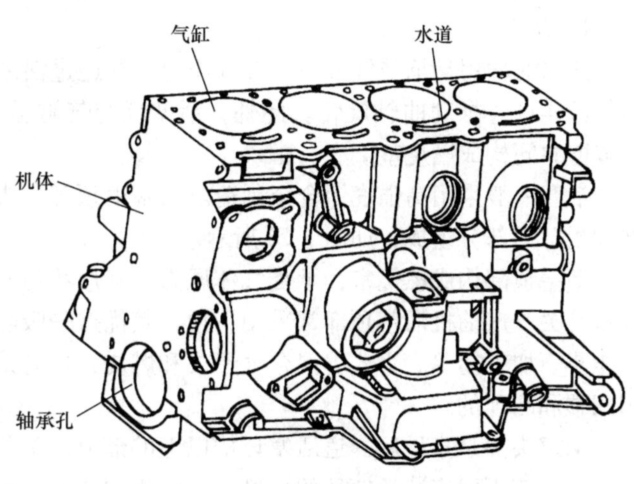

图 3-6 气缸体

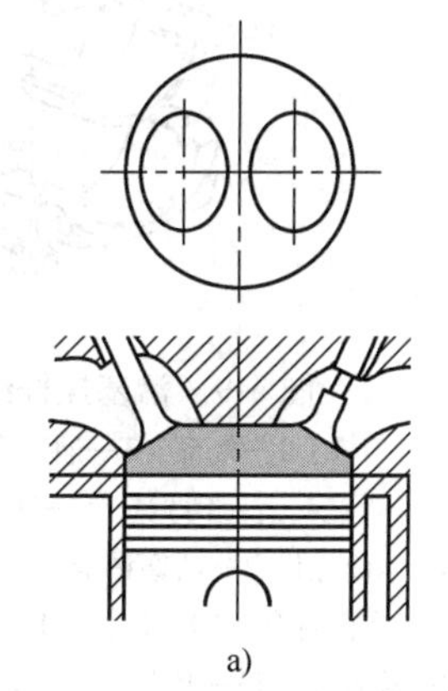

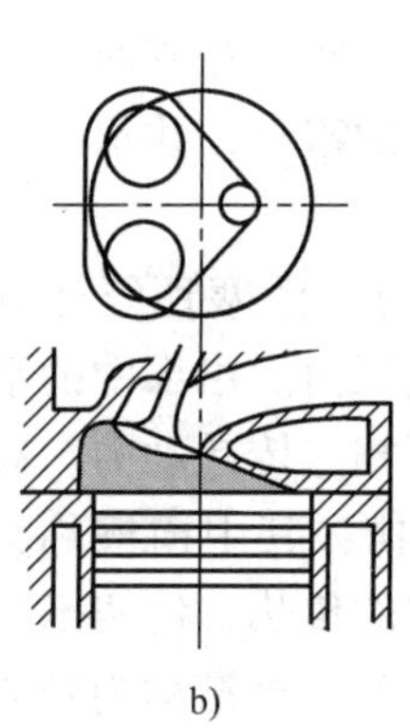

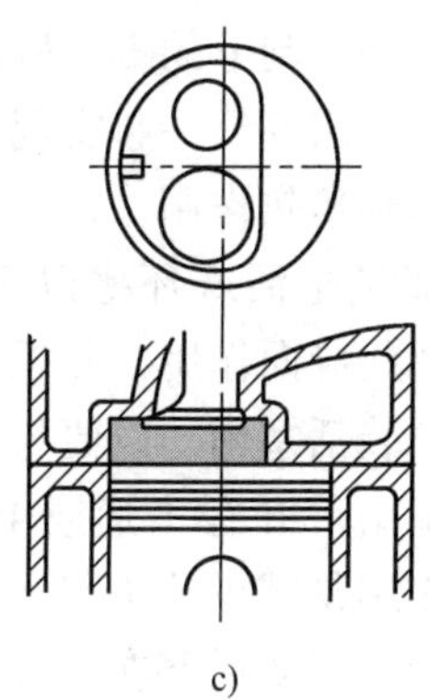

图 3-7 汽油机常见的燃烧室形状

a）半球形燃烧室 b）楔形燃烧室 c）浴盆形燃烧室

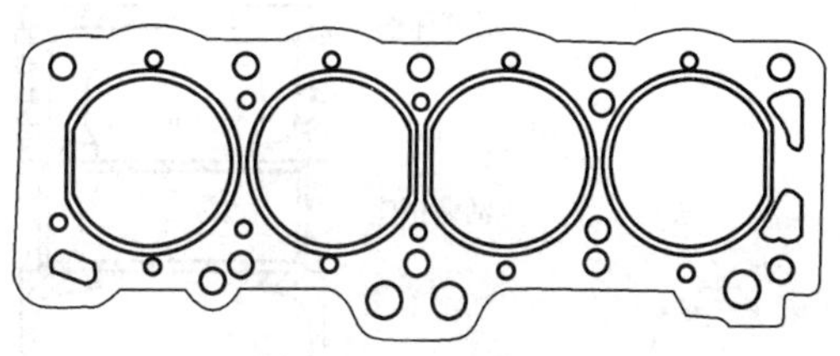

图 3-8 气缸垫

4. 油底壳

油底壳装在气缸体下部(图 3-5)，其主要功用是储存机油并封闭曲轴箱。为保证行车中气流对机油的冷却，常采用薄钢板冲压而成。油底壳后部一般做得比较深，以确保汽车爬坡时发动机机油泵能正常泵油。油底壳内部装有稳油挡板，以防止汽车振动时油面波动过大。油底壳底部装有磁性放油塞，能吸附机油中的金属屑，以减少发动机运动零件的磨损。

二、活塞连杆组

活塞连杆组是将气缸压力传递到曲轴的重要部件。它由活塞、活塞环、活塞销和连杆等组成，如图 3-9 所示。

1. 活塞

活塞的功用是承受气缸中的燃气压力，并通过活塞销传给连杆，推动曲轴旋转。此外，活塞顶与气缸盖、气缸壁共同构成燃烧室。

活塞一般采用高强度铝合金制造。活塞由顶部、头部和裙部三部分组成，如图3-10所示。

活塞顶部构成燃烧室，承受气体压力，其形状与燃烧室有关。汽油机活塞顶部常采用平顶，其优点是吸热面积小，加工简单。为改善混合气形成和燃烧，也有采用凹顶和凸顶的。

活塞头部是指最后一道活塞环槽以上的部分。头部切有若干道用以安装活塞环的环槽。汽油机的活塞一般有2~3道环槽，上面1、2道用以安装气环，下面一道用以安装油环。在油环槽底面上钻有许多径向小孔，以便油环从气缸壁上刮下的多余机油从这些小孔流回油底壳。活塞头部与活塞环一起实现气缸的密封，并承受气体的压力并起到传热作用。

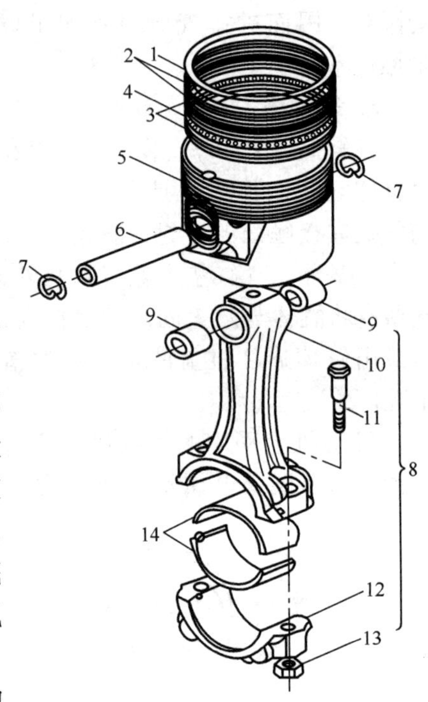

图3-9　活塞连杆组

1、2—气环　3—油环刮片　4—油环衬簧　5—活塞　6—活塞销　7—活塞销卡环　8—连杆组　9—连杆衬套　10—连杆　11—连杆螺栓　12—连杆盖　13—连杆螺母　14—连杆轴承

活塞裙部是指活塞环槽以下部位。活塞往复运动时，活塞裙部起导向作用，并承受侧压力。裙部中的活塞销座用来安装活塞销，以便与连杆相连传递动力。有的汽油机活塞裙部开有T形或Π形槽，其中横槽称为隔热槽，其作用是减少从头部到裙部的传热，使裙部的热膨胀量减少，以防活塞在气缸中卡死；纵槽称为膨胀槽，其作用是增加活塞裙部的弹性，使冷态下的活塞与气缸装配间隙尽可能小，而在热态下又因切槽的补偿作用，活塞不致在气缸中卡死。

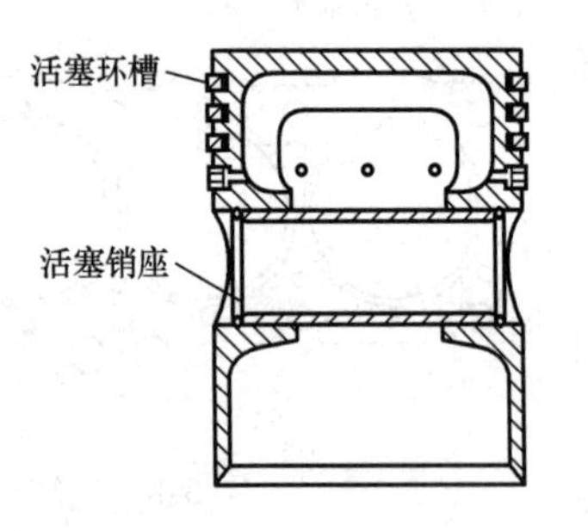

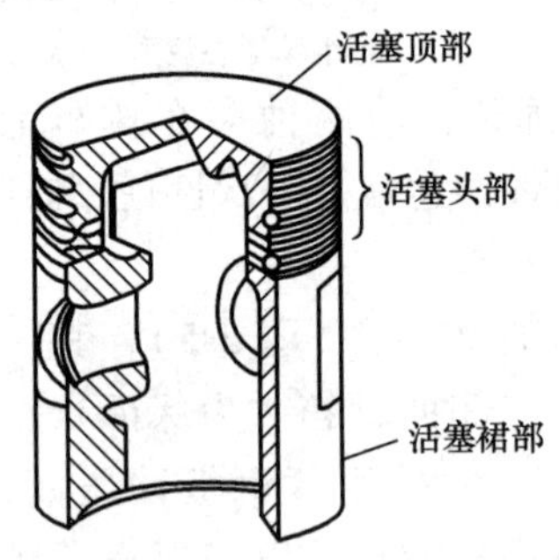

图3-10　活塞的基本结构

为了使活塞在正常工作温度下与气缸壁保持比较均匀的间隙，以免在气缸内卡死，往往将活塞加工成上小下大的锥形或阶梯形，裙部断面加工成长轴垂直于活塞销方向的椭圆形。

2. 活塞环

活塞环分为气环和油环，如图3-11所示。

气环（亦称压缩环）的功用是保证活塞与气缸壁间的密封，防止气缸中的气体窜入曲轴箱；同时将活塞头部的热量传给气缸；还在气缸壁上起刮油、布油的辅助作用。

油环的功用是刮去气缸壁上多余的机油，并使气缸壁上的油膜分布均匀，同时油环也兼起密封作用。

活塞环是在高温、高压、高速和润滑困难的条件下工作的。因此，活塞环的材料多采用优质灰铸铁、球墨铸铁或合金铸铁，组合式油环采用弹簧钢片制造。

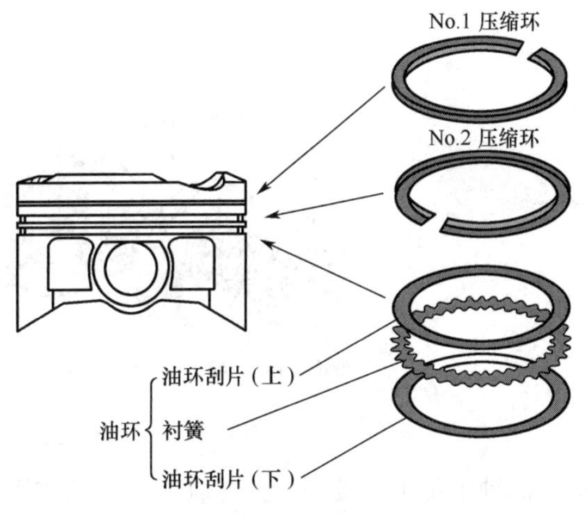

图 3-11　活塞环

3. 活塞销

活塞销的功用是连接活塞与连杆小头，将活塞承受的气体作用力传给连杆。活塞销一般用低碳钢或低碳合金钢制造，通常做成空心圆柱体，表面经渗碳处理，然后精磨抛光。

活塞销与活塞销座孔和连杆小头的连接方式，有全浮式和半浮式两种形式。全浮式是指发动机在正常工作温度时，活塞销能在连杆衬套和活塞销座孔中自由转动的安装方式（图 3-12a）。这种方式可使活塞销磨损均匀，使用寿命长，因而广泛采用。半浮式是指活塞销与销座孔和连杆小头两处，一处固定，一处浮动的安装方式，其中大部分是采用销与连杆小头固定（图 3-12b）。这种方式因活塞销工作时不能自由转动而易使活塞销产生偏磨。

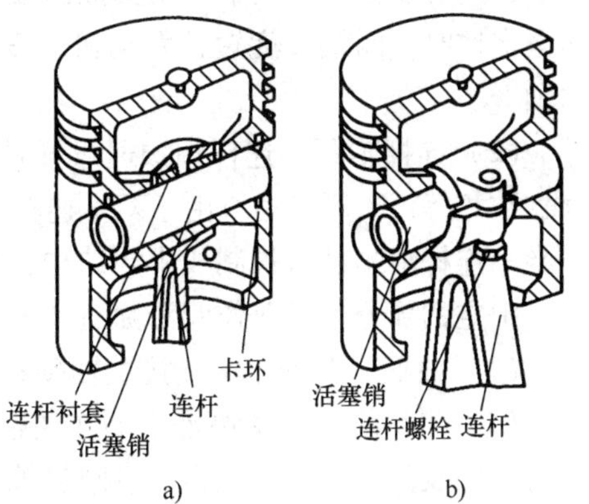

图 3-12　活塞销的连接方式
a）全浮式　b）半浮式

4. 连杆

连杆的功用是连接活塞与曲轴，使活塞承受的压力传给曲轴。连杆由优质合金钢锻造而成，杆身锻成工字形，既可减轻重量，又可增加强度和刚度，其构造如图 3-9 所示。连杆由小头、杆身、大头三部分组成。连杆小头孔中一般压入减磨的青铜衬套，并通过连杆衬套与活塞销相连，连杆大头做成剖分式的，分开的部分叫连杆盖，连杆大头通过连杆轴承与盖用螺栓安装在曲轴的连杆轴颈上。发动机运转时，连杆小头随活塞上下往复运动，连杆大头随曲轴旋转运动，杆身平面运动。

三、曲轴飞轮组

曲轴飞轮组的功用是将活塞的往复运动通过连杆的传递转变为曲轴的旋转运动，为汽车行驶和其他需要动力的机构输出转矩，同时储存能量，以克服非做功行程的阻力，使发动机运转平稳。曲轴飞轮组由曲轴、飞轮和一些附件组成，如图 3-13 所示。

1. 曲轴

曲轴的功用是承受连杆传来的力，并产生旋转运动和转矩，驱动与之相连的各系统或机

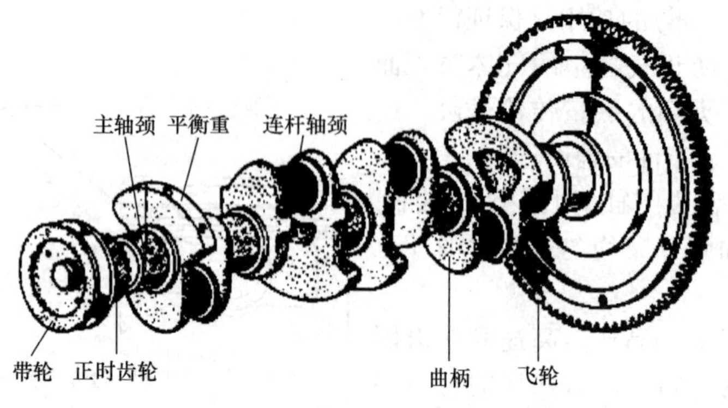

图 3-13 曲轴飞轮组

构。曲轴主要由主轴颈、连杆轴颈、曲柄和平衡块组成。汽车发动机曲轴一般采用中碳钢或中碳合金钢整体铸造或锻造而成。

（1）主轴颈 主轴颈是曲轴的支撑点，通过主轴承用轴承盖安装在曲轴箱的主轴承座中。在每个连杆轴颈两侧都加工出主轴颈者，称为全支撑曲轴。如果主轴颈数目比连杆轴颈数少，则为非全支撑曲轴。全支撑曲轴的强度、刚度较好，曲轴变形小，目前已普遍使用。非全支撑时，曲轴长度短，发动机长度减少，摩擦阻力小，有些赛车发动机采用非全支撑曲轴。

（2）连杆轴颈 连杆轴颈通过连杆轴承安装连杆大头，直列式发动机的连杆轴颈数与气缸数相等；V 形发动机由于两个连杆共同装在一个连杆轴颈上，故连杆轴颈数为气缸数的一半。连杆轴颈通常被制成中空结构，其目的是为了减轻曲拐旋转部分的质量，以减小离心力。中空的部分还可兼作润滑油道和油腔。

（3）曲柄 曲柄用来连接主轴颈和连杆轴颈，曲柄内有油道贯通主轴颈和连杆轴颈。

（4）平衡块 平衡块是附加在曲柄上的重块，用来平衡曲轴旋转时产生的离心力、离心力矩以及部分往复惯性力，以减轻轴承和曲轴的磨损，提高发动机的运转平稳性。

（5）曲拐 曲拐由一个连杆轴颈和它两端的曲柄及主轴颈构成。曲轴由若干个曲拐组成，直列发动机曲拐数与气缸数相等；V 形发动机曲拐数是气缸数的一半。

（6）曲轴的形状 曲轴的形状取决于曲拐的布置。各曲拐之间有一个最佳角度分布，这与要求发动机各缸做功均匀分布（发火间隔角相等）及受力均衡有关。四冲程发动机各缸点火间隔角应为 $720°/i$，i 为气缸数；连续做功的两缸相距应尽可能远，以使受力状态最佳。这样，四冲程 4 缸发动机的曲拐布置如图 3-14a 所示，四个曲拐布置在同一平面内，发火间隔角 180°，其点火顺序有两种，1—3—4—2 或 1—2—4—3。四冲程直列 6 缸发动机的曲拐布置如图 3-14b 所示，六个曲拐分别布置在三个平面内，发火间隔角为 120°，其点火顺序有两种，1—5—3—6—2—4 或 1—4—2—6—3—5。

2. 飞轮

飞轮的功用是通过储存和释放能量来提高发动机运转的均匀性和改善发动机克服短暂超负荷的能力，与此同时飞轮又将发动机动力传给离合器。另外，发动机起动时，起动机必须通过飞轮上的齿圈啮合驱动，带动曲轴旋转。

飞轮是一个转动惯量很大的铸铁或精冲钢板圆盘（图 3-13），其轮缘较厚，中间较薄，

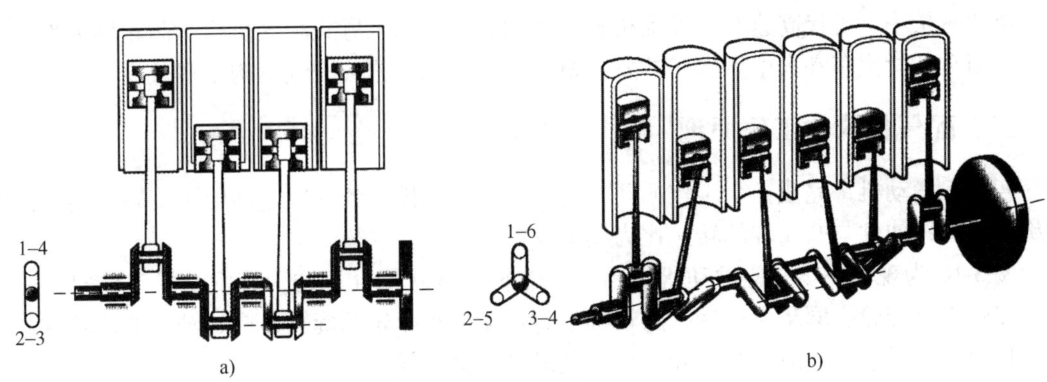

图 3-14　直列四冲程发动机曲轴曲拐布置

a）4 缸发动机　b）6 缸发动机

其外缘镶有齿圈，以供发动机起动之用。飞轮通过螺栓安装在曲轴后端的连接盘上，制造时进行过动平衡。为了防止拆装时破坏飞轮与曲轴的平衡状态，飞轮与曲轴之间应有严格不变的相对位置，通常用定位销或不对称布置的螺栓来定位。另外，在飞轮轮缘上通常刻有第一缸上止点和转角标记，用于校准点火正时或供油正时。

第三节　配 气 机 构

配气机构的功用是按照发动机的工作顺序和工作循环的要求，定时地开启和关闭进、排气门，使新鲜可燃混合气（汽油机）或空气（柴油机）及时充入气缸，燃烧后的废气及时排出气缸。

一、配气机构的分类

现代汽车均采用气门顶置式配气机构。在气门顶置式配气机构中按凸轮轴位置的不同，可分为凸轮轴下置式、凸轮轴中置式和凸轮轴顶置式，如图 3-15 所示。

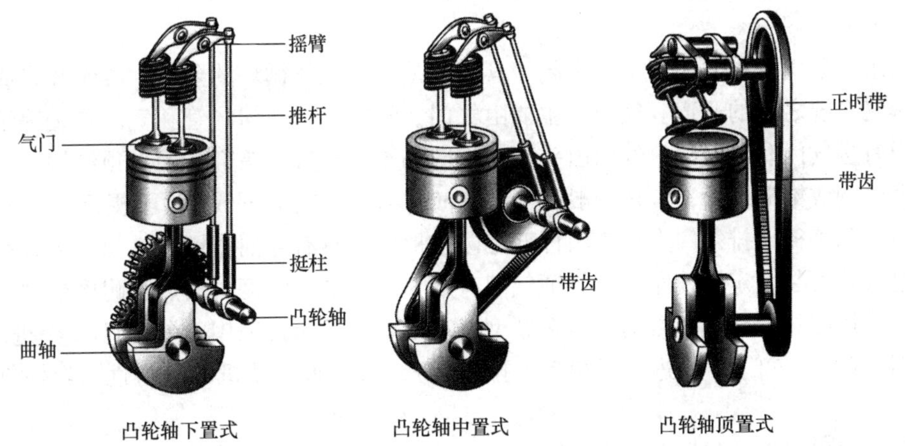

图 3-15　三种凸轮轴布置形式

凸轮轴顶置式配气机构，省去了进行往复运动的挺柱和推杆，运动件少，机构刚度大，往复惯性质量小，现代高速车用发动机普遍采用；凸轮轴下置式配气机构，凸轮轴为齿轮传动，常用在载货汽车和大中型客车的发动机上；凸轮轴中置式配气机构用得较少。

二、配气机构的工作原理

四冲程发动机每完成一个工作循环，每个气缸进、排气各一次，凸轮轴旋转一周，而曲轴旋转两周，曲轴与凸轮轴的转速比为2∶1。

图3-16为现代轿车高速发动机使用的凸轮轴上置式配气机构，其发动机工作时，曲轴通过曲轴正时带轮、同步齿形带、凸轮轴正时带轮驱动凸轮轴旋转，凸轮轴上的凸轮则通过摇臂迫使进、排气门适时地开启和关闭，完成进、排气任务。

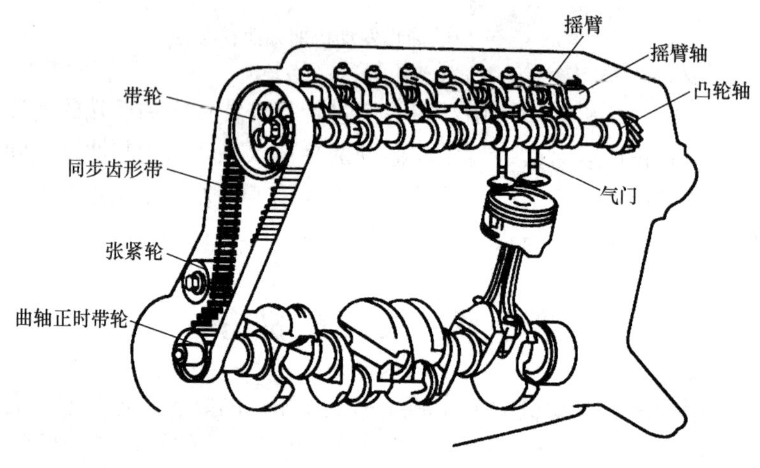

图3-16　凸轮轴上置式配气机构

三、配气机构的构造

配气机构由气门组和气门传动组组成，其构造因配气机构类型不同而略有差异，图3-17所示为凸轮轴下置式配气机构的组成及构造。

1. 气门组

气门组在配气机构中相当于一个阀，其功用是按照工作循环的要求，准时开启或关闭气缸与进排气系统之间的通道。气门组主要由气门、气门座、气门导管和气门弹簧等组成。

气门有进气门和排气门。气门由头部、杆部和尾部组成。头部常用平顶结构，气门与气门座配合处制成锥形斜面，锥角一般为45°或30°，宽度约为2mm。为了提高充气效率，通常进气门头部直径比排气门大；气门杆部是圆柱形的，具有导向作用；气门尾部开有环形凹槽，通过锁片安装固定弹簧座。为保证气门有足够的强度、刚度、耐热和耐磨能力，气门的材料通常采用耐热合金钢。目前，很多新型汽车发动机的每缸采用4个气门(2个进气门和2个排气门)或5个气门(3个进气门和2个排气门)，以改善发动机的动力性、经济性和排放性能。

气门座可以直接在气缸盖上镗出，有些发动机为了使气门座耐磨，在气缸盖上镶入耐热钢或合金铸铁制成的气门座。

气门导管的主要功用是保证气门进行直线运动，使气门同气门座正确闭合，同时还将气

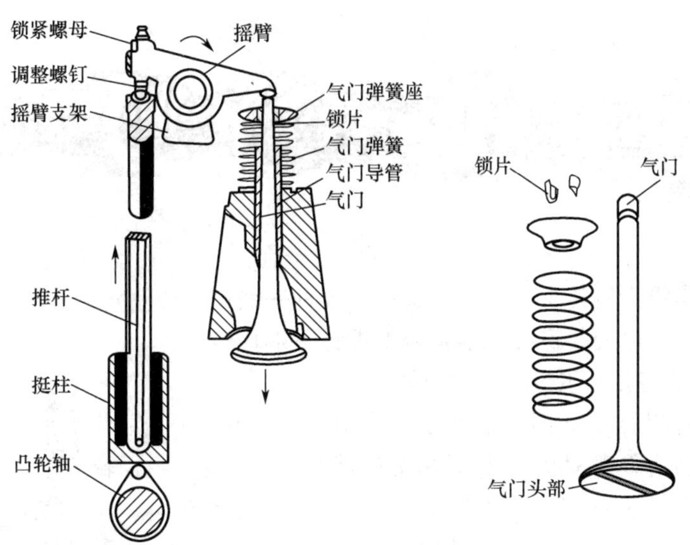

图 3-17　配气机构组成及构造

门杆的热量传至气缸盖。气门导管内外表面经加工后压入气缸盖内。气门杆和导管之间留有 0.05 ~0.12mm 的间隙，使气门能在导管中自由运动。

气门弹簧一般是用弹簧钢丝制成的圆柱形螺旋弹簧，其功用是使气门迅速回位，保证气门密封并防止气门在开启、关闭过程中因传动件的惯性而产生彼此脱离现象。为了防止气门弹簧共振而破坏配气正时，常采用双气门弹簧、变螺距气门弹簧、锥形气门弹簧或者气门弹簧振动阻尼器。

2. 气门传动组

气门传动组的功用是按规定的时刻和次序开启和关闭进排气门，并保证气门有一定的开度和升程。配气机构类型不同，其气门传动组结构不尽相同。凸轮轴下置式的气门传动组主要由正时齿轮、凸轮轴、挺柱、推杆、摇臂、摇臂轴和气门间隙调整螺钉等组成，如图 3-17 所示。

正时齿轮的功用是传递动力和配气正时。曲轴通过正时齿轮副驱动凸轮轴旋转，同时曲轴和凸轮轴上正时齿轮的相互啮合，决定了曲轴与凸轮轴的相互位置，正确的位置关系能保证配气正时。因此，两个正时齿轮都带有明显的对正记号，安装时必须将其对准。

凸轮轴的功用是控制各气缸进、排气门开闭时刻，使之符合发动机发火次序和配气相位的要求，同时控制气门开度的变化规律。凸轮轴由进气凸轮、排气凸轮、凸轮轴颈、驱动汽油泵的偏心轮、驱动机油泵及分电器的螺旋齿轮等组成，如图 3-18 所示。凸轮轴一般采用多轴颈支撑，以减小其变形。发动机各缸同名凸轮的相对角位置符合发动机各缸的发火次序，四冲程发动机各相邻做功气缸同名凸轮间的夹角等于 $360°/i$（i 为气缸数），4 缸机是 90°，6 缸机是 60°。而凸轮的轮廓形状决定了气门开闭的快慢、开度的大小和开启的持续时间，不同机型其凸轮的轮廓形状一般不同。

挺柱的功用是将凸轮的旋转运动变成直线运动，并将凸轮推力传给推杆。挺柱一般制成空心，以减少往复惯性力。为使挺柱工作表面磨损均匀，构造上使挺柱被凸轮顶起上升的同时还进行旋转运动。

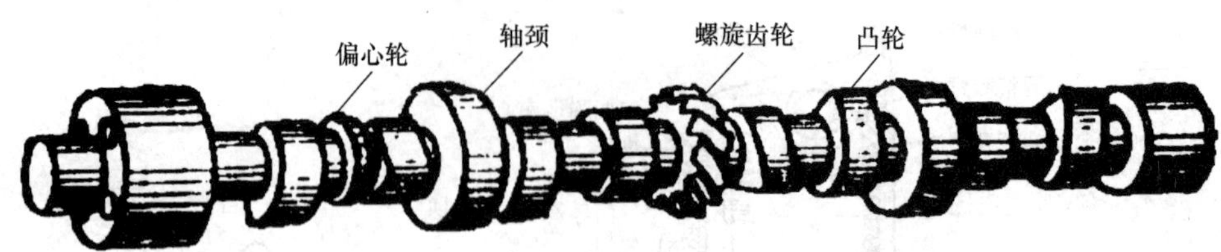

图 3-18 凸轮轴

推杆的功用是将挺柱传来的力传给摇臂。推杆一般用空心钢管制成，杆的两端焊有或嵌压不同形状的端头，以便与挺柱和摇臂调整螺钉下端接触。

摇臂的功用是将推杆传来的推力改变方向，作用在气门杆尾部以推动气门。摇臂是一个双臂杠杆，短臂端头装有调整螺钉，其下端带有球形凹坑，与推杆接触，长臂端头下面带有弧形工作面，与气门杆尾部接触。摇臂通过其中间轴承孔套装在摇臂轴上，整个摇臂总成通过支座安装于缸盖上面，如图 3-19 所示。

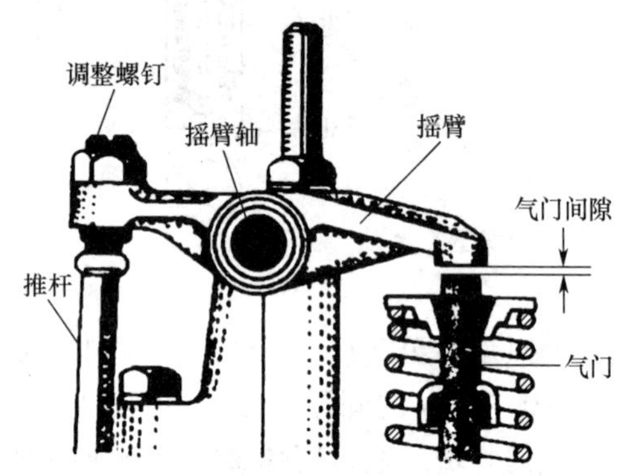

图 3-19 摇臂总成及气门间隙示意图

气门间隙是指气门关闭时，气门杆尾部与摇臂之间的间隙(图 3-19)。其作用是为气门及传动组件工作时留有受热膨胀的余地。一般冷态时，进气门间隙为 0.20 ~ 0.25mm，排气门间隙为 0.25 ~0.30mm。如果气门间隙过小，发动机在热态下气门可能因热膨胀而关闭不严发生漏气，导致功率下降，甚至烧坏气门。如果气门间隙过大，则使传动零件之间、摇臂与气门之间撞击声增大，并加速磨损，同时，也会改变气门开启与关闭的时刻，使气缸的充气及排气情况变坏。发动机工作中，由于气门及传动机构零件的磨损，会导致气门间隙发生变化，应注意检查调整。气门间隙可用摇臂端头的调整螺钉调整。

四、配气相位

1. 配气相位概念

进、排气门开闭时刻及开启时间所对应的曲轴转角，称为配气相位。配气相位的各个角度可用配气相位图来表示。

理想的四冲程发动机，进、排气时间各占 180°的曲轴转角。但实际的四冲程发动机，转速很高，进、排气时间很短，为了充分利用进气门、排气门开启面积和气体流动惯性效应，使气缸进气充足，排气彻底，提高发动机动力性，其进、排气门均提前开启和延迟关闭。

图 3-20 为四冲程发动机配气相位图，进气门在活塞到达上止点前 α 角开始打开，在活塞越过下止点后 β 角才关闭。同理，排气门在活塞到达下止点前 γ 角打开，在活塞越过上止点后 δ 角才关闭。这样，进、排气门开启的的角度都大于 180°，从而延长了进、排气的时间。

由于同缸的进、排气门都是早开晚闭，因此在进气行程开始前后，进、排气门同时开

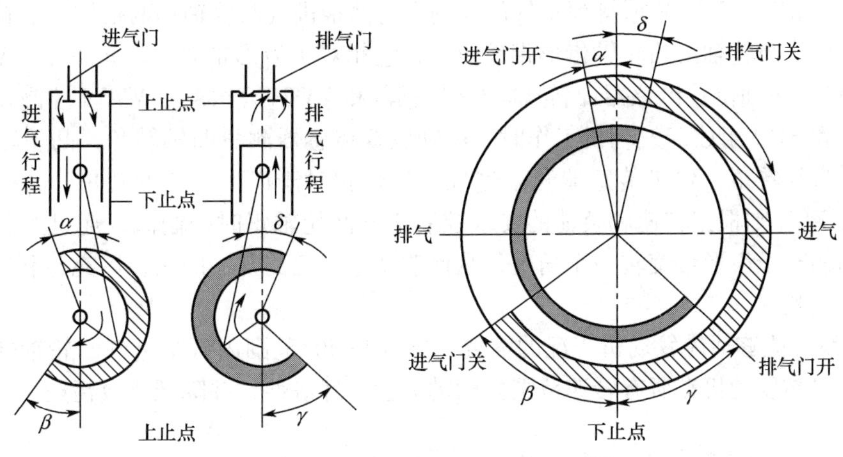

图 3-20　配气相位图

着，这种现象叫气门重叠，重叠角为 $\alpha+\delta$。由于新鲜气流和废气气流的流动惯性大，在短时间内不会改变方向，只要选择好合适的重叠角，则可利用气流压差和惯性，达到清除残余废气、增加进气量的目的，而不会出现新鲜气被排出和废气倒流的现象。

目前，绝大多数发动机具有固定的配气相位，但不同的发动机往往有不同的配气相位。通常，发动机配气相位的变化范围是：进气提前角 α 为 10°～30°，进气迟闭角 β 为 40°～80°；排气提前角 γ 为 40°～80°，排气迟闭角 δ 为 10°～30°。

2. 可变配气系统

传统的发动机配气机构安装好之后，配气相位便无法改变。但理想的配气相位应随着发动机的转速、负荷及其他工况而改变。为了使发动机在高转速时能提供较大的功率，在低转速时又能产生足够的转矩，现代轿车发动机有的已采用了可变配气系统，它能根据发动机的运行状况而改变配气相位角。图 3-21 是雷克萨斯 LS400 智能可变配气正时系统（简称 VVT-i）的原理图。

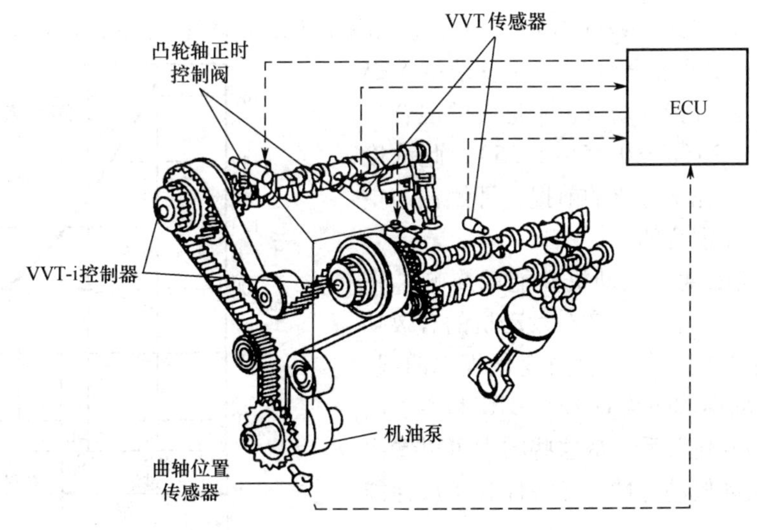

图 3-21　雷克萨斯 LS400 智能可变配气正时系统

LS400 发动机是 8 缸 V 形排列 4 气门式的，有两根进气凸轮轴和两根排气凸轮轴。在工作过程中，排气凸轮轴由凸轮轴齿形带轮驱动，它相对于齿形带轮的转角不变。VVT-i 系统由传感器(包括曲轴位置传感器、凸轮轴位置传感器和 VVT 传感器)、VVT-i 控制器、凸轮轴正时控制阀和 ECU 组成。发动机工作时，曲轴位置传感器测量曲轴转角，凸轮轴位置传感器测量齿形带轮转角，VVT 传感器测量进气凸轮轴相对于齿形带轮的转角。各传感器信号输入 ECU，ECU 则根据转速和负荷的要求控制进气凸轮轴正时控制阀，通过控制控制器使进气凸轮轴相对于齿形带旋转一个角度，从而改变进气门的开、闭角，以充分利用气流的惯性，提高充气效率。

VVT-i 系统能够适应发动机工况的需要，自动在 50°范围内调整进气凸轮轴转角，改变配气相位，提高发动机在所有转速范围内的动力性、经济性，并降低排放污染。

第四节　燃油供给系统

一、汽油机燃油供给系统

汽油机燃油供给系统的功用是根据发动机不同的工作状况，定时配制出一定数量和浓度的可燃混合气，供入气缸燃烧做功。现代车用汽油机普遍采用汽油喷射式燃油供给系统。

1. 汽油机对混合气浓度的要求

(1) 混合气及其浓度　燃油与空气按一定比例混合、雾化而成的混合物，称为可燃混合气，简称混合气。混合气中空气与燃油的比例称为混合气浓度。混合气浓度通常用空燃比(A/F)或过量空气系数(α)来表征。

空燃比是指混合气中空气质量与燃油质量之比。理论上 1kg 汽油完全燃烧需要 14.7kg 空气，即空燃比为 14.7。对汽油机而言，空燃比为 14.7 的混合气称为理论混合气；空燃比小于 14.7 为浓混合气；空燃比大于 14.7 为稀混合气。

过量空气系数 α 是指燃烧 1kg 汽油实际供给的空气质量与完全燃烧 1kg 汽油理论上需要的空气质量之比。因此，$\alpha=1$ 为理论混合气；$\alpha<1$ 为浓混合气；$\alpha>1$ 为稀混合气。

并非任何浓度的混合气都能在发动机中燃烧。试验证明：能维持发动机正常运转的混合气浓度为 A/F = 7 ~ 20(α = 0.45 ~ 1.35)，此浓度范围是假设了燃油完全雾化的前提，即燃油与空气是以分子状态相混合的。

(2) 混合气浓度对发动机性能的影响　图 3-22 是节气门全开、转速不变时发动机的有效功率、有效耗油率与混合气浓度的变化规律曲线。图 3-23 是发动机排放污染物 CO、HC 和 NO_x 的浓度与空燃比的变化关系。从这些图中可以看出混合气浓度对发动机动力性、经济性和排放性能具有重要影响。

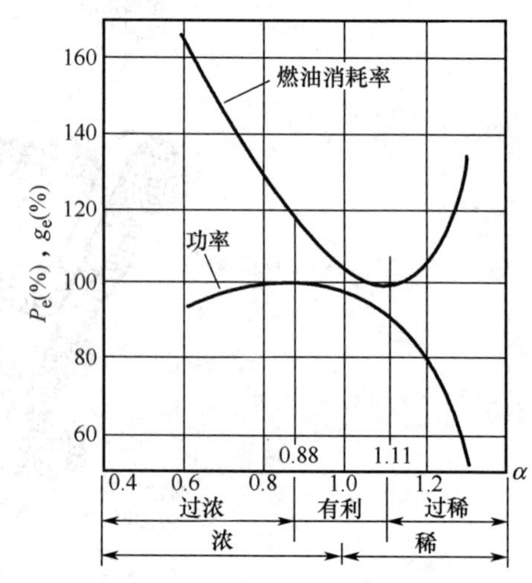

图 3-22　混合气浓度与 P_e 和 g_e 的变化关系

1) 对经济性的影响。燃油完全燃烧，消耗

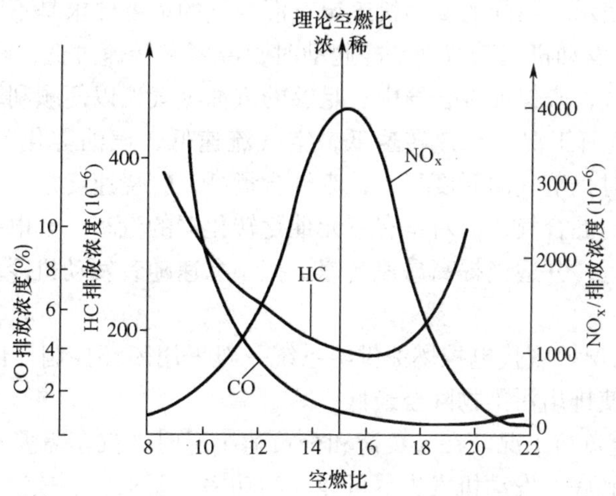

图 3-23　CO、HC 和 NO_x 的浓度与空燃比的关系

率低，说明发动机经济性好。理论上 $\alpha=1$ 的混合气，其全部燃料正好是完全燃烧的，但实际上由于汽油油滴和蒸气不可能及时地与空气绝对均匀混合，要使混合气中的汽油完全燃烧，混合气必须 $\alpha>1$。通常，汽油机在 $\alpha=1.1$ 附近时，有适量多余的空气，促使汽油完全燃烧，使得发动机燃油消耗率最低，经济性最好。

如果混合气过稀，则混合气燃烧速度过慢，热效率低，致使发动机经济性和动力性降低。如果混合气极稀($\alpha>1.35$)，则燃料分子之间的距离过大，火焰难以传播，发动机不能稳定运转，甚至缺火停转。

2）对动力性的影响。混合气燃烧速度高，输出功率大，说明发动机动力性好。通常，混合气在 $\alpha=0.85\sim0.95$ 时，混合气中汽油分子相对较多，燃烧速度高，热损失小，发动机输出的功率最大。但由于空气含量不足，部分汽油不能完全燃烧，发动机经济性较差。

如果混合气过浓，燃烧不完全，气缸中将产生大量的一氧化碳和碳氢化合物，排气污染严重，且由于这种混合气的燃烧速度也较低，有效功率减小，燃油消耗率增高。如果混合气极浓($\alpha<0.45$)，则严重缺氧，火焰不能传播，发动机不能工作。

3）对排放性能的影响。汽油机排放污染物少，排放性能就好。汽油机排放污染物主要有：一氧化碳(CO)、碳氢化合物(HC)、氮氧化物(NO_x)。混合气浓度变化时，其燃烧速度产生显著差异，导致有害气体排放浓度发生变化(图 3-23)。

当混合气较浓时，其空燃比小于理论空燃比(14.7)，因空气量不足使燃料不能完全燃烧，随空燃比减小，CO 和 HC 浓度逐渐增加；但由于混合气过浓时氧的浓度低，燃料中氧和氮化合的机会减少，因而 NO_x 的浓度随着空燃比减小而降低。

当混合气较稀时，其空燃比大于理论空燃比，随着空燃比的增大，CO 浓度下降至很小；而 HC 则因空燃比增大后火焰传播中断现象严重，导致其浓度增加；而 NO_x 则因稀混合气燃烧温度低，抑制 NO_x 的生成，导致其浓度下降。

当混合气略稀，即空燃比比理论空燃比大 10% 左右时，燃烧效率最高，CO、HC 浓度较小。但由于燃烧温度高，含氧充足，则导致 NO_x 的排放量最大。

(3) 发动机各工况对混合气浓度的要求　发动机工况是其工作状况的简称，通常用发动机转速和负荷来表示。不同的发动机工况对混合气的浓度要求是不一样的。

1）起动工况。发动机起动特别是冷起动时，温度和转速过低，汽油雾化和蒸发条件较差，需要最浓混合气，来保证混合气中有足够的汽油蒸气，以便顺利起动。

2）怠速和小负荷工况。怠速转速低，空气流速低，汽油雾化不良，与空气混合不均匀。怠速和小负荷时，节气门开度很小，废气含量高，燃烧速度慢。这些对传统汽车发动机来说需要相对较浓的混合气，但对具有三元催化转化器的汽车，其电控燃油供给系统一般控制在理论空燃比附近，并适当提高怠速转速，控制怠速随着发动机冷却液温度的升高而降至正常怠速。

3）中等负荷工况。现代电控燃油供给系统一般采用闭环控制，保证混合气浓度始终在理论空燃比附近，使排出污染物降至最低。

4）大负荷和全负荷工况。在大负荷和全负荷工况时，汽车需要克服较大阻力，驾驶人力求将加速踏板踩到底，发动机发出尽可能大的功率，要求提供较浓的混合气。

5）加速工况。驾驶人迅速踏踩加速踏板，发动机转速和功率迅速提高，要求提供较浓的混合气。

燃油供给系统应综合考虑混合气浓度对发动机各种性能的影响，根据发动机工况的变化随时调整混合气浓度。

2. 汽油喷射式燃油供给系统的组成和原理

现代汽油机大多采用电控燃油喷射系统。图 3-24 是汽车常用的进气道多点电控汽油喷射系统，每个气缸配有一个喷油器，工作时将燃油直接喷射到进气门附近，在燃烧室外的进气歧管和进气通道内形成混合气，然后通过进气门进入气缸。

（1）电控汽油喷射系统的基本组成　电控汽油喷射系统由空气供给系统、汽油供给系统和电子控制系统三个部分组成。

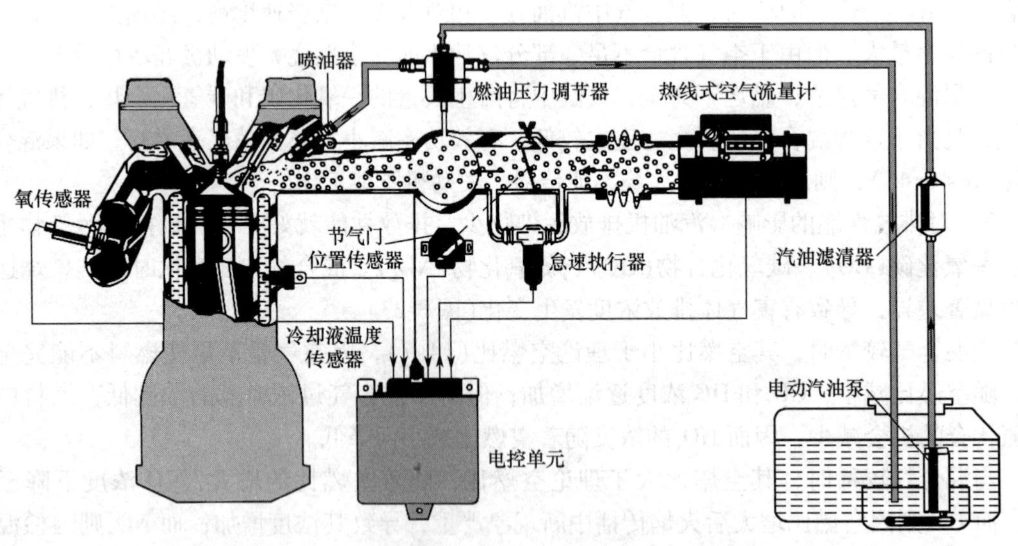

图 3-24　电控汽油喷射系统

1）空气供给系统。空气供给系统的功用是向发动机提供与负荷相适应的清洁空气，同时测量和控制进入发动机气缸的空气量，使它们在系统中与喷油器喷出的汽油形成空燃比符

合要求的可燃混合气。空气供给系统主要由空气滤清器、进气总管、进气歧管、空气流量计、节气门体等组成，如图3-25所示。

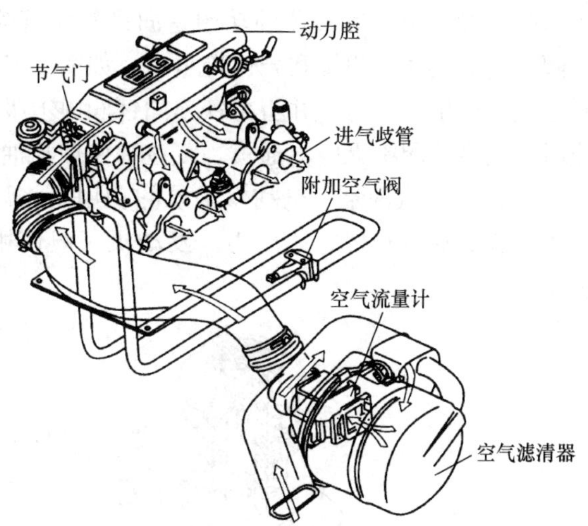

图3-25　空气供给系统

2）汽油供给系统。汽油供给系统的功用是用电动汽油泵向喷油器提供具有足够压力的汽油，而喷油器则根据ECU的控制信号，向进气歧管内进气门上方喷射定量的汽油。汽油供给系统主要由燃油箱、电动汽油泵、汽油滤清器、燃油压力调节器、喷油器及油管等组成，如图3-26所示。

3）电子控制系统。电子控制系统的功用是根据发动机和汽车的不同运行工况，对喷油时刻、喷油量进行确定和修正，并控制喷油器的喷油，实现对混合气浓度的精确控制。电子控制系统主要由空气流量传感器、发动机冷却液温度传感器、节气门位置传感器、转速和曲轴位置传感器、氧传感器、车速传感器、电控单元(ECU)以及喷油器等组成。

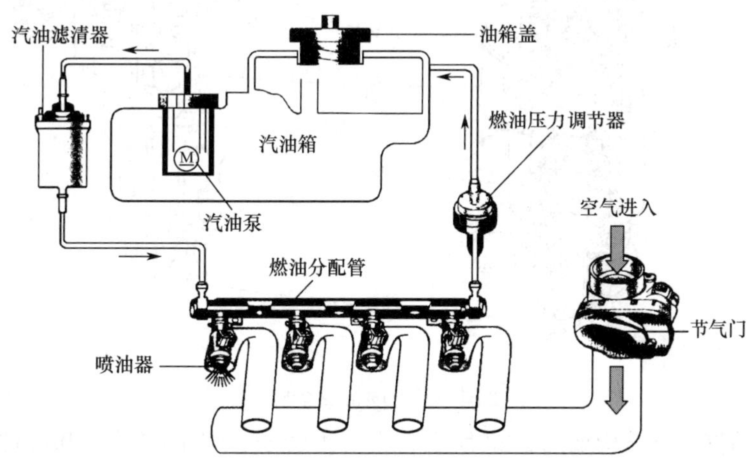

图3-26　汽油供给系统

（2）电控汽油喷射系统的工作原理　发动机工作时，电动汽油泵把汽油从油箱中泵送出去，经汽油滤清器除去杂质和水分后，流入燃油分配管，然后分送到各个喷油器，而油压受燃油压力调节器的控制，压力调节后多余的汽油经燃油压力调节器流回油箱(图3-26)；与此同时，发动机电子控制系统通过安装在发动机不同部位上的各种传感器，将节气门开度、发动机温度、发动机转速、行车速度等信号采集输送给电控单元，而电控单元则将各种输入信号与存储在ROM中的参考数据进行比较、分析、计算、判断，然后发出喷油脉冲指令，使喷油器喷油，并通过控制喷油时间的长短来控制喷油量。然后，喷入进气歧管内的雾状燃油与进气流混合后形成最佳空燃比的可燃混合气进入气缸。

3. 汽油喷射式燃油供给系统主要部件

（1）喷油器　喷油器的功用是向进气歧管喷射汽油并雾化。轴针式电磁喷油器主要由针阀、电磁线圈、弹簧和壳体等组成，如图 3-27 所示。需要喷油时，ECU 对喷油器电磁线圈通电，产生磁场力，并将衔铁连同针阀向上吸起，喷油口打开，燃油喷出。当喷油脉冲截止时，电磁线圈中无电流通过，复位弹簧使喷油器针阀紧压在锥形密封阀座上，针阀关闭。

（2）电动汽油泵　电动汽油泵的功用是将汽油从油箱吸出，经管路输送到喷油器，并提供足够的油量和规定的压力。发动机一般使用直流电动机驱动的滚柱式、叶片式电动汽油泵。

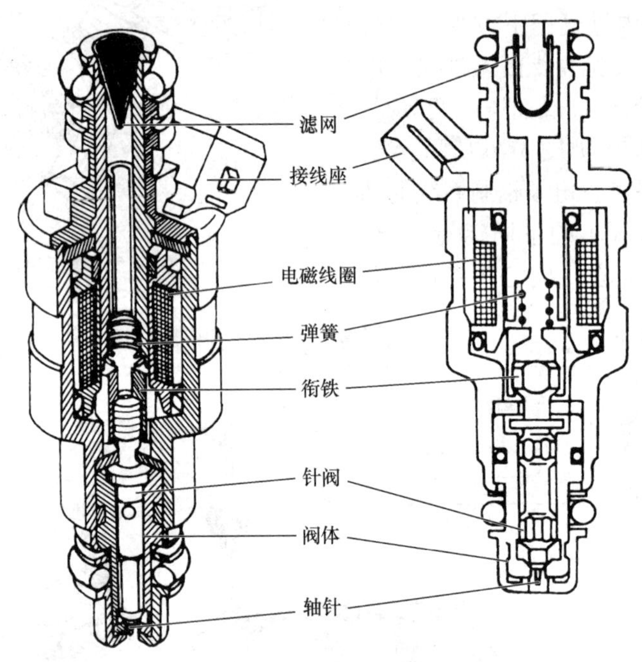

图 3-27　喷油器结构

滚柱式电动汽油泵结构如图 3-28 所示，主要由转子、定子（泵体）和滚柱组成。泵转子与定子内腔不同心，泵转子带槽，每个槽内有一个可移动的滚柱。当油泵旋转工作时，由于离心力的作用，转子槽内的滚柱向外移动，紧靠在泵体壁面上，滚柱随转子一同旋转，使泵腔容积发生变化：进油口处容积越来越大，出油口处容积越来越小，使汽油经入口吸入油

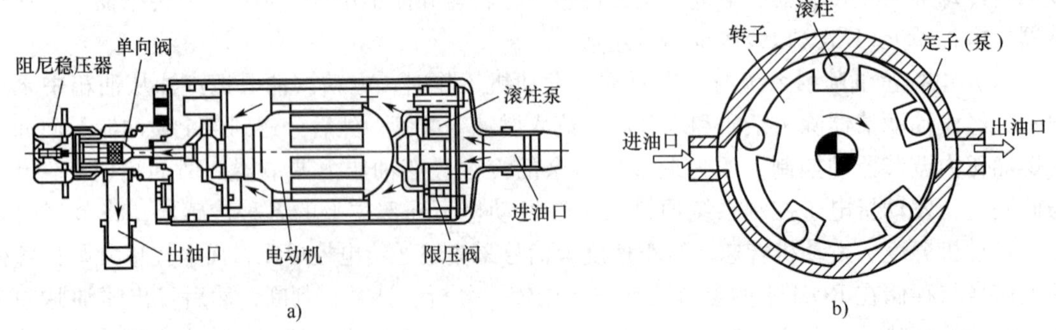

图 3-28　滚柱式电动汽油泵
a）结构　b）原理

泵，加压后经过电动机周围的空间由出口泵出。油泵出口处有一单向阀，在油泵不工作时阻止燃油倒流回油箱。若因汽油滤清器堵塞等原因使油泵出口一侧油压上升，与油泵一体的限压阀即被顶开，使部分燃油回到进油口一侧，以防止电动汽油泵输出油压过高。

电动汽油泵有油箱内、外两种安装方式。内装泵置于油箱内，被燃油浸没，能利用燃油散热和润滑，不易产生气阻和泄漏，且噪声小。目前大多数电控汽油喷射系统采用内装泵。

（3）燃油压力调节器　燃油压力调节器的功用是调节燃油系统中的燃油压力，使其与进气歧管的压力差大体上保持一个恒定的数值。燃油压力调节器是一种膜片式溢流阀（图3-29），一般安装在燃油分配管上，进油口与燃油分配管相通，回油口通过管路连接油箱，另一接口通过软管与进气歧管相通。当系统燃油压力增加，进油口内的油压超过弹簧的预紧弹力和弹簧室内空气压力的合力时，膜片被顶起，溢流阀打开，燃油通过压力调节器中央的回油口流回到燃油箱，燃油压力下降，直到阀关闭，系统压力被调节。发动机工作时，无论节气门开度变化或其他影响因素导致进气歧管压力发生改变，燃油压力调节器都能保证喷油器的喷油压力恒定，这样ECU就能通过控制喷油时间的长短来精确地控制喷油量。

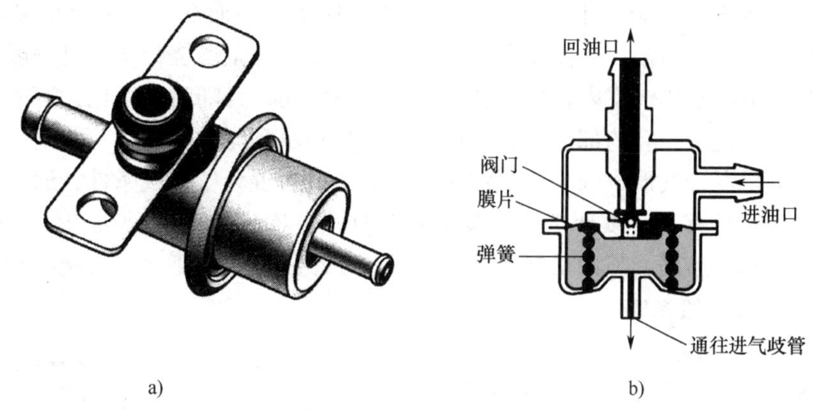

图3-29　燃油压力调节器
a）结构　b）原理

（4）燃油分配管　燃油分配管的功用是储油蓄压、减缓油压脉动，将汽油均匀、等压地输送到各缸喷油器。燃油分配管是一个容积较大的方形或圆形的油轨，其上装有喷油器和燃油压力调节器（图3-30），但无回油式的燃油分配管上没有压力调节器。

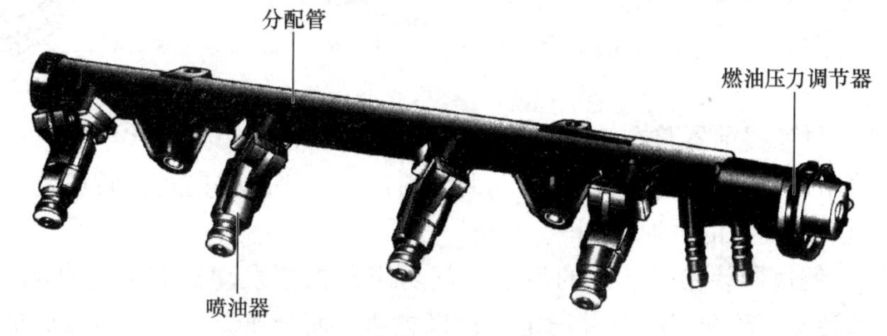

图3-30　燃油分配管

（5）汽油箱　汽油箱的主要功用是储存汽油。但现代电控汽油机的油箱结构越来越复杂，它不仅储存足够量的汽油，其内部还装有电动汽油泵、燃油液面传感器、与炭罐相连接的排气阀等部件。

二、柴油机燃油供给系统

柴油机燃油供给系统的功用是根据柴油机的工作要求，定时、定量、定压地将柴油以雾状喷入燃烧室，并迅速与气缸内的空气混合形成可燃混合气。柴油机燃油供给系统根据喷油的控制方式不同，可分为机械式燃油供给系统和电控柴油喷射系统。

1. 柴油机混合气形成特点

（1）混合气在燃烧室内部形成　柴油的粘度大、蒸发性和流动性差，不可能在气缸外部与空气形成均匀的混合气，故采用高压喷射的方法，在压缩行程接近终了时把柴油以雾状的形式喷入燃烧室。这些雾状的小油滴经受热、蒸发、扩散并与空气直接在燃烧室内部形成可燃混合气，达到自燃温度后自行着火燃烧。

（2）混合气形成时间极短　柴油机在进气行程中，进入气缸的只是纯空气。而在压缩行程结束前，才将柴油喷入燃烧室，经滞燃期后自行着火燃烧，混合气形成时间极短。

（3）混合气混合不均匀　由于混合气形成时间极短，因而在燃烧前难以彻底雾化、蒸发并同空气均匀混合。通常，为使喷入燃烧室的柴油能够完全燃烧，柴油机一般采用较大的过量空气系数。但由于燃烧室内各处混合气的浓度不均匀，且随时间变化，有的部位混合气仍然过浓、燃烧不完全，有的部位混合气过稀、空气得不到充分利用。

可见，柴油机混合气形成效果比汽油机差。为了改善混合气形成条件，通常燃油供给系统的喷油压力必须足够高，以利于柴油雾化；各缸喷油次序要与发动机的做功次序绝对一致；各缸喷油时刻要准确，喷油量要一致，并且可以根据发动机工况进行统一调节。

2. 机械式燃油供给系统

（1）燃油供给系统的组成　传统柴油车均采用机械式燃油供给系统。图 3-31 是典型柴油机的机械式燃油供给系统示意图。它主要由柴油箱、输油泵、低压油管、柴油滤清器、喷油泵、高压油管、喷油器、回油管以及调速器和提前器等组成。

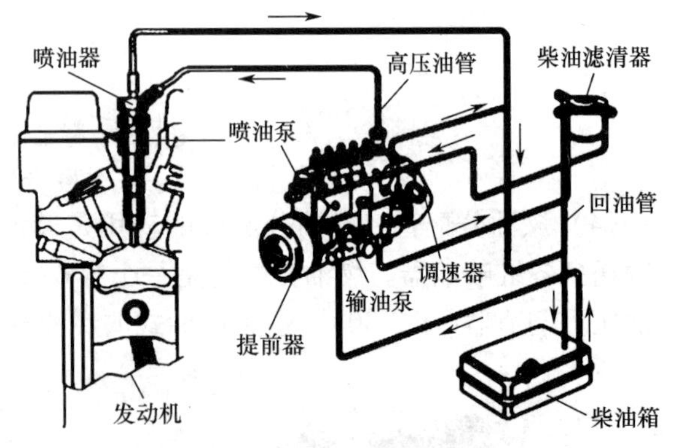

图 3-31　柴油机燃油供给系统的组成

1）喷油泵。喷油泵与发动机相连，由发动机驱动。其功用是对燃油进行加压、计量，并按照一定的次序将燃油供入各个气缸的喷油器。

2）提前器。供油提前器装在喷油泵的驱动轴上，其功用是根据发动机的转速自动调节喷油泵的供油提前角，转速越高，供油提前角越大，从而调节喷油泵的供油时刻。

3）调速器。调速器装在喷油泵的后端，其功用是根据发动机的工况自动控制供油量，控制发动机最高转速，防止飞车，并稳定发动机怠速，而全速调速器还可以保证发动机在任一给定转速下稳定运转。

4）喷油器。喷油器安装在发动机气缸盖上，其功用是将喷油泵送来的高压燃油以雾状喷入燃烧室。

5）输油泵。输油泵一般装在喷油泵上，其功用是将油箱中的柴油吸出，保证其在低压油路内循环，为喷油泵提供足够数量及一定压力的燃油，其输油量应为全负荷最大喷油量的3～4倍。

6）柴油滤清器。柴油滤清器安装在输油泵与喷油泵之间，其功用是将柴油中的杂物滤去，以减少喷油泵和喷油器柱塞偶件的磨损，保证发动机正常工作。柴油滤清器和油水分离器的功用是将柴油进行油水分离和沉淀，去除柴油中的水分和杂物，提高柴油的品质，保证燃油供给系统正常工作。

7）高压油管。高压油管的功用是将喷油泵中的高压燃油送至喷油器。

8）回油管。回油管的功用是将多余的燃油送回油箱。

（2）燃油供给系统的工作原理　柴油机工作时，输油泵将柴油从油箱经柴油粗滤器吸入，压送到油水分离器、柴油滤清器，柴油滤清后，经油管流到高压油泵（喷油泵）总成。高压油泵使柴油压力增加，并将高压柴油定时定量地经高压油管等压送到喷油器。喷油器将柴油喷入燃烧室，形成雾状燃油，并迅速与空气混合，形成可燃混合气，燃烧做功，同时多余的柴油经回油管流到油箱。

3. 电控柴油喷射系统

（1）电控柴油喷射系统类型　根据控制方式的不同，电控柴油喷射系统可以分为位置控制式、时间控制式、时间-压力控制式三种。

1）位置控制式。这种电控柴油喷射系统保留了传统柴油机燃油供给系统的基本组成和结构，只是用电控组件代替调速器和供油提前器，对分配式喷油泵的油量调节套筒或柱塞式喷油泵的供油齿杆位置以及油泵主动轴和从动轴的相对位置进行调节，以控制喷油量和喷油定时。

位置控制式的特点是柴油机的结构几乎不需改动，便于对现有柴油机进行升级换代。但控制响应慢，控制精度不高，不能控制供油压力。

2）时间控制方式。这种电控柴油喷射系统在位置控制式的基础上，采用高速电磁阀直接控制喷油开始时间和结束时间，来改变喷油量和喷油定时。一般情况下，电磁阀关闭，执行喷油；电磁阀打开，喷油结束。

时间控制方式的特点是喷油泵结构简单，取消了传统喷油泵中的齿条、滑套、柱塞上的斜槽和提前器等部件，对喷油量和喷油定时的控制自由度大，高压喷油能力大大加强。但供油压力无法控制。

3）时间-压力方式。这种电控柴油喷射系统基本改变了传统燃油供给系统的组成和结构，主要以电控共轨（各缸喷油器共用一个高压油管）式喷油系统为特征。其高压油泵并不直接控制喷油，仅仅向共轨供油以维持所需的共轨压力，并通过连续调节来恒定共轨压力，然后共轨再通过高压油管把燃油输送到每个喷油器上，由喷油器上的电磁阀控制喷射的开始和终止。喷油器电磁阀作用的时刻决定喷油定时，起作用的持续时间和共轨压力决定喷油量。由于该系统采用时间压力式的燃油计量原理，因此称为时间-压力控制式电控共轨喷射系统。

时间-压力方式的特点是能独立控制调节喷油压力，易实现高压喷射（最高达200MPa），喷油量调节自由度大，可实现理想的喷油规律，具有良好的喷油特性。电控共轨喷射系统是柴油机燃油系统的一个发展方向，目前在货车和轿车柴油机上得到了广泛应用。

(2) 电控共轨柴油喷射系统的组成　柴油机电控共轨喷射系统如图 3-32 所示。它主要由柴油箱、电动输油泵、柴油滤清器、高压油泵、共轨管、喷油器、电控系统以及油管等组成。

1) 电动输油泵。电动输油泵一般装在油箱，其功用是将油箱中的柴油吸出，向高压油泵提供充足的燃油。

2) 高压油泵。高压油泵由发动机驱动，其功用是对燃油进行加压，在各种工况下能向共轨管提供足够高压和充足的燃油。

3) 共轨管。共轨管简称共轨，其功用是存储高压油，保持压力稳定。共轨管连接各缸喷油器，向所有气缸喷油器供油。共轨管容量大，工作时燃油充满了可用的轨道，燃油的压缩性使得燃油从喷油器喷出时，共轨管内部的压力几乎保持不变，从而保证发动机在各种工况下，喷油器的喷油压力保持恒定。共轨管上装有共轨压力传感器、压力控制阀、限压阀、流量限制器，用以控制共轨管的压力。

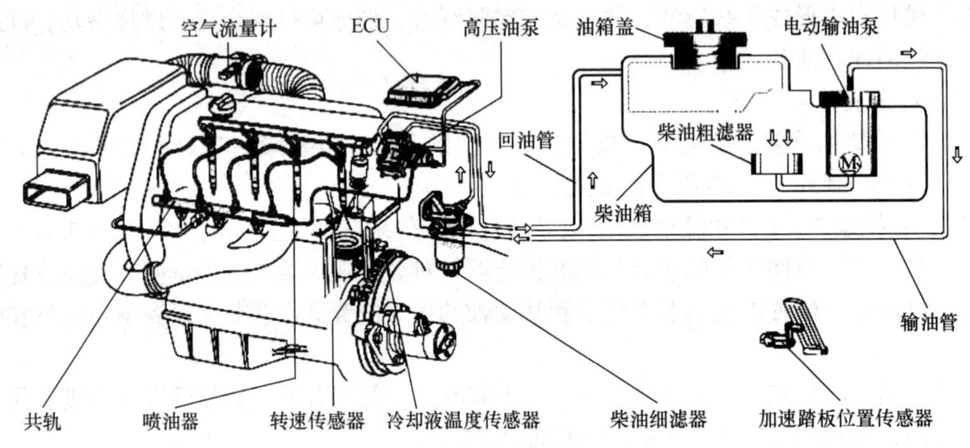

图 3-32　柴油机电控共轨喷射系统

4) 喷油器。共轨电控喷油器装在缸盖上，其功用是定时、定量，按一定的规律将柴油以雾状喷入燃烧室。喷油器的喷油时刻和喷油量都是通过喷油器电磁阀的开闭来控制的。

5) 柴油滤清器。柴油滤清器包括粗滤器和细滤器。粗滤器装在油箱内，其功用是滤去柴油中较大的杂物，减少电动输油泵的磨损；细滤器的功用是过滤去除柴油中的杂物，以减少高压泵和喷油器的磨损，保证燃油供给系统正常工作。

6) 电控系统。蓄压式共轨电控系统由 ECU、曲轴转速传感器、凸轮轴转速传感器、加速踏板位置传感器、增压传感器、共轨压力传感器、冷却液温度传感器和空气流量计等组成。电控系统的功用是根据发动机的工况和各种影响因素，适时控制喷油器的喷油量、喷油时间和喷油规律，获得最佳浓度的可燃混合气。

(3) 电控共轨柴油喷射系统的工作原理　柴油机工作时，输油泵将柴油从油箱中经粗滤器吸入，经柴油细滤器过滤后，压送到高压油泵低压腔，然后经高压油泵使柴油压力增加，送入共轨管。与此同时，共轨电控系统的各种传感器采集发动机的有关信号，如曲轴转速传感器测出发动机转速、加速踏板位置传感器测出发动机负荷、冷却液温度传感器测出发动机冷却液温度、空气流量计测出进入气缸的空气量、共轨压力传感器测出喷油压力等，并将信号输送给电控单元，而电控单元则将各种输入信号与存储在 ROM 中的参考数据进行比

较、分析、计算、判断，然后根据发动机工况发出控制指令，一方面控制共轨管内的燃油压力，它可在25(怠速)~160MPa(额定转速)范围内调节；另一方面控制喷油器喷油的起止时间，最终实现对喷油器的喷油量、喷油正时、喷油速率、喷油规律的控制。最后，喷油器将柴油以雾状喷入燃烧室，并与缸内的压缩气流混合形成最佳空燃比的可燃混合气。

第五节　点 火 系 统

点火系统是汽油机的组成部分，其功用是将汽车电源供给的低压电转变为高压电，并按发动机的做功顺序和点火时间要求，配送至各缸火花塞，产生电火花，点燃混合气。

一、传统点火系统

1. 点火系统组成

传统点火系统由蓄电池、点火开关、点火线圈、断电器、配电器、电容器、点火提前装置和火花塞等组成，如图3-33所示。其中断电器、配电器、电容器和点火提前调节装置一般做成一体，称为分电器。点火系统的主要部件及功用如下。

(1) 蓄电池　它提供低压直流电，一般为12V。

(2) 点火开关　它用来关断和接通电路。

(3) 点火线圈　它相当于变压器，将蓄电池电压转变为15~20kV的点火高压。

(4) 断电器　它相当于电路开关，周期性地接通和断开初级电路，使初级电流产生变化，从而使点火线圈能变压。

(5) 电容器　它与断电器触点并联，在点火线圈初级电路断开时，减小触点间产生的电火花，防止触点烧损，并可加速点火线圈中的磁通变化率，提高点火电压。

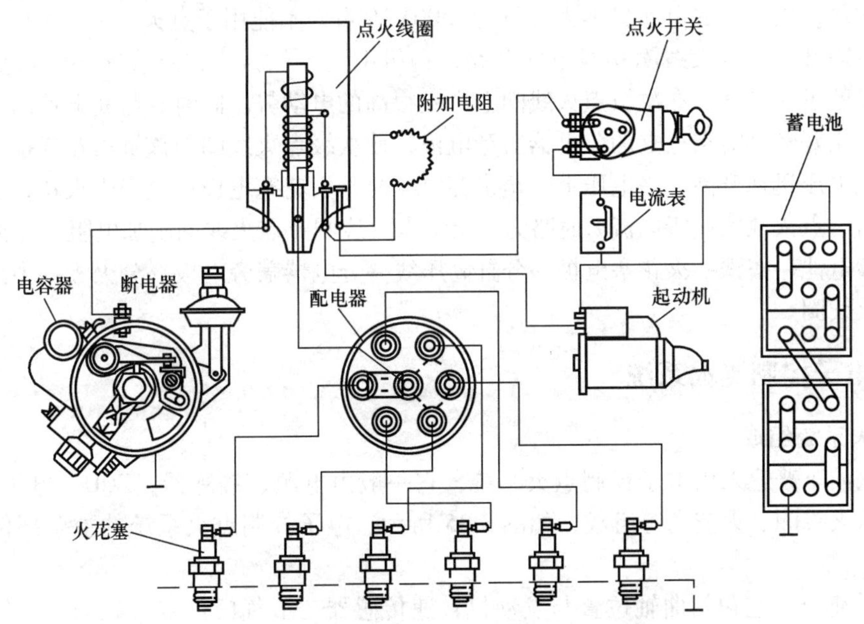

图3-33　传统点火系统

（6）配电器　它将点火线圈产生的高压电，按点火次序分配到各缸的火花塞上。

（7）火花塞　它在其电极间隙处放电产生电火花，点燃可燃混合气。

（8）点火提前装置　它用来及时地控制点火时间，保证点火提前角随发动机转速和负荷的变化而变化，使发动机获得较好的动力性和经济性。理论上在压缩行程上止点开始点火，但实际上考虑到燃烧需要一定时间，因而在活塞未到达压缩行程上止点时提前点火。点火提前角是指火花塞开始点火时，活塞距压缩行程上止点行程所对应的曲轴转角。

2. 点火系统工作原理

接通点火开关，发动机转动时，通过发动机凸轮轴驱动分电器轴转动，从而带动断电器凸轮一起旋转，使断电器触点不断地闭合和张开(图 3-34)。

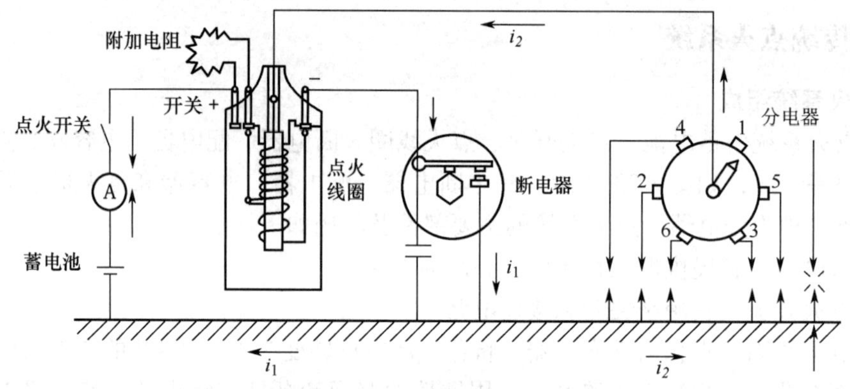

图 3-34　传统点火系统工作原理图

当触点闭合时，点火线圈初级绕组通路，其初级电流 i_1 从蓄电池正极→电流表→点火开关→点火线圈附加电阻→点火线圈初级绕组→断电器触点→搭铁回到蓄电池负极。在触点闭合期间，次级绕组产生的电动势不大，只有 1500V 左右，不能用于点火。

当触点断开时，点火线圈初级电路断路，初级电流突然减小，点火线圈磁通量随之减小。磁通量的迅速变化，在次级点火线圈上产生很高的电动势。同时，与断电器凸轮同步旋转的分火头正好转到需点火缸的分电器盖旁电极，使次级点火线圈与该缸火花塞接通，火花塞电极两端电压迅速升高，当电压上升至击穿电压时，火花塞电极放电产生火花，点燃了混合气。此时，点火线圈次级电流 i_2 通路为：次级点火线圈→点火线圈附加电阻→点火开关→电流表→蓄电池→搭铁→火花塞电极→分缸高压线→分电器盖旁电极→分火头→中央高压线→次级点火线圈。

二、电子控制点火系统

1. 点火系统组成

现代汽油车普遍采用电子控制点火系统，它一般由电源、传感器、ECU、电子点火器、分电器、点火线圈、火花塞等组成，如图 3-35 所示。电子控制点火系统的主要部件及功用如下。

（1）传感器　它包括曲轴位置与发动机转速传感器、节气门位置传感器、空气流量传感器、发动机冷却液温度传感器、发动机爆燃传感器等，其功用是向 ECU 提供发动机转速、负荷、热状态、工作过程等信息。

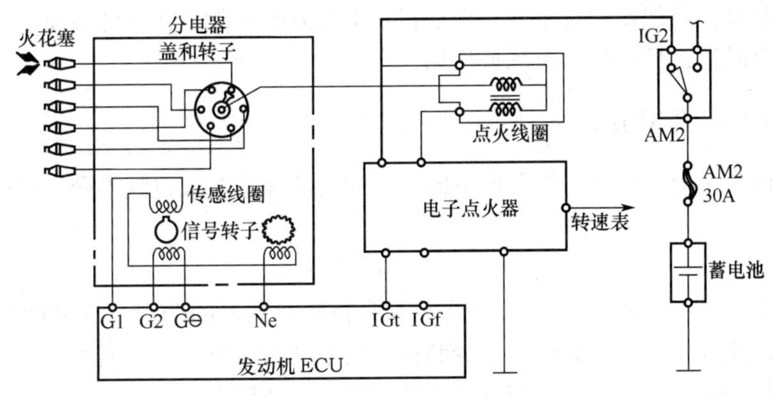

图 3-35　电子控制点火系统

(2) ECU　电控单元的功用是接受发动机各传感器信息，根据发动机工况、工作过程确定最佳点火提前角，并控制电子点火器适时点火。适时点火的意义就是获得最佳点火提前角，最佳点火提前角是指发动机动力性、经济性及环保性能处于最佳状态时的点火提前角。最佳点火提前角可使发动机在怠速时，将排放污染物降到最低；在部分负荷工况时，能保证发动机有最低的燃油消耗；在大负荷和加速工况时，能使发动机有最大的输出转矩。最佳点火提前角是随着发动机转速、负荷、工作过程等因素的变化而变化的，但电控单元能随时修正点火提前角，使其达到最佳。

(3) 电子点火器　它是点火系统的执行器，实际上是低压电路的电子开关，类似于传统点火系统的断电器，但它无触点。其功用是接受电控单元的控制，适时地导通和切断点火系统的初级电路，保证点火线圈能变压。

(4) 分电器　分电器的功用是按照点火次序将点火高压分别传送到各缸火花塞。现代汽车很多点火系统取消了分电器，此时点火线圈产生的高压由电控系统直接分配到各缸火花塞，其点火线圈可直接安装在火花塞上方。

(5) 点火线圈　它相当于变压器，将蓄电池电压升至点火高压。

(6) 火花塞　它在其电极间隙处放电产生电火花，点燃可燃混合气。

2. 点火系统工作原理

发动机工作时，ECU 根据曲轴位置与发动机转速传感器提供的曲轴位置信号，判断出发动机各缸的活塞位置，并由这些脉冲信号计算出发动机转速值，再根据节气门位置传感器、空气流量传感器、发动机冷却液温度传感器、发动机爆燃传感器等提供的信息，对发动机的运行工况及工作过程作出精确判断，计算出对应的最佳点火提前角和初级电路导通时间，在最佳时刻向电子点火器发出控制信号，接通点火线圈的初级电路。经过最佳导通时间后，再发出控制信号，切断初级电路，使点火线圈的次级绕组产生高压，并经分电器依次送往各缸火花塞，在火花塞电极间产生电火花，点燃可燃混合气。

第六节　润 滑 系 统

发动机润滑系统的主要功用是将机油连续不断地输送到发动机运动件摩擦表面进行润滑，减少其摩擦阻力，减轻零件磨损。此外，流经摩擦表面间的机油还可以清洗并带走磨屑，减轻零件磨损；冷却发动机零件，保证正常工作温度；附着在零件表面，避免零件锈蚀损坏；填充配合间隙，具有密封及减振作用。

一、发动机的润滑方式

由于发动机各运动零件的工作条件不同，对润滑的强度要求也就不同，因而可采取不同的润滑方式。

1. 压力润滑

压力润滑是指以一定的压力将机油供入摩擦表面间隙内的润滑。这种润滑可以形成油楔，产生动压，使两摩擦表面分离，减少磨损，属于动压润滑。压力润滑常用于主轴承、连杆轴承及凸轮轴轴承等负荷较大、相对运动速度较高的摩擦表面。

2. 飞溅润滑

飞溅润滑是指利用发动机工作时运动件(如曲轴、连杆)激溅起来的油滴或油雾，或者利用喷射机油的油雾进入摩擦表面的润滑。飞溅润滑常用于气缸壁、活塞销、凸轮、气门挺柱等负荷较轻或相对运动速度较小的摩擦表面。

3. 注油润滑

注油润滑是指通过润滑脂嘴定期加注润滑脂给摩擦表面的润滑。注油润滑常用于发电机轴承、水泵轴承、起动机轴承等负荷不大的辅助件摩擦表面。

二、润滑系统的组成

润滑系统主要由机油泵、机油集滤器、机油粗滤器、机油细滤器以及机油压力表或机油压力报警器等组成，如图 3-36 所示。

1. 机油泵

机油泵由凸轮轴上的齿轮驱动，其功用是给润滑系循环油路提供一定压力和流量的机油。为防止机油压力过大，泵体内部设有限压阀。常用的有齿轮式机油泵和转子式机油泵。齿轮式机油泵结构简单，加工方便，工作可靠，使用寿命长，应用较广泛；转子式机油泵结构紧凑，尺寸小，重量轻，吸油真空度较大，泵油量大，供油均匀性好，成本低，在中、小型发动机上应用广泛。

2. 集滤器

集滤器采用滤网式结构，装在机油泵进油管的进油口上，其功用是滤去机油中较大的杂质，防止其进入机油泵。集滤器有浮式和固定式两种。浮式集滤器利用浮子漂浮在机油表面，可吸入较清洁的机油，但也容易吸入泡沫而导致机油压力下降，因此目前已不多用。固定式集滤器浸在机油中，吸入机油的清洁度较差，但可避免吸入泡沫，且结构简单，因此应用较多。

3. 粗滤器

粗滤器装在机油泵与主油道之间，属于全流式滤清器。其功用是过滤机油中直径 0.08mm 以上的杂质。粗滤器是过滤式滤清器，它利用机油通过细小孔眼或缝隙时，将大于孔眼或缝隙的杂质留在滤芯的外部予以滤除。为防止滤芯堵塞，导致主油道缺油的严重后果，在粗滤器中都设置有与滤芯并联的旁通阀，当滤芯堵塞、机油压力升高时，机油能克服弹簧的压力，顶开旁通阀，直接进入主油道。粗滤器有纸质滤芯、金属缝隙式等多种形式，

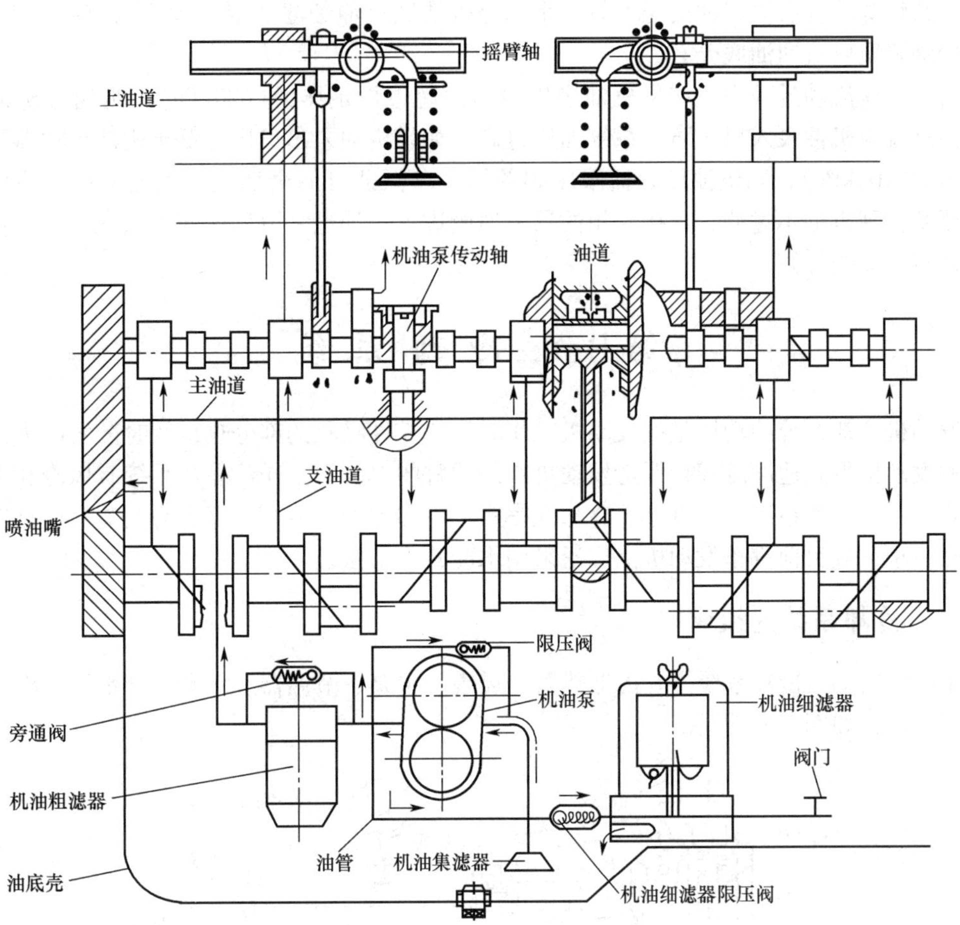

图 3-36　发动机润滑系示意图

由于纸质滤芯式价格低廉、滤清效果好、维护方便，目前得到了广泛使用。

4. 细滤器

细滤器的功用是过滤机油中直径为 0.001mm 以上的细小杂质。这种滤清器对机油的流动阻力较大，故多做成分流式，它与主油道并联，每循环中只有少量的机油通过它滤清后回到油底壳。尽管这种滤清的机油没有直接进入主油道去立即润滑，但它的累积效应会使机油得到彻底的滤清，改善曲轴箱内机油的总体技术状况。细滤器有过滤式和离心式两种，过滤式机油细滤器存在着滤清能力与通过能力的矛盾；而离心式滤清效果好，通过能力强，故目前广泛采用离心式细滤器。

三、润滑系统的工作原理

在润滑系统中，机油按照一定的方向来循环流动。发动机工作时，机油泵将油底壳内的机油由集滤器入口过滤掉比较粗大的杂质后吸入机油泵内，并以一定的压力分两路送出（图 3-36）。大部分的机油经机油粗滤器滤去较大杂质后流入主油道，主油道是贯穿发动机前后的油道，然后分别通过支油道去润滑曲轴主轴颈和连杆轴颈、凸轮轴轴颈、正时齿轮、摇臂轴轴颈等后流回油底壳；同时，飞溅的机油在润滑气缸壁与活塞、活塞销、气门导杆、气门挺柱、凸轮等零件后流回油底壳。另一小部分机油经机油细滤器限压阀流入离心式细滤器，滤去较细杂质后流回油底壳。

润滑油在流动过程中，如果机油泵出口压力超过设定压力(600kPa)，则通过机油泵限压阀旁路流入机油泵入口，防止系统油压过高；如果机油泵出口压力低于机油细滤器限压阀设定压力(100kPa)，则机油细滤器限压阀关闭，以保证机油全部进入主油道；如果机油粗滤器堵塞，则机油不过滤，直接经粗滤器旁通阀进入主油道，以确保润滑系统可靠工作，防止发动机迅速损坏。

第七节 冷 却 系 统

发动机冷却系统的功用是把发动机工作时受热零件吸收的部分热量及时散发出去，使工作中的发动机得到适度冷却，保持发动机在最适宜的温度下工作。冷却系统有风冷和水冷两种方式，由于水冷系统冷却可靠、冷却效率高、冷却均匀，冷却强度容易调节，而且发动机运转噪声小，故目前汽车发动机上广泛采用水冷式冷却系统。

一、冷却系统的组成

水冷式发动机冷却系统主要由散热器、风扇、水泵、节温器、水套、分水管、冷却液温度表等组成，如图3-37所示。

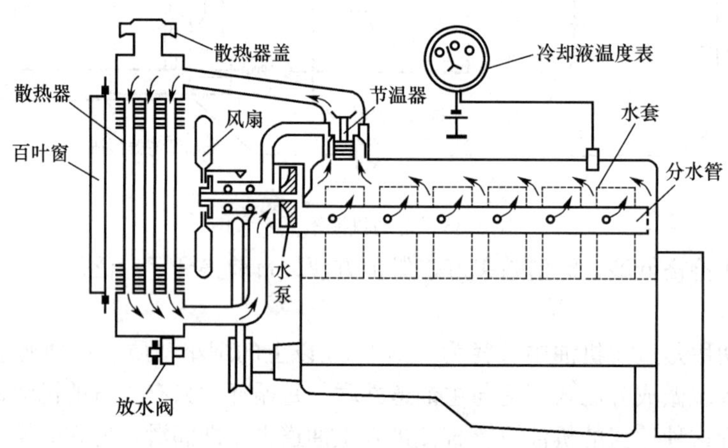

图3-37 水冷式冷却系统示意图

1. 水泵

水泵通常由曲轴通过传动带驱动，也有些水泵通过发动机正时齿轮室内的齿轮驱动。水泵的功用是对冷却液加压，强制冷却液在冷却系统中循环流动，保证冷却可靠。车用发动机上多采用离心式水泵，离心式水泵具有结构简单、尺寸小、流量大、成本低、维修方便等优点。

2. 散热器

散热器俗称水箱，位于发动机前部并固定在车架上，其功用是通过空气的流动，将冷却液从受热零件所吸收的热量传给空气，散发到大气中，以降低冷却液的温度。

散热器主要由上水室、下水室和散热器芯组成。上水室通过散热器进水管与缸盖上的出

水管相通，上水室上方有加水口和盖，为保持散热器内压力恒定，散热器盖内有供空气进入和蒸汽排出的单向阀。散热器芯一般由许多冷却管和散热片组成，它们由导热性能良好的黄铜或铝合金材料制成。散热器下水室通过散热器出水管与水泵进水口相通，下面设有放水开关。散热器前面的百叶窗用来调整散热器的有效通风面积。

来自发动机的高温冷却液通过散热器芯循环时，在冷却管和散热片中进行散热，同时高速气流经冷却管和散热片空隙带走热量，从而使冷却液降温。

3. 风扇

风扇安装在散热器后面，由曲轴通过传动带驱动或单独由电动机驱动。风扇旋转时对空气产生吸力，使空气快速流经散热器。风扇的功用是提高通过散热器的空气流速，增加散热效果，加速冷却液的冷却。

发动机处于不同热状态时，风扇的工况应随之变化，以便自动调节冷却强度，保证发动机始终在最佳温度下工作。

电动风扇通常由电控单元或热敏电阻开关根据发动机冷却液温度来控制。现代轿车发动机多采用两个电动风扇，既可以减小风扇直径和散热器高度，又可以多级控制冷却强度。不少轿车采用高、低档双速风扇，当冷却液温度过低时，风扇停转；当温度高于93℃时，风扇低档慢转；当温度高于105℃时，风扇高档快转。

机械驱动风扇多采用自动风扇离合器改变通过散热器的空气流量。常用的自动风扇离合器有电磁式风扇离合器、硅油式风扇离合器。电磁式风扇离合器利用发动机冷却液温度来自动控制电磁离合器电路的接通与断开，使风扇按需要工作。当冷却液温度低于93℃时，离合器分离，风扇不转；当温度高于93℃时，离合器接合，风扇转动。硅油式风扇离合器利用散热器后面气流的温度控制。气流温度较高时，风扇离合器接合，风扇转动；气流温度较低时，风扇离合器分离，风扇停转。

4. 节温器

节温器是控制冷却液流动路径的阀门，通常安装在气缸盖水套的出水口处。节温器的功用是根据发动机冷却液温度的高低，打开或关闭冷却液通向散热器的通道，自动调节冷却强度，保证发动机在最适宜的温度下工作。

目前，汽车发动机装用的节温器基本是蜡式节温器。这种节温器内部装有石蜡，它是利用石蜡在温度较低时呈固态、温度较高时为液态的体积变化来自动开启或关闭阀门的。

5. 冷却液温度表

冷却液温度表装在驾驶室仪表板上，其功用是指示冷却液温度，便于驾驶人了解发动机热状态。现代轿车无冷却液温度表，而普遍采用冷却液报警指示灯。

二、冷却系统的工作原理

发动机工作时，水泵使冷却液在水套和散热器之间进行强制循环，把热量带给散热器，同时冷却风扇旋转，对空气产生吸力，使空气通过散热器带走热量完成对发动机的冷却。其冷却强度取决于发动机热状态，高温时冷却强度要大，低温时冷却强度要小。冷却强度由冷却系统视需要自动调节。

节温器可以根据发动机冷却液温度，自动控制冷却液的循环路线，实现冷却强度的调节：当发动机温度较低时，节温器主阀门关闭，冷却液不能流入散热器，只能从节温器的副

阀门流入水泵，此时从水泵出来的冷却液经分水管、水套、出水口流回到水泵，此循环称小循环，由于冷却液不通过散热器，所以冷却液的温度不会下降，还会提高，使之满足发动机需要升温的工作要求；当发动机温度较高时，节温器主阀门开启，副阀门关闭，水泵将冷却液由散热器吸入，加压后经分水管流入气缸水套，冷却气缸后再从上部流到散热器，此循环称大循环，通过大循环，散热器带走热量，冷却液得到冷却，可保持发动机在所需的温度下工作。

风扇可以根据发动机冷却液温度，通过自动离合器的接合与分离，或电动风扇高、低档的转换及风扇的停、转来调节流经散热器的空气量从而调节冷却强度。冷却液温度高时，风扇高转速运转，冷却强度大；冷却液温度低时，风扇停转或低速运转，冷却强度小。

第八节　起动系统

起动系统的功用是提供一定的转矩，起动静止的发动机，使发动机进入自行运转。现代汽车都利用车载蓄电池作为电源，用起动机驱动曲轴飞轮来起动。

一、起动系统的组成

起动系统主要由起动机、起动操纵机构和离合机构组成，如图 3-38 所示。

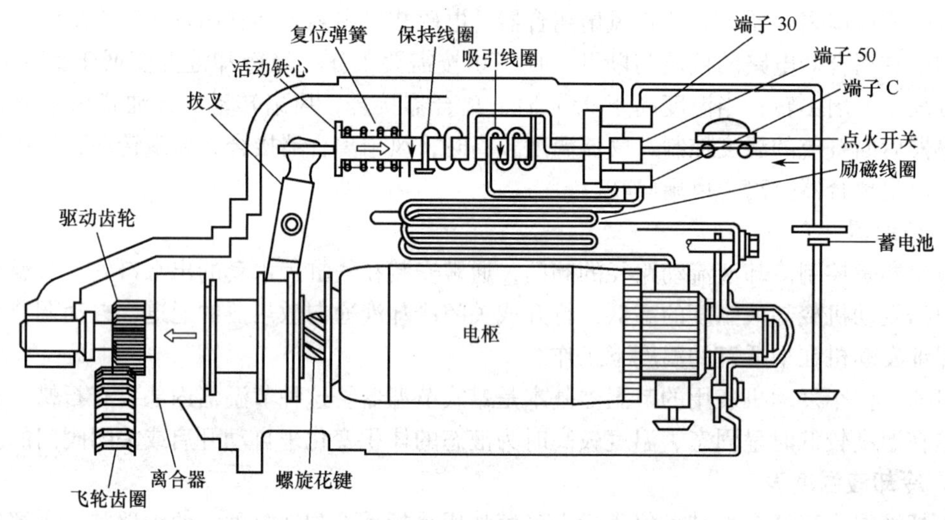

图 3-38　起动系统

1. 起动机

起动机的功用是将电能转变为旋转动能，提供驱动曲轴运转的动力。起动机为直流电动机。这种电动机低速时输出转矩很大，能满足起动要求。汽油机起动机功率一般在 1.5kW 以下，电压为 12V；柴油机起动机功率较大，可达 5kW 或更大，电压为 24V。

2. 起动操纵机构

起动操纵机构的功用是通过起动开关将起动机与发动机飞轮连接起来。车用汽油机或柴油机均采用电磁操纵式控制机构。由驾驶人通过起动开关操纵继电器(电磁开关)，再由继电器操纵起动机电磁开关和齿轮副。有些发动机通过起动开关直接操纵起动机电磁开关和齿

轮副。

3. 离合机构

离合机构的功用是起动时将驱动齿轮与电枢轴连成一体，并使驱动齿轮沿电枢轴移出与飞轮齿圈啮合，将起动机产生的转矩传递给发动机曲轴；起动后自动将起动机与飞轮分离，让起动机处于不转动状态。起动机的离合机构安装在电动机电枢的延长轴上，典型装置是单向离合器。

二、起动系统的工作原理

当驾驶人转动点火开关至起动位置时，接通起动开关，起动机控制电路通电(图 3-38)，电磁开关的吸引线圈和保持线圈通电，产生很强的磁力，吸引电磁开关铁心右移，并带动拨叉绕其销轴转动，使驱动齿轮移出与飞轮齿圈啮合。与此同时，由于吸引线圈的电流通过起动机的转子绕组，转子开始缓慢转动，齿轮在旋转中移出，减小冲击，如果驱动齿轮与飞轮齿端相对，不能马上啮合，此时弹簧压缩，当驱动齿轮转过一个角度后，齿轮与飞轮齿圈迅速啮合。当铁心移动到使主电流开关闭合的位置时，主电路接通，吸引线圈被短路，失去作用，但保持线圈所产生的磁力足以维持驱动齿轮与飞轮齿圈啮合以及保持主电流开关闭合的位置。主电路接通后大电流就流向起动机的转子线圈，产生较大的转矩，驱动飞轮和曲轴进行起动。当发动机正常运转后，驾驶人松开点火钥匙至正常工作位置，起动机控制电路断电，电磁开关铁心在复位弹簧作用下左移，起动机主电路断电，起动机停止转动，与此同时拨叉带动起动机驱动齿轮与飞轮分离。

思　考　题

1. 什么是发动机排量？排量的大小对汽车性能有何影响？
2. 四冲程汽油机是如何工作的？四冲程柴油机在结构和原理上与汽油机有何异同？
3. 发动机主要性能指标有哪些？各有何作用？
4. 发动机有哪几部分组成？各部分功用是什么？
5. 什么是配气相位？为什么要设计可变配气系统？
6. 什么是点火提前角？汽车适时点火有何意义？
7. 点火系统主要部件有哪些？它是如何工作的？
8. 电喷发动机的汽油喷射系统是如何工作的？
9. 柴油机的电控共轨喷射系统是如何工作的？
10. 发动机的润滑方式有哪些？曲轴轴承应采用何种润滑方式？
11. 发动机冷却液温度调节有哪些方法？如何实现？
12. 节温器有何作用？节温器是如何工作的？
13. 发动机是如何起动的？

第四章 汽车底盘

各类汽车底盘的构造不尽相同，但它们的基本组成是一致的，都由传动系统、行驶系统、转向系统和制动系统组成。

第一节 汽车传动系统

汽车传动系统的功用是将发动机的动力传给驱动轮，并实现减速增矩。汽车传动系统主要由离合器、变速器、万向传动装置(包括万向节、传动轴)、驱动桥(包括主减速器、差速器和半轴)等组成。后轮驱动汽车的传动系统如图 4-1 所示。

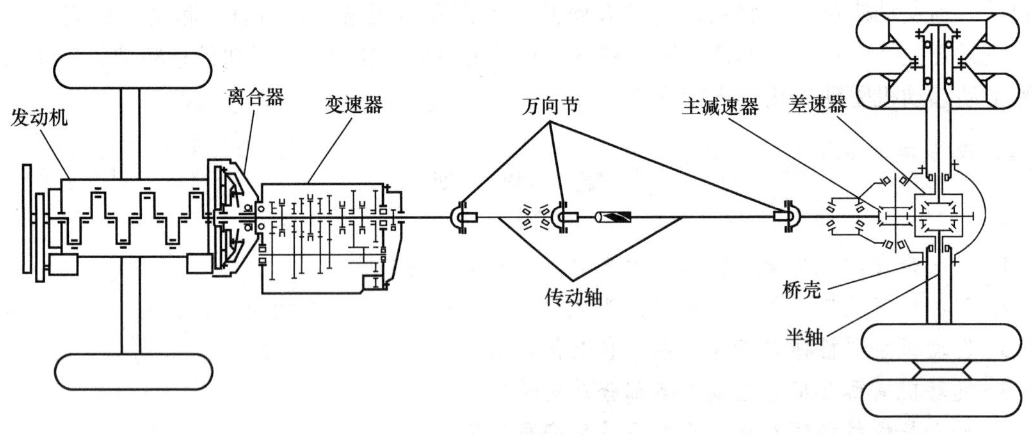

图 4-1 后轮驱动汽车的传动系统示意图

一、离合器

离合器安装于发动机与变速器之间，其功用是平顺传递或短时切断发动机动力，保证汽车平稳起步和便于换档，并防止传动系过载。

1. 离合器的组成

手动变速器汽车普遍采用摩擦式离合器，它主要由主动部分、从动部分、压紧装置、分离机构和操纵机构 5 部分组成，如图 4-2 所示。

(1) 主动部分　它由飞轮、离合器盖、压盘和传动片组成。离合器盖用螺钉固定在飞轮的后端面上，压盘后端面与离合器盖周向通过传动片相连，但压盘可轴向移动。这样，曲轴旋转时，便通过飞轮、离合器盖带动压盘一起转动。

(2) 从动部分　从动盘是离合器的从动部分，其双面带摩擦衬片，分别用来与飞轮后

端面和压盘表面接触产生摩擦，传递动力。从动盘毂的内花键与从动轴（变速器输入轴）套装，离合器动力通过从动轴输出。

（3）压紧装置　它主要是指压紧弹簧，装在离合器盖和压盘之间，沿圆周均布。压紧装置可把压盘和从动盘压向飞轮，为从动盘摩擦片提供正压力。

（4）分离机构　它由分离杠杆、分离轴承、分离套筒、分离叉等组成。其分离杠杆外端和中部分别铰接于压盘和离合器盖上；分离轴承和分离套筒压装成一体，松套在从动轴的轴套上；分离叉是中部有支点的杠杆，内端压在分离套筒上。分离机构的作用是保证踩离合器踏板时，能使离合器主从动部分分离。

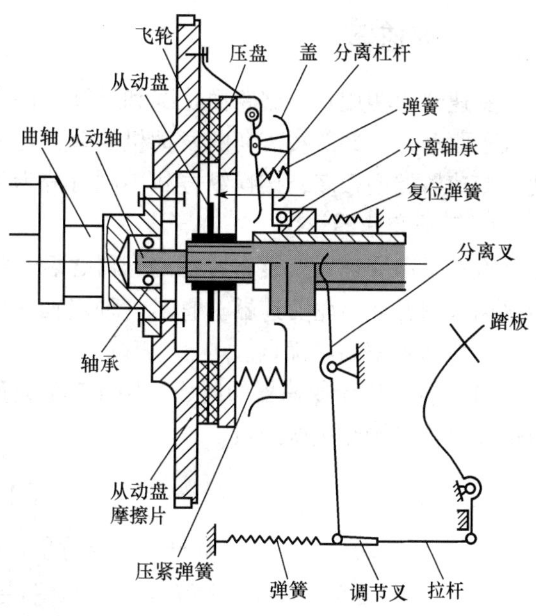

图 4-2　摩擦式离合器的基本组成

（5）操纵机构　它是指从离合器踏板到分离叉之间的传动部件，其作用是传递踏板力去操纵离合器。离合器操纵机构有液压式和机械式两种类型，液压操纵机构省力、平稳、噪声小，在轿车上得到了广泛应用。

2. 离合器的工作原理

（1）接合传递动力　当离合器踏板处于自由状态时，压紧弹簧将压盘、飞轮及从动盘互相压紧，离合器处于接合状态。发动机工作时，飞轮旋转，发动机动力通过飞轮、压盘与从动盘摩擦片的摩擦作用传递到从动盘，再经从动轴输入到变速器。

（2）分离切断动力　当踩下离合器踏板时，拉杆拉动分离叉外端向后移动，分离叉内端则通过分离轴承推动分离杠杆的内端向前移动，分离杠杆外端便拉动压盘压缩压紧弹簧向后移动，使从动盘与飞轮端面出现间隙，解除了对从动盘的压力，于是离合器的主、从动部分处于分离状态而切断发动机的动力。切断发动机动力可便于汽车换档，因为此时变速器齿轮不再传递转矩，容易退出原档位齿轮，也容易挂上新档位。

（3）平稳接合起步　汽车起步时，应先踩下离合器踏板，切断发动机动力，挂上档后，再缓慢松开离合器踏板，于是分离杠杆内端的作用力逐渐消失，在压紧弹簧作用下，压盘使从动盘逐渐与飞轮端面接触压紧，使传递给变速器的转矩逐渐增大，当转矩达到足以克服汽车开始起步的阻力时，从动盘开始慢慢旋转，汽车开始平稳起步。当离合器完全接合后，脚离开踏板，在复位弹簧作用下，踏板回到最高位置，分离轴承向后紧靠在分离叉上，离合器进入正常的动力传递。

（4）过载自动保护　离合器从动盘所能传递的最大力矩是一定的。当汽车发动机过载时，超出从动盘所能传递的最大转矩，则离合器从动盘打滑，避免了过大的转矩传到传动系，防止传动系统过载，自动保护传动系统的机件免遭损坏。

二、变速器

变速器的功用是根据路面状况和行驶条件变化的需要，改变汽车的行驶速度，提供合适的汽车驱动力，并能按需切断发动机的动力传递，以及改变汽车动力输出方向，实现倒车行驶。变速器类型很多，按操纵方式不同可分为手动变速器和自动变速器。

1. 手动变速器

汽车手动变速器安装布置在离合器之后，将发动机动力从离合器传给传动轴。手动变速器普遍采用普通齿轮变速器。它是一种定轴式齿轮变速器，具有结构简单、易于制造、工作可靠、传动效率高等优点。

（1）普通齿轮变速器的组成　图4-3是典型的3轴式5档普通齿轮变速器。它主要由变速传动机构和操纵机构组成。

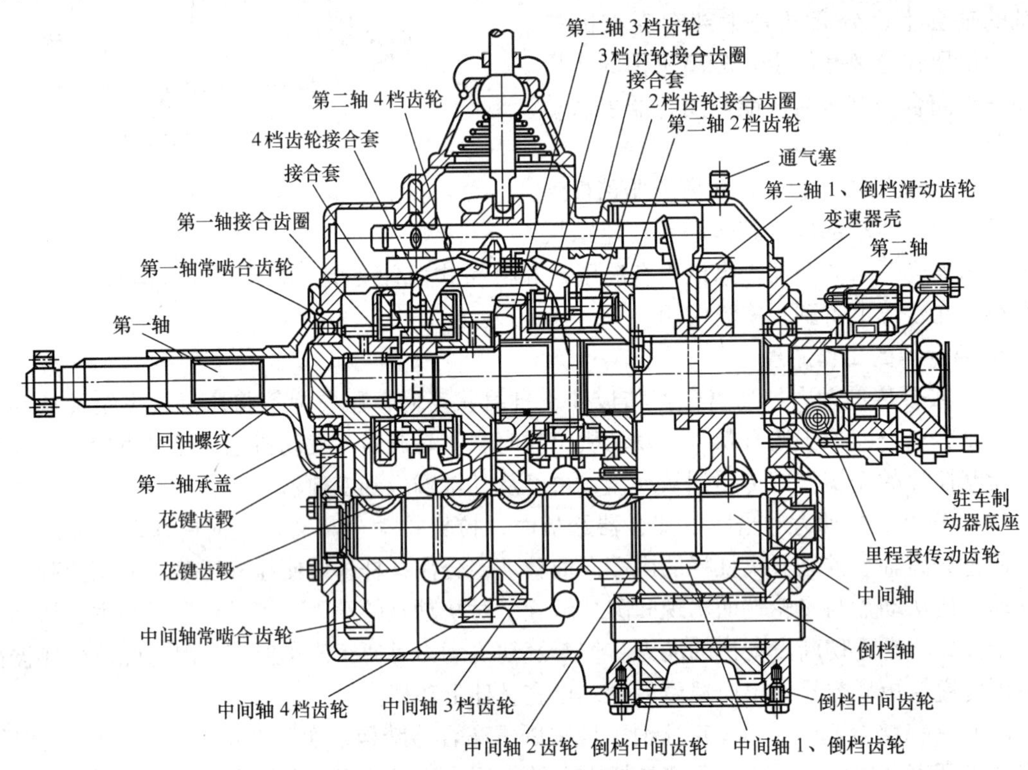

图4-3　5档普通齿轮变速器

1）变速传动机构。变速传动机构主要由齿轮、轴、轴承、同步器和壳体等组成，其功用是变速、变矩和改变旋转方向。

2）操纵机构。操纵机构主要由变速杆、拨叉、拨叉轴、拨叉块和自锁、互锁、倒档锁装置等组成，其功用是换档，保证变速器处于正确档位或空档。

（2）普通齿轮变速器的工作原理

1）变速、变矩原理。一对齿数不同的齿轮啮合传动时，可以变速、变矩。若小齿轮带动大齿轮转动，则大齿轮转速降低；若大齿轮驱动小齿轮，则小齿轮转速升高（图4-4），这就是齿轮传动的变速原理。通常用传动比来描述其变速性质，传动比也称速比，是指输入轴

转速(主动)与输出轴转速(从动)之比。传动比大于1，则是减速传动；传动比小于1，则是增速传动；传动比等于1，则是等速传动。若是多级齿轮串联传动，则传动比是各级齿轮传动比的乘积。普通齿轮变速器就是通过若干对不同齿数和大小的齿轮副相互组合、串联传动，获得不同的传动比来实现变速的。

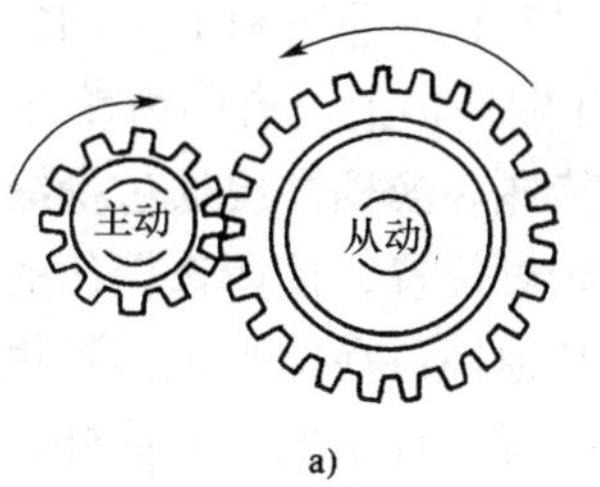

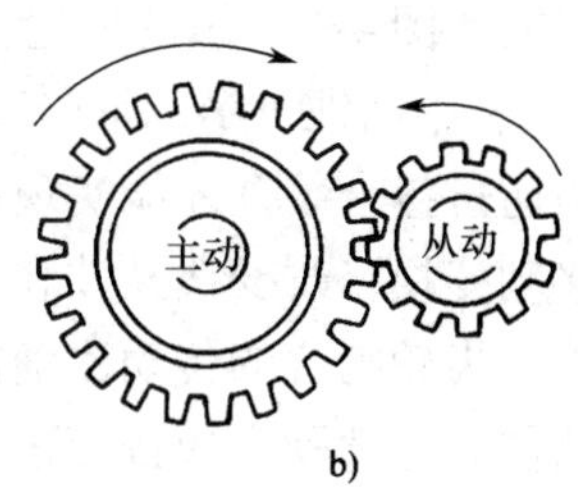

图4-4　齿轮传动原理

a）减速传动　b）增速传动

齿轮传递动力时，其输入功率等于输出功率。据此可得：输入轴转速 $n_{入}$ 与输入轴转矩 $T_{入}$ 的乘积等于输出轴转速 $n_{出}$ 与输出轴转矩 $T_{出}$ 的乘积，于是有传动比 $i = n_{入}/n_{出} = T_{出}/T_{入}$。可见传动比既是变速比又是变矩比。这说明：减速必增矩；增速必减矩；速不变，则矩不变。汽车变速器就是利用这一关系通过改变传动比来获得输出轴转矩变化的。因此，可以说变速器实际上也是一个变矩器。

为了适应汽车行驶阻力变化的需要，变速器通常设置多个传动比，即多个档位。轿车和轻、中型货车变速器多采用3~5个前进档和1个倒档，重型汽车和越野车档位更多。通常所说的变速器档数是指前进档。

变速器传动比小的档位称为高速档，传动比大的档位称为低速档。传动比小于1的称为超速档，传动比等于1的称为直接档，传动比大于1的称为减速档。好路面常用高速档，坏路或爬坡时常用低速档。超速档行驶经济省油，1档行驶驱动力最大。选择不同的档位，改变各轴不同齿轮的相互啮合，可以改变输出轴的转速和转矩。档位越低，减速增矩的作用越强。

2）变向原理。对于外啮合齿轮传动，一对齿轮传动，则其两齿轮轴旋向相反，每经一次啮合，其输出轴改变一次转向(图4-5)。因此，对于外啮合齿轮传动，若有偶数次啮合，则输出轴与输入轴同向转动；若有奇数次啮合，则输出轴与输入轴反向转动。汽车变速器就是根据这一原理实现变向的，如让倒档传递路线齿轮有奇数次啮合来改变输出轴旋转方向。图4-5b是普通3轴式变速器倒档的变向原理图，它与图4-5a不同的是在输出轴与中间轴之间增加了一个倒档齿轮4，使得其传递路线的齿轮有3次啮合，这样其输出轴与输入轴转向相反。

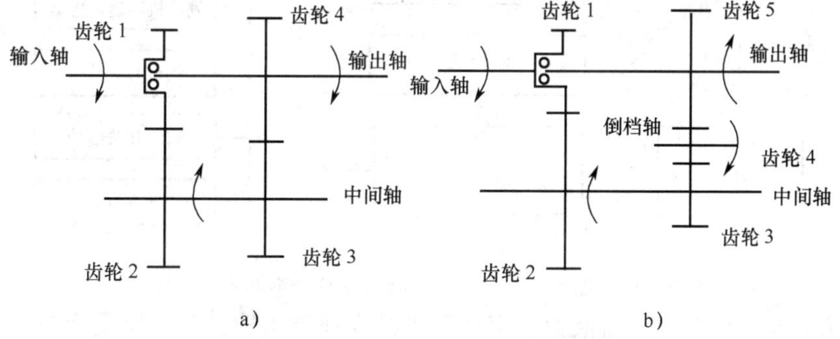

图4-5　齿轮传动变向原理

a）前进档　b）倒档

3）换档原理。换档的实质就是改变传动比，而传动比的改变是通过齿轮啮合的变化实现的。图 4-3 所示的齿轮变速器有 5 个前进档和 1 个倒档。其各档齿轮安装在第一轴（输入轴）、中间轴、第二轴（输出轴）和倒档轴上，有的齿轮与轴固定，有的齿轮空套在轴上，必须通过接合装置才能实现动力的传递。换档需要通过操纵机构完成，其原理是通过变速杆的移动变换，改变拨叉轴和拨叉的相对位置，使所选档位的接合套与该档齿轮接合，于是所选档位齿轮啮合的传动比确定，而其他档位在操纵机构互锁的作用下处于空转状态；需要变换档位时，驾驶人应按变速器档位设置位置来操作变速杆；需要空档时，则变速杆不挂入任何档位，各档的传动齿轮均空转，动力切断而无输出。由于互锁装置的作用，驾驶人不可能同时挂入两个档位；由于自锁装置的作用，挂入档位后不易脱档；由于倒档锁装置的作用，驾驶人不易误挂倒档。

4）同步器原理。现代汽车手动变速器上都装有同步器。同步器的功用是保证换档时，待啮合齿轮的切向速度相等同步，实现无冲击接合。惯性同步器是利用摩擦原理同步的，换档时推动变速杆，其推力作用在同步器摩擦元件上，通过摩擦元件的相互作用，使待啮合齿轮的速度迅速达到同步，并顺利挂档。若同步器损坏，则会出现齿轮碰撞挂不上档或产生换档冲击。

2. 自动变速器

汽车自动变速器直接与飞轮连接，将发动机动力传给传动轴或驱动桥。自动变速器能够根据道路行驶条件自动改变汽车驱动轮转速和驱动力。目前，汽车上广泛采用电子控制自动变速器（ECT）。

（1）自动变速器的组成　电子控制自动变速器主要由变速系统、电子控制系统、液压控制系统三大部分组成，如图 4-6 所示。

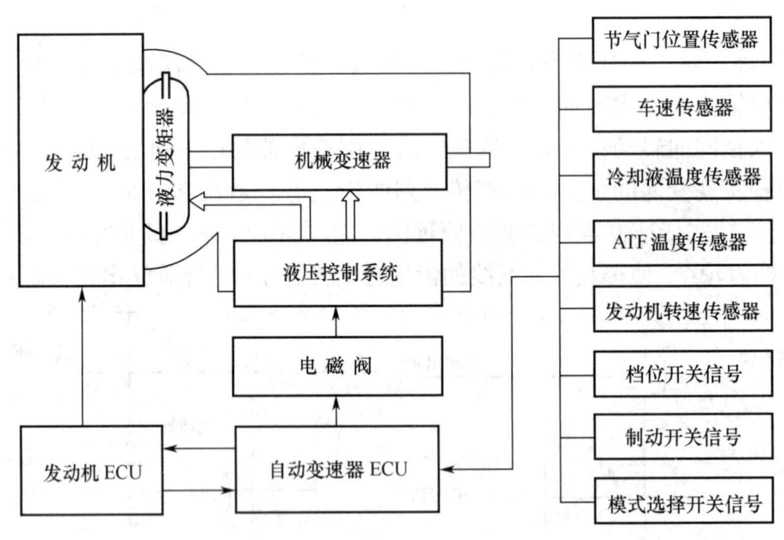

图 4-6　电子控制自动变速器组成及基本原理示意图

1）变速系统。变速系统由液力变矩器和机械变速器组成，其功用是变速、变矩及改变输出轴的旋转方向。

① 液力变矩器。液力变矩器的主要功用是将发动机的动力传递给机械变速器，并可在

一定范围内实现增矩减速和无级变速。现代汽车液力变矩器是一种综合式液力变矩器，它具有变矩器、液力耦合器和机械传动工况。液力变矩器主要由泵轮 B、涡轮 W、导轮 D 三元件和单向离合器、锁止离合器组成（图 4-7）。其泵轮与发动机飞轮连接，涡轮与机械变速器输入轴相连，变矩器内充有油液。

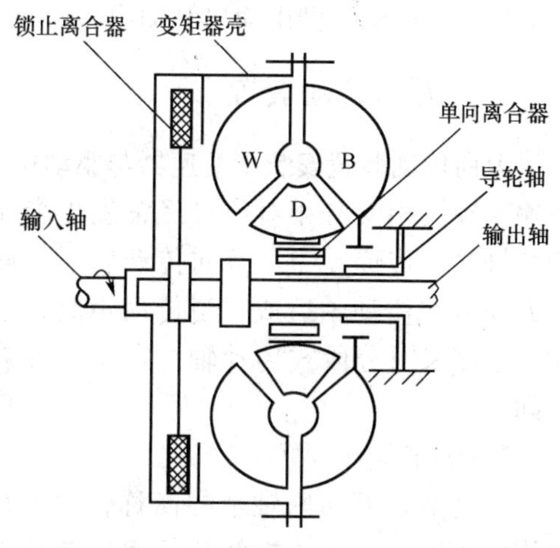

图 4-7　自动变速器液力变矩器结构简图

发动机运转时带动液力变矩器壳体和泵轮与之一同旋转，泵轮内的工作液，除绕变矩器轴的圆周运动以外，其油液还在离心力的作用下，由泵轮叶片外缘冲向涡轮，并沿涡轮叶片流向导轮，再经导轮叶片流回泵轮叶片内缘，形成循环圆的循环流动。由于导轮的作用，可使得在泵轮转矩不变的情况下，随着涡轮转速的不同而改变涡轮的输出转矩。这就是液力变矩器的变矩工况。

单向离合器的作用可使变矩器具有液力耦合器工况。在导轮转动前为变矩器工况，具有增矩减速作用；在导轮转动后为液力耦合器工况，能高效传动动力但不变矩。

锁止离合器的作用可使变矩器具有机械传动工况。锁止离合器分离时，为变矩器工况；锁止离合器接合时为机械传动工况，泵轮与涡轮机械相连，效率高达 100%。

② 机械变速器。机械变速器的功用是接受变矩器输出的动力，并通过变换档位，进一步扩大变速、变矩范围，以适应汽车在各种行驶条件下的使用要求。机械变速器为齿轮式变速器，它分为定轴式齿轮变速器和行星齿轮变速器两种。少数车型采用定轴式齿轮变速器，但多数汽车为使体积小、结构紧凑，采用行星齿轮变速器。机械变速器包括齿轮变速机构和换档执行机构，一般有 3 ~ 5 个前进档，一个倒档。

2）电子控制系统。电子控制系统主要由自动变速器电子控制单元（ECT ECU）、各类传感器及电磁阀组成，其主要功用是自动控制换档。工作时，ECT ECU 根据各类传感器提供的信号，输出换档指令，控制电磁阀线圈电流的通断，改变换档阀的控制油压，导致换档阀的移动，从而切换换档执行元件的油路，实现自动换档。

3）液压控制系统。液压控制系统主要由液压泵、自动变速器油（ATF）、一系列的液压阀及其阀体组成。液压控制系统的功用是接受电子控制系统控制，操作换档。工作时，液压控制系统根据电磁阀的工作状态，通过控制换档执行元件油路的通断，实现自动换档。

（2）自动变速器的工作原理　汽车行驶时，ECT ECU 根据各传感器提供的车速、节气门开度、发动机冷却液温度、ATF 温度、档位开关、模式选择开关等信号，经过计算、处理比较后，按照预先设定的换档规律，确定换档或锁止时机，然后将相应的控制信号输送给电磁阀，电磁阀则通过控制液压控制阀的工作，来完成 ECT ECU 下达的换档、锁止等命令，使汽车在各种使用条件下，实现自动换档，保证汽车顺畅行驶。而发动机的动力则经飞轮传给液力变矩器，变矩器则根据液压传递原理，视需要在一定范围内自动、无级地改变输入转矩和转速并将动力传递给机械变速器，当机械变速器内的齿轮根据行驶条件的需要通过执行元件（离合器、制动器）以某种组合方式传动时，变速器便获得了不同的速比，产生了各种不同的档位，而动力则由输出轴输出。

三、万向传动装置

万向传动装置安装于变速器与驱动桥之间(图4-8)，其功用是在变速器输出轴线与驱动桥输入轴线相交且相对位置经常发生变化的两轴之间传递动力。万向传动装置一般由万向节和传动轴组成，当传动距离较远时，还需采用分段式传动轴，在中部加装中间支撑。

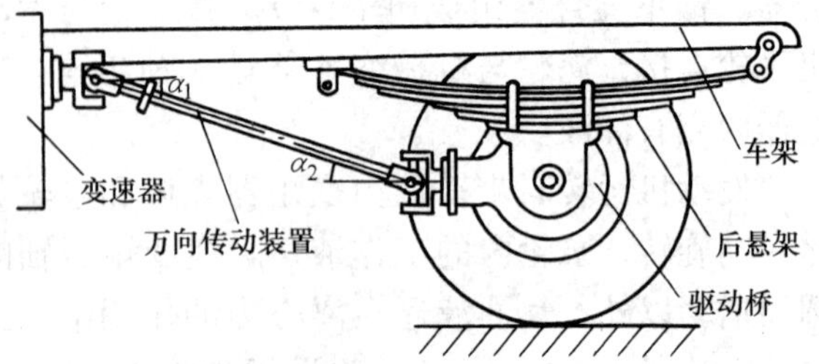

图4-8 万向传动装置

1. 万向节

万向节是万向联轴节的简称，因为它允许输入轴与输出轴之间朝任何方向有夹角，故叫万向节。汽车万向节有不等速和等速两类，一般变速器和驱动桥之间采用不等速万向节，而前驱轿车则使用等速万向节。

(1) 不等速万向节　常见的不等速万向节为普通十字轴万向节(图4-9)，它主要由十字轴和主动叉、从动叉构成，主动叉、从动叉分别装在十字轴上，两个叉轴的轴线夹角为 α。

普通十字轴万向节具有不等速传动的特性。即当主动轴等角速旋转时，则从动轴是不等角速的，呈规律性地忽快忽慢转动(图4-9a)。α 越大，不等速性就越严重。十字轴万向节的不等速性对传动十分不利，会激起传动系的共振，还会产生附加弯矩，引起传动系零部件的早期损坏。为消除这一现象，保证等角速传动，需要在传动轴两端安装十字轴万向节，且同时满足两个条件：传动轴两端的万向节叉应在同一平面；输入轴和输出轴分别与传动轴的夹角应相等(图4-9b)。

(2) 等速万向节　等速万向节的基本原理是从结构上保证万向节在工作过程中，其传力点始终处于两轴交角的平分面上。等速万向节的工作原理可用两个大小相同的锥齿轮传动(图4-10)来说明，两齿轮啮合点为 A，位于两齿轮轴线交角 α 的平分面上，由 A 点到两轴的垂直距离都等于 r。在 A 点处，两齿轮的圆周速度相等，因此两个齿轮旋转的角速度也相等。汽车等速万向节就是根据这一原理制成的，它能保证轴线交角 α 变化时也能等速传递动力。目前汽车上广泛采用球叉式、球笼式和自由三枢轴式等速万向节。

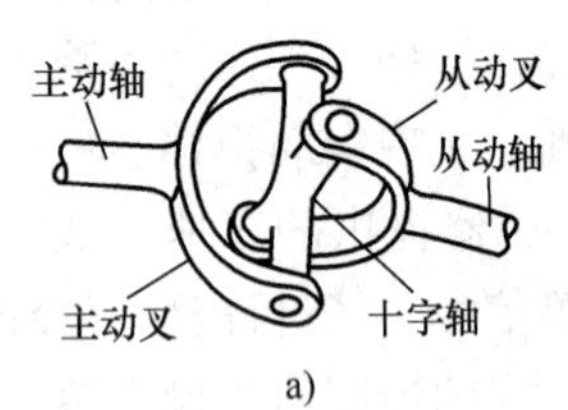

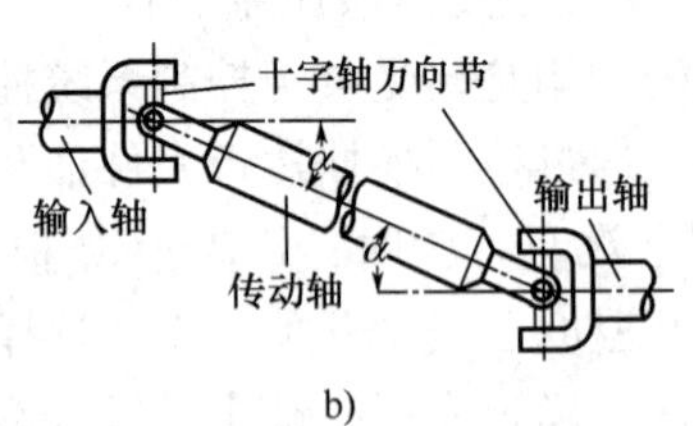

图4-9 普通十字轴万向节

a) 十字轴万向节 b) 双十字轴万向节传动

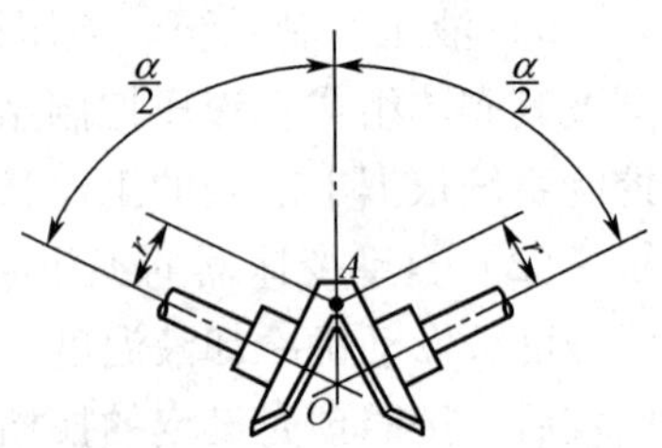

图4-10 等速万向节工作原理

2. 传动轴

传动轴通常安装在变速器和驱动桥端的万向节之间(图4-11)，用来传递动力。但在转向驱动桥和断开式驱动桥中，传动轴则用来连接差速器和驱动轮。

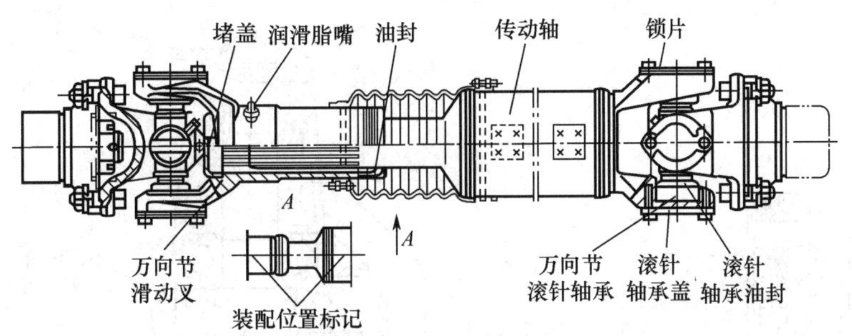

图 4-11　传动轴

传动轴有实心轴和空心轴之分。传动轴在传动中几乎只承受转矩，因而传动轴多为空心轴，一般用厚度为 1.5 ~ 3.0mm 且厚薄均匀的钢板卷焊而成，超重型货车则直接采用壁厚均匀的无缝钢管。空心传动轴可以减轻质量，节省材料，提高临界转速。转向驱动桥、断开式驱动桥或微型汽车的传动轴通常制成实心轴。

为了适应变速器和驱动桥相对位置的变化，传动轴应能轴向滑动。通常把传动轴一端的轴叉与轴管做成可分离的（图 4-11），滑动叉有内花键，传动轴前端焊有花键轴，套装后传动轴可以伸缩。花键部分用润滑脂润滑，并用油封（即橡胶伸缩套）防漏。为了防水、防尘，滑动叉前端装有带小孔的堵盖，后端与轴管间装有可伸缩的橡胶套，其两端用带开口销的带箍卡紧。传动轴两端用十字轴万向节分别与输入轴和输出轴连接。

传动轴两端的连接件装好后，应进行动平衡试验，不平衡时，需要焊接平衡片校正，直至平衡。为防止装错位置和破坏平衡，滑动叉、轴管都刻有带箭头的记号，装配时应使记号对准，此时两端万向节叉也正好在同一平面内。

当传动轴过长时，应将传动轴分段并加中间支撑，以免产生共振。现代货车普遍采用两段式加中间支撑的传动轴，其中间支撑通常安装在车架的横梁上。

四、驱动桥

驱动桥的主要功用是将万向传动装置输入的发动机动力经减速增矩、改变动力传递方向后，分配到左、右驱动轮，使汽车行驶，并允许左、右驱动轮以不同的转速旋转。驱动桥一般由主减速器、差速器、半轴和桥壳等组成（图 4-12）。

1. 主减速器

主减速器的功用是减速增矩，改变动力传递方向（视需要）。现代汽车常用单级主减速器和双级主减速器。

（1）主减速器的构造　后驱动桥单级主减速器主要由一对螺旋锥齿轮组成（图 4-13）。主动锥齿轮与输入轴制成一体，从动锥齿轮实际上是一个锥齿圈，通过螺栓与差速器壳体固定在一起。螺旋锥齿轮传动可以改变动力传递方向（90°），因而后驱动桥主减速器常用螺旋锥齿轮。而发动机横置的前驱动桥主减速器通常采用圆柱斜齿轮传动。

（2）主减速器工作原理　主减速器传动是小齿轮驱动大齿轮，传动比一般轿车为 3 ~ 5，货车为 6 ~ 8。传动比越大，减速增矩作用越强。万向传动装置传来的动力经主动锥齿轮和从动锥齿轮的啮合传动，减速增矩、改变动力传递方向后传给差速器。

目前，轿车和一般轻、中型货车采用单级主减速器即可满足传动要求，单级主减速器结

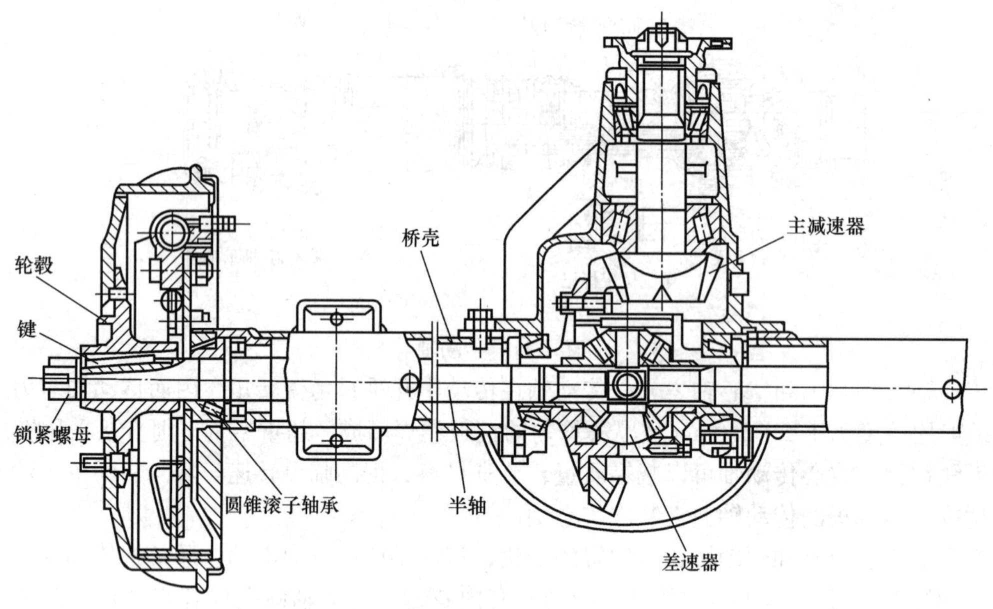

图 4-12 驱动桥的组成

构简单，体积小，传动效率高。但有些汽车为了获得更大的传动比来提高驱动力，或为了保证足够大的最小离地间隙来提高汽车通过性，采用双级主减速器，其第一级采用螺旋锥齿轮，第二级采用斜齿圆柱齿轮。

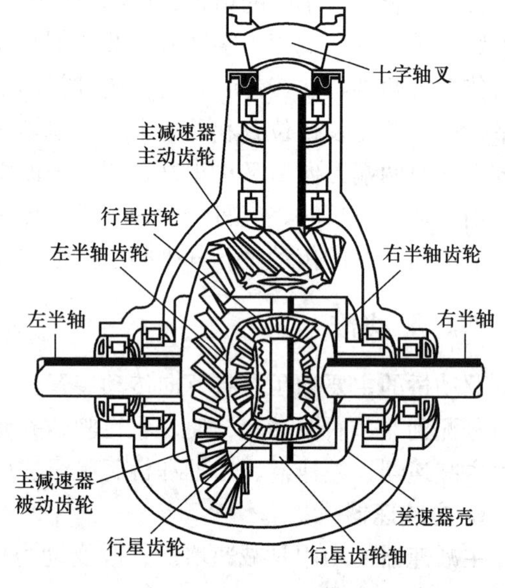

图 4-13 单级主减速器构造

2. 差速器

差速器的功用是将主减速器传来的动力传给左、右两半轴，并视需要可使左、右驱动轮不等速转动。现代汽车大多数采用普通齿轮式差速器。

（1）差速器构造　普通齿轮式差速器主要由差速器壳、行星齿轮、行星齿轮轴、半轴齿轮等组成(图 4-13)。

差速器壳与主减速器的从动锥齿轮刚性连接，差速器壳上固连着行星齿轮轴，行星齿轮滑套在行星齿轮轴上，并与两侧的半轴齿轮啮合。两侧的半轴齿轮用内花键分别与两侧的半轴相连，半轴齿轮的转动速度就是驱动轮的转动速度。

（2）差速器工作原理

1）汽车直线行驶。汽车直线行驶时，两侧驱动轮所受的切向力相等，这样通过两侧半轴齿轮反作用在行星齿轮两侧啮合点的力大小相等，方向一致。这时行星齿轮相当于一个等臂杠杆而保持平衡，行星齿轮不能绕行星齿轮轴自转，而只能随行星齿轮轴、差速器壳、从动锥齿轮及半轴齿轮一起公转。行星齿轮公转时，动力经从动锥齿轮、差速器壳、行星齿轮

轴、行星齿轮传给两侧的半轴齿轮，然后通过半轴将动力传给驱动车轮，两侧车轮转速相等(图 4-14a)。

2）汽车转弯行驶。汽车转弯行驶时，内侧车轮有滑转趋势，外侧车轮有滑移趋势，于是两侧驱动轮所受的切向力不等，这样通过两侧半轴齿轮反作用在行星齿轮两侧啮合点的力大小不等，行星齿轮的平衡被破坏，结果使得行星齿轮既公转，又绕着行星齿轮轴自转。当行星齿轮自转时，使内侧的半轴齿轮(内侧驱动轮)转速减慢，外侧的半轴齿轮(外侧驱动轮)转速加快，由此产生了差速功能(图 4-14b)。在差速的同时，动力也经差速器传给驱动轮。

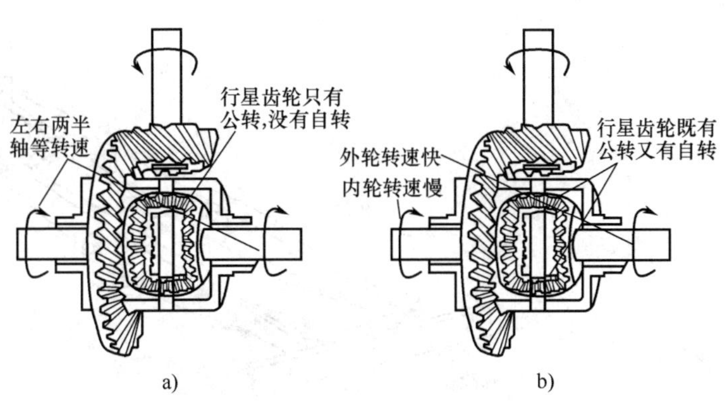

图 4-14　差速器工作原理

a）直线行驶　b）左转弯行驶

差速器并非仅在汽车转弯时起差速作用。事实上，任何能引起左、右驱动轮转速不等的因素都会自动地使差速器起差速作用。例如，直行时由于装载、轮胎气压、轮胎磨损程度不同等引起两侧驱动轮半径不等、两侧驱动轮行驶在凹凸不平的路面等，差速器都会起作用。差速器的这种自动差速原理，能保证汽车驱动轮胎纯滚动行驶，可减轻轮胎的磨损，减小汽车的行驶阻力。

3. 半轴与桥壳

半轴的功用是将差速器半轴齿轮上的动力传到驱动轮。半轴是实心轴，内端通过花键与半轴齿轮相连，外端与驱动轮毂相连(图 4-12)。

驱动桥壳的功用是安装并保护主减速器、差速器、半轴，并用来安装悬架、轮毂等；承载驱动桥悬架质量；承受驱动轮传来的各种反力和力矩，并在驱动轮和悬架之间传力。

第二节　汽车行驶系统

汽车行驶系统的功用是将汽车各总成及部件连成一个整体，承受和传递作用在车轮和路面间的力、力矩，支撑汽车的总重以及缓和路面冲击、衰减振动，保证汽车正常行驶。汽车行驶系统主要由车架、车桥、车轮和悬架等部件组成，如图 4-15 所示。

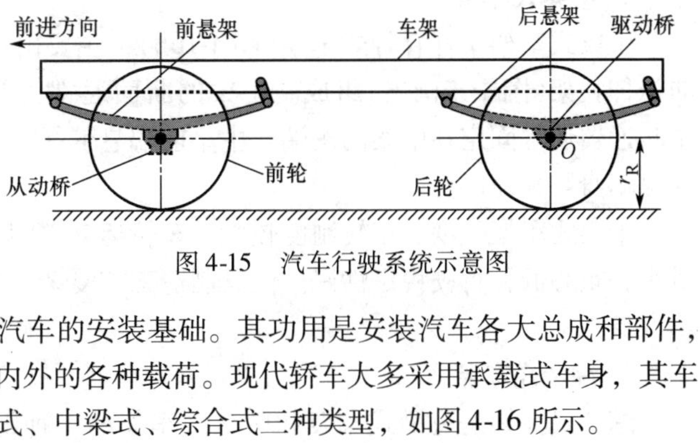

图 4-15　汽车行驶系统示意图

一、车架

车架是连接各车桥的桥梁，是整个汽车的安装基础。其功用是安装汽车各大总成和部件，并保证其正确的相对位置，承受来自车内外的各种载荷。现代轿车大多采用承载式车身，其车身兼有车架功能。汽车车架主要有边梁式、中梁式、综合式三种类型，如图 4-16 所示。

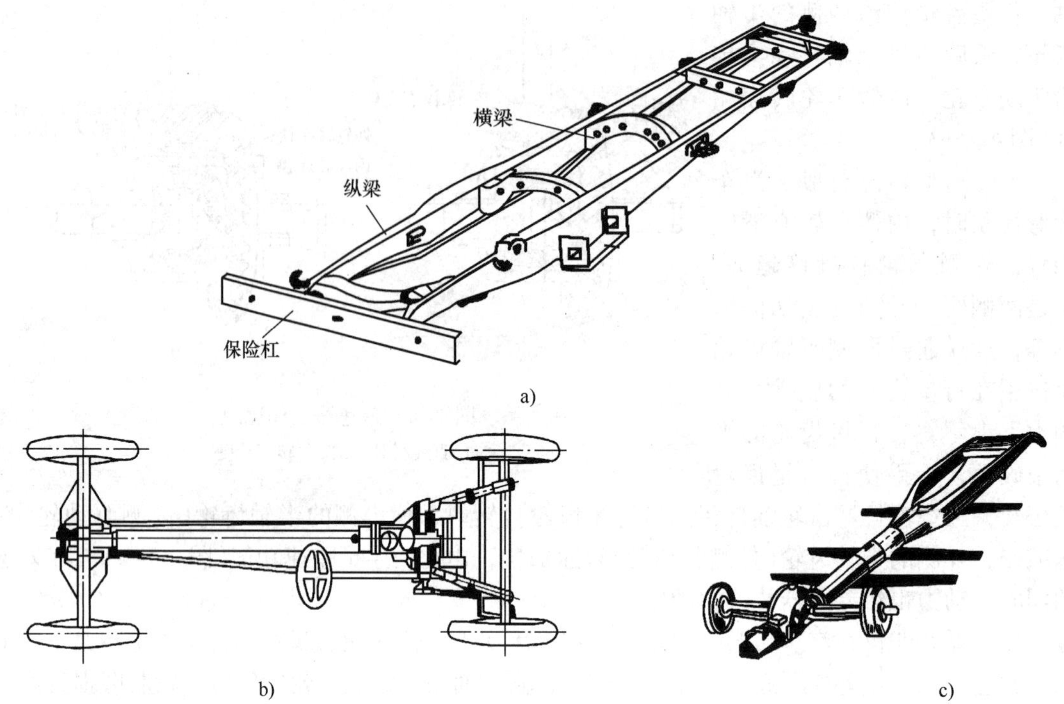

图 4-16　车架类型

a）边梁式车架　b）中梁式车架　c）综合式车架

1. 边梁式车架

边梁式车架由两根位于左右两侧的纵梁和若干根横梁组成，纵梁与横梁通过铆接或焊接成为一个坚固的刚性构架(图 4-16a)。纵梁一般用低合金钢板冲压而成，其断面形状根据不同需要有较多变化，常见的纵梁断面有槽形、Z 形和箱形。纵梁通常是在水平面或纵向平面内呈弯曲形状或非等截面，以满足车辆总布置的要求。横梁用来连接左右纵梁，使之成为一个完整的构件，保证车架能承受一定的扭矩及纵向载荷，并用来支撑发动机、驾驶室等汽车主要部件。横梁断面多为槽形、管形或箱形。有时横梁也制成弯曲形状，以满足安装需要。

边梁式车架结构简单，部件安装固定方便，在汽车上得到了广泛的应用。但其扭转刚度较小。

2. 中梁式车架

中梁式车架又称脊骨式车架(图 4-16b)，主要由一根位于中央贯穿前后的纵梁和若干横向悬伸托架(图中未画出)组成。中梁的断面通常为管形或箱形，传动轴从中梁内部穿过，主减速器通常固定在中梁的尾端。中梁前端悬伸托架用以固定发动机，中后端悬伸托架用来支撑车身与其他部件。

中梁式车架强度、扭转刚度较大，车轮运动空间大，便于采用独立悬架。另外，车架质量小，重心低，行驶稳定性好。但其制造工艺复杂，精度要求高，维修不方便，在车上应用不广泛。

3. 综合式车架

综合式车架是边梁式车架和中梁式车架的一种组合，其前部是边梁式，后部是中梁式

（图4-16c）。综合式车架兼具边梁式车架和中梁式车架的特点。车架前部的边梁用以安装发动机，传动轴从中梁内部穿过，悬伸托架用来固定车身。

二、车桥

车桥是指安装左右车轮的车轴或车梁等部件。车桥通过悬架与车架连接。车桥的功用是传递车架与车轮之间各方向作用力及其所产生的弯矩和扭转力矩。按车桥的使用功能不同，车桥可分为转向桥、转向驱动桥、驱动桥和支持桥。

1. 转向桥

转向桥通常位于汽车前部，常称前桥。转向桥的功用是利用车桥中的转向节，通过转向机构的作用，使转向车轮偏转一定角度，实现汽车的转向行驶。另外，转向桥还具有承受载荷、传递力和力矩的作用。

（1）转向桥结构原理　整体式转向桥主要由前梁（前轴）、转向节、主销和轮毂等部分组成，如图4-17所示。汽车转向轮通过轮毂及其轴承安装在转向节上，而转向节通过主销与前轴铰接，左右转向轮通过梯形臂和转向横拉杆相连。汽车转向时，通过转向器操纵转向节臂，转向轮则随转向节一道绕主销偏转一定角度，实现汽车转向。

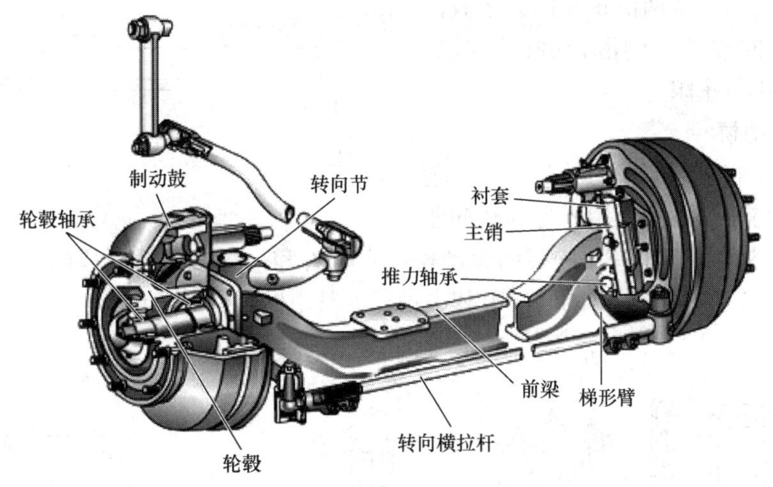

图4-17　转向桥结构

（2）转向轮定位　为使汽车行驶稳定和操纵轻便，并减小轮胎及其他零部件的磨损，转向轮、转向节、前轴三者之间的安装应具有一定的相对位置，这就是转向轮定位，也称前轮定位。转向轮定位包括主销后倾、主销内倾、前轮外倾和前轮前束。

1）主销后倾。在汽车纵向平面内，主销轴线向后倾斜的现象（图4-18）称为主销后倾，其倾斜的角度 γ 称为主销后倾角，一般 $\gamma \approx 2° \sim 3°$。主销后倾能使转向轮产生回正的稳定力矩，实现自动回正，提高汽车直线行驶的稳定性。由于现代汽车普遍采用扁平低压胎，其轮胎变形增加，使稳定力矩加大，可减小主销后倾角，甚至接近于零，有的为负值。

2）主销内倾。在汽车横向平面内，主销轴线向内倾斜的现象（图4-19）称为主销内倾，其倾斜的角度 β 称为主销内倾角，一般 $\beta \approx 5° \sim 8°$。主销内倾能使转向轮具有自动回正作用，还可使转向轻便。

3）前轮外倾。在汽车横向平面内，前轮安装后车轮中心平面向外倾斜的现象（图4-19）

称为前轮外倾，其外倾的角度 α 称为前轮外倾角，一般 $\alpha \approx 1°$。前轮外倾可提高汽车行驶的安全性，并能使转向轻便。

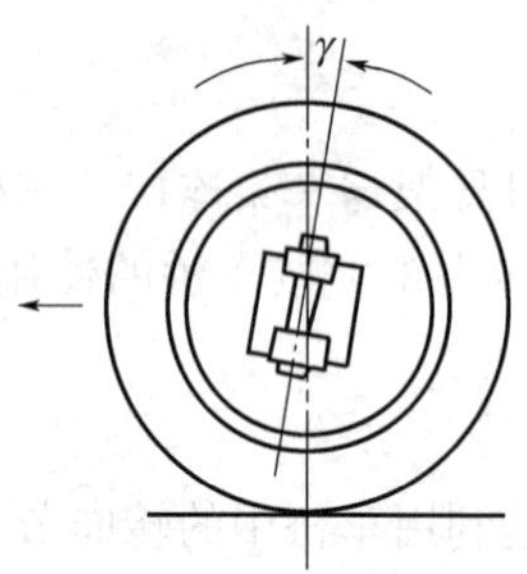

图 4-18 主销后倾

图 4-19 主销内倾和前轮外倾

4）前轮前束。俯视前轮，两车轮前端向内束的现象（图 4-20）称为前轮前束，$A-B$ 值称为前束值，一般前束值约为 0 ~ 12mm。$A-B=0$，为无前束；$A-B>0$，为正前束；$A-B<0$，为负前束。前轮前束的作用是消除由车轮外倾而引起的两侧车轮向外滚开的“滚锥效应”，使前轮无侧滑行驶，可减轻轮胎磨损，减小行车阻力。

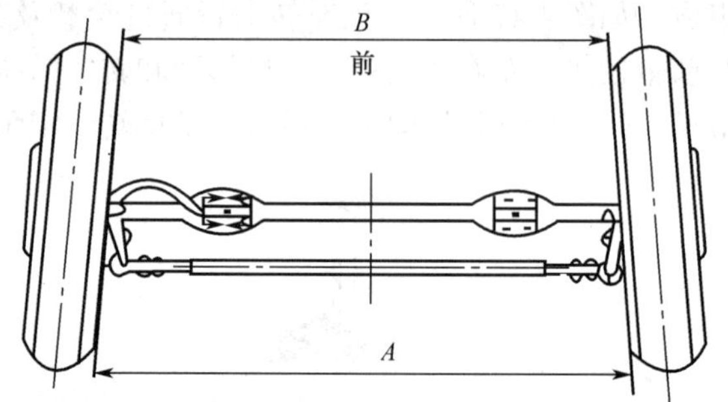

图 4-20 前轮前束

2. 转向驱动桥

在许多轿车和全轮驱动的越野车上，前桥兼起转向桥与驱动桥的作用，称为转向驱动桥。图 4-21 为越野车上使用的转向驱动桥，它有着和一般驱动桥同样的主减速器和差速器，也具有一般转向桥所具有的转向节和主销等。其不同之处是：由于转向的需要，半轴必

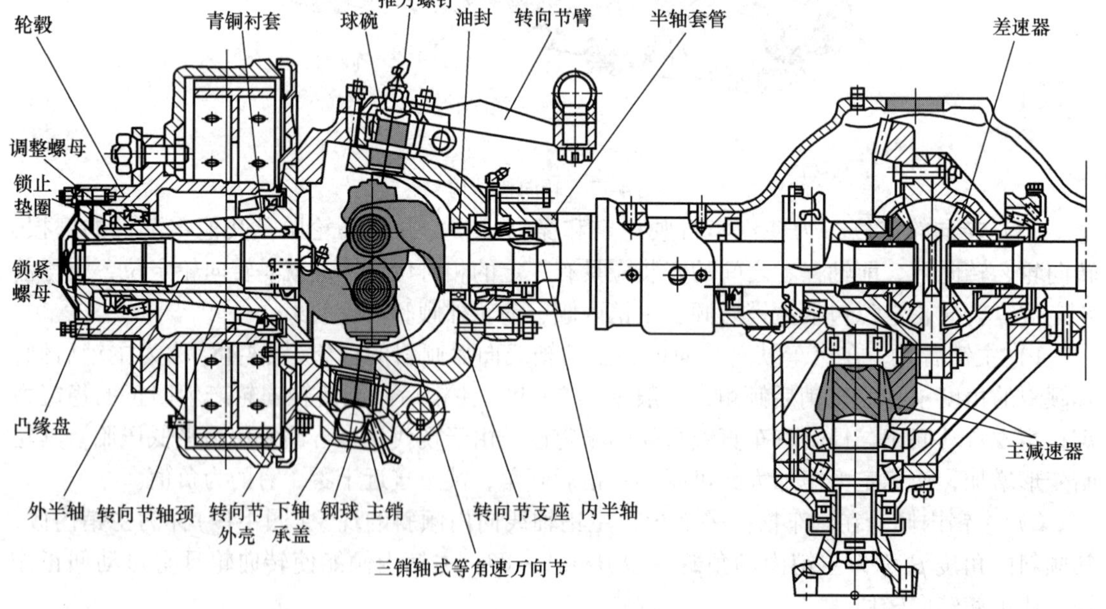

图 4-21 转向驱动桥

须被分成内、外两段，内半轴与差速器连接，外半轴与轮毂连接，两者与等角速万向节连接。主销也因此分成上、下两段，固定在万向节的球形支座上，转向节轴颈要做成空心的，以便外半轴从中穿过。

汽车行驶时，发动机动力→主减速器的主从动锥齿轮→差速器→两侧的半轴齿轮→内半轴→等速万向节→外半轴→转向驱动轮。汽车转向则靠转向系统通过转向节臂使转向驱动轮绕主销偏转一定角度。

三、车轮与轮胎

车轮与轮胎的功用是支撑汽车的重量；缓和并衰减路面不平所造成的冲击；接受和传递垂直载荷、驱动力、制动力、侧向力；与路面保持良好的附着性能。车轮与轮胎组成车轮总成，如图 4-22 所示。

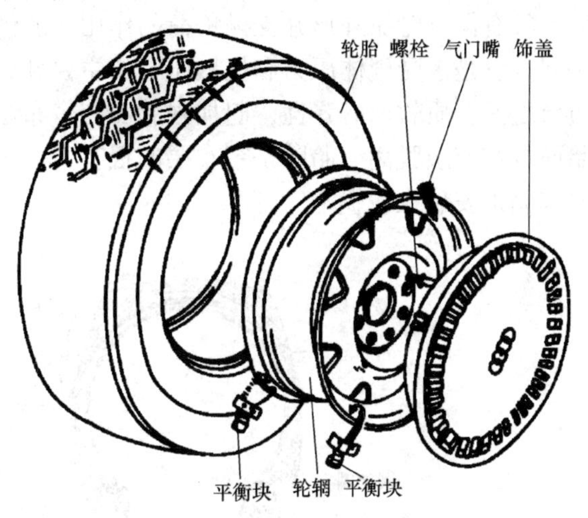

图 4-22　车轮总成

1. 车轮

车轮是介于轮胎和车轴之间承受负荷的旋转组件，通常由轮辋、轮辐和轮毂组成。轮辋是环状的槽形部件，用于安装轮胎；轮辐连接轮辋与轮毂，并在两者之间传力；轮毂的作用是将车轮安装于车桥上。

根据轮辐的结构不同，车轮可分为辐板式和辐条式(图 4-23)。辐板式车轮轮辐由钢板冲压而成，刚性好，结构不易变形，广为使用。辐条式车轮用钢丝做辐条时，车轮重量轻，缓冲性能好，散热能力强，但刚性较差，适应小车使用；有的重型汽车，为保证车轮和制动器具有良好的散热性，采用铸造辐条，铸造辐条车轮刚性好。

根据轮辋的结构不同，可分为深槽轮辋、平底轮辋和对开式轮辋几种形式(图 4-24)。车轮轮辋的形式由安装其上的轮胎大小决定。整体式深槽轮辋用于轿车和微型车；平底轮辋用于轻型、小型汽车；对开式轮辋用于重型、超重型汽车。

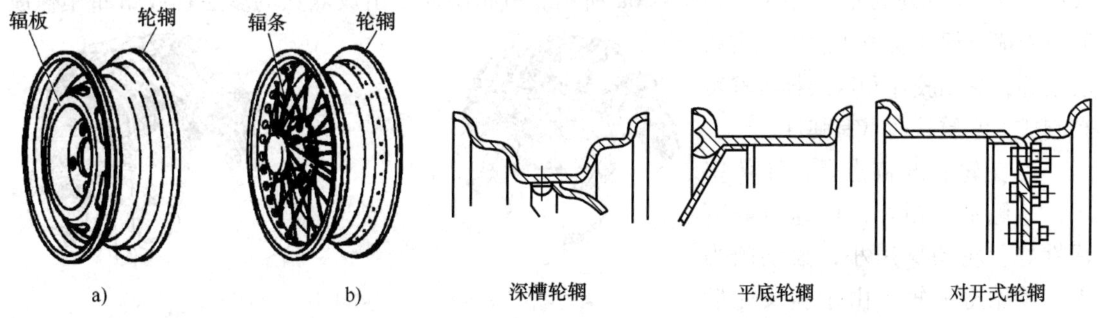

图 4-23　车轮类型

a）辐板式车轮　b）辐条式车轮

图 4-24　几种常用的轮辋形式

2. 轮胎

轮胎直接与路面接触，其功用是承受并传递汽车与路面的各种作用力，缓和并衰减路面冲击，与路面形成良好的附着。汽车广泛使用充气轮胎。充气轮胎按有无内胎分为有内胎式和无内胎式两类。一般充气压力较高、要求密封性能好的轮胎采用有内胎式，如货车和大型客车轮胎；而充气压力较低、要求散热性能好的轮胎都采用无内胎式，如轿车轮胎。

（1）轮胎结构　图4-25为轮胎的结构示意图，它主要由胎面、胎体、缓冲层和胎圈等部分组成。胎面是轮胎的最外一层，由胎冠、胎肩、胎侧组成。胎冠用耐磨橡胶制成，胎冠上制有各种形式花纹，以防止纵横滑移，提供良好的附着性能；胎肩是胎冠与胎侧的过渡部分，也制有花纹，便于轮胎散热；胎侧用以保护帘布层侧壁免遭机械损伤。胎体是轮胎的骨架，具有保持轮胎外形并支撑负荷的作用。胎体由多层帘布层构成，各层之间用橡胶压粘在一起，它是承受气体压力和机械压力的主要部分，要求有较高的强度。缓冲层位于胎面与帘布层之间，质软而有弹性，起加强胎面与帘布层之间结合的作用，能防止汽车在紧急制动时胎面与帘布层脱离。胎圈是帘布层的根基，由钢丝圈、帘布层卷边和胎圈布组成，它能使轮胎牢固地安装在轮辋上。

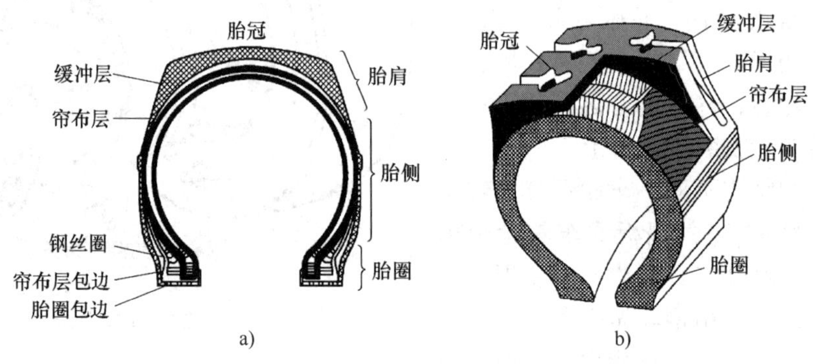

图4-25　轮胎结构示意图

a）轮胎剖视图　b）轮胎名称图

（2）斜交轮胎与子午线轮胎　按胎体帘线排列方向的不同，轮胎可分为斜交轮胎和子午线轮胎。

1）斜交轮胎。普通斜交轮胎是指胎体帘布层和缓冲层各相邻层帘线交叉且与胎面中心线成小于90°角排列的充气轮胎，如图4-26a所示。帘布层通常由成双数的多层挂胶帘布用橡胶贴合而成；缓冲层位于胎面和帘布层之间，它用胶片和数层挂胶稀帘布制成，其质软而富有弹性。

斜交轮胎的特点是：胎体坚固，胎侧不易损坏，低速行驶舒适性好，轮胎噪声小，滚动阻力大，使用寿命短。由于斜交轮胎价格较低，故有的低速车辆如农用汽车还在继续使用。

图4-26　轮胎的帘线排列

a）斜交轮胎　b）子午线轮胎

1—胎面　2—缓冲层　3—帘布层　4—带束层

2）子午线轮胎。子午线轮胎

是指胎体帘布层帘线与胎面中心线成90°角排列，与帘布层轮胎的子午断面一致的充气轮胎，如图4-26b所示。子午线轮胎的帘布层数一般比普通斜交轮胎减少40%~50%，且无偶数限制，胎体较柔软，而带束层层数较多，极大提高了胎面的刚度和强度。

子午线轮胎的特点是：帘布层数少，滚动阻力小，行车节油；帘线强度利用充分，承载能力大；胎体柔软，缓冲能力好，乘坐舒适；胎面耐磨性好，使用寿命长；接地面积大，附着性能好；能量损失小，行驶温度低，适应高速行车。因此，子午线轮胎已成为轮胎生产和消费的发展主流，在轿车、客车、货车上都得到了广泛的应用。

四、悬架

悬架是指车架(或车身)与车桥之间的一切传力、连接装置的总称。悬架的功用是将车架(或车身)与车桥弹性地连接起来，传递各种力及其力矩，并缓和冲击、衰减振动，保证汽车正常行驶和乘坐舒适。

1. 悬架的组成

现代汽车悬架主要由弹性元件、减振器、导向装置和横向稳定杆组成，如图4-27所示。

弹性元件用来缓和路面冲击，并承受和传递垂直载荷；减振器用来衰减车身振动；导向装置(纵、横向推力杆)用来传递纵向力、侧向力及其力矩，并保证车轮相对车身有正确的运动关系；横向稳定杆用来提高汽车抗侧倾能力。

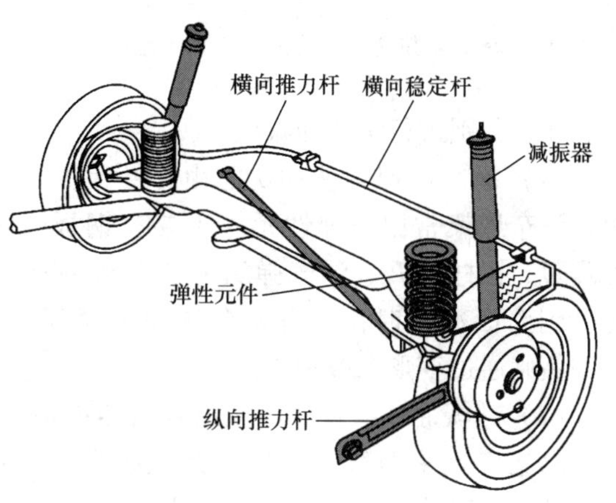

图4-27 悬架组成示意图

2. 悬架的类型

根据悬架系统的结构不同，悬架可以分为非独立悬架和独立悬架两大类。

(1) 非独立悬架 同轴两侧车轮安装在一整体式车桥的两端，车轮连同车桥通过弹性元件与车架或车身相连的悬架，称为非独立悬架(图4-28a)。其特点是：一侧车轮因路面不平或遇到其他障碍而相对于车架位置发生变化时，会直接影响另一侧车轮位置变化。这类悬架的汽车行驶平顺性较差，轮胎偏磨严重。

非独立悬架按它所采用的弹性元件不同，又可分为钢板弹簧式、螺旋弹簧式、空气弹簧式和油气弹簧式悬架。非独立悬架因其结构简单、工作可靠，被广泛应用于货车的前、后桥。

(2) 独立悬架 两侧车轮分别独立地与车架或车身弹性连接的悬架，称为独立悬架(图4-28b)。其特点是：一侧车轮相对于车架位置发生变化时，对另一侧车轮几乎没有影响。这类悬架的汽车因非簧载质量小，左右车轮运动相互独立，行驶中冲击载荷小，车架和车身的振动较小，汽车行驶的平顺性好。另外，独立悬架汽车的重心较低，行驶稳定性较好。独立悬架在轿车的前后桥得到了广泛应用。但独立悬架结构复杂，制造成本高，维修不便，因而在货车上较少采用。

3. 悬架的工作原理

汽车悬架弹性元件与减振器在车上是并联安装的，它们的两端分别与车架和车桥固定(图4-29)。当路面因不平对车轮产生冲击时，会导致车架振动，此时弹性元件和减振器同

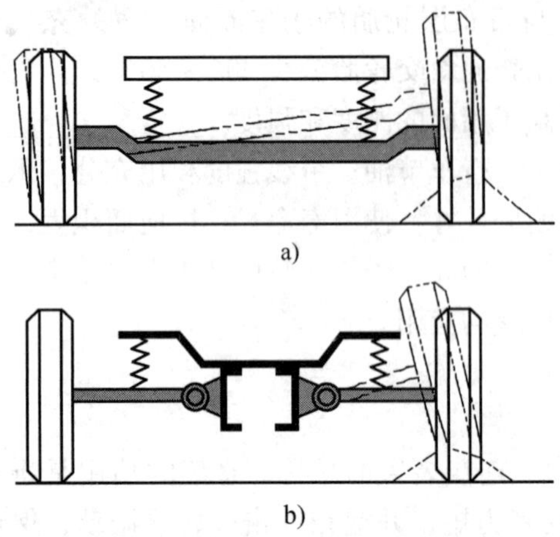

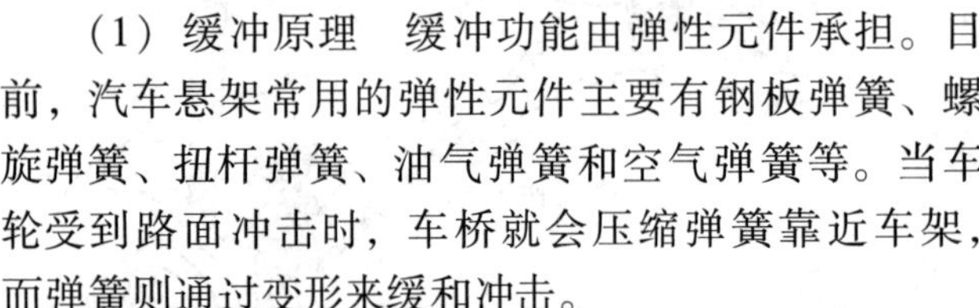

图 4-28　非独立悬架与独立悬架示意图

a）非独立悬架　b）独立悬架

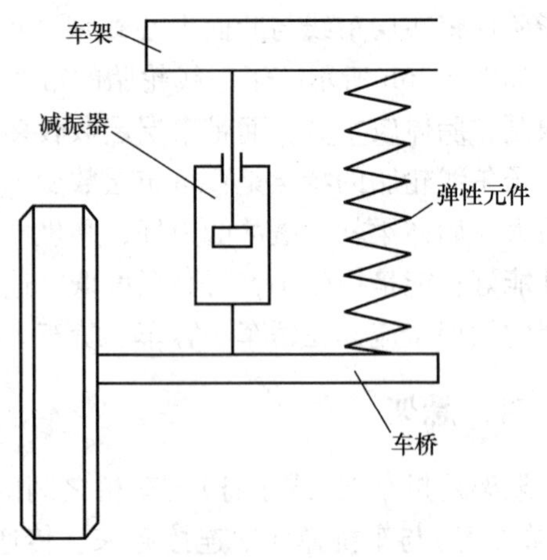

图 4-29　悬架工作原理示意图

时工作，分别进行缓冲和减振。

（1）缓冲原理　缓冲功能由弹性元件承担。目前，汽车悬架常用的弹性元件主要有钢板弹簧、螺旋弹簧、扭杆弹簧、油气弹簧和空气弹簧等。当车轮受到路面冲击时，车桥就会压缩弹簧靠近车架，而弹簧则通过变形来缓和冲击。

（2）减振原理　减振功能由减振器承担。目前，汽车悬架广泛采用双向作用筒式减振器(图 4-30)。这种减振器以油液为工作介质，活塞把缸筒分为上、下两腔，活塞通过活塞杆与车架相连，缸筒与车桥连接。当车轮受到路面冲击时，车架与车桥往复相对运动，活塞在缸内往复移动，减振器壳体内的油液便反复地从一个腔室通过一些窄小的孔隙流入另一腔室。孔壁与油液之间的摩擦以及液体分子的内摩擦便形成对振动的阻尼力，使车架的振动能量转化为热能，从而被油液与减振器壳吸收，散发到大气中。减振器阻尼力的大小随车架和车桥相对速度的增减而增减，并与油液的粘度有关。减振器反复作用会加速车架、车身振动的衰减，能改善汽车行驶的平顺性。

减振器的阻尼力越大，振动消除得越快，但会使弹性元件的作用不能充分发挥，而且过大的阻尼力还可能导致零件损坏。因此，现代汽车减振器都能自动控制减振的阻尼力。在悬架压缩行程(车桥与车架相互靠近)内，减振器阻尼力较小，以便充分利用弹性元件的弹性，缓和冲击；在悬架伸张行程(车

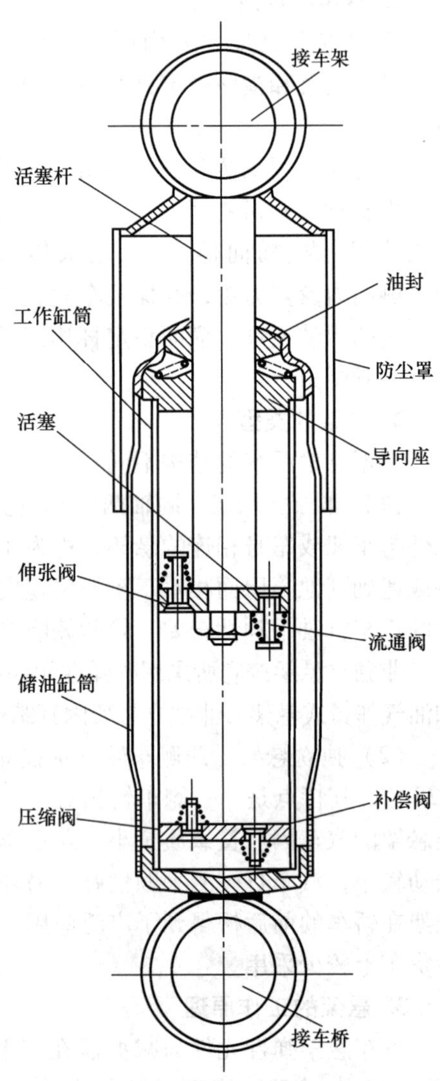

图 4-30　双向作用筒式减振器

桥与车架相互远离)内，减振器阻尼力较大，以求迅速减振；在车桥与车架相对运动速度过大时，减振器能自动加大液流通道截面积，使阻尼力始终保持在一定限度之内，避免过大的冲击载荷。

为了更好地减振，有的汽车还使用阻力可调式减振器和充气式减振器。

（3）传力、导向原理　垂直载荷通常通过弹性元件及减振器传递，其他方向的力及力矩可通过导向装置的推力杆件完成；若是钢板弹簧悬架，钢板弹簧本身可传力、导向，而不需设置其他的导向装置。

第三节　汽车转向系统

汽车转向系统的功用是按照驾驶人的操纵要求适时改变汽车行驶方向，实现汽车行驶中的方向控制。按转向能源的不同，转向系统可分为机械转向系统和动力转向系统两大类。

一、机械转向系统

1. 机械转向系统的组成

机械转向系统以驾驶人的体力作为转向能源，其中所有传力件都是机械的。通常由转向操纵机构、转向器和转向传动机构三大部分组成，如图 4-31 所示。

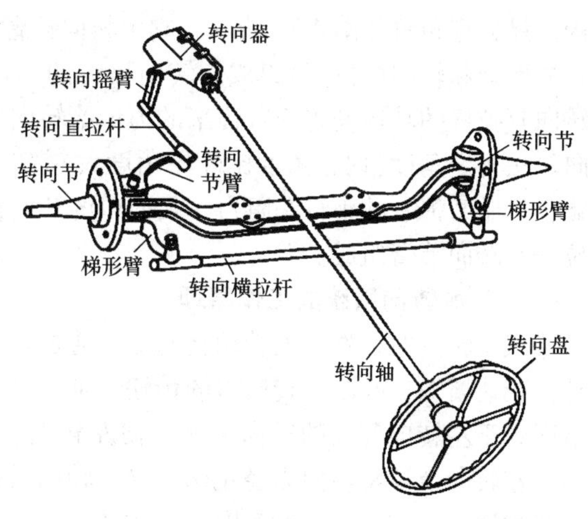

图 4-31　机械转向系统的组成

（1）转向操纵机构　转向操纵机构是指转向盘至转向器之间的连接传力构件，其功用是将驾驶人操纵转向盘的力和运动传给转向器，使转向器工作。转向操纵机构主要包括转向盘、转向轴、转向管柱等。但有些汽车转向操纵机构还增设了万向节和传动轴以及安全、调节装置等。

（2）转向器　转向器是转向系中的减速增矩装置，其功用是增大转向盘传到转向节的力，并改变力的传递方向。转向器的种类较多，按其结构型式可分为齿轮齿条式、循环球式和蜗杆曲柄指销式等。

齿轮齿条式转向器具有结构简单、加工方便、工作可靠、传动效率高、转向灵敏等优点，因此它在轿车、微型车、轻型货车上得到了广泛应用。图 4-32 为齿轮齿条式转向器，它主要由齿轮、齿条及其啮合调整机构组成。转向齿轮是传动副中的主动件，它通过轴承支撑在壳体中，与水平布置的转向齿条啮合。压簧通过垫块将齿条压靠在转向齿轮上，压簧的预紧力由调整螺塞调整，它们可保证齿轮齿条磨损后啮合正常。

转向器壳体通过螺栓固定在车身上，转向齿轮上端与转向轴相连，转向齿条水平布置并通过拉杆支架与转向横拉杆连接(图 4-32a)。转向时，驾驶人转动转向盘，通过转向轴带动转向齿轮转动，齿轮使齿条轴向移动，带动拉杆移动，使车轮偏转，实现转向。

（3）转向传动机构　转向传动机构是指转向器至各转向轮之间的连接传力构件，其功

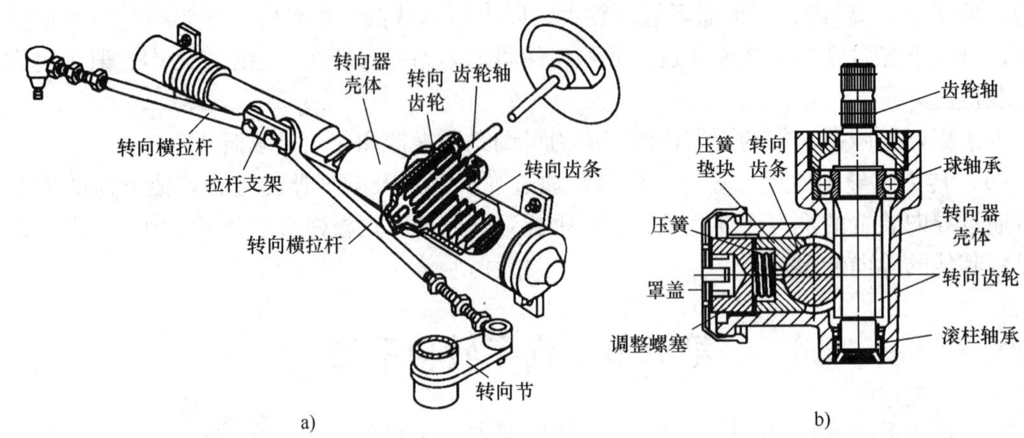

图4-32 齿轮齿条式转向器

a）转向系的安装布置 b）转向器

用是将转向器输出的力和运动传给转向桥两侧的转向节，使两侧转向轮按要求的角度关系偏转，以保证汽车顺利转向。

转向传动机构的组成布置与悬架和转向器类型有关。与非独立悬架配用的转向传动机构，最典型布置如图4-31所示，它由转向摇臂、转向直拉杆、转向节臂和梯形机构(含左、右梯形臂和转向横拉杆)组成。转向摇臂的功用是把转向器输出的转向力传给转向直拉杆；转向直拉杆的功用是将摇臂传来的力传给转向节臂；梯形机构的功用是保证转向时左、右转向轮按规定角度(内轮角度比外轮角度大)转向，尽量保证汽车转向时所有车轮纯滚动，以减轻轮胎磨损、减小行车阻力。最简单的转向传动机构如图4-32a所示，它由左、右转向横拉杆及转向节臂组成。

2. 机械转向系统的工作原理

汽车转向时，驾驶人转动转向盘，通过转向轴将转向力输入转向器，经转向器的啮合传动，减速增矩，并改变转向力的传递方向后传到转向摇臂(图4-31)，再通过转向直拉杆传给固定于左转向节上的转向节臂，使左转向节及装于其上的左转向轮绕主销偏转。与此同时，左转向节还将转向力经左梯形臂、转向横拉杆和右梯形臂传递到右转向节，使得右转向轮绕主销同向偏转相应的角度，完成转向。

二、动力转向系统

动力转向系统是兼用驾驶人体力和发动机动力作为转向能源的转向系统，它是在机械转向系统基础上加设一套转向助力器而构成的。动力转向有液压式和电动式两大类，现代汽车普遍采用液压式动力转向系统。

1. 动力转向系统的组成

液压式动力转向系统主要由转向储液罐、转向泵、转向控制阀、转向动力缸以及机械转向机构等组成，如图4-33所示。

转向储液罐的功用是储存液压转向系统的工作油液；转向泵是动力转向系统的动力源，其功用是将发动机产生的机械能转化为驱动转向动力缸工作的液压能；转向控制阀的功用是在驾驶人进行转向操纵时自动控制转向泵输出的油液流向，使转向器与动力缸协同工作；转

向动力缸的功用是产生液压，驱动转向传动机构，实现动力转向；机械转向机构主要指机械式的转向器、转向操纵机构以及传动机构，其功用是与助力器配合完成动力转向。

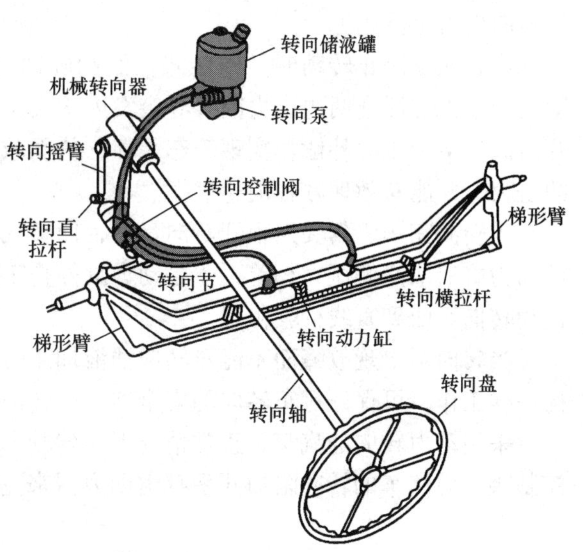

图 4-33　液压式动力转向系统的组成

2. 动力转向系统的工作原理

不同结构的液压式动力转向系统其工作原理不尽相同。下面以轿车常用的常流式液压动力转向系统(图 4-34)为例说明工作原理。该系统采用齿轮齿条式转向器；转向泵由发动机驱动；控制阀为回转式，装在阀体装置内，并与小齿轮同轴；阀体装置外壳与转向泵油管、转向储液罐、回流管和转向动力缸油管相连；齿条一侧装有活塞，活塞将转向动力缸分成两个工作压力室。

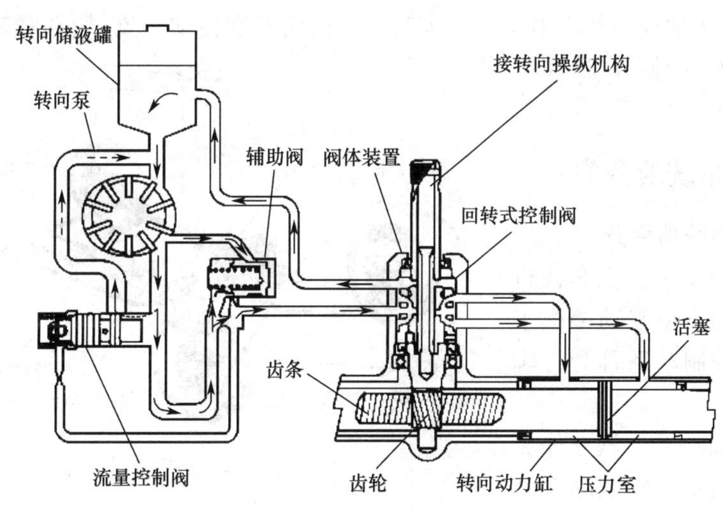

图 4-34　液压式动力转向系统的工作原理

当汽车直线行驶不转向时，回转式控制阀保持开启状态，转向泵输出的油液经回转式控制阀流回转向储液罐，而转向动力缸的活塞两边的工作腔与低压回油管路相通而不起作用，此时转向泵的输出压力很低，转向泵实际上处于空转状态。

当汽车转弯行驶时，驾驶人转动转向盘，从而带动转向轴和转向齿轮，使回转式控制阀处于与某一转弯方向相应的工作位置时，转向动力缸中相应的工作腔与回油管路断开，与转向泵输出管路相通，而动力缸中的另一侧则仍然通回油管路。地面转向阻力经转向传动机构传到转向动力缸的活塞上，形成较大阻力。于是转向泵的输出压力急剧升高，通过控制阀进入动力缸活塞的一边，推动活塞，活塞进而推动齿条起助力作用，使转向轻便有力。转向角度越大，转向阻力也越大，活塞移动的行程就越长，转向泵产生的压力也就越高，由此产生的转向助力也就越大。

当转向盘停止转动时，回转式控制阀随即回复到相应平衡位置，使动力缸活塞停止移动。当动力缸活塞两边压力因外界突发因素失去平衡时，回转式控制阀具有随动作用，及时开启阀门给予压力补偿，实现动态平衡，从而减少驾驶人的操作频度，减轻转向盘受到的反冲击力，并能有效地减轻前轮摆振。

当转向完毕、驾驶人松开转向盘时，回转式控制阀在复位弹簧作用下回到中间位置，使得动力缸活塞两侧压力相等，于是动力缸停止工作，转向轮在回正力矩作用下自动回正，并带动转向盘回到直线行驶位置。

当转向泵出现故障而不能对转向油液加压时，转向系统仍能像普通的齿条齿轮式转向机构一样工作，可保证行车转向的安全性，但转向比较沉重。

采用动力转向的汽车，正常情况下，驾驶人转动转向盘只是提供很少的力量来操纵转向控制阀，而汽车的转向阻力几乎都由助力器来克服。因此，动力转向轻便、灵敏。

第四节　汽车制动系统

汽车制动系统的功用是在行驶中强制减速甚至停车，或者在下坡时保持车速稳定，并能使汽车在坡道或平地停放而不滑动。汽车制动系统由制动传动装置（制动踏板、助力器、制动主缸、制动管路）和制动器等组成，如图4-35所示。

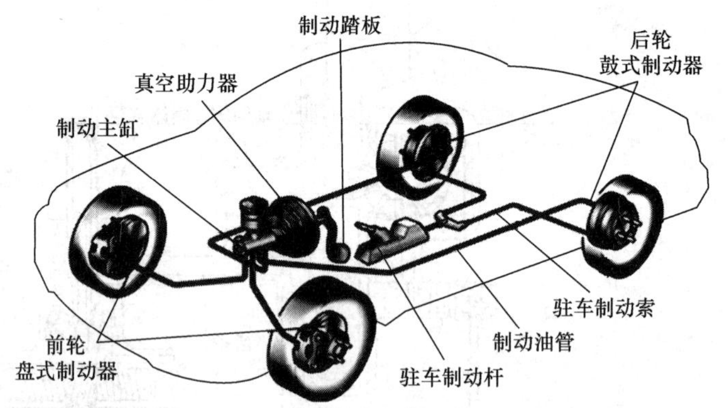

图4-35　制动系统的组成

一、制动系统的分类

1. 按制动系统功用分

（1）行车制动系　汽车在行驶过程中使用的、用制动踏板来控制制动强度的制动系称为行车制动系。

（2）驻车制动系　汽车停驶后使其驻留原地不动的制动系称为驻车制动系。当行车制动失效时，驻车制动系也可作行车制动之用。它是用手来操纵的，俗称手制动。

（3）辅助制动系　在行车过程中只能降低车速或保持车速稳定，但不能将车辆紧急制动的制动系称为辅助制动系。常用的辅助制动器有：排气制动器、电涡流缓速器、液力缓速器，主要用于汽车下长坡时限速。

（4）应急制动系　在行车制动系突然失效时，能自动实现减速或停车的制动系称为应急制动系。

任何汽车都必须有行车制动系和驻车制动系，重型汽车、挂车、大客车等车辆一般还设有辅助制动系和应急制动系。

2. 按制动操纵能源分

（1）人力制动系　以驾驶人的肌体作为唯一制动能源的制动系称为人力制动系。

（2）动力制动系　完全靠发动机的动力转化而成的气压或液压形式的势能进行制动的系统称为动力制动系。其制动能源可以是发动机驱动的空气压缩机或油泵。

（3）伺服制动系　兼用人力和发动机动力进行制动的系统称为伺服制动系或助力制动系。

3. 按制动能量传输方式分

制动系统可分为机械式、液压式、气压式、电磁式以及同时采用两种以上能量传输方式的组合式制动系。

二、制动系统的主要部件

1. 制动器

制动器是产生制动力以阻碍车辆运动或运动趋势的部件。汽车上常用的制动器都是摩擦制动器，它是利用固定元件与旋转元件工作表面的摩擦而产生制动力矩的。它有鼓式制动器和盘式制动器两种结构。

（1）鼓式制动器　车轮鼓式制动器如图 4-36 所示，它主要有固定部分、旋转部分、张开机构、定位调整机构四大部分组成。

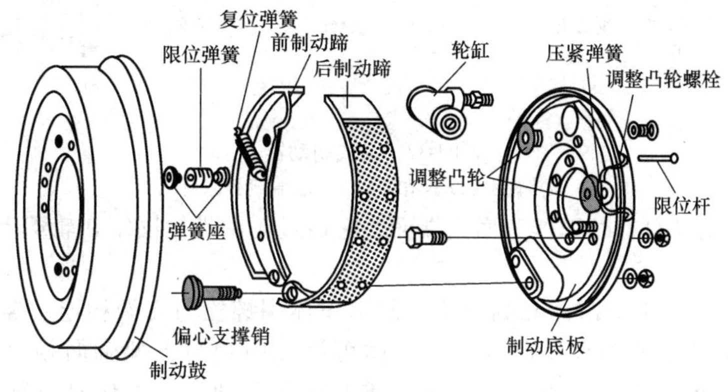

图 4-36　鼓式制动器

固定部分为制动底板和制动蹄。制动底板用螺栓与桥壳上的凸缘连接，用来安装或支撑制动器部件。制动蹄是固定的摩擦元件，它由钢板焊接而成，截面呈 T 形，其外圆面上铆接或粘接有摩擦片。制动蹄下端孔与制动底板上支撑销的偏心轴颈以间隙配合支撑，上端顶靠在轮缸的活塞顶块上。

旋转部分为制动鼓，它是旋转的摩擦元件，用耐磨的灰铸铁制成。它用螺栓固定在车轮轮毂的凸缘上，随同车轮旋转。制动鼓腹板边缘处开有一个检查孔，用以检查制动蹄摩擦片与制动鼓之间的间隙。制动器在不工作时，制动蹄与制动鼓之间应有合适的间隙，一般为 0. 25 ~0. 50mm。

张开机构主要元件为轮缸和活塞，用来张开制动蹄，使其压向制动鼓，从而产生摩擦力矩。张开机构用螺钉固定在制动底板上，顶块与活塞压合为一体，制动蹄上端松嵌入顶块的直槽中，制动蹄靠活塞在轮缸内的位移来张开。

定位调整机构主要由两个调整凸轮和两个偏心支撑销组成，其功用是保持和调整制动蹄和制动鼓具有正确的相对位置。调整凸轮装在制动底板上，用压紧弹簧使凸轮固定在调整好的任何位置上；偏心支撑销固定在底板上。转动调整凸轮可使制动蹄内外摆动；转动偏心支撑销，可使制动蹄上下、内外移动。通过这些调整，不仅能改变制动器的间隙，还能使摩擦副的实际工作区域发生变化，有利于蹄鼓全面贴合。

汽车行驶制动时，制动器轮缸内产生较高的油压，推动活塞使制动蹄张开，其上的摩擦片压向高速旋转的制动鼓上，产生摩擦力矩使汽车制动。制动解除时，制动蹄在复位弹簧作用下离开制动鼓回位，产生间隙，制动力消失。

（2）盘式制动器　浮钳盘式车轮制动器如图 4-37 所示，它主要有固定元件、旋转元件和制动轮缸组成。

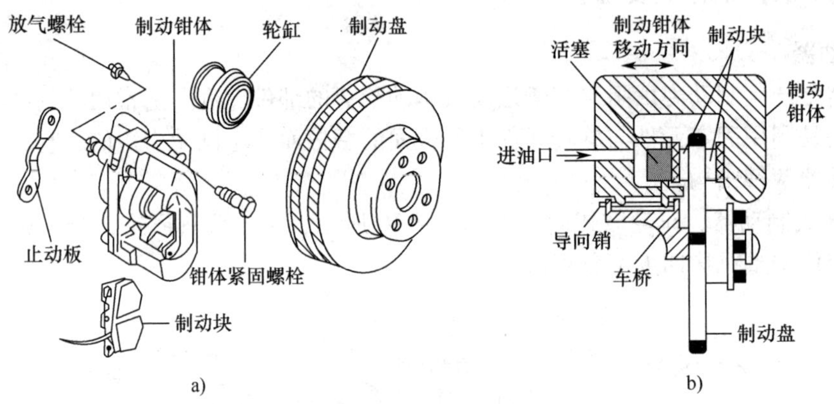

图 4-37　盘式制动器

a）盘式制动器结构　b）盘式制动器原理

旋转元件为制动盘，其工作表面为端面，它通过轮胎螺栓固定在轮毂上，随车轮同步旋转。

固定元件主要有制动钳体和制动块。制动钳体用螺栓与支架相连，螺栓同时兼作导向销，支架固定在轮毂轴承座凸缘上，钳体可沿导向销与支架轴向相对移动。制动块是摩擦元件，装在制动盘两边，可以在支架上轴向移动，不工作时与制动盘存在一制动间隙。

制动轮缸设置在制动钳内侧，内有活塞，制动时由此产生推力。

汽车行驶制动时，制动器轮缸内产生较高的油压，活塞在制动液压力作用下，推动内制动块压向制动盘内侧面(图 4-37b)，与此同时，作用在制动钳体上的反力使制动钳体向内侧移动，从而带动外制动块压向制动盘外侧面。于是内、外摩擦制动块将随车轮旋转的制动盘两端面紧紧夹住，产生摩擦力矩，实现制动。

浮钳盘式制动器具有良好的热稳定性和水稳定性，同时它结构简单、造价低廉，尺寸和质量较小，便于在车轮内安装。因此，现代轿车前后轮普遍采用浮钳盘式制动器。

2. 制动传动装置

制动传动装置的功用是将驾驶人或其他能源的作用力传给制动器而使制动器产生制动力矩。制动传动装置的组成因制动系统不同而异。下面以轿车应用最广泛的真空助力式液压制动传动系统(图 4-38)为例说明其传动装置。

（1）制动传动装置的组成　它由制动踏板、真空助力器、制动主缸、制动轮缸、储液室和油管等组成。

1）真空助力器。真空助力器安装在制动踏板操纵杆和制动主缸之间。它利用发动机进气歧管产生的真空对驾驶人的制动踏板力增压，提供制动助力。而当真空助力器失效或真空管路无真空时，则制动踏板带动助力器操纵杆直接推动主缸推杆，使其产生制动压力，此时无助力作用。

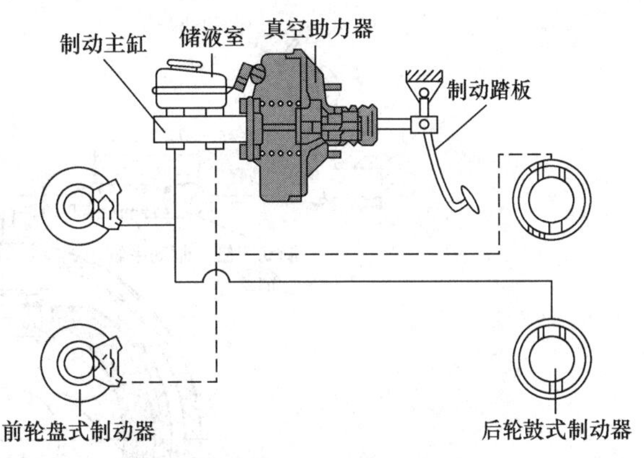

图 4-38 双管路真空助力式液压制动传动系统

2）制动主缸。现代轿车多采用串联式双腔制动主缸，用以实现对 X 形双制动管路的控制。制动主缸装在车架上，与真空助力器推杆连接，上部与储液室连接，侧面两孔分别与两条对角管路连通。它把整个制动系统分成两个独立的系统，这样可防止部分制动管路或元件偶然发生故障时造成整个制动系统的功能丧失，从而使汽车具有双重安全性。

3）制动轮缸。制动轮缸装于车轮制动器内，轮缸内有制动活塞。制动轮缸的作用是通过液压力将轮缸活塞推开，使制动蹄或制动块压在制动鼓或制动盘上，产生制动力。

4）制动压力调节装置(图中未画出)。为保证汽车制动时的方向稳定性，对前后车轮制动力要求有正确的分配，现代轿车普遍采用制动压力调节装置，用得最多的是比例阀和感载比例阀。

① 比例阀。它常装于后制动轮缸活塞内，其作用是当制动主缸达到一定压力时，减缓后轮制动压力的增加，防止后轮过早抱死，在一定程度上避免因后轮先抱死而引起的车辆甩尾、侧滑。

② 感载比例阀。它常装于后制动管路，其作用是根据轴载荷的大小自动调节前后轮制动轮缸的压力及其比例，保证在各种载荷下，防止制动时后轮先抱死，以保证良好的制动效果。

（2）制动传动装置的工作原理 在液压管路中充满了制动液，制动时，驾驶人踩下制动踏板，通过制动助力器、液压制动主缸以及制动压力调节装置，获得一个放大的油压分配给前、后轮制动器制动轮缸，在制动轮缸油压作用下，转变为活塞推力，推动制动蹄或制动块压向制动鼓或制动盘而产生制动力矩。

三、制动系统的工作原理

典型的液压行车制动系统如图 4-39 所示，不制动时，制动鼓的内圆柱面与摩擦片之间保留一定的间隙，使制动鼓可以随车轮一起旋转。制动时，驾驶人踩下制动踏板，推杆便推动制动主缸活塞，迫使制动油液经油管进入制动轮缸，油液压力使制动轮缸活塞克服复位弹簧的拉力，推动制动蹄绕支撑销转动，上端向外张开，消除制动蹄与制动鼓之间的间隙后压紧在制动鼓上，不旋转的制动蹄摩擦片对旋转着的制动鼓产生摩擦力矩，阻碍车轮的旋转，对车轮实施制动，迫使汽车减速以至停车。

最大强度的制动由行车制动系承担，停车后的制动由驻车制动系来承担，汽车下长坡的

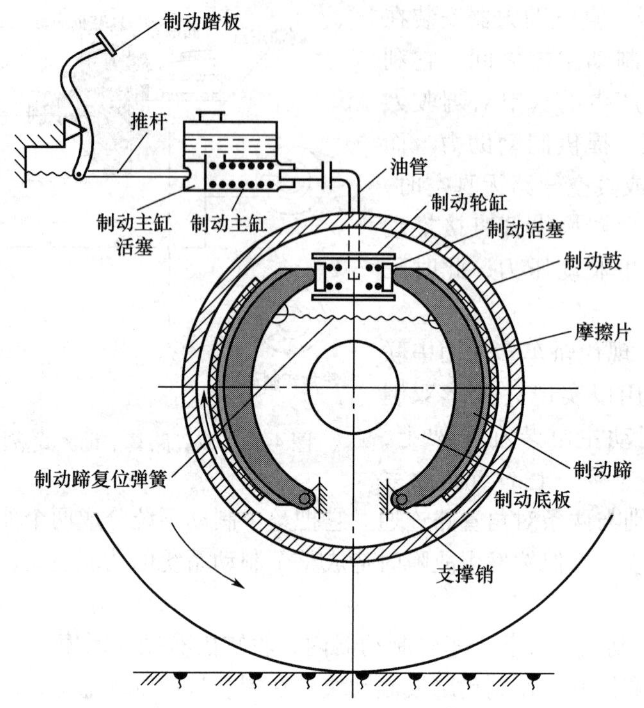

图 4-39　液压行车制动系统示意图

稳定车速制动由辅助制动系和行车制动系共同完成，在行车制动系统突然失效情况下的制动由应急制动系和驻车制动系来共同承担。许多轿车的行车制动系统采用双管路对角线布置，使汽车行驶的安全性大大提高，如果该系统的任一管路失效，则汽车剩余的总制动力仍有正常值的50%，使一个前轮和一个不同侧的后轮起制动作用，而且能通过转向回转力矩的作用，使汽车保持原来行驶方向，而不至于发生制动侧滑和跑偏。

思　考　题

1. 汽车传动系统的功用是什么？有哪几部分组成？
2. 汽车为什么要设置离合器？自动变速器汽车有离合器吗？
3. 为什么说汽车变速器也是汽车变矩器？
4. 汽车高速档一定是增速档吗？试举例说明。
5. 自动变速器中为什么要设置锁止离合器？
6. 什么是普通十字轴万向节的不等速性？不等速性有什么危害？如何保证其等速传动？
7. 主减速器的功用是什么？双级主减速器适应哪些汽车？
8. 为什么要设置差速器？差速器在什么条件下起作用？
9. 发动机动力是怎样传到汽车驱动轮的？请以发动机前置后轮驱动汽车为例说明。
10. 什么是转向轮定位？有哪些定位参数？各有什么作用？
11. 什么是汽车悬架？有哪几部分组成？各有什么作用？
12. 汽车液压减振器是如何减振的？为适应舒适性要求，减振器应具有何种特性？

13. 机械转向系统有哪几部分组成？转向力是怎样传到转向轮的？
14. 动力转向系统为什么会省力？请以液压式动力转向系统为例说明。
15. 浮钳盘式制动器是如何工作的？它有哪些优点？
16. 行车制动系统是如何工作的？请以鼓式制动器为例说明。
17. 汽车辅助制动器有哪几种？试选一种说明其工作原理。

第五章 汽车车身、电器与电控系统

第一节 汽 车 车 身

汽车车身一般是指装在汽车底盘上用来运送人员或货物的刚性空间结构，是驾驶人工作、容纳乘客或货物的场所。由于货车、轿车和客车的作用不同，因而各类车身的结构特点不同。而轿车车身结构最为复杂，形式也最为多样，其车身特性最能反映汽车车身设计、制造的先进水平。因此，这里只介绍轿车车身。

一、轿车车身的分类

1. 按车身壳体的承载方式分

（1）非承载式车身　它具有独立的刚性车架(图 5-1a)，其车身本体悬置于车架上，用弹簧或橡胶垫弹性连接。安装和承载的主体是车架，车身只承受乘员和行李的重力，所以称之为非承载式车身。车架的振动通过弹性元件传到车身上，大部分振动被减弱或消除，发生碰撞时车架能吸收大部分冲击力，在坏路行驶时对车身起到保护作用，因此车厢变形小、平稳性和安全性好且车厢内噪声低。但这种非承载式车身比较笨重，重量大，汽车重心高，高速行驶稳定性较差。早期轿车采用非承载式车身，常用 X 形车架。

（2）承载式车身　它没有车架(图 5-1b)，车身由底板、骨架、侧围、车头、车尾、车顶等组焊成刚性框架结构，整个车身全部参与承载，所以称之为承载式车身。承载式车身具有较大的抗弯曲和抗扭转的刚度，其重量小，重心低，室内空间大，装配简单，高速行驶稳定性较好，现代轿车多采用承载式车身。但由于道路负载会通过悬架装置直接传给车身本体，因此噪声和振动较大。

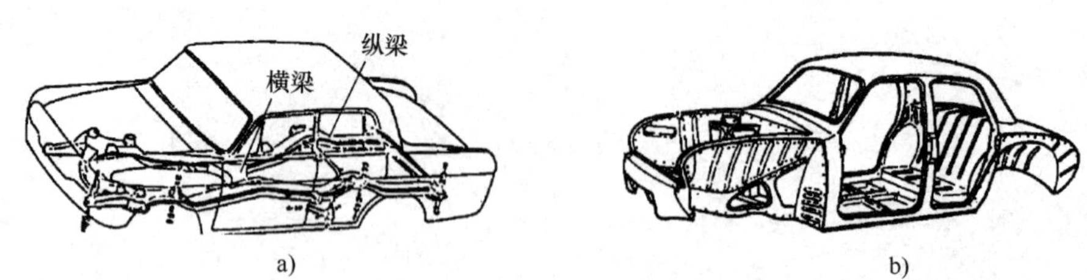

图 5-1　承载与非承载式车身

a）非承载式车身　b）承载式车身

（3）半承载式车身　它与非承载式车身的结构基本相同，也有刚性车架，但车架与车身本体用焊接或螺栓刚性连接。这样，冲击力会通过刚性连接传到车身，因而车身会部分地

参与承载，故称半承载式车身。

2. 按车身外形分

轿车车身的外形，主要由座椅位置和数量、车门数量、顶盖变化、发动机和备胎的布置等因素决定。式样繁多的轿车车身按外形可分为如下几类。

（1）折背式车身　它是指车身背部有角折线条的车身，如图 5-2a 所示。其主要特征是车身由明显的头部、中部和尾部三部分组成，大多数都布置有两排座位。

（2）直背式车身　它是指后风窗和行李舱连接近似平直的车身，也叫快背式车身，如图 5-2b 所示。其主要特征是后窗玻璃与水平线夹角小于 25°，其背部更趋流线形，有利于降低空气阻力，且使行李舱的空间较大。

（3）舱背式车身　它是指车身顶盖较长，行李舱与后窗演变为一个整体的车身，如图 5-2c 所示。其主要特征是后窗玻璃与水平线成 25°～50°角，行李舱的空间大。

（4）短背式车身　它是指背部很短的一种折背式车身，如图 5-2d 所示。其主要特征是行李舱盖板至地面距离较高，整车长度相对较短，多有鸭尾式结构。

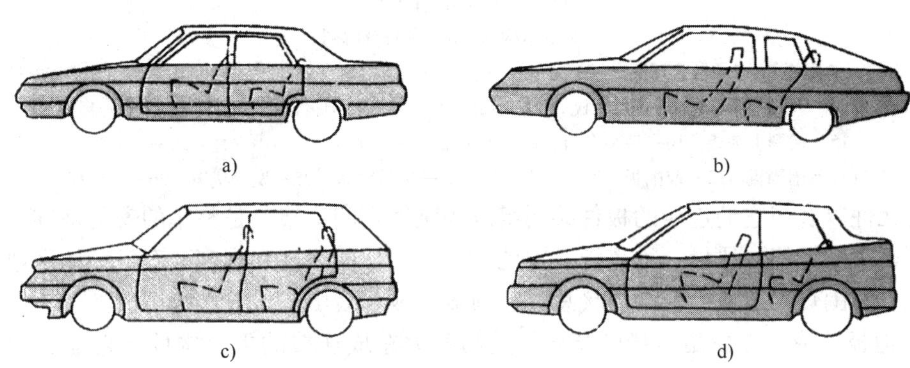

图 5-2　车身外形

a）折背式车身　b）直背式车身　c）舱背式车身　d）短背式车身

（5）变形车身　轿车有很多变形车，主要是用途发生改变而导致车身形状变化。图 5-3 是几种变形车身的实例。

二、轿车车身的结构

轿车车身主要由车身壳体、车前板制件、车门车窗、车身内外装饰件以及车身附件组成。图 5-4 为典型轿车的白车身组成图。白车身通常指已经装焊好但尚未喷漆的白皮车身，它包括车身结构件和覆盖件的焊接总成，还包括前、后板制件与车门，但不包括车身附属设备及装饰件等。

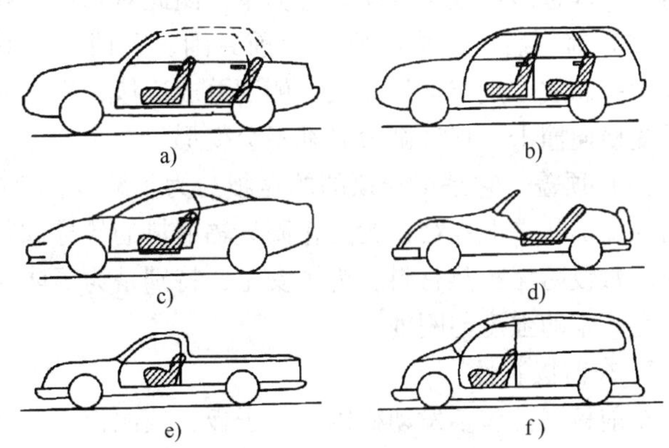

图 5-3　车身外形

a）四门敞篷车车身　b）旅行车车身　c）跑车车身　d）运动型车身　e）多用车车身　f）厢式车车身

1. 车身壳体

车身壳体是由纵、横梁和立柱等

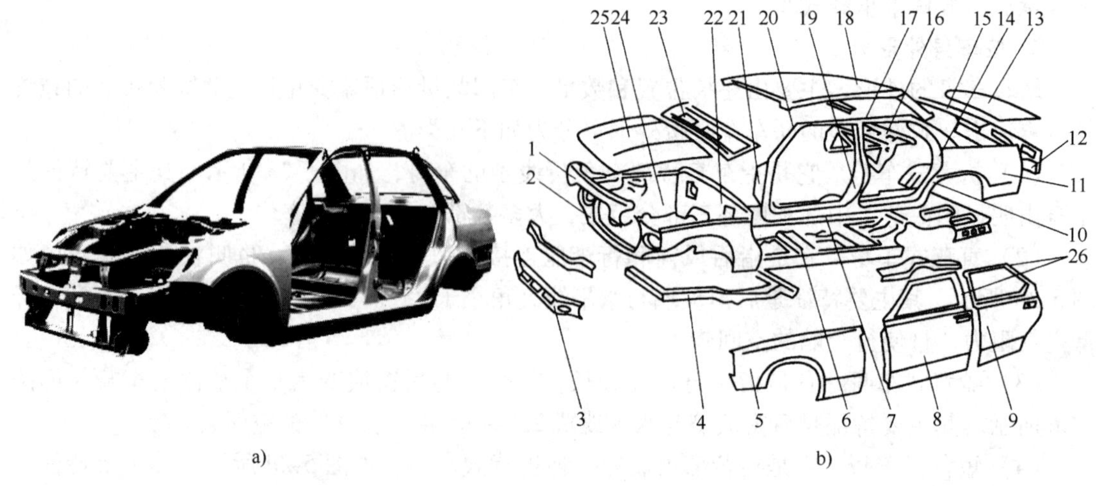

图5-4 轿车白车身

a）车身结构图 b）车身分解图

1—发动机罩前支撑板 2—散热器固定框架 3—前裙板 4—前框架 5—前翼子板 6—地板总成 7—门槛 8—前门 9—后门 10—车轮挡泥板 11—后翼子板 12—后围板 13—行李舱盖 14—后立柱 15—后围上盖板 16—后窗台板 17—上边梁 18—顶盖 19—中立柱 20—前立柱 21—前围侧板 22—前围板 23—前上盖板 24—前挡泥板 25—发动机罩 26—门窗框

主要承力元件以及与它们连接的板件共同组成的刚性空间构架，是整车的安装基础。车身壳体关系到整车的性能、质量、可靠性，因此它应有足够的强度和刚度。车身壳体由地板焊接总成、左右侧围焊接总成、前围焊接总成、顶盖总成、后围焊接总成等组成。

（1）地板总成 地板是车身的基础，是与各大总成连接的重要构件。它承受和传递汽车重量、地面反力、驱动力、制动力、惯性力、离心力、侧向力等各种交变冲击力。因此，必须有足够的刚度和强度才能保证整车优良的行驶性能，但又要求重量轻。

（2）左、右侧围总成 它们由前立柱、中立柱、后立柱、顶盖侧梁、腰梁、地板侧梁等组成。焊合后形成车身左、右框架，因此对其强度和刚度均有较高的要求。

（3）前、后围总成 它们由前后围、上挡板、下挡板、前后围横梁等构件组成。前、后围焊接总成分别与地板总成、侧围总成连接，所形成的车身骨架刚度会大大加强，完全可以承受横向撞击，保证翻滚时都不会变形。

（4）顶盖 它是车身顶部的盖板。为了减少高速行驶时的空气阻力，顶盖的造型应力求与前窗形状平顺连续；为阻止阳光辐射热的传导和行驶时因出现颤振而产生的噪声，在顶盖内应敷设防振绝热材料；为了安全，特别是为了防止翻车事故情况下出现严重伤亡，要求顶盖有一定的强度与刚度。

2. 车前板制件

车前板制件包括发动机罩、翼子板、挡泥板、前保险杠和散热器框架等，它们构成了发动机舱。发动机、变速器、转向系、前悬架、驱动桥等关键部件在这里连接固定。由于各总成之间运动关系复杂，还直接承受来自发动机的各种力和力矩，因此要求有关的焊接部件其焊接尺寸准确、焊接质量良好，板制件的强度和刚度适当。

3. 车门

车门是使用最多的车身部件，在汽车的使用过程中，它们被成千上万次地打开、关闭，以实现乘员的上车和下车，并保证行车时乘员的安全。因此，车门是轿车车身的重要部件。

4. 车身内部饰件

车身内部饰件包括仪表板、顶篷、侧壁、座椅等的表面覆饰以及窗帘和地毯。在轿车上，广泛采用天然或合成纤维的纺织品、人造革或多层复合材料、泡沫塑料等表面覆饰材料。轿车内饰件目前多采用质地柔软、手感良好和色泽淡雅的材料制作。在各种内饰材料中，塑料的用量依然较大。内饰“软化”是当今的主要潮流。

近年来，仪表板和转向盘的装饰性备受重视，强调新颖别致、造型美观，追求样式及色彩与整个内饰格调的协调性。现代汽车的座椅不但要乘坐舒适，而且要设计美观，轿车座椅的装饰性已上升到与舒适性同等重要的地位，两者均已成为直接影响消费者购车的关键因素，当前轿车座椅正朝着式样美观、色泽悦目、功能多样、调节灵活的方向发展。

5. 车身外饰件

车身外饰件主要指装饰条、车轮装饰罩、标志、浮雕文字等。散热器面罩、保险杠、灯具以及后视镜等附件都具有明显的装饰性。

6. 车身附件

车身附件包括门锁、门铰链、玻璃升降器、各种密封件、风窗刮水器、风窗洗涤器、遮阳板、后视镜、扶手、点烟器、烟灰盒等。在现代汽车上常常装有无线电收音机和杆式天线，有的汽车还装有无线电话机、电视机、CD、小型食品加热器和小型电冰箱等附属设备。

三、轿车车身的特性

随着市场竞争的日趋激烈及安全、能源等问题的日益突出，对现代轿车车身的性能要求越来越严格。现代车身不仅要满足舒适性、安全性、可靠性、视野性及美观性等要求，还要符合轻量化、节能化、人性化及环境友好化等标准。可以说，轿车车身是综合各学科、各行业高科技成果而进行优化设计与制造的，是现代科学技术与文化艺术的完美结合，现代轿车车身具有如下特点。

1. 车身外形轮廓优美、空气阻力系数小

现代轿车车身采用整体流线形的造型设计，使得外观优美，空气阻力系数小，有的轿车空气阻力系数甚至达到了 0.22。由于汽车行驶中，当车速一定时，空气阻力系数越小，则空气阻力消耗的汽车发动机功率就越小。因此，对于速度较高的轿车来说，设计空气阻力系数小的车身，是提高轿车动力性和经济性的最有力措施。

2. 车身整体设计合理、安全性好

现代轿车车身设计都充分体现以人为本、对生命关怀和对车辆在不测情况下的最大保护。在车身计算机辅助设计中，乘员舱的整体刚度是最大优化的环节。整个车身结构坚固，刚性高。车身底板一般通过多根横梁和纵梁组成的梁骨架加固，并与整个座舱钣金件连成一体。车身侧围采用整体式抗冲击结构，车门内安装防侧面撞击的横向加强杆，车顶结构通过加强肋强化。另外，车身的前部和后部保险杠均设计有吸能变形装置，车前钣金件在结构设计时也充分考虑冲击能量衰减的安全缓释区。整个车身设计都会体现刚柔结合的设计原则，以保证轿车车身在受到来自任何方向的撞击和翻转时，都能有效地保证座舱的完整性，从而使驾驶人和乘员得到良好的保护。另外车身设计时还采取一系列安全措施，如采用夹层安全风窗玻璃，不会产生玻璃破碎飞溅伤人；座椅配备有安全带；车门上装有关闭不严报警信号装置；有的车后座位两侧车门有防儿童误开车门的保护机构等。

3. 车身防腐性能好、使用寿命长

现代轿车车身设计制造时，均采用防腐蚀措施，使其具有较高的防腐蚀性能，从而延长车身的使用寿命。

1）车身大量使用缓蚀性强的镀锌钢板，以提高车身的抗腐蚀能力。

2）采用严格先进的油漆前处理工艺，如车身在油漆前进行多道工序的磷化处理，使车身涂上一层很薄的磷酸锌。这层磷酸锌既有利于下一道涂料的粘附，又能对车身表面起保护作用。

3）车身经阴极电泳处理上底漆，可大大提高防腐蚀能力。

4）车身底部和车轮护板涂有防石击油漆涂层；车身底部两侧喷涂 PVC(聚氯乙烯)，能有效地防止砂石损伤和路面的刮碰引起的车身表面腐蚀。

5）在车身钣金件焊接接缝处均涂有密封胶，可提高其抗腐蚀能力。

4. 车身重量轻、强度高

现代车身采用轻量化设计和生产新技术，既可减小车身重量，还可提高强度，其主要措施如下。

1）最大限度地采用轻质材料，如选用合金材料(铝合金和镁合金)、复合材料(玻璃纤维增强材料和碳纤维增强材料)和新型塑料。

2）选用高强度钢板和热成型钢，其板材的厚度选得更薄一些，可减少材料的使用量。

3）广泛采用激光拼焊和电阻焊接技术，既可提高车身焊接强度，又可减小零件重量，还可减少焊接材料。

5. 车身密封性好

密封对于防尘、防水、防腐、防热、保温、降噪等使用性能都是至关重要的。因而现代轿车已采用多项有效密封措施，其主要措施如下。

1）金属构件焊接时，在搭接边均涂有导电密封胶。

2）总成焊接完毕后在车体所有搭接处均涂密封胶。

3）在车身骨架的封闭空腔夹壁中喷涂聚苯乙烯泡沫，可以起到密封、防尘、保温、隔热的良好作用。

4）车身底部喷涂较厚一层耐石击涂料，该涂料也具有良好的密封性。

5）对风窗玻璃采用自然固化的高强度环氧胶进行密封粘接。

6）对于车身上装配件的密封件，如橡胶密封圈、堵盖、胶条、防尘套等都要求完整无损。

6. 车身空间利用率高

尽量充分利用车室空间。有的车身内，后座椅具有可折叠功能，所以在同样车长状态下，其车身的内部容积最大，或者说空间利用率最高，有利于乘员存放物品的合理布置。

第二节　汽车电器设备

汽车电器设备由汽车电源和用电设备组成，它分布于全车各个部位。汽车电器设备的特点是低压、直流、并联、负极搭铁(各电器的公共端与金属车体连接)。

一、汽车电源

汽车电源由蓄电池和发电机两个电源并联而成，它们与全车用电设备并联连接。汽车电源的功用是为用电设备提供电能。发动机正常工作时，用电设备主要由发电机供电，但在起动等特定情况下，需蓄电池供电。目前，汽车电源电压普遍采用12V，但装用大型柴油发动机的汽车电源需用24V电压。

1. 蓄电池

汽车蓄电池的功用是：发动机起动时，向起动机、点火系和仪表等供电；发动机低速运转或停转时，向用电设备供电；用电设备开启过多、发电机过载时，协助发电机向用电设备供电；发动机中、高速运转时，将发电机剩余电能转化为化学能储存起来。另外，蓄电池还相当于一个大电容器，能吸收电路中出现的瞬时过电压，保护电子元件，保持汽车电器系统电压稳定。

(1) 蓄电池的构造　汽车电源普遍采用铅酸蓄电池，主要由极板、隔板、电解液和外壳组成，如图5-5所示。

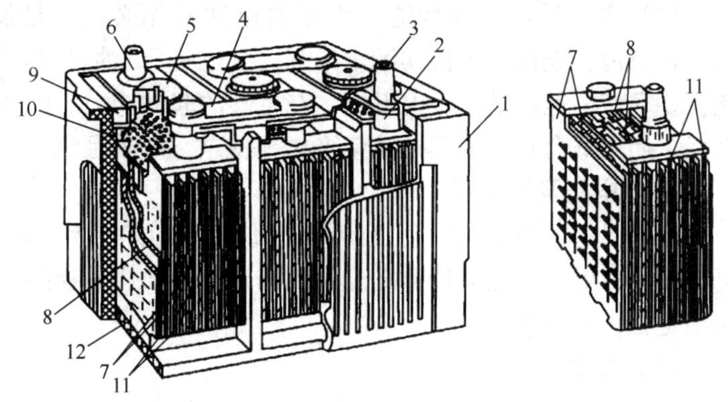

图5-5　蓄电池的构造

1—蓄电池外壳　2—电极衬套　3—正极柱　4—联条　5—加液孔螺塞　6—负极柱　7—负极板　8—隔板　9—封料　10—护板　11—正极板　12—肋条

1) 极板。极板分正、负极板两种，每种极板都由栅架和活性物质组成，其中，正极板上的活性物质为二氧化铅(PbO_2)，呈深棕色；负极板上的活性物质为海绵状纯铅(Pb)，呈深灰色。

一片正极板和一片负极板浸入电解液中，可得到2.1V左右的电动势。为增大蓄电池容量，常将多片正、负极板分别并联，焊接成正极板组和负极板组，安装时各片正、负极板相互嵌合，中间插入隔板后装入蓄电池单格内形成单格电池。把6个单格电池串联起来后，就构成了12.6V电压的汽车蓄电池，即通常标称12V的蓄电池。

2) 隔板。隔板是指隔在正、负极板之间的绝缘板。隔板有许多微孔，可使电解液畅通无阻。

3) 电解液。电解液是用纯硫酸和蒸馏水按一定比例配置而成的溶液，它加在每个单格电池中。电解液的作用是使极板上的活性物质发生溶解和电离，产生电化学反应。

4) 壳体。壳体用于盛装电解液和极板组。蓄电池壳体为整体式结构，壳内用间壁分成

3个或6个互不相通的单格，底部的凸棱用以搁置极板组，使得底部留有收集极板剥落沉积物和污染物的空间，以免正、负极板造成短路。蓄电池壳体上有加液孔盖、联条和极柱。每个单格电池设有一个加液孔，可以加注电解液或检测电解液密度，孔盖上设有通气孔，便于排出蓄电池内部气体，防止壳体胀裂。各单格电池之间均用铅制联条串联，以形成一个整体的蓄电池。蓄电池极柱为蓄电池的输出端，其正极柱标有“+”号或涂红色，负极柱标有“-”号或涂蓝色、绿色等。

（2）蓄电池的工作原理　在蓄电池内，极板浸入电解液后，两极板之间的活性物质与电解液发生电化学反应，产生电动势。当蓄电池接入电路后，视情完成放电或充电过程，其化学反应方程式为：

$$\underset{\text{正极板}}{PbO_2} + \underset{\text{电解液}}{2H_2SO_4} + \underset{\text{负极板}}{Pb} \underset{\text{充电}}{\overset{\text{放电}}{\rightleftharpoons}} \underset{\text{正极板}}{PbSO_4} + \underset{\text{电解液}}{2H_2O} + \underset{\text{负极板}}{PbSO_4}$$

当接通用电设备时，蓄电池对外放电。此时，极板上的活性物质与电解液发生电化学反应，把内部的化学能转变为电能，其内部的导电依靠离子运动实现。当发电机向蓄电池充电时，把外部输入的电能转变为化学能，充电过程发生的电化学反应使得蓄电池恢复到原来状态。

蓄电池是一种可逆的低压直流电源，在正常合理的使用条件下，蓄电池能反复进行充、放电循环，发挥供电和储电的特殊功能，因而又被称为二次电池或再生电池。国产蓄电池一般的充放电循环次数为250~500次。

（3）蓄电池应有的性能　汽车蓄电池首先必须满足发动机起动的需要，即在短时间(5~10s)内，能向起动机连续供给强大的电流(汽油机200~600A,柴油机800~1000A)。因此，要求蓄电池容量大、内阻小，有足够的起动能力。此外，汽车蓄电池还应具有充电性能良好、使用寿命长、少维护或免维护等特点，以满足汽车使用性能的要求。

2. 发电机及调节器

发电机的功用是将发动机的部分机械能变成电能，向除起动机以外的所有用电设备供电，并及时对蓄电池进行补充充电。调节器的功用是控制发电机的电压，使发电机发出的电压稳定在一定范围内。

（1）发电机

1）发电机的构造。目前，汽车上普遍使用交流发电机。国内外生产的汽车发电机结构基本相同，都由三相同步交流发电机和硅二极管整流器两大部分构成。发电机主要由定子、转子、滑环、电刷、整流二极管、前后端盖、风扇及带轮等组成。

2）发电机的工作原理。图5-6为发电机工作原理示意图，发电机的转子为旋转磁场，

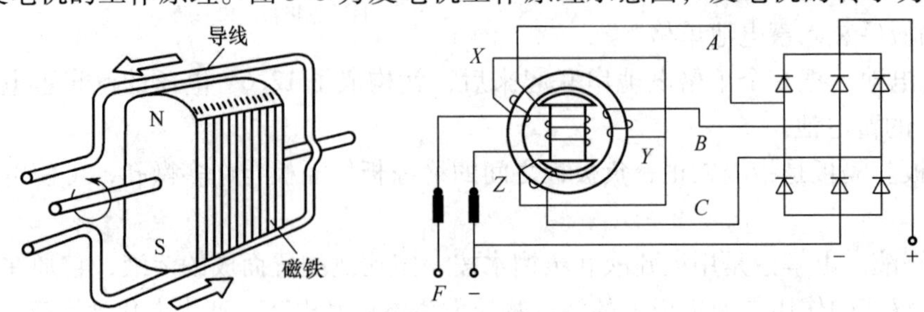

图5-6　汽车发电机工作原理

磁场和定子绕组之间产生相对运动，在三相绕组中产生正弦交流电动势。通过改变磁场线圈电流的大小，即可控制交流发电机输出电压的高低。交流电经硅二极管整流，硅二极管具有单向导电特性。当二极管处于正向电压时，即二极管正极电位高于负极电位，呈现低电阻，处于“导通”状态；而加反向电压(正极电位低于负极电位)时，呈现高电阻，处于“截止”状态。利用硅二极管的这种单向导电性，就将发电机输出的交流电变成直流电。

(2) 调节器

1) 调节器配装原因。交流发电机在结构一定、磁场强度不变条件下，其输出电压大小与发电机转速成正比，而发电机是由发动机带动运转的，其转速是由发动机转速决定的。当汽车正常行驶时，发动机的转速变化范围很大。这势必对发电机输出电压的大小有很大影响。为了使发电机电压在不同转速下均能保持一定，即能随发电机转速的变化而自动调节，使其电压值保持在某一允许的范围之内，汽车交流发电机必须配有电压调节器与其联合工作。

2) 调节器调节方法。电压调节器在发电机电压超过一定值以后，通过调节发电机励磁电流，使发电机在转速变化时保持其端电压恒定。现代汽车常用的有电子式调节器和电脑控制调节器。

电子式调节器利用晶体管的导通和截止，接通和断开磁场电路，来控制发电机励磁电流的大小，在发电机转速变化时，维持发电机电压恒定。电子电压调节器既无触点，又无线圈，更无可动部件。电子调压器性能可靠，结构简单，在现代汽车发动机上得到了广泛应用。

电脑控制调节器原理是：发动机 ECU 根据发电机的负载信号控制发电机电压调节器，适时地接通和断开发电机磁场电路，控制其励磁电流大小，从而有效快速地稳定发电机电压。电脑控制的调节器是一种新型调节器，在电控发动机汽车上得到了很好的应用。

二、照明和信号系统

1. 汽车照明灯

汽车照明灯的主要功用是夜间行车照明、车厢照明、仪表照明及检修照明。汽车照明灯一般由车外照明灯(主要包括前照灯、雾灯、倒车灯和牌照灯)和车内照明灯(主要包括顶灯、行李舱灯和发动机舱灯)组成。

(1) 前照灯　前照灯的功用是照亮汽车前方道路，均采用双丝灯泡，具有远光和近光两种照明方式。汽车夜间行驶、无对方来车时使用远光，以清晰照亮道路；近光主要用于夜间会车，以防止迎面来车的驾驶人目眩。

(2) 雾灯　雾灯采用黄色灯泡和黄色玻璃灯罩，其功用是在雾天行驶时照亮道路。

(3) 倒车灯　倒车灯安装在汽车尾部，其功用是在倒车时照亮车后路面，并警示车后的车辆和行人。

(4) 牌照灯　牌照灯安装在车后牌照上方，其功用是在夜间或者天色比较暗时照亮牌照。按照有关规定，所有车辆夜间行驶时，必须打开车后牌照灯。

(5) 顶灯　顶灯安装在车室顶部，其功用是方便驾驶人和乘员需要时照明。

(6) 行李舱灯　行李舱灯安装在行李舱，利用装在行李舱后部的接触开关来自动控制行李舱灯的点亮与熄灭，即在行李舱盖打开和关闭时，使灯亮和灭。其功用是提供在行李舱内存放或提取物品时照明。

（7）发动机舱灯　发动机舱灯安装在发动机罩盖板下，灯上装有开关。其功用是检查与维修发动机及其他零部件时照明。

2. 汽车信号系统

汽车信号系统的功用是利用汽车发出的各种信号灯和声响信号，指示或警告其他车辆和行人注意。汽车信号系统主要由信号灯和声响信号组成。

（1）信号灯　汽车信号灯是用来指示其他车辆或行人的灯光信号标志，主要有转向灯、示宽灯、制动灯、驻车灯等。

1）转向灯。转向灯分别装在车身前部和后部的左右两侧，汽车转向时，驾驶人打开转向灯开关，转向灯闪烁，指示转向方向，转向结束时，应立即关闭转向灯。

2）示宽灯。示宽灯是装在车前、后方最侧边的灯，其功用是在夜间表示汽车的存在及大体的宽度，便于其他车辆在会车和超车时判断，以防与其他车辆相撞。

3）制动灯。制动灯俗称刹车灯，安装在汽车尾部。驾驶人踩制动踏板制动汽车时，制动灯就自动发出红光。制动灯的功用是表达本车制动信息，提醒后车驾驶人注意。

4）应急灯。应急灯就是双闪灯，只要开启，两边转向灯会同时闪烁。它一般是在雾天或大雨天、车坏或有紧急情况时使用，以提示过往车辆注意安全。

（2）声响信号

1）喇叭。汽车上都装有喇叭，其功用是警告行人和其他车辆驾驶人注意行驶安全。

2）音响报警器。消防车、救护车、警车等特种车上装有音响报警器，其功用是警告行人和其他车辆避让，以实现应急行车。

3）倒车警示器。有倒车语音警示和倒车蜂鸣器，其功用是倒车时发出语音或蜂鸣声响，以提醒人们注意。

三、仪表和报警系统

1. 汽车仪表

现代汽车普遍采用电子组合仪表，它是将各单个电子仪表有机组合在一起，集中显示有关汽车行驶信息的仪表总成。汽车电子组合仪表通常由电子式车速表、里程表、百公里油耗表、发动机转速表、冷却液温度表、燃油表、油压表、气压表、车钟、警告及指示信号装置等组成(图5-7)。组合仪表可通过数字、文字、曲线、图形等多种显示方式，向汽车驾驶人发出车辆行驶工况、状态的有关定量信息(如车速、里程、发动机转速、百公里油耗)和各种定性信息(如警告信号等)，为驾驶人适时提供服务，确保汽车高效、安全运行。

2. 仪表指示信息

（1）发动机转速表　它一般设置在仪表板内，与车速里程表对称地放置在一起，有指针式和液晶数字显示式。发动机转速表用来显示发动机的瞬时转速。驾驶人可借助该表选择正确的档位，以保证发动机转速在正常转速范围。指针式转速表的指针指在表盘白色区时，发动机转速正常；指到红色区时，发动机转速处于危险范围，应立即放松加速踏板。在车辆磨合期间要避免高转速，为提高经济性，应在所有档位和车速时都保持发动机的转速在合理的经济转速范围内。

（2）燃油表　它用来显示油箱内存油量的多少。如果指针到了刻度盘的右端，说明燃

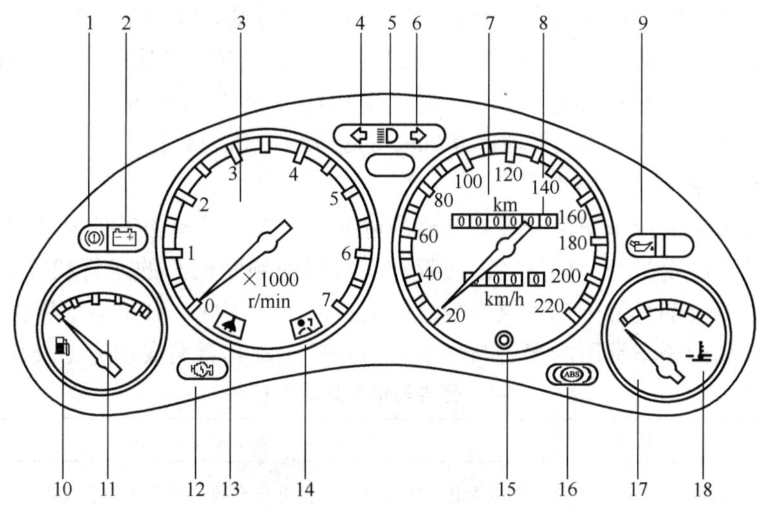

图 5-7　轿车组合仪表示意图

1—制动系统故障指示器　2—蓄电池充电指示器　3—转速表　4—左转向指示灯　5—远光指示灯　6—右转向指示灯　7—车速表　8—里程表　9—机油压力指示器　10—燃油液面高度指示器　11—燃油表　12—发动机电控系统指示器　13—安全带指示器　14—安全气囊指示器　15—车速表按钮　16—ABS 指示器　17—冷却液温度表　18—冷却液温度指示器

油箱内已经加满油；如果油箱内仅存有 6 ~ 8L 燃油时，则液面高度指示器发出警告，应立即加油。各型车采用燃油表的型式不尽相同，其表达存油量的方法也不尽一样。如 CA1091 汽车燃油表上标有 1、1/2、0 字样，当指针指向它们时，1 表示油箱内的燃油是满的，1/2 表示油箱内的存油量为一半，0 表示油箱内的燃油将尽。

（3）车速里程表　它是一种复合仪表，是车速表、里程表和行程表的总称。电子车速表的指针或数字用来显示汽车瞬时的行驶速度（km/h）；电子里程表用来记录汽车行驶的累计里程（km）；电子行程表用来记录汽车在某一行程或某一时间内所行驶的里程（km），按一下车速表下边按钮，则记录开始，若要重新设定，则再按下按钮。

（4）冷却液温度表　它用来显示发动机冷却液的温度。指针指在刻度盘左端，表明发动机冷却液温度过低；指针指在右端红色区表明发动机过热，要关闭发动机，查明故障原因；只有指针指在刻度表的中间，才是正常工作范围，通常发动机冷却液的合适温度是 85 ~ 95℃，驾驶人必须经常观察冷却液温度表，确保冷却液温度在合适的范围。

（5）机油压力表　它用来显示发动机运转时润滑系主油道润滑油的压力，以使驾驶人了解发动机内润滑工作是否正常。各类机动车辆正常的机油压力，应以厂家说明书规定的机油压力为准。轿车通常无机油压力表，但有油压指示器，当油压过低时发出报警信号。

（6）电流表　它用来显示蓄电池充电或放电的电流（A）。充电时，指针偏向“+”号一侧；放电时，指针偏向“-”号一侧。在发动机正常运转时，电流表指针应偏向“+”号方向。轿车仪表板内通常没有电流表。

（7）气压表　它是用来显示气压制动系统的压缩空气压力。只有当气压达到规定的读数（0.4 ~ 0.5MPa）时，汽车才可以起步行驶。当制动气压系统发生故障或储气筒气压降至规定值时，气压警报灯就会亮。此时，必须查清故障并予以排除，否则严禁起步或继续行驶。

（8）GPS 显示　GPS 是卫星导航定位系统，它可以确定汽车的精确位置及速度。利用它可随时了解汽车行驶的具体位置、到达目的地的行驶路线、车速等信息。

（9）多功能显示装置 很多高档轿车在仪表板正中设置有多功能显示装置，它可显示：外部环境温度(℃)、瞬时耗油量(L/100km)、平均耗油量(L/100km)、行驶时间(mim)、行驶距离(km)、有效距离(km)、平均速度(km/h)以及GPS信息等。

3. 仪表警示信息

现代汽车为了保证行车安全和提高车辆的可靠性，车上装有报警信号装置。它们通过仪表的警告灯和指示灯发出警示信息，以便驾驶人直观地判断汽车的运行状况是否符合要求。警告灯和指示灯一般都组装于汽车仪表板总成上，但车型不同，其组装的警告、指示灯的数量可能不一样。我国轿车常用的警告与指示灯信号标志及其意义或用途见表5-1。

表5-1 警告与指示灯信号意义

信号标志	信 号 名 称	表示意义、用途
	冷却液温度指示灯	在点火开关接通时，车辆进行自检，该指示灯会短时间点亮，随后熄灭。该灯常亮表示发动机冷却液温度超标，应立即熄火查明原因
	机油压力指示灯	在点火开关接通时，车辆进行自检，该指示灯会短时间点亮，随后熄灭。该灯常亮表示发动机润滑系有故障，机油压力过低，应立即熄火查明原因
	燃油存量指示灯	在点火开关接通时，车辆进行自检，该指示灯会短时间点亮，随后熄灭。如起动后该指示灯点亮，则说明车内油量已不足
	危险报警灯	该灯亮，表示已使全车的转向指示灯同时闪亮，仅有在汽车遇有危险紧急情况下才使用这一求救信号，此信号即使在点火开关关闭时仍能使用
	转向指示灯	该灯亮表示汽车将要或正在进行相应方向的转向行驶，说明相应方向的转向灯正处于开启状态
– +	蓄电池充电指示灯	点火开关接通，车辆进行自检，该指示灯短时间点亮，随后熄灭。该灯常亮表示发电机没有向蓄电池充电，充电系统有故障，应停车检查
(!)	制动系统指示灯	该指示灯平时为熄灭状态。当驻车制动操纵杆被拉起后，该指示灯自动点亮。驻车制动操纵杆被放下时，该指示灯自动熄灭，此灯常亮表示制动液不足，应立即停车检查
	制动摩擦片磨损指示灯	该指示灯用来显示制动摩擦片磨损的状况。一般该指示灯为熄灭状态，当制动摩擦片磨损过度时，该灯点亮，修复后熄灭
(ABS)	ABS系统指示灯	在点火开关接通时，车辆进行自检，该指示灯会短时间点亮，随后熄灭。该灯常亮表示ABS发生故障，应降低车速谨慎驾驶
	制动踏板指示灯	用于自动变速器车型，提示车辆起步时踩下制动踏板后，可以由P位或N位换入其他位置
	电子稳定系统(ESP)指示灯	在点火开关接通时，车辆进行自检，该指示灯会短时间点亮，随后熄灭。行驶过程中该灯常亮表示ESP功能关闭或ESP存在故障。由于ESP是与ABS协同工作的，所以当ABS出现故障时，ESP指示灯也会亮起

（续）

信号标志	信号名称	表示意义、用途
	发动机控制系统指示灯	在点火开关接通时，车辆进行自检，该指示灯会短时间点亮，随后熄灭。该灯常亮表示发动机电控系统发生了故障，要立即排除故障
	电子防盗装置指示灯	在点火时，自动进行汽车钥匙数据的查询。此过程以指示灯的短时闪亮指示出来。如果使用未授权的汽车钥匙，指示灯转为持续闪亮状态，汽车不能运行
	巡航状态指示灯	在点火开关接通时，车辆进行自检，该指示灯会短时间点亮，随后熄灭。设置定速巡航功能时，该指示灯点亮
EPC	电子节气门（EPC）指示灯	在点火开关接通时，车辆进行自检，该指示灯会短时间点亮，随后熄灭。如发动机起动后仍不熄灭，则说明车辆电子节气门系统出现故障
	车门开启状态指示灯	该灯亮表示车辆的前后车门和行李舱门有一个或几个打开，如果在行驶过程中该灯亮，必须停车检查各车门和行李舱门是否关好
	风窗洗涤液指示灯	该指示灯常亮表示风窗玻璃洗涤液容器中的液面高度太低
	前风窗玻璃刮水器及洗涤器指示灯	该指示灯亮表示前风窗玻璃刮水器及洗涤器正在工作
	后风窗玻璃刮水器及洗涤器指示灯	该指示灯亮表示后风窗玻璃刮水器及洗涤器正在工作
	前风窗玻璃刮水器指示灯	该指示灯亮表示前风窗玻璃刮水器正在工作
	雪地起步模式指示灯	该指示灯亮表示自动变速器按雪地起步模式工作
S	运动模式指示灯	该指示灯亮表示自动变速器按运动模式工作
	安全气囊指示灯	当点火开关旋至运转位置时，车辆进行自检，该指示灯会短时间点亮，随后熄灭。该灯常亮表示安全气囊有故障，要及时排除
	安全带指示灯	当点火开关旋至运转位置时，车辆进行自检，该指示灯会短时间点亮，随后熄灭。该灯常亮表示安全带有故障，要及时排除
	儿童安全锁指示灯	该指示灯亮表明汽车后门上的儿童安全锁已将后门锁上
	冷、暖气风扇指示灯	该指示灯亮表示冷风、暖风风扇处于工作状态
	空气外循环指示灯	该指示灯亮表示车厢内外的空气在进行强制循环

（续）

信号标志	信 号 名 称	表示意义、用途
	空气内循环指示灯	该指示灯亮表示车厢空气仅在内部流动，和车外不进行流通
	空调制冷指示灯	该指示灯亮表示空调制冷系统正在工作
	地板及迎面吹风指示灯	该指示灯亮表示冷（暖）风朝地板和迎面两方向吹
	迎面吹风指示灯	该指示灯亮表示冷（暖）风迎面吹
	地板及前风窗玻璃吹风指示灯	该指示灯亮表示冷（暖）风朝地板和前风窗玻璃方向吹
	前风窗玻璃除霜除雾指示灯	该指示灯亮表示前风窗玻璃正在进行除霜除雾工作
	后风窗玻璃除霜除雾指示灯	该指示灯亮表示后风窗玻璃正在进行除霜除雾工作
	前照灯近光指示灯	该指示灯亮表示前照灯近光灯处于开启状态
	前照灯远光指示灯	该指示灯亮表示前照灯远光灯处于开启状态
	位置灯指示灯	该指示灯亮说明示廓灯处于开启状态
	前雾灯指示灯	该指示灯亮表示前雾灯处于开启状态
	后雾灯指示灯	该指示灯亮表示后雾灯处于开启状态
	前照灯水平调整指示灯	该指示灯亮表示前照灯水平照射位置需要调整

第三节 汽车电子控制系统

随着汽车工业的快速发展，能源和大气污染的危机日趋严重，传统汽车的控制系统已不能适应人们对环境和能源问题的要求，而电子控制系统的控制精细、准确，能改善和提高汽车的使用性能。因此，现代汽车普遍采用计算机电子控制系统。

一、发动机电子控制系统

随着电子技术的飞速发展，轿车发动机已全部使用了集中电子控制系统。这种电子控制

系统能够协调发动机各单项控制功能，精确、综合地控制发动机，使发动机性能更加完善。

1. 发动机电子控制系统的基本组成

发动机电子控制系统主要由检测控制信号的传感器、以计算机为核心的电子控制单元和实现控制意图的执行器三部分组成。

（1）传感器　传感器是一种转换器，是控制系统中信息的输入部分。它用来感知发动机外部条件与自身性能变化的信息，并转换为电信号传送给 ECU，输入信息是引起控制系统发生变化的原因。发动机电子控制系统用的传感器因控制功能的不同而有差异，因车型及其生产年代不同而略有差别，其传感器主要有下列种类。

1）空气流量计。在 L 型 EFI（电控燃油喷射系统）中，空气流量计用来测量发动机吸入的空气量并转换成电信号送入 ECU，作为燃油喷射和点火控制的主控制信号。

2）进气压力传感器。在 D 型 EFI 中，进气压力传感器测量进气歧管的绝对压力来间接反映发动机吸入的空气量，并转换成电信号输入 ECU，作为燃油喷射和点火控制的主控制信号。

3）转速和曲轴位置传感器。它提供发动机转速信号和点火时刻、喷油时刻的参考点信号输入 ECU，作为点火和燃油喷射的主控制信号。

4）气缸位置传感器。它用于产生发动机第 1 缸的位置信号并输入 ECU，作为顺序喷油和点火控制的主控制信号。

5）节气门位置传感器。它检测发动机节气门的开启状态及开、闭的速率，并将此转换成电信号输送到 ECU，用来控制燃油喷射及其他控制系统，如 EGR（废气再循环控制）等。

6）冷却液温度传感器。它用来感知冷却液温度而向 ECU 输入温度信号，作为燃油喷射和点火正时的修正信号，同时也是其他控制系统的控制信号。

7）进气温度传感器。它用来随时检测进气温度参数，并向 ECU 输入温度信号，作为燃油喷射和点火正时的修正信号。

8）氧传感器。它用来检测发动机废气中氧的含量，并向 ECU 输入空燃比的反馈信息，进行喷油量的闭环控制。

9）爆燃传感器。它用来检测发动机爆燃引起的振动，并转变为电信号送至 ECU，作为点火正时的修正信号。

10）大气压力传感器。它用来检测大气压力，并向 ECU 输入大气压力信号，作为燃油喷射和点火正时的修正信号。

11）车速传感器。它用来检测车速，并向 ECU 输入车速信号，作为控制发动机转速，实现超速断油控制的信号，在发动机和自动变速器共同控制时，还是自动变速器的主控制信号。

12）EGR 阀位置传感器。它将 EGR 阀的位置转变为电信号，并向 ECU 输入，是废气再循环的主控制信号。

13）其他传感器信号。

① 起动信号。在发动机起动时，起动系统向 ECU 提供起动信号，作为燃油喷射和点火正时的修正信号。

② 离合器开关信号。在离合器接合和分离时，离合器开关向 ECU 输入离合器工作状态信号，作为燃油喷射和点火正时的修正信号。

③ 动力转向开关信号。具有动力转向的汽车，当转向盘左右转动时，其转向泵工作而使发动机负荷加大，此时动力转向开关向 ECU 输入信号，作为燃油喷射和点火正时的修正信号。

④ 档位开关信号。装有自动变速器的汽车，当变速杆由 P 位、N 位移入其他位置时，发动机负荷将有所增加，档位开关向 ECU 输入信号，作为燃油喷射和点火正时的修正信号。

⑤ 制动开关信号。在制动时，制动开关向 ECU 提供制动信号，作为对燃油喷射、点火正时、自动变速器等的控制信号。

⑥ 空调开关信号。当空调开关打开时，发动机因空调工作而负荷加大，空调开关向 ECU 输入信号，作为燃油喷射和点火正时的修正信号。

⑦ 定速巡航控制信号。当进入巡航控制状态时，由巡航控制开关向 ECU 输入巡航控制状态信号，由 ECU 对车速进行自动控制。

⑧ 蓄电池电压信号。当蓄电池电压变化时，由于喷油器的电磁线圈电流会随之改变，使喷油器阀的开启速率发生变化，引起喷油量偏差。为消除这种偏差，当蓄电池电压变化时，向 ECU 输入电压变化信号，作为燃油喷射的修正信号。

(2) 电子控制单元　电子控制单元(Electric Control Unit)通常简称为 ECU，是发动机电子控制系统的中枢，是系统中的信息处理部分。它用来接受各传感器的信息，并储存、计算、处理信息，形成控制指令对外输出以控制执行器。

ECU 是一种综合电子控制装置，它主要由输入回路、A/D 转换器、微型计算机(微机)和输出回路四部分组成，如图 5-8 所示，ECU 的主要功能如下。

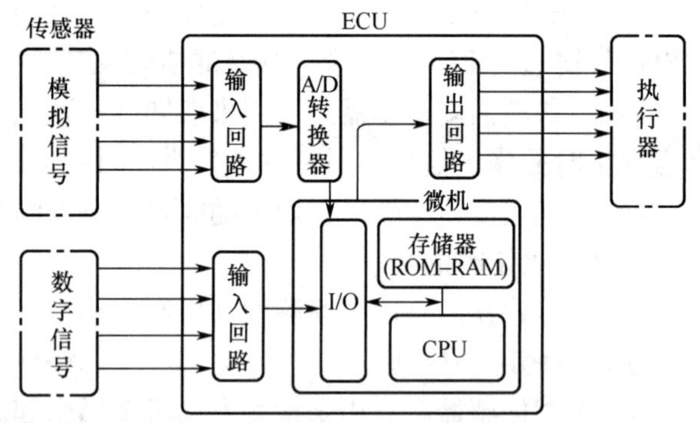

图 5-8　电子控制单元的组成

1) 接受传感器、开关等各种形式输入的信号，并进行预处理使其转变为微机所能接受的数字信号。

2) 给部分传感器提供一个电压稳定的电源和基准电压。

3) 储存、计算、分析处理信息。微机中的控制程序和数据，根据输入信号进行运算处理，求出执行命令数值；将输出的信息与标准值对比，查出故障；存储运算中的数据、存储故障信息。

4) 输出执行命令。把弱信号变为强的执行命令，以控制执行器。

5) 自适应功能。当一些不可监测的参数改变时，ECU 能通过自适应修正，使发动机的运行工况与其相适应。

(3) 执行器　执行器是受 ECU 控制具体执行某项控制功能的装置，是控制系统的输出部分。它将 ECU 发出的控制指令转变为实现控制目标的物理运动，达到输出控制的目的。

执行器的种类和形式主要取决于发动机电子控制系统中控制功能的多少和特性。现代轿车发动机电子控制系统的执行器主要有下列各种形式：喷油器，点火控制器，怠速控制阀，EGR 阀，进气控制阀，二次空气喷射阀，活性炭罐电磁阀，车速控制电磁阀，燃油泵继电器，冷却风扇继电器，空调压缩机离合器继电器，换档控制电磁阀，锁止离合器控制电磁

阀，自诊断显示与报警装置，故障备用程序启动装置，仪表显示器等。

2. 发动机电子控制系统的工作原理

发动机电子控制系统中的传感器、电子控制单元和执行器是相互联系的有机体。汽车运行时，传感器信号反映发动机工作状况，它们将空气进气量或压力、进气温度、冷却液温度、节气门位置、发动机转速、排放中的氧含量等运转参数信号输入 ECU，而 ECU 则按设定的程序和最佳参数进行分析、判断和计算，并根据计算结果，向各种执行器发出指令信号，执行器则控制最佳喷油量、点火时刻、排放污染，使发动机在各种工况下都处于最优化的状态下工作，保证发动机具有最佳的动力、最小的油耗和最低的排放污染。具体的控制功能如下。

（1）汽油喷射控制　发动机电子控制系统根据发动机运转工况及影响因素来精确控制喷油器喷油时间，从而控制喷油量，使空燃比始终保持在最佳水平，从而确保发动机动力性并降低发动机的燃油消耗、减少排气污染。喷入气缸内的实际喷油量包括基本喷油量和修正喷油量。基本喷油量是保证发动机在正常温度下运行时能获得最佳空燃比的喷油量，它可由基本喷油时间来保证；修正喷油量是指发动机运行条件变化时，为使发动机仍然能得到最佳空燃比，经 ECU 不断修正加入的喷油量，它通过修正基本喷油时间来保证。需要修正喷油量控制的项目有：起动工况修正，起动后和暖机工况修正，过渡工况修正，进气温度和大气压力修正，蓄电池电压变化修正，空燃比反馈修正，满负荷修正等。

（2）点火控制　发动机电子控制系统根据发动机运转工况及影响因素来进行点火控制，使发动机具有最佳的点火提前角和足够的点火能量，从而保证混合气燃烧及时、完全，达到提高发动机动力性、经济性和减少排气污染的目的。点火控制内容包括点火提前角控制和点火能量控制两方面。

1）点火提前角控制。现代汽车上，发动机实际点火提前角包含初始点火提前角、基本点火提前角和修正点火提前角。点火提前角应随汽车使用条件和运行工况的变化而变化。因此，在汽车行驶时，必须对发动机的实际点火提前角进行实时控制，使其趋于最佳点火提前角。

① 初始点火提前角。也称固定点火提前角，它由曲轴位置传感器信号与曲轴转角的对应关系确定，不受点火控制系统的控制。

② 基本点火提前角。它是根据发动机转速和负荷，从优化油耗和排放出发通过台架试验确定的点火提前角。基本点火提前角能保证发动机在正常的工况范围内运转时处于最佳点火时刻，它随发动机转速和负荷的变化而变化。若是起动工况，则计算机以起动点火提前角代替基本点火提前角。起动时，点火提前角的控制主要根据发动机的温度和转速。低温时，点火提前角适当增大；低速时，点火提前角适当减小。

③ 修正点火提前角。最佳点火提前角不仅与发动机转速、负荷有关，而且还与许多使用因素如发动机温度、爆燃、换档等有关。因此，若要发动机任何时候都能在最佳点火提前角下工作，则计算机必须根据随时输入的传感器信号，对点火提前角进行修正控制，以适应运行条件的变化。现代轿车修正点火提前角的项目有：暖机修正，冷却液温度修正，怠速稳定修正，自动变速器换档修正，加负荷修正，爆燃修正，空燃比反馈修正等。

2）点火能量控制。发动机若点火能量不足，则混合气不能被点燃，就会出现失火现象，这将导致发动机动力下降、油耗增加、排放增多。而点燃缸内混合气所需的火花能量与发动机运行工况和使用条件有关。因此，点火能量必须高于各种工况条件下将混合气可靠点燃所必需的能量。

在现代汽车电子控制系统中，电感储能式点火系统的点火能量的实时控制主要是通过点火线圈通电时间的控制来实现的。发动机工作时，计算机根据蓄电池电压信号、转速传感器信号等综合计算判断后确定并控制点火线圈的通电时间。蓄电池电压低时，应增加点火线圈通电时间，使其有较大的初级电流，保证点火系统有足够的点火能量；发动机转速升高时，点火线圈的通电时间也应相对增长，以保证高速时不失火；蓄电池电压过高时，应减少通电时间，以免点火线圈温度过高而烧毁。

（3）怠速控制　发动机怠速工况运转性能的优劣是评价发动机性能的重要指标，怠速性能主要体现在三个方面：怠速稳定性、怠速排放和怠速油耗。怠速转速过高会增加燃油消耗量；怠速转速过低会加大有害物的排放；另外怠速使用条件变化，如冷车运转和电器负荷、空调装置、自动变速器、动力转向伺服机构的接入等情况，都会引起怠速转速不稳定，甚至引起发动机熄火。因此，现代汽车发动机电子控制系统广泛采用怠速控制，以确保发动机具有良好的怠速性能。

1）怠速控制原理。发动机怠速运行时，节气门处于全关位置。ECU 根据节气门全关信号判断发动机处于怠速状态，并依据各有关传感器输入的信号决定怠速的目标转速，然后与发动机的实际转速进行比较确定控制量，再由驱动器发出信号去驱动怠速执行器调节进气量，同时配合喷油量及点火提前角的控制，改变怠速工况燃油消耗所发出的功率，以稳定或改变怠速转速。

2）怠速控制功能。起动控制：起动时，怠速控制系统使怠速辅助空气通道进气量最大，以利于起动。稳定怠速控制：发动机怠速运行的状态不同，其设定的目标转速也不同，ECU 能根据其运行状态控制怠速控制执行器，自动维持发动机怠速在目标转速下稳定运转。快速暖机控制：发动机冷机起动后，ECU 能根据冷却液温度较低的信号控制怠速控制执行器，使发动机在较高的怠速下稳定运行，以加速发动机的暖机过程，当冷却液温度到达70℃时，暖机控制结束。高怠速控制：在怠速工况下，当发动机负荷突然增加时，如空调起动、电器负载增多等，ECU 能根据负荷变化信号自动控制怠速控制执行器，改变怠速工况燃油消耗所发出的功率，使发动机在高怠速下稳定运行。

（4）排放控制

1）活性炭罐控制。在现代汽车上，为了防止油箱中的汽油蒸发到大气中去，以控制 HC 的总排放，都采用活性炭罐式燃油蒸发电子控制系统。活性炭罐控制原理是：通过活性炭罐内的活性炭吸附油箱中的汽油蒸气到活性炭颗粒表面，然后 ECU 根据发动机的工作状态，控制清洗电磁阀开启，使新鲜空气进入活性炭罐，与活性炭接触脱附汽油后进入发动机气缸燃烧。利用该系统既能阻止燃油箱的汽油蒸气泄漏到大气中污染环境，又能将汽油蒸气收集送入发动机燃烧，使汽油得到充分利用。

2）废气再循环控制。燃烧温度越高，NO_x产生越多。因此，降低发动机混合气燃烧温度，能有效地抑制NO_x的生成。采用废气再循环，可将排放物NO_x控制在最低程度。废气再循环(EGR)是指把发动机排出的少量废气，重新引入进气系统，与新鲜充量混合后进入燃烧室再燃烧，由于燃烧室内的废气(CO_2)相对较多，热容量较大，且不参与燃烧，导致混合气燃烧速率减小，最高燃烧温度下降，使得排放物NO_x减少。废气再循环由 ECU 根据发动

机运转状况确定是否需要废气再循环、再循环流量大小以及循环时机，来控制 EGR 电磁阀何时打开或关闭。由 NO_x 的排放特性知道，发动机在最经济空燃比时，产生的 NO_x 最多。而电控发动机的目标空燃比往往就是最经济空燃比，因此，对于电控发动机来说，采用 EGR 系统尤为重要。

3）三元催化转化器控制。利用三元催化转化器控制 CO、HC、NO_x 是目前最可靠的方法之一。在电子控制发动机上配装三元催化转化器，可通过三元催化反应，减少排气有害成分，使汽车真正成为绿色环保产品。其转化控制原理是：发动机工作时，ECU 根据氧传感器的反馈信号，对由进气流量传感器信号或进气压力传感器信号确定的喷油量进行修正，以确保发动机在理论空燃比附近运行，只有这样三元催化反应才能进行。此时发动机废气中的 CO、HC 和 NO_x 三种气体通过排气管三元催化转化器中的催化剂时，增强了三种气体的活性，进行了氧化—还原化学反应。其中 CO 在高温下氧化成无色、无毒的 CO_2 气体；HC 化合物在高温下氧化成 H_2O 和 CO_2；NO_x 还原成 N_2 和 O_2。三种有害气体变成无害气体，使排气得以净化。

（5）故障自诊断　现代汽车发动机集中电子控制系统都具有故障自诊断功能。在发动机电控系统 ECU 中，预先设置了判别各输入信号的监控程序和有关诊断参数标准。工作时，ECU 不间断地监测发动机各传感器输入的电信号、执行器的反馈信号和控制器的工作状态。当电子控制系统工作异常时，ECU 就会及时判断出系统中的故障，并将其以故障码形式存于计算机的存储器中，以便维修时按照特定的方式，将故障码从计算机内读取，向驾驶人和维修人员提供故障信息，便于使用者及时发现和排除故障。当电控系统自诊断出故障时，系统立即启用备用参数运行汽车或启用安全保障措施，同时点亮故障警告灯以警示驾驶人。

二、电子控制防抱死制动系统

汽车防抱死制动系统（Anti-Lock Braking System）是指汽车在制动过程中防止车轮制动抱死拖滑的控制系统，简称 ABS。电子控制防抱死制动系统是汽车上的一种主动安全装置，它能有效地控制汽车在紧急制动时车轮的运动状态，避免车轮在路面上抱死滑移，提高汽车在制动过程中的效能和汽车制动时的方向稳定性。随着汽车行驶速度的提高以及道路交通流量的加大，对于汽车制动效能以及制动时的方向稳定性要求越来越高，因此，现代汽车普遍采用电子控制防抱死制动系统。

1. 防抱死制动系统的基本组成

现代汽车电子控制防抱死制动系统是在普通制动系统的基础上增加的控制装置，它主要由轮速传感器、ABS 电控单元（即 ABS ECU）、ABS 压力调节器和警告灯等组成，如图 5-9 所示。

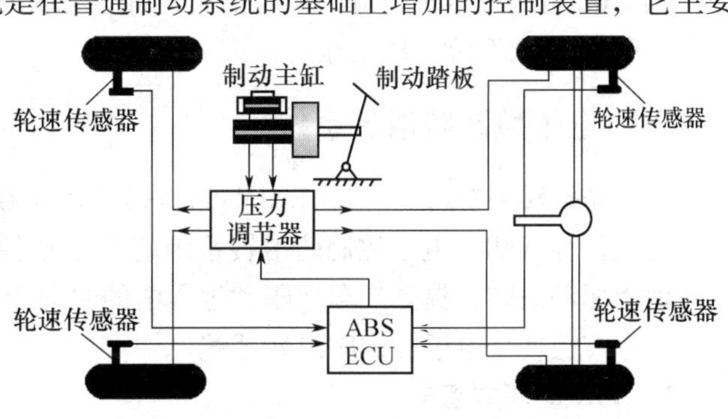

图 5-9　ABS 基本组成示意图

（1）轮速传感器　它用来检测车轮速度，向 ABS ECU 反映各车轮运动状况。典型的磁电式轮速传感器主要由永久磁铁、传感线圈、传感器转子（感应齿圈）组成，如图 5-10 所示。

（2）ABS ECU　它是 ABS 的指挥

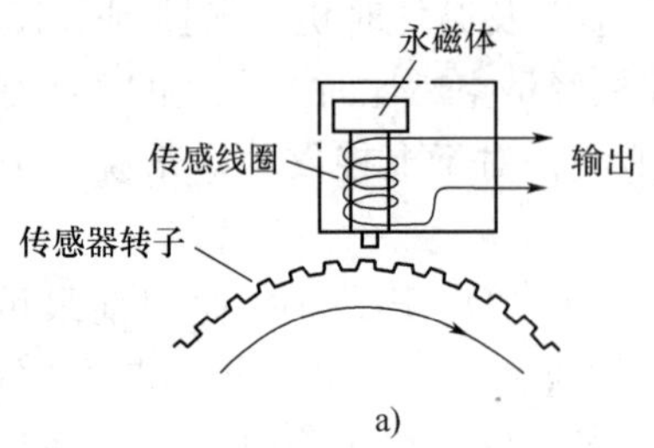

a)

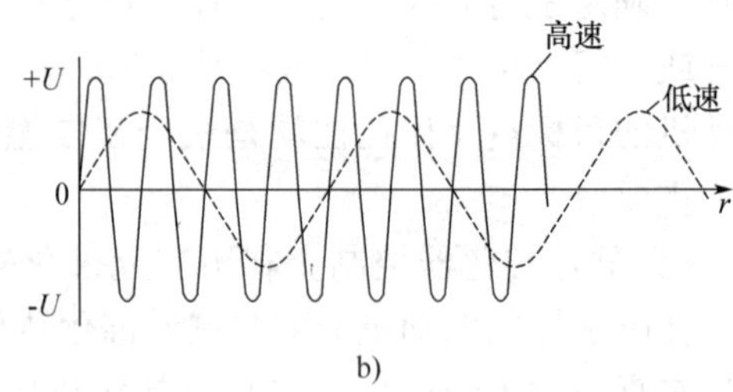

b)

图 5-10 轮速传感器的组成及原理

a）轮速传感器 b）传感器输出信号波形

中心，作用是接受轮速传感器送来的信号，计算车轮的转速、加速度、减速度和滑移率，并进行分析、处理，然后向 ABS 压力调节器发出控制信号，使制动压力调节器按要求工作。ABS ECU 还具有自诊断功能，当 ABS 出现故障时，它可断开继电器，断开电磁阀及泵电动机电路，关闭 ABS，同时点亮仪表板上的故障警告灯。

（3）ABS 压力调节器 它是 ABS 系统的执行机构，用来调节制动系统的压力。它根据 ABS ECU 传送的控制指令，通过减压、保压、增压来调整作用在每个制动轮缸的油压，从而控制车轮的速度。ABS 压力调节器是一个总成，主要由电磁阀、储液罐、缓冲腔、液压泵和电动机组成。

（4）ABS 警告灯 它是一种黄色的警告灯，由 ABS ECU 控制，通常用 ABS、ALB 或 ANTILOCK 作为标识。ABS 具有失效保护和自诊断功能，当 ABS ECU 监测到系统出现故障时，将自动关闭 ABS，存储故障信息，点亮 ABS 警告灯。

2. 防抱死制动系统的工作原理

常规制动时，如一般制动、点制动、下坡控制车速过高的制动，车轮并不会趋于抱死状态，ABS 只是处于准备状态而并不干涉普通制动器的正常制动。紧急制动时，每个轮速传感器将关于各车轮的转速信号输入 ABS ECU。若车轮即将抱死，ABS ECU 则根据轮速传感器输入的信号判定车轮趋于抱死状态，输出指令给 ABS 压力调节器，ABS 压力调节器则根据控制指令，对各自车轮制动轮缸的制动压力进行调节，制动压力历经降低、保持和升高等阶段，以保证车轮滑移率处于理想区域范围，防止车轮抱死拖滑，保持车轮与地面的纵向附着系数为最大值，侧向附着系数为较大值，从而在各种条件下可使汽车获得最大制动力，同时还可保证汽车制动时的方向稳定性。

当 ABS 出现故障时，ABS 警告灯将点亮，以提示驾驶人进行维护，此时制动系统和普通无 ABS 的制动系统一样工作。

三、电子控制防滑转系统

汽车防滑转系统(Anti Slip Regulation)是指汽车在驱动过程中防止驱动轮发生滑转的控制系统，简称 ASR。电子控制防滑转系统能有效地控制汽车驱动轮的运动状态，避免车轮在路面上驱动滑转，提高汽车在驱动过程中的驱动能力和驱动时的方向稳定性。因此，现代高级轿车广泛使用电子控制防滑转系统。

1. ASR 的基本组成

电子控制驱动防滑转系统主要由 ASR 传感器、ASR ECU 和 ASR 制动压力调节器组成。

典型的 ASR 系统如图 5-11 所示。

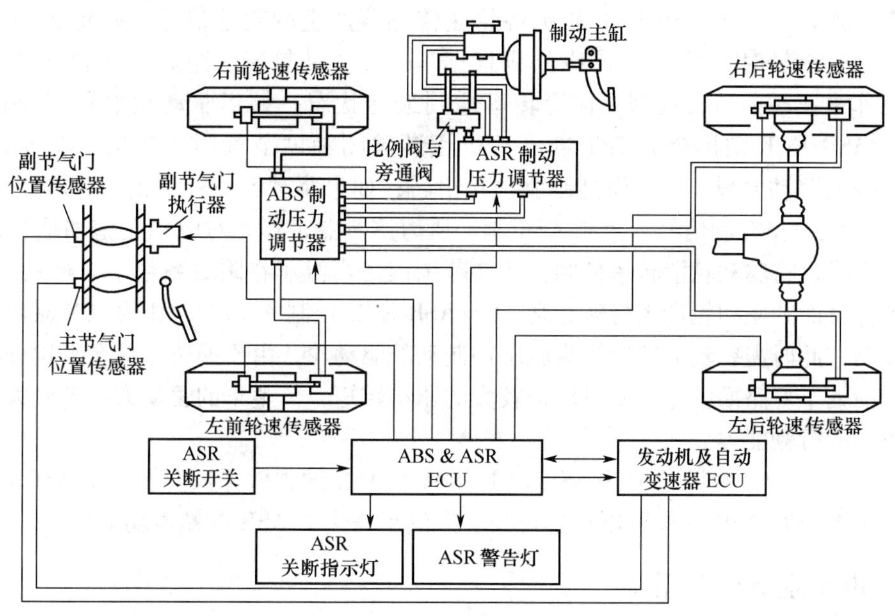

图 5-11　典型的 ASR 系统

（1）ASR 传感器

1）轮速传感器。ASR 和 ABS 的轮速传感器共用，它用来检测轮速信号，ABS/ASR ECU 可根据前后轮速信号准确地计算出驱动轮滑转率。

2）节气门位置传感器。ASR 和发动机电子控制系统共用节气门位置传感器，有主节气门、辅助节气门位置传感器，它们用来检测节气门开度信号，ABS/ASR ECU 根据该信号控制发动机输出功率。

3）ASR 选择开关。ABS/ASR ECU 可根据 ASR 选择开关信号确定 ASR 是否投入工作。

（2）ASR ECU　它是防滑转系统的电控单元，主要由微处理器、输入电路、输出电路及电源等组成。ASR ECU 的作用是根据 ASR 传感器提供的信号，经过计算处理，实时地控制 ASR 制动压力调节器和辅助节气门驱动步进电动机等。同时它还具有自诊断功能，一旦发现系统存在故障，ASR 将会自动关闭，并发出警示信号。ASR ECU 既可以是独立的，也可与 ABS 共用，但由于 ASR 和 ABS 的一些信号输入和处理都是相同的，因此为使电子器件应用数量减少、结构紧凑，通常将 ASR ECU 与 ABS ECU 组合成一个 ECU，即为 ABS/ASR ECU。

（3）ASR 制动压力调节器　它是 ASR 的执行机构，主要由电动机、液压泵、储能器和电磁阀组成。ASR 制动压力调节器的作用是根据 ABS/ASR ECU 的控制指令来控制电磁阀的动作，调节驱动轮制动压力的大小，将驱动轮的滑转率控制在目标范围之内，从而提高汽车的驱动能力。

2. ASR 的工作原理

汽车驱动力大于驱动轮与路面间的附着力是汽车发生加速滑转的直接原因。要防止驱动轮滑转，就必须对驱动力矩加以控制，适当降低汽车驱动力。降低汽车驱动力的控制方式主要有制动控制、发动机控制和发动机与制动综合控制三种方案，当 ASR ECU 检测到驱动轮

的滑转率超过设定界限时，则 ASR ECU 就对驱动轮的滑转加以控制。

汽车行驶时，ABS/ASR ECU 根据各轮速传感器产生的轮速信号，确定驱动轮的滑转率。当驱动轮滑转时，ABS/ASR ECU 则根据车速、驱动轮速、路面条件和驾驶人踩加速踏板的动作来实现防滑转控制，使滑转率达到最佳状态。如当驱动轮滑转率超过限定值时，ABS/ASR ECU 则指令驱动步进电动机逐渐关闭辅助节气门，使发动机输出转矩降低，驱动轮的驱动力减小，从而抑制驱动轮滑转；如果驱动轮滑转率仍超过限定值，ABS/ASR ECU 则又发出控制信号，控制 ASR 制动压力调节器工作，对驱动轮施加适当制动，使驱动轮速下降，将驱动轮滑转率控制在最佳范围内。当汽车在附着系数不对称路面行车时，若处于泥泞路面的驱动轮产生滑转，则 ABS/ASR ECU 控制 ASR 制动压力调节器对滑转驱动轮进行制动，此时需要较大的转矩克服施加制动的驱动轮，由于差速器具有平均分配转矩的功能，因而处于好路面的车轮便可获得较大的驱动转矩，使整车的驱动力达到最大值，从而提高了汽车的行驶能力。

若一旦 ASR 出现故障，ABS/ASR ECU 则启动 ASR 的失效保护功能，使 ASR 停止工作。此时，汽车像没有 ASR 一样可以正常行驶，但汽车丧失了 ASR 的基本功能。

四、电子巡航控制系统

汽车巡航控制系统(Cruise Control System)是指汽车在运行中不踩加速踏板便可按照驾驶人的要求，自动保持一定行车速度的控制装置，简称 CCS。根据其特点，又称恒速控制系统、车速控制系统或自动驾驶系统。随着我国高速公路通车里程的增多，驾驶汽车在高速公路上长时间行驶的机会增加，汽车电子巡航控制系统在我国的汽车上已得到了广泛应用。

1. 电子巡航控制系统的组成

电子巡航控制系统主要由传感器、操作开关、巡航控制 ECU 和执行器等组成。典型的电子巡航控制系统组成如图 5-12 所示。

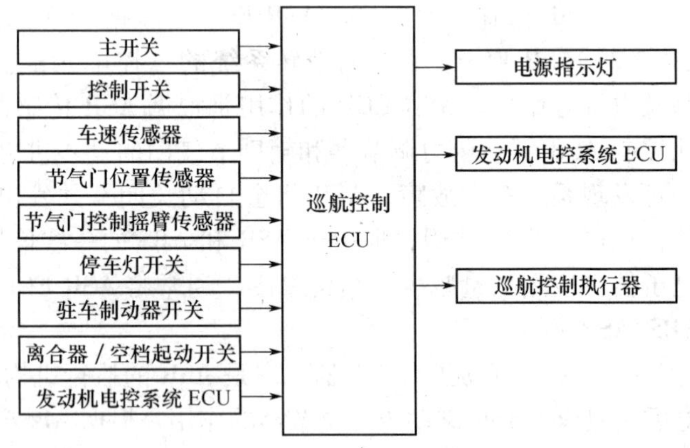

图 5-12 典型电子巡航控制系统的组成

(1) 巡航控制传感器 巡航控制系统主要有车速传感器、节气门位置传感器及节气门控制摇臂传感器。汽车巡航行驶时，这些传感器将信号送入巡航控制 ECU，ECU 则根据这些信号实现对车速的恒定控制。

1）车速传感器。车速传感器用来给巡航控制 ECU 提供车速信号。通常，CCS 与发动机电控系统、自动变速器及 ABS 等共用车速传感器。

2）节气门位置传感器。节气门位置传感器用来给巡航控制 ECU 提供节气门开度信号。通常，CCS 与发动机电控系统、自动变速器共用节气门位置传感器。

3）节气门控制摇臂传感器。节气门控制摇臂传感器用来给巡航控制 ECU 提供节气门摇臂位置的信号。

（2）巡航控制操作开关　它包括巡航操控开关和取消巡航设定开关，前者属于主动操作开关，由驾驶人直接操控，后者属于从动操作开关，它跟随驾驶人踩制动、离合器踏板等操作而自动接通。

1）巡航操控开关。它主要包括主开关和控制开关两部分，主要用于巡航控制系统的开闭、巡航车速的设定及取消，给巡航控制ECU提供开关信号，其常见的布置形式如图5-13所示。

① 主开关。它是巡航控制系统的主电源开关，用于控制巡航控制系统的启动、关闭。

② 控制开关。手柄式控制开关有5种控制功能：SET（设置）、COAST（滑行）、RES（恢复）、ACC（加速）和CANCEL（取消）。

2）取消巡航设定开关。它包括制动灯开关、驻车制动开关、离合器开关和空档起动开关。当其中任一开关接通时，巡航控制将被自动取消。取消巡航设定开关用来给巡航控制ECU提供取消巡航控制的开关信号，当汽车巡航行驶时，如进行制动、换档和停车，则巡航控制功能将自动取消。但当CCS取消瞬间的车速大于40km/h时，此车速将存储于巡航控制ECU中，当接通RES开关时，最后存储的车速就会自动恢复。

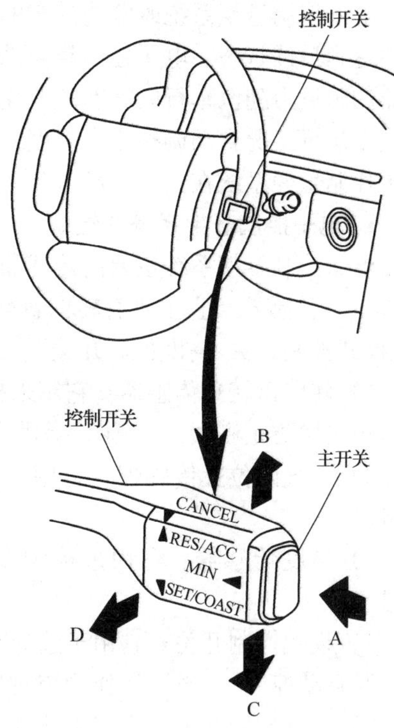

图5-13　汽车巡航操控开关
A—主开关　B—恢复/加速开关
C—设定/滑行开关　D—取消开关

（3）巡航控制ECU　它主要由微处理器、输入输出电路、执行器驱动电路和保护电路等组成。ECU接收来自各种巡航控制传感器和开关的信号，按照存储的程序进行处理。当车速偏离设定的巡航车速时，ECU给执行器输出指令信号，控制执行器动作，实现车速的稳定控制。

（4）巡航控制执行器　它用来接受ECU输出的电流或电压信号，并转变为相应的机械运动，以控制节气门的开度，实现汽车的恒速行驶。目前使用的执行器有两种类型：一种是电动式执行器，它由电动机来驱动节气门动作；另一种是气动式执行器，它是利用进气管真空度或真空泵产生的真空度来驱动节气门动作。

2. 电子巡航控制系统的工作原理

驾驶人通过控制开关向巡航控制ECU输入设定车速，ECU中的存储器对设定车速进行记忆作为目标车速。巡航行驶时，车速传感器向巡航控制ECU输入实际车速信号，于是巡航控制ECU对两车速进行比较，当实际车速偏离设定的巡航车速时，ECU就根据车速的偏离程度，计算出节气门应有的开度，向巡航控制执行器发出控制信号，使执行器动作来调节节气门开度，使汽车在设定的车速下稳定行驶。

汽车在巡航控制状态时，一般当车速低于40km/h时，巡航控制ECU将取消巡航控制；当汽车减速度大于2m/s^{2}时以及汽车制动灯开关动作时，ECU也自动取消巡航控制，以确保行车安全。

五、电子控制悬架系统

电子控制悬架系统既能使汽车的乘坐舒适性达到令人满意的程度，又能使汽车的操纵稳定性达到最佳状态。电子控制悬架系统从行驶舒适性和操纵性出发，使悬架的弹簧刚度和减振器的阻尼力随汽车行驶状态的变化而主动调至最优状态，同时悬架系统还可根据车载情况及汽车运行工况自动调整车身高度，以保持汽车行驶所需要的高度及汽车行驶姿势的稳定。电子控制悬架系统在汽车上已得到了广泛的应用。

1. 电子控制悬架系统的组成

电子控制悬架系统主要由传感器、电子控制单元(ECU)和执行器等组成。

(1) 传感器　它主要有转向盘转角传感器、节气门位置传感器、高度传感器和控制开关(模式控制开关、高度控制开关)。

1) 转向盘转角传感器。它用来检测转向角度和汽车转弯方向，主要目的是转弯时提高操纵稳定性防止侧倾，向 ECU 提供汽车转向状态信号。

2) 节气门位置传感器。它用来间接检测汽车加速度信号，向 ECU 提供汽车加速状态信号。

3) 高度传感器。它用来检测车身与悬架之间距离的变化，向 ECU 提供不同的车高信号。

4) 模式控制开关。它用于选择空气弹簧和减振器的工作模式，既可选择系统进入“高速行驶自动控制”，也可选择系统对悬架的刚度、阻尼力进行“常规值自动控制”。

5) 高度控制开关。它用于选择车身高度控制的工作模式，既可选择不执行车身高度控制，也可选择车身高度自动控制。

(2) 悬架电子控制单元(ECU)　它用来接受电子控制悬架系统传感器信号并控制电子控制悬架系统的执行器。

(3) 执行器　它主要由弹簧、减振器、悬架控制执行器、高度控制阀、空气压缩机等。

1) 空气弹簧。它是弹性元件，空气压力可调，刚度可变。

2) 减振器。它用来减振，其阻尼力可调。

3) 悬架控制执行器。它用来控制空气弹簧及减振器的调节。

4) 高度控制阀。它用来控制车身高度的调节。

5) 空气压缩机。它用来为空气弹簧提供压缩空气。

2. 电子控制悬架系统的工作原理

汽车行驶时，驾驶人选择好模式控制开关和高度控制开关，电子控制悬架系统则可根据汽车的行驶状态，将车速、转向、加速、制动、车高等信号传给电控单元，电控单元通过运算处理，控制空气弹簧、减振器、悬架控制执行器、空气压缩机、高度控制阀等进行适应性调节。一方面自动调整弹簧刚度和减振器的阻尼力，从而选择最佳的空气弹簧刚度和减振器阻尼特性的组合，以获得良好的舒适性和操纵稳定性；另一方面自动调节车身高度，以满足不同车载、不同车速、不同道路条件车高的需要。

六、电子控制安全气囊系统

汽车安全气囊系统是一种被动安全装置，它可对汽车驾驶人及前排乘员起辅助安全保护

作用，因此，安全气囊系统也称为辅助乘员保护系统（Supplemental Restraint System），简称SRS。为了提高安全性，现代汽车普遍采用电子控制安全气囊系统。

1. 电子控制安全气囊系统的组成

电子控制安全气囊系统主要由传感器、电子控制单元、气体发生器和气囊组成，如图5-14所示。

（1）碰撞传感器　它用来检测汽车碰撞强度，并将其转化为电信号传送给电控单元。碰撞传感器分为安装于汽车左、右翼子板下或前保险杠内侧的前安全传感器，安装在车门或门柱上的侧向安全传感器和装于安全气囊控制装置中的安全传感器。

（2）电子控制单元　它是安全气囊系统的控制中心，用来接收传感器的碰撞信号，并进行分析判断，发出指令，引爆气体发生器。

（3）气体发生器　它安装在气囊下，用来产生气体，能在极短的时间内（30ms）将气体充满整个气囊。

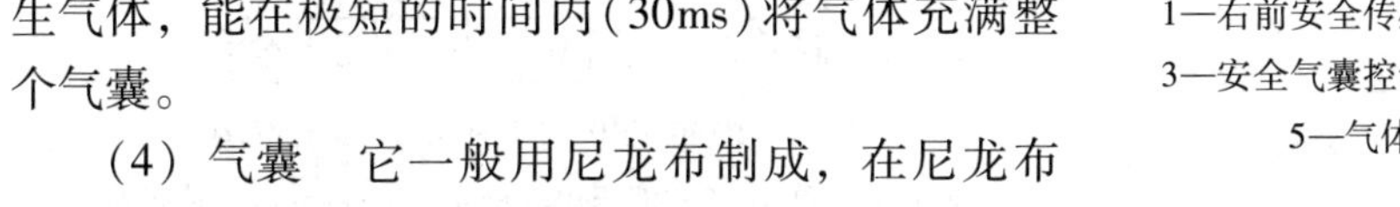

图5-14　电子控制安全气囊系统
1—右前安全传感器　2—左前安全传感器
3—安全气囊控制装置盒　4—气囊指示灯
5—气体发生器　6—气囊

（4）气囊　它一般用尼龙布制成，在尼龙布上开有排气的小孔，以便在气囊充气后就进行排气，使气囊逐渐变软，加强缓冲作用并不至于影响人员活动。安全气囊只能使用一次，用完即报废。

2. 电子控制安全气囊系统的工作原理

汽车行驶时，当汽车受到前方一定角度范围内的高速碰撞且超过某一设定强度时，安装在汽车前端的碰撞传感器和与SRS控制装置装在一起的碰撞传感器就会检测到汽车突然减速的信号，并将信号传送到SRS ECU，ECU则根据预先设置的程序进行数学和逻辑判断后，立即向气体发生器发出点火指令，启动充气装置，使气囊迅速充气膨胀，在人体与车内构件之间铺垫一个气垫，将人体与车内构件之间的碰撞转化为弹性碰撞，并通过气囊产生的变形来吸收人体碰撞产生的动能，从而使驾驶人及前排乘员免遭严重伤害。

安全气囊系统在汽车运行时，应时刻处于无故障的正常状态，其工作必须是可靠有效的。为此，在SRS控制装置中专门设计有自诊断系统。而在SRS电路中，还设计有相应的检测机构。安全气囊系统一旦发生故障，自诊断系统能诊断出，并控制仪表板上的SRS指示灯点亮以警示驾驶人安全气囊系统发生了故障，同时将故障信息以故障码形式存入SRS控制装置的存储器中，以便于人们检测获取信息。

七、电子稳定程序

汽车电子稳定程序（Electronic Stability Program）又称汽车稳定性控制系统，简称ESP。ESP是通过实时调整车辆的运行状态，使车辆能够按照驾驶人的意图行驶，并防止车辆失稳的汽车主动安全装置。ESP是在ABS、EBD和ASR基础上发展与延伸而来的，它整合了制动防抱死、制动力分配、驱动防滑转系统的功能并加以拓展，使汽车在制动、驱动、转向行驶过程中都具有良好的操纵性和方向稳定性。

1. 汽车电子稳定程序的组成

ESP主要由轮速传感器、转向盘转角传感器、横向偏摆率传感器、横/纵向加速度传感器和电控单元以及执行器等组成，典型组成及原理如图5-15所示。

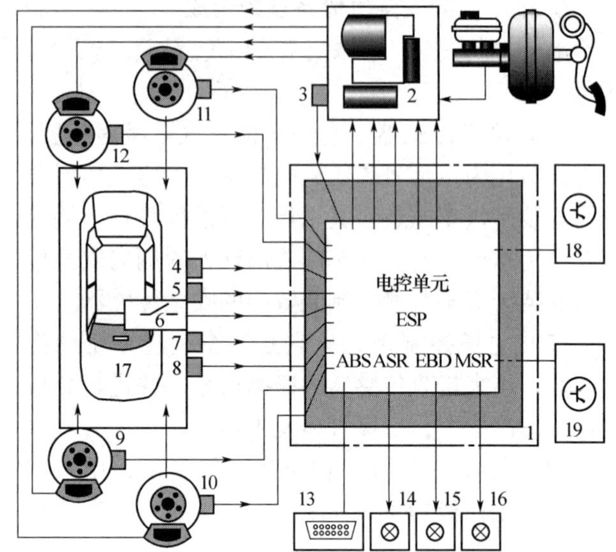

图5-15 汽车ESP的组成及原理示意图

1—ESP电控单元 2—液压控制单元 3—制动压力传感器 4—侧向加速度传感器 5—横向偏摆率传感器 6—ASR/ESP按钮 7—转向盘转角传感器 8—制动灯开关 9～12—轮速传感器 13—自诊断接口 14—制动系统警告灯 15—ABS警告灯 16—ABS/ESP警告灯 17—车辆驾驶状态 18—发动机控制调整 19—变速器控制调整

（1）ESP传感器

1）轮速传感器。它安装于4个车轮的轮毂上，检测车轮的角速度，提供车轮抱死或滑转的电压信号。

2）转向盘转角传感器。它安装于转向盘转轴上，用来检测转向角和转向动作，ECU据此认定汽车行驶方向。

3）制动压力传感器。它安装于制动管路上，用来检测制动管路的实际制动压力，ECU据此可算出车轮制动力和整车纵向力大小。

4）横向偏摆率传感器。它安装于汽车行李舱的前部，用来检测车辆绕其纵轴旋转角度和转动速率，ECU据此了解汽车是否发生横向摆动，并控制车辆的实际行驶方向。

5）纵向加速度传感器。它只安装在四驱车上。对于单轴驱动车辆，通过计算制动压力、轮速信号以及发动机管理系统信息，可以得出纵向加速度。

6）侧向加速度传感器。它安装于汽车重心附近地板下方的中间位置，用来检测车辆侧向力大小，以便ECU判定汽车的运动状态。

7）制动开关信号传感器。它安装于制动踏板上，ECU据此信号得知驾驶人有无制动动作。

（2）电控单元ECU　它是ESP的控制中心，集ABS、EBD、ASR、ESP的电脑为一体，组成一个综合信息处理系统，根据汽车失稳程度，计算出恢复汽车稳态所需的各项调节参数（转矩、驱动力、制动力等），并控制执行器。

（3）执行器　主要是液压控制单元，它受控于ECU，用来调节系统压力，保证汽车正常行驶。

2. 汽车电子稳定程序的工作原理

汽车在受侧向力作用和转向时，侧向力常常接近附着极限，易使车辆出现侧滑、激转或转向反应迟钝等丧失稳定性的危险情况。汽车电子稳定程序能够根据汽车行驶时传感器收集的轮速、转向角度、侧向加速度及横向移动等信息，通过对车轮制动器和发动机动力进行控制，调节车轮纵向力大小，从而使车辆在转向或受侧向力作用时具有良好的操纵性和方向稳定性。

（1）抑制车轮侧滑　当汽车在弯道或湿滑路面高速行驶时，如果后轮产生侧滑，汽车

横向甩尾，ESP 则立即把制动力施加到转弯的外前轮上，使汽车产生相反的回正力矩，恢复直线行驶，如图 5-16a 所示；如果前轮产生侧滑，ESP 则立即把制动力施加到两个非驱动的后轮上(外大内小)，使汽车产生相反的回正力矩，恢复直线行驶，如图 5-16b 所示。因前轮为驱动轮，应使后轮采用“先拉后摆”的办法恢复直行，对两后轮还可以用占空比方式调节制动力的大小。

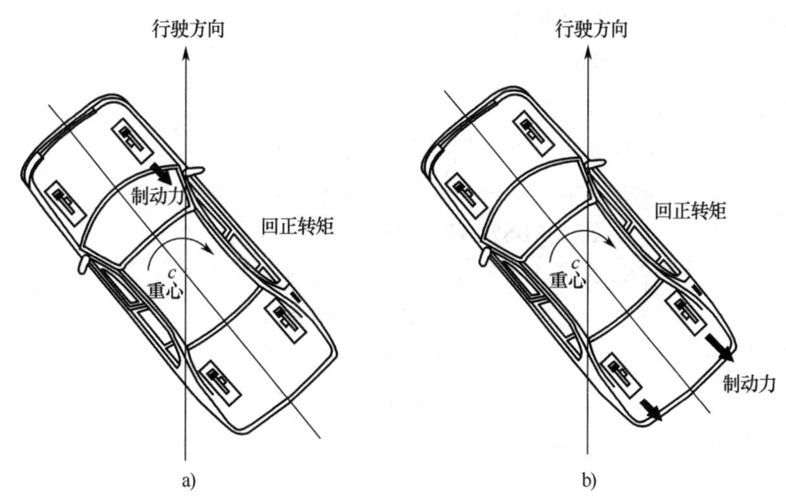

图 5-16　抑制车轮侧滑

a）抑制后轮侧滑　b）抑制前轮侧滑

（2）抑制转向不足或转向过度

1）抑制转向不足。汽车高速行驶出现障碍物时，驾驶人向左急转向，但惯性力是向前的，与转向轮方向不一致，会出现转向不足状态，ESP 立即制动左后轮，产生向左的转矩，迅速向左转向，消除转向不足状态，如图 5-17a 所示。

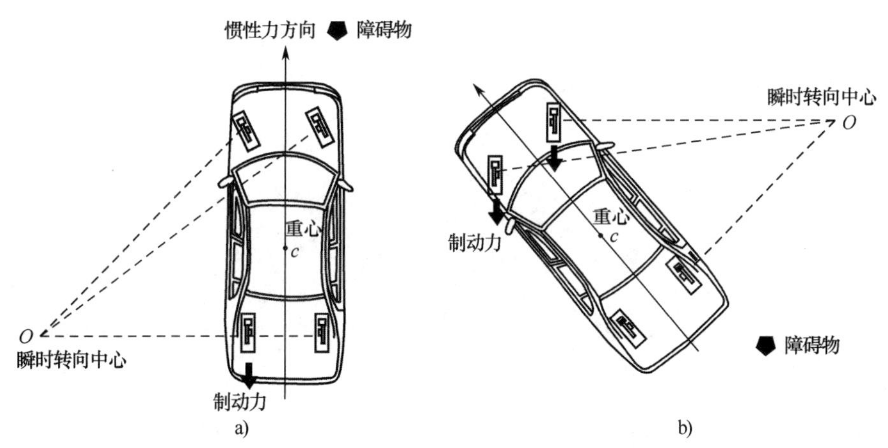

图 5-17　抑制转向不足和转向过度

a）抑制转向不足　b）抑制转向过度

2）抑制转向过度。高速行驶时，当汽车向左急转向绕过障碍物后，需急速向右转向恢复直线行驶，ESP 立即制动右前轮，恢复直行状态。当惯性力较大时，会使汽车产生转向过度状态，严重时会造成向左甩尾现象，此时 ESP 又立即制动左前轮，产生向左的转矩，消除转向过度，使汽车平稳地回到直线行驶状态，抑制了转向过度，如图 5-17b 所示。

思 考 题

1. 什么是承载式车身？有何特点？
2. 试分析轿车车身的发展趋势。
3. 铅酸蓄电池是如何工作的？它应具备哪些性能？
4. 发电机为何要配装电压调节器？调节器如何调节电压？
5. 发动机电子控制系统由哪几部分组成？各部分的功用是什么？
6. 什么是 ABS？为什么要装 ABS？ABS 由哪几部分组成？
7. 什么是 ASR？为什么要装 ASR？ASR 由哪几部分组成？
8. 什么是电子巡航控制系统？它如何保证汽车等速行驶？
9. 电子控制悬架系统由哪几部分组成？其功用是什么？
10. 电子控制安全气囊系统由哪几部分组成？它如何工作？
11. 什么是 ESP？它如何提高汽车的操纵稳定性？

第六章

新能源汽车

随着世界汽车保有量的快速增长，能源与环境已成为人类生存和发展的重大问题。燃油汽车的能源消耗，使得地球的石油资源面临枯竭；燃油汽车的尾气排放，使得人类的生存环境趋于恶化。为了解决能源短缺和环境污染等问题，世界各大汽车制造商都在积极开发新能源汽车，如电动汽车、太阳能汽车、燃气汽车和醇类燃料汽车等。

第一节　电 动 汽 车

电动汽车是指以车载电源为动力，用电动机驱动车轮行驶的车辆。根据供电能源的不同，电动汽车可分为蓄电池电动汽车和燃料电池电动汽车。

一、蓄电池电动汽车

蓄电池电动汽车(EV)是指利用蓄电池作为动力，用电动机驱动行驶的汽车，不包括无轨电车及在车站、码头或厂内使用的电动叉车和普通的蓄电池车。

1. EV 动力系统的基本组成

EV 动力系统主要由电池组、控制系统、驱动系统及安全保护系统等组成(图 6-1)。

(1) 电池组　它是蓄电池电动汽车的动力源，目前广泛应用的电池有铅酸蓄电池、镍-氢蓄电池、镍-镉蓄电池等。它们均是由若干单体电池组成的，每个单体电池都由正极板、负极板、装在正极板和负极板之间的隔板、电解质和正负接线柱组成。

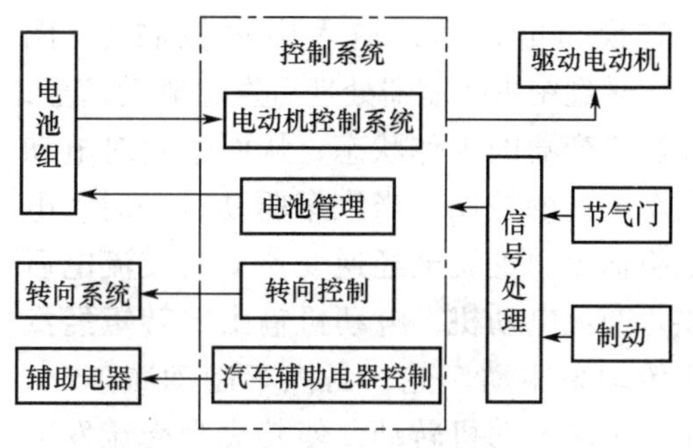

图 6-1　蓄电池电动汽车的基本组成

(2) 控制系统　它的主要功用是对动力电池组进行管理和对电动机进行控制。对动力电池组的管理包括对动力电池组的充电与放电时的电流、电压、放电深度、再生制动反馈电流、电池的自放电率、电池温度等进行控制。对电动机的控制包括对电动机输出功率、转矩和转速的控制，对于不同形式的电动机，控制系统的结构也有所不同。

(3) 驱动系统　它的功用是将电能转化为驱动轮的动能，主要是指驱动电动机。电动机是 EV 的动力装置，现代 EV 所采用的驱动电动机主要有交流异步电动机、永磁电动机、直流电动机等。EV 的驱动系统有集中驱动系统和轮毂驱动系统两大类。图 6-2 是由两个永磁电动机组成的双电动机集中驱动系统，左右两个永磁电动机直接通过半轴带动车轮转动，左右两个电动机由中央控制器的电控差速模块控制，形成机电一体化的差速器。图 6-3 是由独立电动机驱动的轮毂驱动系统，电动机可以布置在两个前轮、两个后轮或四个车轮的轮毂中，成为前轮驱动、后轮驱动或四轮驱动的 EV。

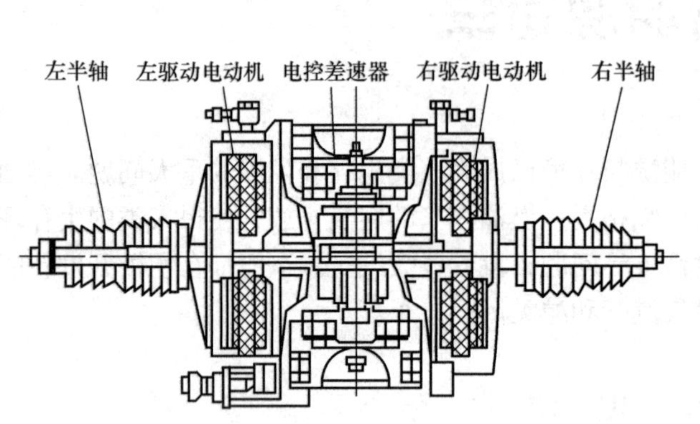

图 6-2　双电动机驱动系统

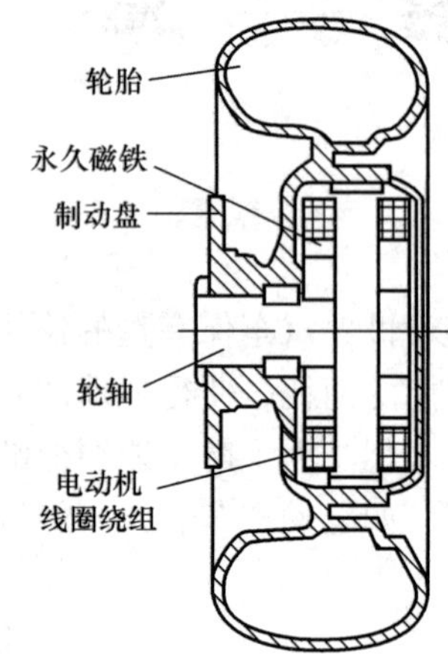

图 6-3　轮毂电动机驱动系统

（4）安全保护系统　它的功用是保证电气系统及乘员的安全。EV 动力电池组具有 96 ~ 312V 的高压直流电，人触电时会造成生命危险。另外在撞车、翻车或线路发生短路时，应有应急处理装置。因此，EV 必须配备安全保护系统，以便在电气系统发生故障时自动控制 EV 不能起动等，及时防止恶性事故发生。

2. EV 动力系统的工作原理

EV 中设计有加速踏板、制动踏板和各种操纵手柄等，在电动汽车工作时，传感器将加速踏板、制动踏板机械位移的行程量转换为电信号，输入中央控制器（图 6-4）。经中央控制器处理后发出驱动信号，控制逆变器的工作状态，从而达到对电动汽车工况的控制。当汽车驱动行驶时，电池组输出的直流电经逆变器变为交流电后供入交流电动机，电动机输出的转矩经汽车传动系驱动车轮；当汽车制动减速时，车轮带动电动机转动，使其成为交流发电机产生电能，并经逆变器变换后给电池组充电。EV 中的转向、行驶系统的工作情况与普通汽车类似。当助力转向、空调需要工作时，蓄电池提供电力。

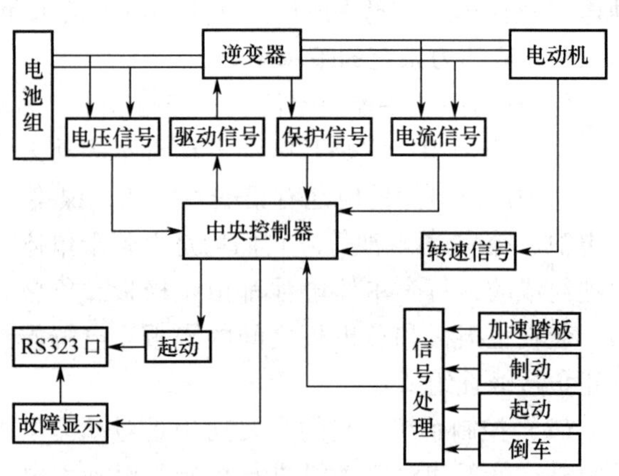

图 6-4　EV 动力系统工作原理示意图

3. 蓄电池电动汽车的特点

（1）能广泛利用各种能源　电动汽车使用的能源，不仅可以用传统的汽油、柴油等矿物燃料发电，也可以用煤、核能、水力、风力发电，解除人们对石油资源日见枯竭的担心，还可以利用旋转零件转动或汽车制动时的惯性能量发电，以节约能源。

（2）能量利用率高　传统汽车使用汽油、柴油作燃料，从原油提炼到最终从发动机输出轴输出的平均能量利用率只有15%左右，而电动汽车平均能量利用率可达20%，如果利用太阳能、水力、原子能等发电，利用率会更高一些。

（3）环保性能好　EV本身零排放，不会污染大气。即使按所耗电量换算为发电厂的排放，其污染物也显著减少，由于电厂大多建于远离人口密集的城市，对人类伤害较少，而且电厂是固定不动的，集中排放和清除各种有害排放物较容易。另外，电动汽车噪声小。

（4）结构简单、维修方便　电动汽车在结构上比传统燃油汽车简单，运动部件减少，大大降低日常维修量，驾驶操作更为方便，维修简单。

（5）行驶性能好　电动机的输出特性能更好地适应道路阻力变化的需要，汽车行驶稳定，动力性好。

（6）续驶里程短、价格较贵　目前，电动汽车技术还不如传统燃油汽车技术那样成熟完善，动力电池寿命短，一次充电后的续驶里程短，充电时间长，价格较贵。

随着科学技术的发展和电动汽车的推广与普及，蓄电池电动汽车存在的技术难题会逐步得到解决。目前，我国比亚迪电动汽车在国际上属于领先水平，图6-5为比亚迪电动汽车e6，它采用比亚迪铁电池技术，快充80%左右电量只需15～20min，续驶里程大于300km，最高车速140km/h，百公里耗电约20kW·h。

图6-5　比亚迪电动汽车e6

二、燃料电池电动汽车

燃料电池电动汽车（FCEV）是指利用氢和氧在燃料电池中的反应发电作为动力，用电动机驱动行驶的汽车。按氢气供给方式，燃料电池汽车分为改质型和非改质型两种：利用车载改质装置制造氢气，再供给燃料电池称为改质型；由车载氢气直接供给燃料电池称为非改质型。

1. FCEV动力系统的基本组成

FCEV动力系统主要由燃料电池组、控制系统、驱动系统和蓄电池组等部分构成，如图6-6所示。

（1）燃料电池组　它的功用是源源不断地为汽车行驶提供电力，它是FCEV的主要电源，由多个1V以下的燃料电池串联组成，是一种将储存在燃料和氧化剂中的化学能通过电极反应直接转化为电能的发

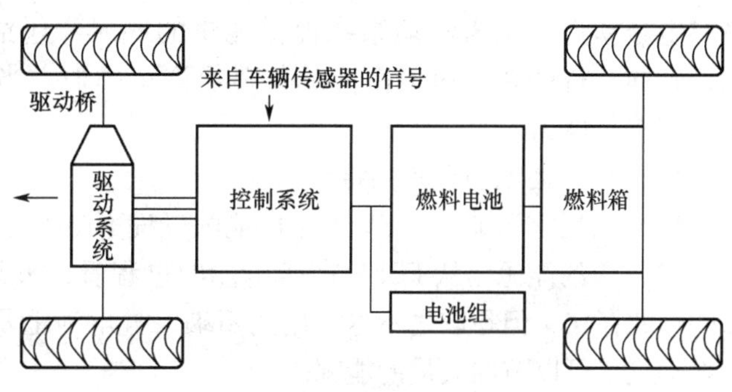

图6-6　燃料电池电动汽车的组成

电装置。

燃料电池主要由氧电极、氢电极、电解质和催化剂组成。燃料电池工作时，供给氢电极氢气，供给氧电极空气或氧气，在催化剂(铂、多孔石墨等)作用下，氢分子分解成氢离子(质子)和电子。由于聚合物电解质是质子交换膜，氢离子可从电池内部到达氧电极，而电子却只能通过外电路到达氧电极，因而产生电流。当质子、电子和氧气在氧电极相遇时，它们之间发生作用生成水(图 6-7)。燃料电池的反应如下：

在氢电极(负极)：$2H_2 \rightarrow 4H^+ + 4e^-$；在氧电极(正极)：$O_2 + 4H^+ + 4e^- \rightarrow 2H_2O$。

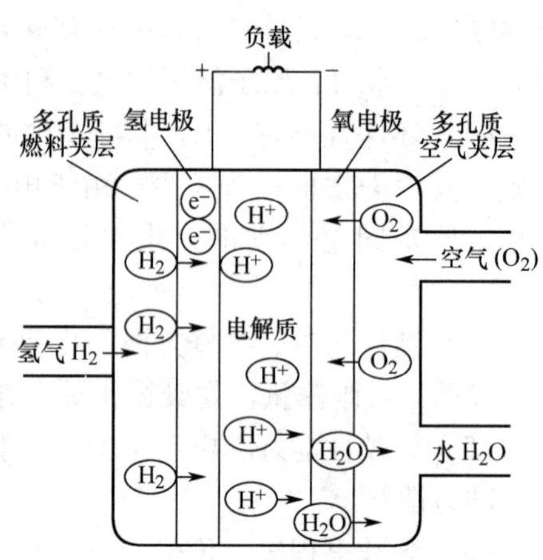

图 6-7 燃料电池的工作原理

只要不断地供给燃料电池氢气、氧气和带走水，并接通负载电路，则燃料电池就可不断地产生电能，形成电流。

(2) 燃料电池控制系统　它的功用是控制燃料电池的反应过程，包括起动、反应、输出电能的调整、停止等控制，一般用燃料电池管理系统模块对燃料电池状态进行监控和检查。

(3) 驱动系统　它的功用是将电能转化为驱动车轮的动能。燃料电池的电流需要经过专用的大功率动力 DC/DC 转换器，将燃料电池产生的直流电转换为稳压的直流电流，然后经过逆变器转换为交流电输送给驱动电动机，驱动车轮转动。

(4) 蓄电池组　它是 FCEV 上的辅助电源，其功用是提供辅助动力，用于 FCEV 快速起动；用于储存燃料电池多余的电能；用于储存 FCEV 在再生制动时反馈的电能；为电动汽车控制系统、照明系统等电气设备提供低压电源。

2. FCEV 动力系统的工作原理

由燃料箱不断地供给燃料，燃料电池把燃料氧化的化学能转换为电能，产生的直流电经过控制器变为交流电后供入驱动电动机，经传动系统驱动车轮。在电动汽车开始行驶时，蓄电池组处于电量饱满状态，其能量输出可以满足汽车起动要求，由它为驱动系统提供能量，并对燃料电池进行预热，燃料电池动力系统不需要工作；当氢气供给足够时，燃料电池动力系统起动，由燃料电池动力系统为驱动系统提供能量。当车辆能量需求较大时，燃料电池动力系统与蓄电池组同时为驱动系统提供能量；当车辆能量需求较小时，燃料电池动力系统为驱动系统提供能量的同时，还给蓄电池组进行充电。FCEV 中的制动、转向、行驶系统的工作情况与普通汽车类似。当助力转向、空调需要工作时，燃料电池将提供电力。

3. 燃料电池电动汽车的特点

(1) 实现零污染　FCEV 产生电能的过程不产生任何污染物，实现汽车运行零污染。

(2) 节约能源　从 FCEV 产生电能的过程看，氢是作为一种能源。氢尽管是以化合物水的形式存在，但是取之不尽，用之不竭，且电池能量利用率可达 50% 左右。使用燃料电池电动汽车可以节约大量的能源。

(3) 续驶里程长　燃料电池汽车只要不断供给燃料，燃料电池就能不断地把燃料氧化

的化学能转换为电能，解决了蓄电池汽车一次充电续驶里程短的问题，其续驶里程可达500km以上。

（4）使用性能好　FCEV汽车电动机具有良好的输出特性，使得汽车具有良好的操纵性和稳定性。

（5）价格昂贵　由于目前燃料电池的技术问题没有得到很好解决，致使生产和使用FCEV的价格昂贵。

汽车能源的电力化是汽车产业发展的必然趋势。目前，燃料电池电动汽车已经进入市场，随着电池技术的逐步突破，燃料电池电动汽车的发展会越来越快，进一步研制和开发FCEV并进行商业化生产将成为21世纪电动汽车的发展方向。图6-8为本田FCX Clarity燃料电池电动车，其最大功率100kW，最高车速160km/h，续驶里程500km。

图6-8　本田FCX Clarity燃料电池电动车

第二节　太阳能汽车

太阳能汽车是指将太阳能转化成电能作为汽车动力，用电动机驱动车轮行驶的车辆。它实际上也是一种电动汽车。

一、太阳能汽车动力系统的基本组成

太阳能汽车动力系统主要由太阳能电池组、自动阳光跟踪系统、驱动系统、控制系统和蓄电池组等部分组成。

1. 太阳能电池组

太阳能电池组是太阳能汽车的动力源。它由一定数量的单体电池串联或并联组成电池方阵。太阳能单体电池由能产生光伏效应的半导体材料制成。当太阳光照射在该半导体材料上时，半导体的电子-空穴对被光子的能量激发，形成“势垒”，也就是PN结（图6-9）。由于势垒的存在，在P型层产生的电子向N型层移动而带正电，而在N型层产生的空穴向P型层移动而带负电，于是在半导体元件的两端产生P型层为正极的电压，即形成了太阳能电池。

⊖：电子
⊕：空穴
入射光
正极（+）
负极（-）
P型半导体
PN结
N型半导体
V

图6-9　太阳能电池发电原理

太阳能电池接通电路后就形成电流，其电流大小与太阳光照射的强度和太阳能电池受光面积的大小成正比。在太阳能汽车车顶上，装有密密麻麻像蜂窝一样的太阳能电池板，板上整齐地排列着许多太阳能电池。这些太阳能电池在阳光照射下，电极之间产生电动势，并通过连接两个电极的导线，对外产生所需

要的大电流和高电压。

2. 自动阳光跟踪系统

太阳能电池能量的多少取决于太阳能电池板接收太阳辐射能量的数量，由于太阳与汽车相对位置的不断变化，太阳能电池板接受太阳辐射的能量也在不断变化。自动阳光跟踪系统的作用就是保持太阳能电池板正对着太阳，最大限度提高太阳能电池板接受太阳辐射能的能力。

3. 驱动系统

驱动系统的功用是将太阳能电池的电能转化成驱动车轮的动能，主要指驱动电动机。太阳能汽车采用的驱动电动机主要有交流异步电动机、永磁电动机、直流电动机，与 EV 基本相同。

4. 控制系统

控制系统的功用是对太阳能电池组进行管理和对电动机进行控制，方法及原理与 EV 控制系统相同。

5. 蓄电池组

蓄电池组是太阳能汽车的辅助电源，其功用是提供辅助动力，用于太阳能汽车快速起动；用于储存太阳能电池多余的电能；用于太阳能电池电力不足时(雨天、阴天、晚上等)供电；为太阳能汽车控制系统、照明系统等电气设备提供低压电源。

二、太阳能汽车动力系统的工作原理

太阳能汽车的起动、加速、转向、制动由驾驶人操纵。太阳能汽车在自动阳光跟踪系统的控制下，其太阳能电池板始终正对太阳。阳光照射电池阵列时，太阳能电池将光能转换成电能，经控制系统的管理控制，向驱动电动机供电，由电动机驱动汽车行驶。

当太阳强烈、光转换电能充足时，太阳能电板直接提供电能，通过电流变换器将电流输送到驱动电动机，驱动汽车行驶，同时还可通过充电器向蓄电池组充电，以储存剩余电量。当太阳较弱或在阴天、下雨天及晚上行驶时，太阳能汽车则靠蓄电池组对外供电。一般采用智能控制系统来控制其运行。

三、太阳能汽车的特点

（1）节省能源　太阳能汽车将太阳能转化为电能驱动汽车，其太阳能是取之不尽的，因而可节约有限的石油资源。

（2）环保性能好　太阳能汽车不用燃油，无排放、零污染；太阳能汽车是电动车，无发动机的轰鸣声，行驶噪声小。

（3）行驶性能好　太阳能汽车驱动电动机的输出特性理想，容易适应道路条件的变化，操纵性、稳定性较好。

（4）维护方便　太阳能汽车结构简单，除了定期更换蓄电池外，基本上不需维护，省去了传统汽车必须经常更换机油、添加冷却液等定期维护的烦恼。

（5）依赖性强　太阳能汽车的动力主要是太阳能，因此对太阳天气依赖性强。阴雨天、夜晚动力明显不足，只得靠蓄电池组供电维持。因此，太阳能汽车实际上是蓄电池与太阳能组合的混合动力汽车。

（6）造价高　太阳能汽车的技术还没有得到很好的完善，其光电能量转换的效率较低，造价高，目前还难以普及和推广。

由于太阳能汽车完全依赖可再生能源，零污染且噪声小，因而世界上许多国家在这一领域开展研究与竞赛活动。美国通用汽车公司生产的太阳能汽车，速度可达100km/h以上，日本本田公司开发的太阳能汽车最大车速可达120km/h。随着大容量太阳能电池板的研发，未来太阳能汽车的大规模投产并不遥远。图6-10为实用型太阳能汽车。

图6-10　实用型太阳能汽车

第三节　燃 气 汽 车

燃气汽车是指以燃气为燃料的汽车。目前常用的燃气汽车有压缩天然气汽车和液化石油气汽车。燃气汽车与燃油汽车相比，总体结构相差不多，主要是发动机结构有所变化。

一、压缩天然气汽车

压缩天然气汽车(CNGV)是指以压缩天然气为燃料的汽车。我国有丰富的天然气资源，天然气主要成分是甲烷，只能点燃不能压燃。天然气在车上只能以高压气态罐装储存，压缩天然气是指压缩压力约为20MPa的天然气。

1. CNGV发动机基本结构

CNGV发动机总体结构与普通汽车内燃机相比，主要是发动机燃料供给系统不同。因此，这里只介绍CNGV发动机的燃料供给系统。

当代车用发动机正在普及使用电控喷射技术，以完善发动机的工作过程和实现最佳的动力性、经济性以及低污染。电控喷气技术是气体燃料发动机先进的燃料供给形式，目前已进入适用阶段。图6-11是天然气发动机电控喷气供给系统示意图，它主要由CNG罐、燃料控

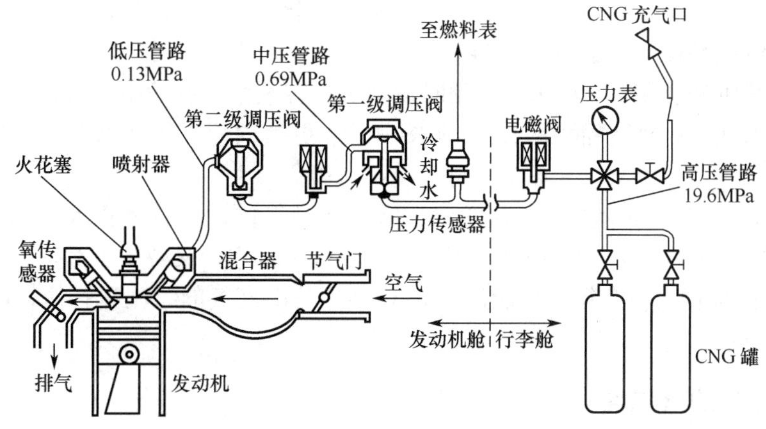

图6-11　天然气发动机电控喷气供给系统

制电磁阀、调压阀、喷射器、混合器、CNG 电控单元和各种传感器等组成。

CNG 罐是车载高压气瓶，用来储存压缩天然气；燃料控制电磁阀用来控制气流的通断及其流量；调压阀用来减压，使高压天然气降至合适的喷射气压；喷射器用来定时定量喷气，通常采用电控多点气体喷射，喷射器布置在各缸进气道进气阀处；混合器用来混合喷出的天然气和进入的空气；CNG 电控单元用来控制喷气量的多少；传感器用来反映汽车及发动机的各种状态信息。

2. CNGV 发动机工作原理

CNGV 发动机工作原理与普通汽油机类似，也是电火花点火，只不过是把汽油换成压缩天然气，在点火提前角、压缩比、空燃比控制等方面进行了一些调整和优化，以适应天然气的燃料特性。

发动机工作时，CNG 电控单元采集各种传感器信号，如发动机转速、节气门位置、氧传感器等信号，经过分析计算，确定喷入各缸的 CNG 量，调节各喷射器开启的时刻和持续时间，控制 CNC 减压调压阀，并将减压调压阀与进气歧管内的压力联系起来，以适应发动机工况的迅速变化。CNG 从 CNG 罐中流经燃料控制电磁阀，进入调压阀二级调压后输送到喷射器，由 CNG 电控单元计量后经喷射器喷到进气门附近，与空气混合后被吸入气缸，经火花塞点火燃烧。

3. 压缩天然气汽车的特点

（1）CNGV 运输成本低　$1m^3$ 天然气相当于 1.1 ~ 1.3L 汽油，气价比汽油价格便宜，每公里能省 0.2 ~ 0.3 元，可降低运输成本。

（2）CNG 安全性高　CNG 燃点温度为 732℃，汽油燃点温度为 232 ~ 482℃。同时天然气相对空气的密度比仅为 0.6 ~ 0.7。一旦泄漏，可在空气中迅速扩散，不易在户外聚集达到爆炸极限。同时 CNG 是非致癌、无毒、无腐蚀性的。天然气汽车比燃油汽车更安全。

（3）CNG 抗爆性好　CNG 的抗爆性相当于汽油辛烷值 130 左右，所以 CNG 作为汽车燃料不需添加剂就有非常好的抗爆性。

（4）CNGV 热效率高　由于 CNG 抗爆性好，其 CNGV 发动机的压缩比可提高，因此可获得较高的发动机热效率，使得汽车运行经济性好。

（5）CNGV 环保性好　使用 CNG 替代汽油作为汽车燃料，可使 CO 排放量减少 97%，HC 减少 72%，NO_x 减少 39%，CO_2 减少 24%，SO_2 减少 90%，噪声减少 40%，而且 CNG 不含铅、苯等致癌的有毒物质。另外，由于 CNG 抗爆性好，振动及噪声减少。所以 CNG 是汽车运输行业解决环保问题的首选燃料。

（6）CNGV 维修费用低　CNGV 行驶时发动机运转平稳，振动小，可延长汽车大修时限 20% 以上；因 CNG 不会稀释润滑油，可延长润滑油更换周期。这样 CNGV 的维修费用较常规燃料汽车低。

（7）储运性能差　因为天然气在常温、常压下是气体，所以体积大，储运性能差。目前广泛采用 20MPa 的 CNG，车载 CNG 罐既增加了汽车自重，又减少了载货空间。

（8）续驶里程短　轿车每次只能加 $15m^3$ CNG，一次充气的续驶里程短，CNG 出租车每天要多次充气。

二、液化石油气汽车

液化石油气汽车(LPGV)是指以液化石油气为燃料的汽车。液化石油气资源包括油田和

石油炼制厂两个方面。液化石油气的主要成分是丙烷，只能点燃不能压燃。液化石油气在车上以液态罐装储存，储存压力约为1.6MPa。

1. LPGV发动机基本结构

LPGV发动机总体结构与普通汽车内燃机相比，主要是发动机的燃料供给系统不同。因此，这里只介绍LPGV发动机的燃料供给系统。

LPGV发动机燃料供给系统主要由储液罐、过滤器、燃料切断电磁阀、减压蒸发器、混合器、低压软管及循环水软管等组成，如图6-12所示。

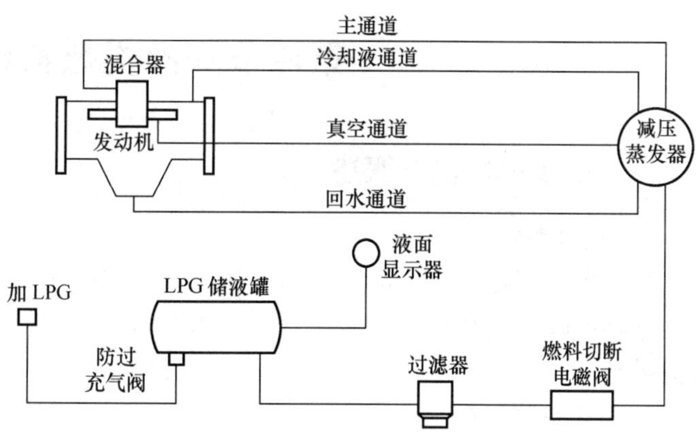

图6-12　LPGV的燃料供给系统

储液罐是一般高压容器，用来储存LPG，轿车的储液罐常安装在行李舱内；过滤器功用是过滤掉液化气中的杂物；燃料切断电磁阀功用是切断或接通液化气通路，当发动机停止工作时自动切断液化石油气供给，而发动机工作时电磁阀打开；减压蒸发器功用是对输送给混合器的液化石油气进行蒸发、减压和计量，它主要由初级气室和次级气室组成；混合器的功用是使减压蒸发器输送来的气态燃料与空气混合，并送往气缸；循环水软管的功用是利用循环水加热减压蒸发器，使液化石油气快速蒸发，由液体变成气体。

2. LPGV发动机工作原理

LPGV发动机工作原理与CNGV相似，也是电火花点火。液化石油气以液态储存在储液罐中，发动机工作时，燃料切断电磁阀打开，由储液罐流出的液化石油气经过滤阀过滤掉液化气中的杂物后，通过燃料切断电磁阀进入减压蒸发器，经过减压蒸发器蒸发减压、计量后，变成压力适当的气态液化石油气输入到混合器，在混合器中与空气混合后被吸入气缸，经火花塞点火燃烧。当节气门开度变化时，由于真空通道的作用，使得减压蒸发器节流减压作用不同，从而供应不同量的液化石油气而满足发动机负荷变化的需要。对于电控的供给系统，ECU可根据发动机的氧传感器、转速信号、节气门开度等信号，自动改变减压蒸发器至混合器之间的通道截面积，控制液化石油气的压力和流量，实现最佳空燃比的控制。

3. 液化石油气汽车的特点

（1）运行经济性好　LPG与空气混合气的形成质量高，燃烧更为完全，在整个负荷范围，LPGV的经济性均优于汽油机。实验表明，燃烧1kg液化石油气，大约相当于燃烧1.2kg汽油。

（2）环保性能好　由于LPG与空气混合气的形成质量优于汽油与空气混合气，燃烧较为完全，在整个混合气浓度范围内，LPGV比汽油车的HC排放浓度低，CO更是大幅度下降。另外，由于LPG抗爆性好，振动及噪声减小。

（3）LPG抗爆性较好　LPG的抗爆性相当于汽油的辛烷值100左右，比97号汽油的辛烷值还高。

(4) LPGV 维修费用低　LPGV 行驶时发动机运转平稳，LPG 不会稀释润滑油，润滑油更换周期长，因而其维修费用较低。

(5) 续驶里程短　相同气缸容量的汽车，LPGV 可行驶的里程较燃油汽车短，需经常充气。

(6) 远行不方便　可为液化石油气汽车充气的气站仍未普遍建立，若要远行离开市区，则存在不能补充燃料的问题。所以目前液化石油气汽车还是采用双重燃料设计，在没有液化石油气补充时亦可用常规汽油。

第四节　醇类燃料汽车

一、醇类燃料汽车概述

1. 醇类燃料

醇类燃料主要是指甲醇(CH_3OH)和乙醇(C_2H_5OH)，也包括丙醇、丁醇及其异构物等。醇类燃料可以与汽油或柴油按一定比例配制成混合燃料，亦可以直接采用醇类燃料作为发动机的燃料。

2. 醇类燃料汽车

醇类燃料汽车是指利用醇类燃料作为能源驱动的汽车，以甲醇为燃料的汽车称为甲醇汽车，以乙醇为燃料的汽车称为乙醇汽车。醇类燃料汽车开发较早，到目前为止，在技术以及成本方面，醇类汽车已经达到适用阶段。

1995 年，美国加利福尼亚州就有 12700 辆甲醇汽车投入使用；2008 年，巴西大约有 500 万辆乙醇燃料汽车；我国早在 20 世纪 80 年代就开始使用甲醇与汽油的混合燃料，并制定出台了 M15 甲醇汽油标准，2001 年又制定并实施了《变性燃料乙醇》(GB 18350—2001)和《车用乙醇汽油(E10)》(GB 18351—2010)两项国家标准，我国已大量使用乙醇汽油燃料汽车。

3. 醇类燃料汽车的结构

对于醇类燃料与汽油掺混使用，掺混比例在 5% ~ 15% 以下时，醇类燃料汽车发动机结构与汽油机相同，可不更改发动机结构。使用更大比例的掺混燃料或使用纯醇类燃料，需改变发动机结构。

二、醇类燃料汽车的特点

(1) 醇类燃料资源丰富　醇类燃料来源广，制取方式多。甲醇可以从煤炭、天然气、煤层气、可再生生物资源、分类垃圾等物资中制取；乙醇的原料主要是含糖、含淀粉的农作物，如甜菜、甘蔗、玉米等。我国的能源基本状况是缺油少气，但煤炭及醇类燃料资源丰富。醇类燃料汽车的使用，会缓解我国石油紧缺的重大问题。

(2) 排放污染少　甲醇和乙醇都属有机化合物，是无色透明、易挥发的可燃液体，是含氧燃料。醇类燃料的混合气容易混合均匀，燃烧供氧充足，有利于完全彻底燃烧，是一种较好的清洁燃料，排放污染少。

(3) 抗爆性能好　醇类燃料辛烷值比汽油高，甲醇的研究法辛烷值为 106 ~ 112，而目前国内汽油最高为 97，因此，可采用高压缩比来提高热效率。但是，醇类的抗爆性敏感度

大，中、高速时的抗爆性不如低速好。普通汽油与15%～20%的甲醇混合，辛烷值可达到优质汽油的水平。

（4）易采用稀燃技术　醇类燃料的着火界限比汽油宽，燃烧速度快，能在较稀的混合气状态下工作，容易实现稀薄燃烧，改善汽车的使用经济性。

（5）低温性能差　醇类燃料的汽化潜热大，如按质量计算，甲醇的汽化潜热为汽油的3.52倍，乙醇的汽化潜热为汽油的3倍。高的汽化潜热使得醇类燃料低温起动和低温运行性能恶化。甲醇在5℃以下，乙醇在20℃以下难以在进气系统中形成可燃混合气，如果发动机不装备进气预热系统，燃烧纯醇类燃料时汽车难以起动。

（6）燃料腐蚀性大　醇具有较强的化学活性，能腐蚀锌、铝等金属。甲醇混合燃料的腐蚀性随甲醇含量的增加而增大。另外，醇与汽油的混合燃料对橡胶、塑料的溶胀作用比单独的醇或汽油都强，混合20%醇时对橡胶的溶胀最大。因此，使用时要用专门的防腐配件。

（7）混合燃料易分层　醇混合燃料吸水性强，吸收水分后易分离为两相混合燃料，因此要加助溶剂防止分层，来改善其燃料的混合燃烧性能。

思　考　题

1. 什么是电动汽车？如何分类？
2. EV动力系统由哪几部分组成？如何工作？
3. 什么是燃料电池电动汽车？如何工作？
4. 太阳能汽车是如何驱动的？有哪些特点？
5. 什么是燃气汽车？如何分类？各有哪些特点？
6. 什么是醇类燃料汽车？有什么特点？
7. 试比较各种不同类型的汽车，分析未来新能源汽车的发展趋势。

第七章

汽车基本性能

汽车基本性能有：动力性、经济性、制动性、操纵稳定性、行驶平顺性、通过性和环保性。合理利用或改善汽车的这些性能，可充分发挥汽车功能，提高汽车运输生产率和降低运输成本。

第一节　汽车动力性

汽车动力性是指汽车以最大可能的平均行驶速度运送货物或乘客的能力。汽车作为一种高效运输工具，其运输效率的高低在很大程度上取决于汽车动力性。

一、汽车动力性评价指标

汽车动力性可由汽车最高车速、汽车加速时间和汽车最大爬坡度等指标评价。对于在用汽车常用驱动轮输出功率评价。

1. 汽车最高车速

汽车最高车速与试验条件(如路面、载荷等)有关。在我国，汽车的最高车速 v_{max} 是指汽车在风速不大于 3m/s 的条件下，在干燥、清洁、平直的良好路面(混凝土和沥青)上满载行驶所能达到的最高行驶速度(km/h)。

汽车最高车速对长途运输车辆的平均行驶速度影响最大。随着汽车制造业水平的提高，汽车最高车速有增加的趋势。轿车常行驶于良好的路面，追求高的动力性，因此轿车的最高车速 v_{max} 较高，其范围在 140 ~ 300km/h，我国中级轿车的最高车速约为 170 ~ 230km/h。

2. 汽车加速时间

汽车加速能力越强，说明汽车动力性越好。汽车加速能力常用原地起步加速时间(s)来表征。原地起步加速时间是指汽车由 1 档或 2 档起步，并以最大的加速强度，选择恰当的换档时机逐步换至最高档后到某一预定车速所需的时间。一般用 0→100km/h 的时间(s)来表明汽车的原地起步加速能力。原地起步加速时间越短，则使用低速档的时间就越短，汽车平均行驶速度就越高，这对市区行驶的车辆有较大影响。轿车对原地起步加速时间特别重视，其加速时间短。例如，中级轿车起步 0→100km/h 所需时间约为 10s；高级轿车加速时间更短，如玛莎拉蒂 4200GT 轿车 0→100km/h 所需的时间为 4. 8s。

3. 汽车最大爬坡度

汽车上坡能力用汽车最大爬坡度 i_{max} 来表示。汽车最大爬坡度 i_{max} 与试验条件(如路面、载荷等)有关。在我国，最大爬坡度 i_{max} 是指汽车在良好的路面上满载等速行驶所能通过的最大坡度，显然它就是汽车最低档时的最大爬坡度。

汽车类型不同，则对最大爬坡度的要求也不一样。由于货车在各种路面上行驶，故要求具有较高的爬坡能力，一般货车 i_{max} 在 30% 左右。而越野车由于在差路或无路条件下行驶，故应有更高的爬坡能力，通常越野车的最大爬坡度在 60% 左右。轿车通常在较好路面行驶，一般不强调其爬坡能力，但由于轿车 1 档的加速能力强，故轿车的爬坡能力也很强。汽车最大爬坡度对于在山区行驶车辆的平均行驶速度有很大影响。

4. 驱动轮输出功率

常用发动机在额定转矩和额定功率时的驱动轮输出功率作为在用汽车动力性评价指标。驱动轮输出功率是指汽车发动机动力经传动系至驱动轮输出的功率。它是汽车发动机和传动系工作过程的输出参数，它完全取决于发动机发出的功率和传动系的机械效率。汽车在使用过程中，发动机、传动系统的技术状况会逐渐下降，其驱动轮输出功率将因此而减小，所以用驱动轮输出功率的数值能评价在用汽车的动力性。

二、汽车动力性分析

1. 汽车驱动力与车速特性

为了清晰而形象地表明汽车行驶时驱动力与车速变化特性，可用汽车驱动力—行驶阻力平衡图说明。汽车驱动力—行驶阻力平衡图是指将汽车各档位的 F_t—v 图与汽车行驶时经常遇到的 (F_f+F_w)—v 图以同样的比例画在同一坐标系（力-车速）上的曲线图。图 7-1 为某 5 档变速器轿车的驱动力-行驶阻力平衡图。从图中可以清楚地看出如下几点。

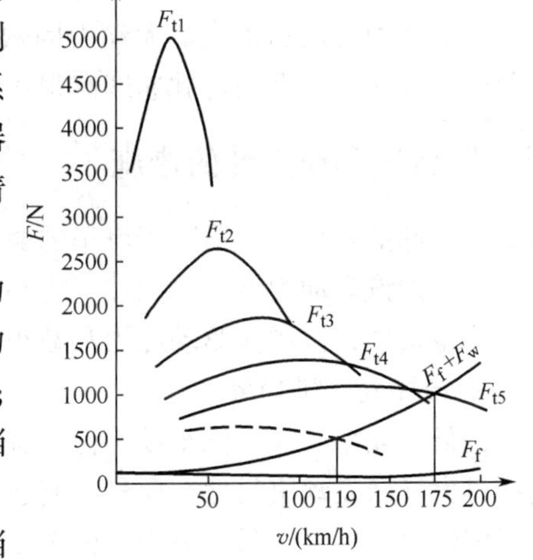

图 7-1　汽车驱动力-行驶阻力平衡图

（1）档位不同驱动力不同　低档位驱动力大，高档位驱动力小。低档位克服道路阻力能力强，最大爬坡能力及最大加速能力往往在 1 档；高档位车速高，最高车速往往在最高档或次高档产生。

（2）车速不同驱动力不同　汽车在任何档位正常行驶时，车速越低则驱动力越大，当驱动力达到最大值时，若道路阻力继续加大而导致车速下降，则汽车就不能稳定行驶，而应换入低一档位行驶。

（3）加速踏板位置不同驱动力不同　加速踏板踩到底时，驱动力最大，最高车速是在高档位加速踏板踩到底时产生的，此时驱动力正好等于 F_f+F_w（图 7-1）；加速踏板踩在其他位置时，驱动力减小，汽车大部分时间处于这种情况下行驶。

2. 汽车动力特性

驱动力大的汽车其动力性不一定好。因为汽车动力性还受汽车总重力 G 和空气阻力 F_w 的影响。为了更科学地评价不同汽车的动力性能，可采用动力因数 D 来评价。动力因数是指单位汽车总重的剩余驱动力，其定义式

$$D=\frac{F_t-F_w}{G}$$

从上式可知，它是排除了空气阻力以后，计算出的单位车重具有的驱动力。因此，汽车动力因数大，说明汽车动力性好。汽车动力因数能对总重不同、外形各异的汽车进行共同尺度的动力性评价，若两车 D 值相等，则说明两车具有相同的克服道路阻力和加速阻力的能力。动力因数能反映汽车的动力特性，所以常把动力因数作为表征汽车动力特性的指标。

汽车在各档下的动力因数与车速的关系曲线称为动力特性图，如图 7-2 所示。利用汽车动力特性图可很好地分析汽车的动力性。从图中可以看出：

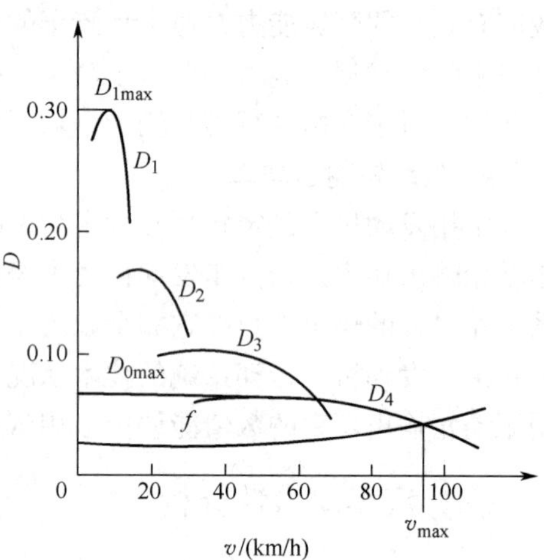

图 7-2 汽车动力特性图

（1）档位不同动力因数不同　各档动力因数不同，1 档动力因数最大，说明汽车 1 档克服道路阻力的能力最强。汽车最大爬坡度往往在 1 档最大动力因数对应的车速处产生。

（2）车速不同动力因数不同　对任一档位来说，车速不同则动力因数不同，低速时动力因数较大，其加速及爬坡能力较好。每档动力因数有一最大值，其中 1 档动力因数 D_{1max} 能反映汽车的最大爬坡能力，最高档位最大动力因数 D_{0max} 能反映汽车在好路面不换档冲坡行驶的能力，这两个参数对汽车平均行驶速度有很大影响，是评价汽车动力特性的重要参数。

三、提高汽车动力性的措施

汽车动力性的好坏完全取决于汽车的驱动能力和汽车的行驶阻力，若汽车驱动能力强而行驶阻力小，则汽车动力性好。因此，提高汽车动力性就是要使汽车具有合理的动力性参数和良好的使用条件，以增大驱动能力和减小行驶阻力。

1. 正确选择发动机功率

发动机最大功率越大，汽车动力性越好。但发动机功率过大，也是不合理的，一方面发动机功率过大导致发动机尺寸、质量、制造成本增大，同时还导致发动机负荷率过低，使汽车燃油经济性显著下降；另一方面，汽车驱动力的提高受到附着条件的限制，不可无限制地增大，所以过高的发动机功率也是无益的。

通常用汽车比功率(kW/t)来衡量汽车发动机功率是否匹配，汽车比功率是指发动机最大净功率与汽车最大允许总质量之比。汽车比功率与汽车的类型有关，总质量小于 4t 的货车约为 11～15kW/t，总质量大于 5t 的货车约为 7.35～11kW/t，一般货车约为 10kW/t，大型客车应不小于 14.5kW/t，轿车的比功率更大。我国 GB 7258—2004/XG 3—2008《机动车运行安全技术条件》国家标准第 3 号修改单规定，低速货车比功率不应小于 4.0kW/t，除无轨电车外的其他机动车的比功率不允许小于 5.0kW/t。

2. 合理设置传动系参数

（1）传动系传动比　传动系传动比是主减速器传动比和变速器传动比的乘积。传动系最小和最大传动比将影响汽车的最高车速、最低车速和克服行驶阻力的能力。最大传动比较大，则汽车的后备功率增大，加速能力和爬坡能力提高，最低车速低；传动系最小传动比适当小些，可提高汽车的最高车速，增加发动机功率利用率，改善燃油经济性。为了提高汽车

动力性，应根据汽车类型选择适中的传动系传动比。

（2）变速器档数　变速器档数增多，发动机在最大功率附近高功率工作的机会增加，发动机的平均功率利用率高，后备功率大，有利于汽车的加速和爬坡，汽车动力性好。

当变速器档数很多时，汽车行驶的驱动力特性就接近理想的动力特性，汽车就具有良好的加速性和爬坡能力。另外档数较多，可使换档容易，操纵性好，同时汽车在低燃油消耗率区间工作的机会加大。但档数过多，会使变速器的结构大为复杂，同时操纵机构也相应复杂。通常，轿车变速器采用3~5个档，轻、中型货车变速器采用4~5个档，重型汽车变速器多于5个档。为保证有足够多的档位而结构又不复杂，不少重型汽车的变速器后还接上一个具有2个档位或3个档位的副变速器，在越野汽车的变速器后带有一个具有高、低档的分动器。

3. 采用流线形好的车身

流线形好的车身，空气阻力系数小，空气阻力小，汽车动力性好。现代汽车设计师都注重改善车身的流线形，对轿车车身常采用下列方法来降低空气阻力系数。

（1）整车　整个车身应向前1°~2°；水平投影应为腰鼓形，后端稍稍收缩，前端呈半圆形。

（2）车身前部　车身前部的发动机罩应向前下倾；面与面交接处的棱角应为圆柱状；风窗玻璃应尽可能平且与车顶圆滑过渡；前支柱应圆滑，侧窗应与车身相平；尽量减少车灯、后视镜等凸出物，如有的轿车采用隐藏式前照灯，需要照明时上掀前照灯，有的轿车采用摄像头和显示屏代替后视镜，若有凸出物，其形状应接近流线形。

（3）汽车后部　汽车后部最好采用舱背式或直背式车身；若采用折背式车身，则行李舱盖板应高而短，后面应有鸭尾式结构。

（4）车身底部　底部用平滑的盖板将车身下平面内面的所有零部件盖住，盖板从车身中部或由后轮以后向上稍稍升高。

较好的轿车流线形车身如图7-3所示，其空气阻力系数小，能减少高速行驶时的功率消耗，提高汽车动力性。

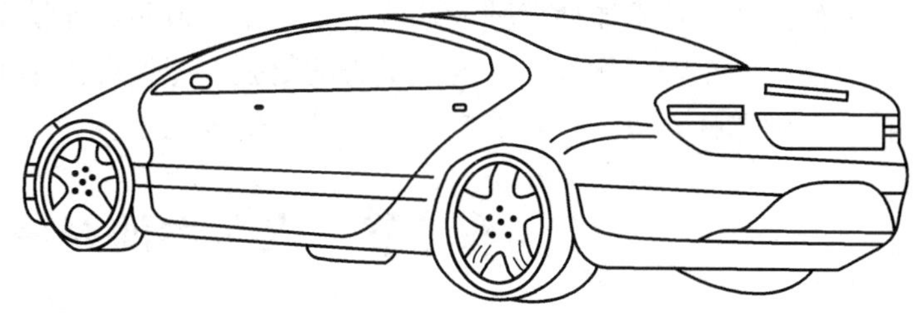

图7-3　轿车流线形车身

4. 减轻汽车的整备质量

汽车的整备质量越小，则行驶阻力越小，动力性越好。减轻汽车整备质量的主要措施是：用计算机优化设计；增加铝与复合材料在汽车上应用的比例；改善汽车各总成乃至零件的结构，使强度充分发挥，减小结构尺寸和用料量；采用承载式车身；提高轮胎的可靠性，去掉备胎等。

5. 选择合适的驱动形式

汽车驱动形式不同，汽车的附着条件就不同，汽车所能获得的最大驱动力就不同。因此，应根据不同的汽车类型选择合适的驱动形式，来提高汽车动力性。

单轴驱动汽车一般以后轴作为驱动轴，有利于提高汽车的动力性。当汽车上坡、加速、高速行驶需要加大驱动力时，地面作用于驱动轮的法向反作用力增大，附着力也随之增大，汽车容易获得足够的附着力而保证所需的驱动力。

采用全轮驱动的汽车比单轴驱动汽车具有更好的动力性，因为它能够利用的附着力是最大的，同时当某一驱动轴失去驱动能力时，则另外的驱动轴仍可继续驱动。

自动四轮驱动系统(4WD)已开始应用在一些轿车上，它能根据行驶路面的情况自动采取双轮驱动或四轮驱动，以充分发挥所需的驱动力，来提高汽车的动力性。通常情况下，汽车处于2WD模式运行，而当前轮与后轮之间出现转速差时，说明驱动轮出现滑转，则应提高附着力，此时控制系统将从2WD模式自动转变成4WD模式。当汽车等速行驶或减速行驶时，一般为两轮驱动；当突然猛加速或上大坡时，就有可能成为四轮驱动，这一转变是自动实现的。

6. 采用合适的汽车轮胎

为了提高汽车动力性，应尽量减小汽车轮胎的滚动阻力，同时增加道路与轮胎间的附着力。根据这一原则，在硬路面上行驶的汽车，应采用子午线轮胎，细而浅的花纹，较高的轮胎气压；在松软路面上行驶的汽车，应采用粗而深的轮胎花纹，较低的轮胎气压。

由于轿车经常行驶在良好的硬路面上，因此轿车普遍采用花纹细而浅的宽子午线轮胎。

7. 加强汽车的技术维护

对汽车进行定期的检查、维护，保证发动机具有良好的技术性能，发出足够大的功率和转矩；确保底盘具有良好的技术状况，减少汽车行驶时的功率损失，使汽车具有尽可能大的驱动功率；确保车身表面光滑，消除凹凸不平的缺陷，减小高速行驶的空气阻力，提高汽车动力性。

8. 提高驾驶技术

良好的驾驶技术能使驾驶人适应千变万化的道路交通情况，充分发挥汽车的动力性，保持尽可能高的车辆平均技术速度。优秀的驾驶人能保证汽车平稳而顺利起步、适时和迅速地换档、正确选择档位、合理控制车速，熟练驾驶汽车。

第二节　汽车燃油经济性

汽车燃油经济性是指汽车以最少的燃油消耗完成单位运输工作量的能力。在汽车运输成本中，燃油消耗费用约占20%～30%，减少单位运输工作量的燃油消耗，意味着汽车运输成本的降低和经济效益的提高。

一、汽车燃油经济性评价指标

1. 单位行程的燃油消耗量

单位行程的燃油消耗量常用一定运行工况下汽车行驶百公里的燃油消耗量(L/100km)来表示。其燃油消耗量越小，则汽车的燃油经济性就越好。根据汽车燃油消耗试验工况的不同，单位行程的燃油消耗量主要有下面两种表示方法。

(1) 等速百公里油耗　等速百公里油耗是常用的一种评价指标，它是指汽车在一定载荷下，以最高档在水平良好路面上等速行驶100km的燃油消耗量，一般是汽车等速行驶一定里程折算成100km的燃油消耗量(L/100km)。汽车使用说明书上可经常见到这些指标，

我国轿车车速为 90km/h 的油耗常在 5 ~ 10 L/100km 范围，轿车排量不同，则油耗不一样，排量大时油耗相应较高。

等速百公里油耗虽然检测简单、使用方便，但它只能作为一种单项评价指标，而不能全面考核汽车运行的燃油经济性。因为等速百公里油耗试验不能反映汽车实际行驶中频繁出现的加速、减速、怠速等行驶工况；此外等速百公里油耗试验缺乏有关动力性要求的检验指标，容易造成试验汽车的动力性要求与燃油经济性匹配不合理的现象。

（2）循环工况百公里油耗　循环工况百公里油耗按规定的循环行驶试验工况来模拟汽车的实际运行工况，折算成 100km 的燃油消耗量(L/100km)。所模拟的运行工况主要有换档、怠速、加速、减速、等速、离合器脱开等的车速—时间规范。车型不同时，实际行驶的状况有所差异，因此百公里油耗检测的多工况循环、多工况规范也不一样。如百公里油耗检测时，我国乘用车采用十五工况循环，城市客车和双层客车采用四工况循环，货车采用六工况循环等。

循环工况百公里油耗是一项综合性评价指标，能实际反映汽车的运行工况，可全面评价汽车的燃油消耗程度。但相对来说，汽车的循环工况百公里油耗比等速百公里油耗要高。

2. 单位运输工作量的燃油消耗量

单位运输工作量的燃油消耗量是指汽车完成百吨公里或千人公里运输工作量时的燃油消耗量，单位为 L/(ht · km)或 L/(kp · km)。它可用于评价不同容载量汽车的燃油经济性，是运输效率的指标之一，其数值越小，则汽车的燃油经济性就越好。汽车运输企业常用单位运输工作量的燃油消耗量来评价企业运输车辆的燃油经济性。

二、汽车燃油经济特性

汽车燃油经济特性是指汽车的燃油消耗规律。其燃油经济特性与发动机的燃油经济性、汽车的结构参数、使用条件及交通情况(人、车流密度)、周围环境(如气候)等紧密相关。当汽车结构参数一定时，其燃油经济特性取决于汽车的使用条件。下面以常用的等速行驶工况来说明汽车的燃油经济特性。

（1）一般规律　在一定道路阻力情况下，汽车等速百公里油耗 Q 与车速 v 的变化关系，如图 7-4 所示。

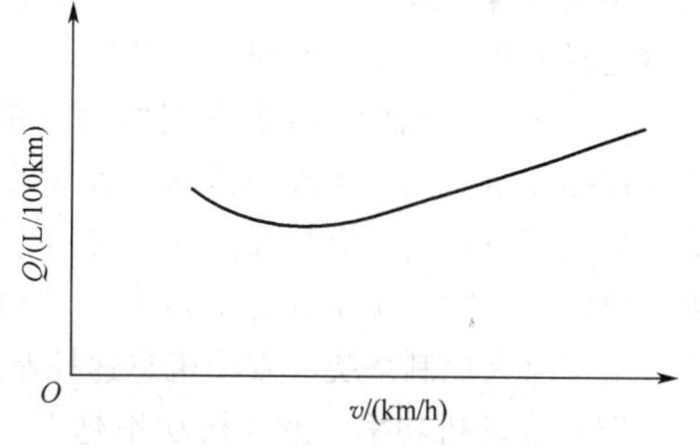

图 7-4　汽车等速行驶燃油经济特性

最低百公里油耗对应的车速称为经济车速，经济车速下行车最省油，但经济车速往往偏低，远离常用车速，驾驶人一般不愿意在这种车速下行车。当车速大于经济车速时，随着车速的增加，油耗加大，这主要是汽车的空气阻力增大所致。当车速过低时，百公里油耗也有所增加，这主要是汽车负荷率过低引起发动机有效耗油率上升所致。

（2）道路变化时的油耗规律　汽车在道路阻力不同的路面上行驶的油耗规律如图 7-5 所示。道路阻力越大，汽车消耗在滚动阻力和坡度阻力上的能量就越大，汽车的百公里油耗就越大。因此，改善路面的状况，加强道路的维护，提高道路的等级，可减少汽车的燃油消耗。

(3) 档位不同时的油耗规律　汽车在良好的水平路面以不同档位行驶时的油耗规律如图7-6所示。在相同的车速下，汽车的档位越高，则汽车的负荷率就越高，发动机的有效耗油率就越低，汽车的百公里油耗就越小，汽车的燃油经济性就越好。因此，在良好的路面上应尽量使用高档位行车。

了解汽车的油耗规律，对汽车使用省油具有重要的指导作用。在确定合理的汽车行驶速度时，必须考虑到汽车使用过程中的所有因素和具体条件。

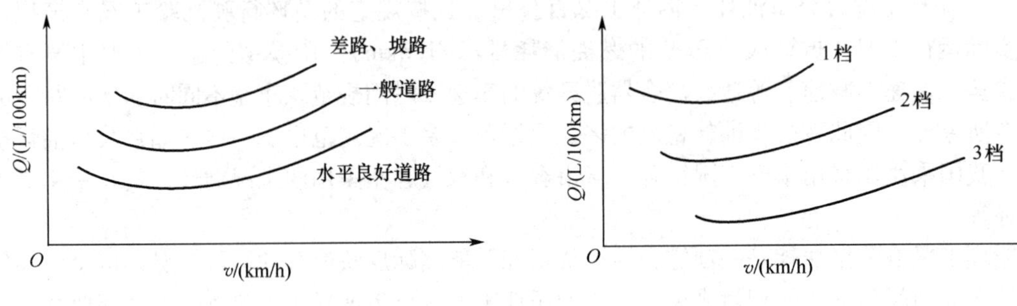

图7-5　不同道路阻力时的 $Q—v$ 曲线

图7-6　档位不同时的 $Q—v$ 曲线

三、提高汽车燃油经济性的措施

对于一定的环境条件而言，汽车燃油经济性的好坏，完全取决于汽车的结构参数、汽车的技术状况以及驾驶汽车的水平。

1. 选择省油的发动机

(1) 发动机类型　柴油机的有效耗油率比汽油机低20%左右，故柴油汽车的燃油经济性比较好。资料表明：汽车装配柴油发动机比装配汽油发动机行驶节油20%左右。另外，加之柴油的价格低于汽油，这使得柴油车表现出更为优越的经济性。因此，世界各国都在积极推进轻型货车和轿车的柴油化进程，柴油发动机在汽车上的应用具有广阔的前景。

(2) 发动机结构　在发动机的种类确定后，发动机的结构就决定了发动机的油耗。尽可能地提高压缩比，增加热效率，使发动机的动力性和经济性得以改善，使发动机油耗降低；采用直喷式发动机和稀薄混合气的分层燃烧，以改善混合气的形成、分配和燃烧过程，提高燃油经济性；应用计算机技术实现对汽车发动机的适时控制，如电子控制燃油喷射系统、电子点火控制系统、发动机怠速控制系统、闭缸技术等，都能降低发动机的比油耗。

(3) 发动机功率　发动机功率越大，汽车的动力性通常越好，但汽车的燃油经济性往往会越差。发动机的经济负荷率约为80%～90%，如果发动机功率较大，汽车在良好路面以常用车速行驶时会远离经济负荷率，便会造成有效耗油率增大，使汽车的燃油经济性变差。因此，为了节约燃油，在动力性足够的前提下，汽车不要装备大功率的发动机，而应选择小排量发动机。

2. 设计性能匹配的传动系

(1) 保证较高的传动效率　传动系效率越高，则损失于传动系统的能量就越少，燃油经济性就越好。机械式变速器的传动效率比液力自动变速器的效率高，因此装备自动变速器的汽车其油耗相对较高。另外，改善润滑油的品质对提高传动效率具有重要作用。

(2) 设置超速档　变速器设置超速档可以节油，汽车在良好路面若以相同的车速行驶，

采用超速档的负荷率明显高于直接档的负荷率，只要在高负荷率下发动机混合气没有加浓，则发动机的有效耗油率就会明显降低，使汽车较为节油。特别对于比功率大、最高车速很高的轿车，在一般公路上用超速档行驶明显比用直接档或减速档省油，所以不少轿车还设置了两个超速档。

（3）增加变速器档数　变速器档数越多，给汽车行驶提供了更多的档位选择机会，在同一汽车行驶速度下，增加了发动机在低燃油消耗区工作的可能性，有利于提高汽车的燃油经济性。因此，现代轿车手动变速器已基本上采用5个前进档，大多数货车有采用更多档位的趋势。档位无限多的无级变速器，在任何条件下都提供了使发动机在最经济工况下工作的可能性，若其传动效率较高，则汽车的燃油经济性将能显著提高。

3. 减小汽车的整备质量

在汽车最大总质量相同的情况下，汽车的整备质量越小，相同运程的货运量就越大，单位货运量（货物周转量）的油耗就越少。当整备质量减小时，汽车的滚动阻力、坡度阻力和加速阻力都将减小，则消耗在这些阻力上的能量相应减少，汽车百公里油耗降低。因此，在汽车上广泛采用轻质材料，改进汽车结构，优化汽车设计，减小汽车整备质量，可提高汽车的燃油经济性。

4. 采用流线形好的车身

采用流线形好的车身，可以减小空气阻力。汽车速度不高时，空气阻力对汽车的燃油消耗影响不大，但汽车在高速行驶时，空气阻力消耗能量很大，汽车燃油消耗显著增加。改善车身外形，优化车身设计，以及在车身上加装各种导流装置，使空气阻力系数减小，可减小汽车中、高速行驶的空气阻力，降低空气阻力消耗的功率，使燃油消耗下降。

5. 选用合适的汽车轮胎

轮胎行驶时产生的滚动阻力越小，则汽车的燃油经济性就越好。轮胎的种类、结构、气压对滚动阻力影响很大。因此，采用子午线轮胎，改善轮胎的结构，选择合适的轮胎气压，可以减少汽车油耗。大力发展子午线轮胎，实现子午线轮胎化是当前我国节油的有效途径。

6. 加强汽车技术维护

保持汽车具有良好的技术状况是汽车使用省油的基础。汽车只有在良好的技术状况下，燃油的能量才能充分发挥并得到有效利用。因此，当汽车技术状况变差后，应通过对车辆的维护，使其处于最佳状态，从而达到省油的目的。

（1）保持底盘具有良好的滑行性能　汽车的滑行性能通常用滑行距离来表示，而滑行距离是指汽车在良好的水平路面加速至某一预定车速后挂空档，利用汽车具有的动能来行驶的距离。汽车滑行距离越长，说明传动系的传动效率越高，底盘的总体技术状况越好，发动机消耗于底盘上的功率就越小，汽车就越省油。对于滑行性能差的汽车底盘，应重点做好维护工作，使其滑行距离符合标准。

（2）保持发动机具有良好的技术状况　若汽车发动机的技术状况变差，发动机的比油耗一定会增加，则汽车的燃油经济性将会下降。在汽车投入运行时，应保证发动机具有良好的技术状况。发动机技术状况可由汽车的加速时间来判断。由于汽车的加速时间取决于发动机及底盘的技术状况，因此，经过滑行距离检验后，认为底盘技术状况良好的汽车，再检验它的加速时间，若加速时间也在正常数值范围内，则表示发动机的技术状况基本正常。

对于技术状况不良的发动机，应根据其具体使用条件，对供油系进行维护、检查及调整；要防止气缸漏气，检查气缸压缩压力，气缸压力不足会使发动机动力性、经济性下降，而压缩压力过高会增加爆燃和表面点火的倾向；要及时清除燃烧室内、活塞、气门上的胶质及积炭，防止产生爆燃和表面点火现象；要消除发动机缸体及缸盖水套内的水垢，否则发动机因散热不良而过热，容易爆燃并使油耗增加；维持点火系统良好的技术状况，应保证有足够的电火花能量和合适的点火时刻。

7. 提高汽车驾驶技术

正确驾驶汽车可以减少汽车油耗。优秀的驾驶人能够在驾驶车辆的各个环节挖掘节油潜力，其操作要领如下。

（1）减少暖机时间　对于配置电喷发动机的现代轿车，具有良好的起动性能，发动机升温很快。这种发动机冷起动后，暖机时间不要过长，应迅速起步，低速行驶200m左右后转入正常行驶，以此节约暖机用油。

（2）正确平稳起步　选用适当的起步档位，如满载或上坡起步用1档，轻载或在良好水平路面起步用2档，比较省油。起步时，要手脚协调，离合器、驻车制动杆、加速踏板配合得当，应轻踩加速踏板，缓慢起步，逐渐加速，做到起步平稳自然。

（3）操作脚轻手快　汽车行驶时，驾驶人应脚轻手快。脚轻就是轻踏加速踏板，无论是低档起步、平路行驶，还是路途冲坡，都不能踏死加速踏板，要轻踏缓抬，不使发动机消耗多余动力；手快就是快速换档，以缩短加速和换档操作时间，避免发动机功率的无谓损失，从而降低燃油消耗。

（4）合理使用档位　汽车在运行中，档位越高，发动机负荷率越高，发动机比油耗越小，故汽车百公里油耗越小。因此，汽车行驶时应尽量选择高档位，若感到动力不足，则应及时减档，而不应将加速踏板踩到底，以免加大油耗。汽车上短坡时，可采用高档加速冲坡方法，利用汽车惯性直冲坡顶；若坡度较大，冲坡难以为继，则应及时减档，以免发动机熄火需重新起步而导致油耗增加。

（5）选择中速行车　经济车速运行时油耗最低，但经济车速太低，影响汽车运输效率，不应在这种车速下行车。车速过高时，汽车行驶阻力过大，油耗过高，行车不经济。因此，应控制汽车速度，选择中速匀速行车，在高速公路上，车速保持在90～100km/h比较省油。

（6）保持适宜的冷却液温度　冷却液温度过高或过低，都会使汽车油耗增大，而发动机冷却液温度在80～95℃时油耗较低。因此，在汽车行驶过程中，驾驶人要注意观察发动机冷却液温度表或冷却液温度报警灯，当温度过高或过低时，都必须采取相应措施，确保发动机冷却液温度最佳，以达到省油的目的。

（7）利用滑行节油　在道路条件可行、车况良好、驾驶技术较高、长途行驶时，可利用汽车惯性滑行节油。汽车滑行时，发动机不工作或在怠速下工作，可以不用油或少用油，因此可以节约燃油。

（8）合理使用制动　汽车制动消耗的所有能量都是燃油燃烧的热能转换而来的，如果制动消耗的能量减少，则汽车的燃油消耗可以减少。因此，应尽量采用预见性制动，以滑行代替制动，少用紧急制动。

8. 合理组织运输

（1）提高汽车的实载率　实载率是指车辆实际完成的货物（旅客）周转量与总行程额定周转量的百分比。实载率高，则分摊到单位运输工作量的油耗就少，汽车燃油经济性就好。

因此，汽车运输时应尽量保持满载行车。为此，要合理地组织汽车运输，做好货运、客运的调查，安排好调运方案。

（2）采用拖挂运输　汽车拖挂运输具有提高运输生产率和降低百吨公里油耗的明显效果。在我国目前混合交通的情况下，高车速往往发挥不出来。这时如果合理组织拖挂运输，车速比单车运输的车速没有明显下降，而运送的货物成倍增加，这就大大提高了运输生产率。汽车拖挂后，总质量增加，百公里油耗会增加一些，但油耗增加的比例比总质量增加的比例要小得多。这就使分摊到百吨公里的油耗量明显下降。对于载货汽车，应组织好货源，合理组织拖挂运输。

（3）优化用车计划　计划好用车时间，市区用车可避开上下班高峰时间，以免堵车或车速过低而使油耗增加；选择好行车路线，尽可能选择良好的路面、良好的交通环境、最短的行车距离，尽可能避开穿越繁华的市区或车辆拥挤的街道，保证汽车连续行驶，从而减少油耗；尽量避免短距离用车，因为车辆起动后行车时，在短距离（约 1km 的里程）内发动机往往未达到最佳的工作温度，其油耗比正常高得多。

第三节　汽车制动性

汽车制动性是指汽车行驶时，能在短距离内停车且维持行驶方向稳定性和在下长坡时能维持一定车速，以及保证汽车长时间停驻坡道的能力。良好的制动性可避免交通事故，可为汽车动力性的充分发挥提供保障作用，从而提高汽车的运输效率。

一、汽车制动性评价指标

汽车制动性主要由制动效能、制动效能的恒定性和制动时的方向稳定性来评价。

1. 制动效能

制动效能是指汽车的制动效果。它可以用制动力、制动距离、制动减速度等参数表示。

（1）制动力　它是指汽车制动时，通过车轮制动器的作用，地面提供的对车轮的切向阻力。汽车在制动力作用下迅速降低车速以至停车。汽车制动力越大，则汽车的制动减速度就越大，汽车的制动距离就越短。

（2）制动距离　它是指汽车在规定的道路条件、规定的初始车速下紧急制动时，从脚接触制动踏板起至汽车停住时汽车驶过的距离。制动距离表达式如下：

$$s=\frac{v_0}{3.6}\left(t'_2+\frac{t''_2}{2}\right)+\frac{v_0^2}{25.92a_{b\max}}$$

式中　s——汽车制动距离（m）；

v_0——汽车制动初速度（km/h）；

$a_{b\max}$——最大制动减速度（m/s^2）；

t'_2——制动系反应时间，即消除制动系传动间隙时间（s）；

t''_2——制动力增长时间，即制动力由 0 至最大的经历时间（s）。

汽车制动距离越短，行车的安全性就越好，制动效果就越好。

（3）制动减速度　它是指汽车制动时，汽车速度下降的快慢程度。我国现采用充分发出的平均减速度（MFDD）作为汽车行车制动的评价指标。制动时，MFDD 越大，说明汽车制

动力越大，汽车制动性越好。

2. 制动效能的恒定性

制动效能的恒定性主要是指制动器受摩擦发热或涉水后制动效能的稳定程度。它包括制动器的抗热衰退性和抗水衰退性。制动效能的恒定性越好，则汽车制动时抵抗制动效能下降的能力就越强，汽车制动效果就越好。

3. 制动时的方向稳定性

制动时的方向稳定性是指汽车在制动过程中维持直线行驶的能力或按预定路线行驶的能力。它包括路试、台试两种评价指标。路试的评价指标是试车道的宽度；台试的评价指标是同轴左、右轮的制动力差值。制动稳定性差的汽车，路试时会产生偏离规定通道宽度的现象；台试时会出现左、右车轮制动器制动力增长快慢不一致或左右车轮制动力不等的现象。

汽车制动时的方向稳定性越好，则汽车制动时抵抗跑偏、侧滑和转向失灵的能力就越强，行车就越安全。

二、汽车制动性分析

1. 汽车制动状态

汽车的制动状态与车轮制动力和车轮的运动形式密切相关。当车轮处于最佳制动状态时，则汽车的制动力大，制动距离短，制动方向稳定性好。

(1) 制动时车轮的受力　图 7-7 为车轮在良好硬路面制动时的受力情况。图中 T_μ 为制动器中摩擦片与制动鼓或盘的摩擦力矩(N · m)；F_{xb} 为地面制动力(N)；W 为车轮垂直载荷(N)；F_p 为车轴对车轮的推力(N)；F_z 为地面对车轮的法向反作用力(N)。

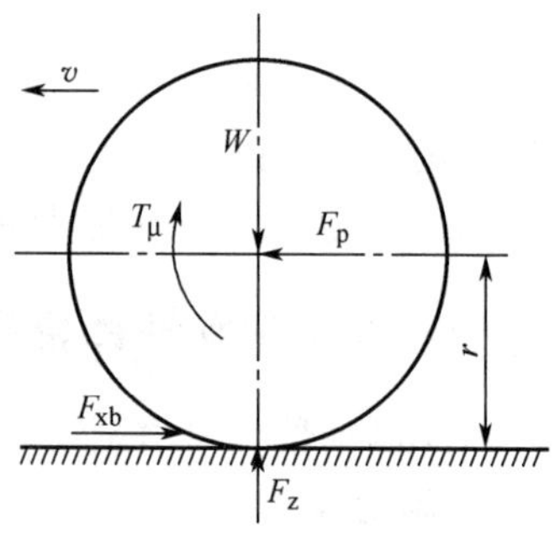

图 7-7　车轮制动时的受力分析

根据力矩平衡条件，可得

$$F_{xb} = \frac{T_\mu}{r}$$

式中　r——车轮半径(m)。

地面制动力是通过制动器的作用由地面提供的迫使汽车制动减速的外力。显然，地面制动力是地面对车轮的切向作用力，它因制动器的摩擦而产生，因车轮与地面的附着而制动。因此，地面制动力首先取决于制动器制动力，但同时又受到附着力的限制。只有在汽车具有足够的制动器制动力，同时地面又能提供较大附着力时，才能获得较大的地面制动力。

(2) 制动时车轮的运动　仔细观察汽车在硬路面上的制动过程，发现轮胎留在地面上的印痕从车轮滚动到抱死拖滑是一个渐变的过程，其车轮运动经历三个阶段，如图 7-8 所示。

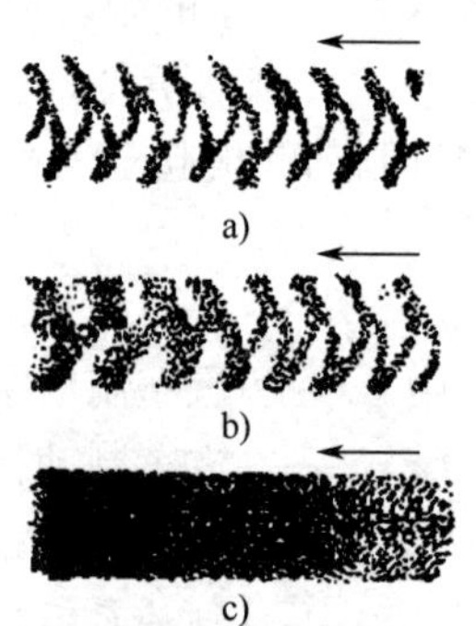

图 7-8　轮胎在路面的制动印痕

a) 纯滚动阶段　b) 边滚边滑阶段　c) 纯滑移阶段

1) 纯滚动阶段。开始制动初期，轮胎印痕与胎面花纹基本一致，车轮纯滚动，如图 7-8a 所示。

2) 边滚边滑阶段。随着制动强度的加大，轮胎印痕由开始清晰

逐渐变得模糊，车轮的滑移成分逐渐增加，车轮处于边滚边滑状态，如图 7-8b 所示。

3）纯滑移阶段。当制动强度达到最大时，轮胎印痕变成一条粗黑的拖印，车轮抱死拖滑处于纯滑移状态，如图 7-8c 所示。若汽车制动器制动力足够，车轮抱死拖滑则是车轮运动的最终形式。

车轮运动时的滑移程度可用滑移率来描述，车轮滑移率 s 的定义如下。

$$s=\frac{v_w-r_r\omega_w}{v_w}\times 100\%$$

式中 v_w——车轮中心的速度(m/s)；

ω_w——车轮的角速度(rad/s)；

r_r——无地面制动力时车轮的滚动半径(m)。

当车轮纯滚动时，$v_w=\omega_w r_r$，滑移率 $s=0$；当车轮抱死滑移时，$\omega_w=0$，$s=100\%$；当车轮边滚边滑时，$0\%<s<100\%$。s 越大，表示车轮滑移的成分越多。

(3) 车轮制动最佳状态　当汽车制动系结构参数一定时，车轮制动的最佳状态就取决于轮胎与路面附着条件的利用程度。

1）硬路面上附着系数。汽车制动过程中，附着系数大小不是固定不变的。在路面等其他条件一定的情况下，附着系数的大小取决于车轮的滑移率。附着系数与车轮滑移率的变化规律如图 7-9 所示。当 $s=20\%$ 左右时，纵向附着系数至 B 点达到最大值 φ_p，φ_p 称为峰值附着系数；当 $s=100\%$ 即车轮抱死拖滑时，纵向附着系数较小为 φ_s，φ_s 称为滑动附着系数。峰值附着系数、滑动附着系数的大小主要取决于道路材料、路面状态与轮胎结构、胎面花纹、轮胎材料以及汽车的行驶速度等因素。表 7-1 是各种路面上的平均附着系数。

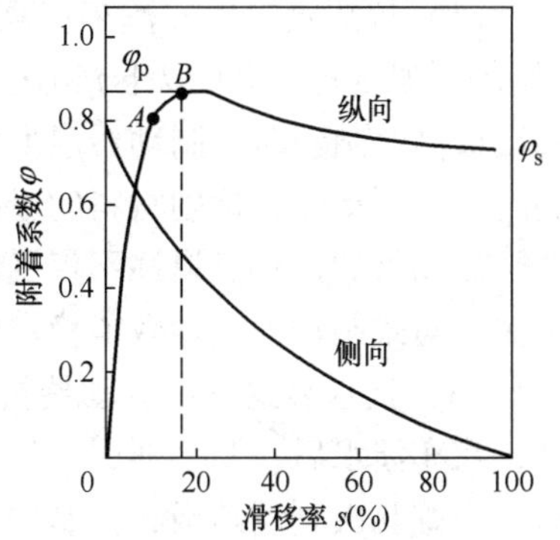

图 7-9　φ-s 曲线

在侧向力作用下制动时，其侧向附着系数随着滑移率的加大而逐渐降低，当 $s=100\%$ 即车轮抱死拖滑时，侧向附着系数为 0。

表 7-1　各种路面的平均附着系数

路　面	峰值附着系数	滑动附着系数	路　面	峰值附着系数	滑动附着系数
沥青或混凝土(干)	0.8～0.9	0.75	土路(干)	0.68	0.65
沥青(湿)	0.5～0.7	0.45～0.6	土路(湿)	0.55	0.4～0.5
混凝土(湿)	0.8	0.7	雪(压紧)	0.2	0.15
砾石	0.6	0.55	冰	0.1	0.07

2）最佳制动状态。通常，汽车制动器的制动力都足够大，若能获得较好的附着条件，则制动时就可得到较大的地面制动力。一般当汽车其他条件一定时，附着系数越大，附着力就越大，则地面产生的最大制动力也就越大；而侧向附着系数越大，则汽车抵抗侧滑的能力就越强。由于汽车制动时，附着系数随车轮的滑移率而变，因此制动车轮处于不同的运动形式则会有不同的制动效果。

行车时，若猛地踩下制动踏板，较大的制动器制动力就会使车轮抱死拖滑。从图 7-9 可以看出，一旦车轮抱死拖滑，则纵向附着系数为 φ_s，汽车制动力就会减小，将导致制动距离增加。更为严重的是侧向附着系数为0，汽车完全丧失了抵抗侧滑的能力。此时，若后轮抱死拖滑，则汽车将会出现严重的甩尾、侧滑，高速制动时甚至出现急转掉头现象；若前轮抱死拖滑，则汽车将丧失转向能力，对汽车的安全行车造成极大的危害。另外，车轮抱死拖滑后，轮胎与路面将产生剧烈的相对摩擦运动，使轮胎温度升高，磨损加剧，同时使附着系数进一步下降。

制动时，若将各个车轮的滑移率都控制在20%左右，则能利用道路的峰值附着系数 φ_p，同时获得较大的侧向附着系数，从而使汽车能以最大的地面制动力制动，在最短的制动距离内停车，并具有良好的制动方向稳定性，同时轮胎的磨损也减少。这就是车轮的最佳制动状态。

汽车制动时，要获得最佳制动状态，单靠普通的制动系统是无法做到的，靠驾驶人高超的操作制动踏板水平也是不现实的，而采用防抱死制动装置却能够实现这个要求。

2. 制动效能恒定性

（1）抗热衰退性　汽车在高速行驶时或下长坡连续制动时制动器温度升高后，与冷态(制动器温度在100℃以下)相比，其制动效能的保持程度称为制动器的抗热衰退性。下长坡制动或高速制动时，制动器温度常在300℃以上，有时高达600～700℃。而当制动器温度很高时，其制动器摩擦副材料的摩擦系数会大幅降低而导致制动力矩减小，出现热衰退现象。

制动器的抗热衰退性不仅受制动器摩擦副材料的摩擦系数影响，还与制动器的结构形式有关。盘式制动器制动效能稳定性最好，双向自动增力式制动器的制动效能稳定性最差。

（2）抗水衰退性　制动器抗水衰退性是指汽车制动器进水后制动效能的保持程度。通常，汽车涉水后，制动器因水作用短时间内制动效能会降低。为了保证行车安全，汽车涉水后，应踩几次制动踏板，使制动器产生摩擦，用摩擦产生的热使制动器干燥，使汽车在短时间内迅速恢复原有的制动效能。

3. 制动方向稳定性

制动方向稳定性差的汽车容易失去转向能力、制动跑偏和制动侧滑。

（1）丧失转向能力　汽车制动时转向控制失灵的现象称为丧失转向能力。如汽车在弯道行驶制动时，汽车不按弯道行驶而沿弯道切线方向驶出；而直线行驶制动时虽然转动转向盘但汽车仍按直线方向行驶。汽车丧失转向能力通常是前轮制动抱死而不能承受侧向力引起的，故对于无防抱死制动系统的汽车来说，其转向能力的丧失有时是不可避免的，不过对于制动时后轮先抱死的汽车其丧失转向能力的可能性小些。因此，对于山区使用的汽车来说，制动时最好不要出现前轮先抱死现象，以防止汽车丧失转向能力而发生危险。

（2）制动跑偏　制动时汽车自动向左或向右偏驶的现象称为制动跑偏。制动跑偏的主要原因是左、右车轮，特别是转向轴左、右车轮制动器制动力不相等。另外，车身变形、车轮定位失准、前后车轴不平行以及两边钢板弹簧刚度不等也会导致跑偏。

（3）制动侧滑　制动时汽车某一轴车轮或两轴车轮发生侧向滑动的现象称为制动侧滑。制动侧滑的主要原因是制动时存在侧向力的作用，同时车轮抱死拖滑使其丧失抵抗侧向力的能力。

汽车后轴侧滑往往比前轴侧滑更危险。前轴侧滑产生的离心惯性力 F_j，可以减小或阻止侧向力 F_y 引起的前轴侧滑，且一旦 F_y 消失，F_j 可使汽车自动回正，如图7-10a所示。而后轴侧滑产生的离心惯性力 F_j 与引起后轴侧滑的侧向力 F_y 方向基本一致，使后轴侧滑更为

严重；同时，侧向力 F_y 消失后，后轴侧滑在 F_j 作用下会继续进行，如图 7-10b 所示。因此，后轴侧滑是一种不稳定的、危险的工况，它严重威胁行车安全。

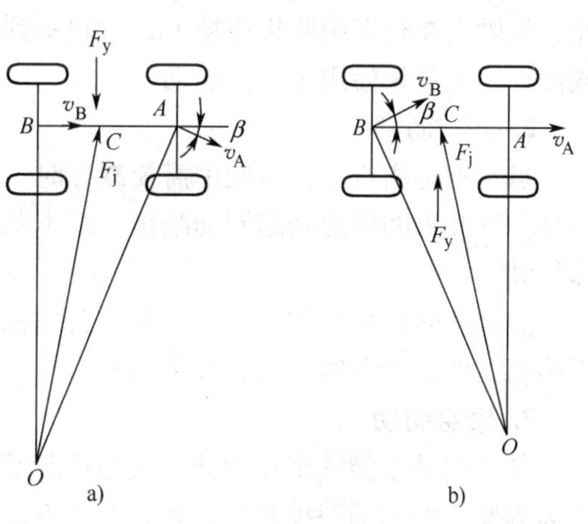

图 7-10　汽车制动侧滑运动分析

a）前轴侧滑　b）后轴侧滑

4. 前后轮制动的理想状态

紧急制动时，前后轮最理想的制动状态是将各车轮滑移率控制在 20% 左右而不抱死，使汽车获得最大制动力、最短制动距离以及良好的制动方向稳定性。但这对无防抱死制动系统的汽车来说是不可能的，因为这种双轴汽车在紧急制动时，若制动器制动力足够，前后车轮总会抱死，其前后轮抱死的状态有三种，三者必居其一：前轮先抱死，后轮后抱死；后轮先抱死，前轮后抱死；前后轮同时抱死。

理论与实践证明：若前轮先抱死，汽车基本上直线向前减速停车，汽车方向是稳定的，但在弯道行驶制动时，由于前轮不能承受侧向力，因而汽车不能按预定的方向行驶，将丧失转向能力；若后轮先抱死，在车速超过一定值时，即使侧向力很小，也会使汽车产生侧滑，甚至急转掉头，发生危险，故后轮先抱死具有更大的危险。

前后轮同时抱死，是无 ABS 汽车制动的理想状态，它具有良好的汽车制动效能和制动方向稳定性。但这种理想状态很难实现，因为制动时前后轮同时抱死是意味着要求前、后轮制动器制动力同时分别达到各自车轮的附着力，而汽车前、后轮的附着力是随着汽车的载荷、重心位置、制动强度、路面附着系数的变化而变化的，若前、后轮制动器的制动力不能同步跟随各自车轮附着力的变化，则不能保证前、后轮制动同时抱死。而实际上，目前汽车前、后轮制动器制动力的分配比例是固定的，不会随前、后轮的附着力而变。因此，汽车制动时不可能在所有路面做到前、后轮同时抱死，而只会在某一种路面上制动才能使前、后轮同时抱死。

既然前后轮制动时不能同时抱死，则对于经常在山区弯多路面行驶的汽车，应保证制动时让后轮先抱死，以避免山区下坡制动时前轮失去控制方向的能力；对于高速行驶的汽车，应保证制动时让前轮先抱死，以避免高速制动时后轴侧滑的危险。

三、汽车制动方法

汽车行驶时，经常受到道路和交通情况变化的影响而需要降低车速或停车，而减速或停车主要是靠制动来实现的。常用的制动方法有预见性制动、点制动和紧急制动。

1. 预见性制动

预见性制动是指驾驶人在行驶中，根据已发现的车辆、行人、地形的变化，或预见将会出现的复杂局面和情况，足以影响其以原有车速安全通过时，提前采取的减速或停车措施。预见性制动的操作方法是：发现情况后，先放松加速踏板，利用发动机的旋转阻力作用降低车速，并根据情况连续或间歇地轻踏制动踏板，平稳地减速或停车。

预见性制动能保证汽车安全行车、节约燃料、减少轮胎磨损和延长机件使用寿命。因此，驾驶人在行车中要集中精力，对观察到的情况进行全面分析，作出正确判断，如需减速或停车，应尽量使用预见性制动。

2. 点制动

点制动是指汽车在行驶中需要减速时，驾驶人使用制动器进行的轻微制动。点制动的方法是：驾驶人间歇地轻踏制动踏板，产生制动力，使汽车减速行驶，也可在下长坡时维持等速行驶。

点制动时车轮制动力小，车轮不会抱死，其制动时的方向稳定性好。因此，点制动在冰雪路面、泥泞滑溜路面制动效果较好。

3. 紧急制动

紧急制动是指汽车在行驶中突遇紧急情况时，驾驶人迅速、正确地操纵制动系统，在短距离内紧急停车的一种制动。紧急制动方法是：握稳转向盘，迅速放松加速踏板，急速踩下制动踏板，必要时可同时拉驻车制动杆，发挥汽车的最大制动力，迫使汽车尽快停住。

紧急制动时，由于惯性力较大，对汽车各部件都有较大的冲击。对于无 ABS 的汽车，由于车轮制动抱死，汽车将失去抵抗侧滑能力，其方向难以控制，同时车轮抱死拖滑会加剧轮胎磨损。因此，行车时应尽量避免紧急制动。在冰雪路面、泥泞滑溜路面及转向时，最好不用紧急制动。

第四节　汽车操纵稳定性

汽车操纵稳定性是指汽车在行驶过程中，能抵抗各种外界干扰、遵循驾驶人给定的行驶方向稳定行驶的能力。操纵稳定性对汽车的安全行驶极为重要，是高速车辆的生命线。

一、轮胎的侧偏特性

轮胎的侧偏特性主要是指侧偏力、回正力矩与侧偏角的关系，它是研究汽车操纵稳定性的理论基础和出发点。

1. 轮胎的侧偏现象

汽车受侧向力作用时，弹性轮胎行驶方向偏离车轮平面方向的现象称为轮胎的侧偏现象，而偏离的 α 角称为弹性轮胎的侧偏角(图 7-11)。轮胎的侧偏现象不仅影响车轮的运动轨迹，同时使轮胎的滚动损失增加，并加剧了轮胎的磨损，是不利的，但它是不可避免的。只要弹性轮胎受到侧向力作用，就会发生侧偏现象。

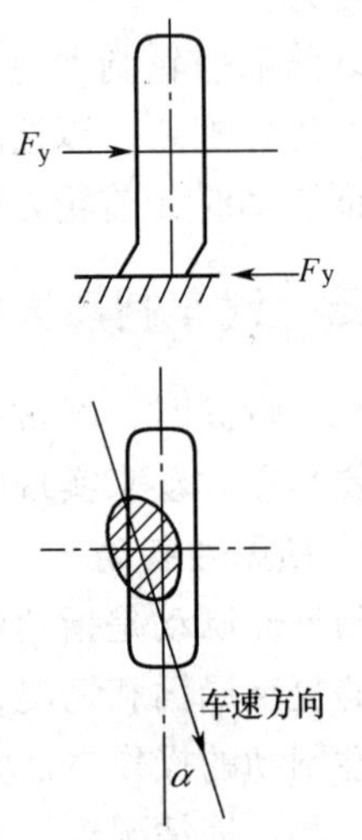

图 7-11　轮胎的侧偏现象

2. 轮胎的侧偏特性

轮胎的侧偏特性可通过侧向力 F_y 与侧偏角 α 之间的变化关系说明。汽车正常行驶时，侧偏角一般不超过 4°～5°时，可认为侧向力 F_y 与侧偏角 α 成线性关系，即

$$F_y = k\alpha$$

式中　k——侧偏刚度，其单位为 N/(°) 或 N/rad，它表示轮胎侧偏 1°或 1rad 所需的侧向力。

可见，弹性车轮的侧偏角不仅与侧向力有关，还与侧偏刚度有关。一般中小型轿车轮胎 k 值约在 28000～80000N/rad 范围内。尺寸较大的轮胎，承载能力大，k 较大；宽系列轮胎有较大的接地面积，k 较大，采用宽系列轮胎，是目前提高 k 的主要措施；子午线轮胎接地面宽，k 值比普通斜交轮胎大；轮胎气压降低，轮胎更富有弹性，k 减小。

二、汽车转向运动学

1. 刚性车轮转向几何关系

假设车轮为不变形的刚性车轮，则刚性车轮汽车的转向运动如图 7-12a 所示。转向时，所有车轮绕瞬心 O 纯滚动，此时前内轮转角 δ_i 大于前外轮转角 δ_0。图中 δ 称为前轮转角，$\delta = \frac{\delta_0 + \delta_i}{2}$。图中 R_0 称为转向半径，根据图中的转向几何关系可推得 $R_0 = \frac{L}{\tan\delta}$，当前轮转角不大时，$\tan\delta \approx \delta$，于是有：$R_0 = \frac{L}{\delta}$。

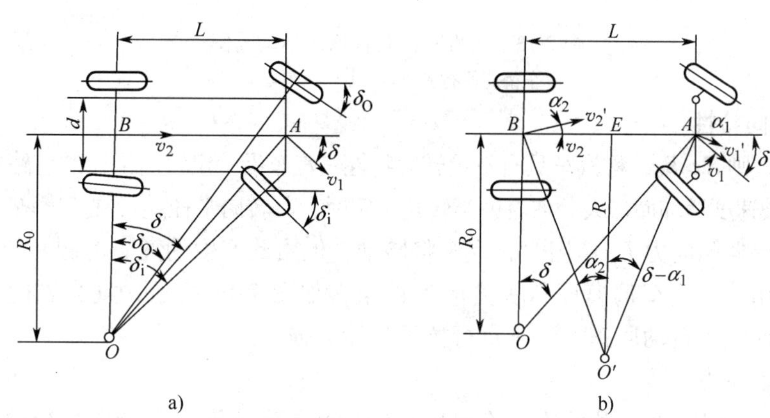

图 7-12　车轮转向简图

a）刚性车轮转向简图　b）弹性车轮转向简图

2. 弹性车轮转向几何关系

弹性车轮汽车转向时，受离心力作用，前后车轮均受侧向力，弹性车轮产生了侧偏现象，前、后轴车轮产生的侧偏角分别为 α_1、α_2，弹性车轮汽车的转向运动如图 7-12b 所示。其转向半径变为 R，根据图中的转向几何关系可推得：

$$R = \frac{L}{\delta - (\alpha_1 - \alpha_2)}$$

由此可见：弹性车轮汽车处于转向运动状态时，由于轮胎的侧偏现象，使得汽车的运动轨迹不同于刚性车轮。

三、汽车转向特性

汽车稳态转向特性是指转向工况不随时间而变的汽车行驶状况。如突然转动转向盘并固定不动时，则前轮转过相应的角 δ，经过短暂的时间，汽车通常会出现不随时间而变的稳态响应，表现为汽车沿某一转向半径作等速圆周运动。根据刚性车轮汽车转向半径 R_0 与弹性车轮汽车转向半径 R 的不同，可将汽车转向特性分为中性转向、不足转向和过度转向。

1. 中性转向特性

若 $\alpha_1=\alpha_2$，则 $R=R_0$，称汽车具有中性转向特性。汽车沿一定转向半径的道路转向时，车轮的转向角与行驶速度无关。当道路转向半径不变时，汽车以任意速度行驶，驾驶人应保持转向盘位置不变。

汽车直行时若突遇侧向力作用，汽车将偏离原行驶方向，如图 7-13a 所示。若要直线行驶，应将转向盘反向转动后再回正，如图 7-13b 所示。当侧向力消失后，驾驶人又要反向转动转向盘并回正。中性转向特性的汽车直行抗干扰能力差，操纵麻烦，轮胎磨损严重。

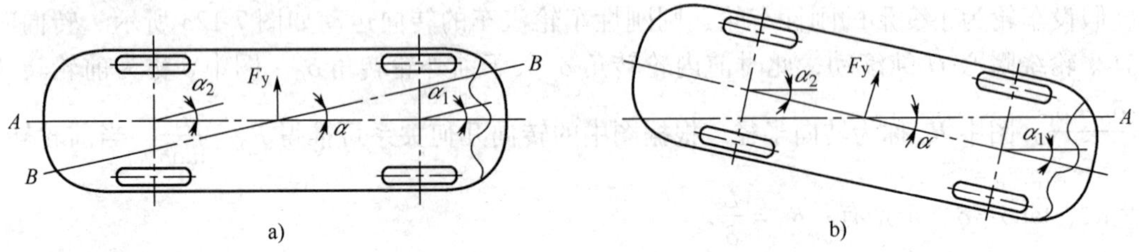

图 7-13　中性转向特性汽车运动简图

a）汽车偏离原行驶方向　b）汽车方向回正

2. 不足转向特性

若 $\alpha_1>\alpha_2$，则 $R>R_0$，称汽车具有不足转向特性。汽车沿一定转向半径的道路转向时，所需的转向角随行驶速度增加而加大。或者说当转角一定时，其转向半径随行驶速度增加而加大。

汽车直行突遇侧向力 F_y 作用时，汽车将转动，但由此产生的离心力侧向分力 F_{cy} 有减弱侧向外力的作用，使汽车偏离原行驶方向不严重，如图 7-14 所示；且当侧向外力消失后，其离心力还可使汽车自动回正，汽车直行抗干扰能力强。

3. 过度转向特性

若 $\alpha_1<\alpha_2$，则 $R<R_0$，称汽车具有过度转向特性。汽车沿一定转向半径的道路转向时，所需的转向角随行驶速度增加而减小。或者说当转角一定时，其转向半径随行驶速度的增加而减小。

汽车直行突遇侧向力 F_y 作用时，汽车将转动，由此产生的离心力侧向分力 F_{cy} 总与外力方向相同，如图 7-15 所示，使汽车偏离原行驶方向更为严重，并导致转向半径进一步减少，

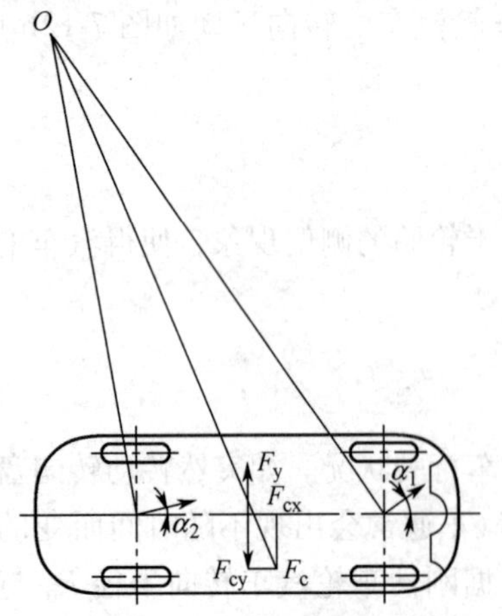

图 7-14　不足转向特性汽车运动简图

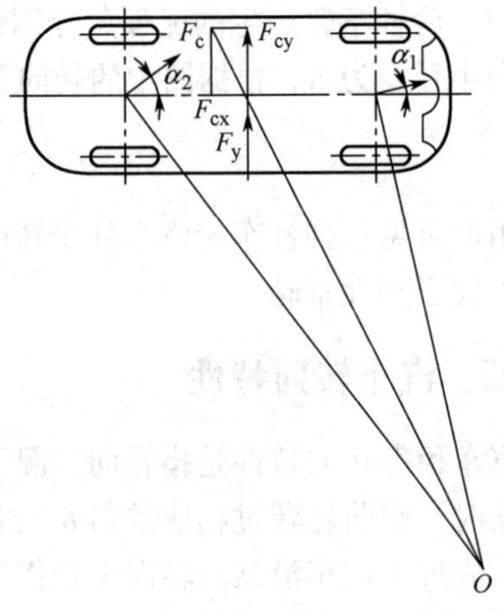

图 7-15　过度转向特性汽车运动简图

其恶性循环不断进行下去，汽车会完全失去操纵性，导致汽车产生剧烈回转甚至掉头；当侧向外力消失后，其恶性循环还将继续。汽车直行时无抗侧向干扰能力，是一种不稳定的转向特性。

可见，不足转向特性的汽车具有良好的操纵稳定性，所以现代汽车都采用不足转向特性。但不足转向特性的汽车转向灵敏性差，在相同的弯道行驶时，前轮的转角较大，驾驶人应多转一下转向盘。不过人们已习惯于驾驶具有不足转向特性的汽车，知道如何控制转向盘使汽车遵循期望的路径行驶。若汽车的转向特性因使用因素的变化而突然发生改变，由于驾驶人的经验不适应新的、不良的转向特性，则转弯时就有可能出现汽车失控而造成事故。

第五节　汽车行驶平顺性

汽车行驶平顺性是指汽车在行驶过程中，能保证乘员在所处的振动环境里具有一定的舒适度，以及保持所运货物完整无损的性能。它又称乘坐舒适性，它反映乘员对汽车高速行驶时振动的感觉。

一、汽车振动与人体反应

1. 汽车行驶时的振动

汽车行驶振动的发生源主要有路面的不平和冲击，不平衡车轮的转动，不平衡传动轴的旋转以及汽车发动机转矩的变化等。这些因素引起的振动大多与车速相关，尤其是路面不平引起的振动，随着车速的变化，振动的频率和强弱会产生相应变化。通常车速越高，路面不平对车辆的冲击就越大，振动的强度也就越大。当振动达到一定程度时，乘员感到不舒适甚至疲劳，或者损坏运载货物。

2. 乘员对振动的反应

汽车行驶时，乘员承受振动。乘员对振动的反应是一个十分复杂的过程，既与振动性质、振动环境有关，又与人的心理、生理状态有关。乘员对振动反应大体经过两个过程：在振动输入人体后，首先引起人体各部位的机械振动响应，人体各部位如头、胸、胃、肠、四肢等对同一振动会有不同的响应，然后产生人体各部位及总体的生理、心理反应，如不舒适感、四肢疲劳、头晕、呕吐等。

大量的振动试验表明，人体对上下振动最敏感的频率范围为4～12.5Hz。在4～8Hz这个频率范围，人的内脏器官产生共振；8～12.5Hz频率范围，振动对人的脊椎系统影响很大。对水平振动最敏感的频率范围为0.5～2Hz。人体在最敏感频率处振动，抗振能力会严重下降，氧气消耗量剧增，能量代谢加快。

人体对步行时身体上下运动的振动是适应的，其振动频率约为60～85次/min（1～1.4Hz）。许多平顺性良好的汽车，其车身振动的固有频率接近人体适应频率。当振动频率低于0.6Hz时，人们有晕车的感觉；当振动频率过高时，则有明显冲击的感觉。

二、汽车行驶平顺性评价指标

国际标准化组织在进行大量调查研究的基础上，提出了ISO 2631《人体承受全身振动的评价指南》。ISO 2631考虑了汽车振动频率、强度、振动方向及振动时间对人体的综合作用，用加速度均方根值给出了在中心频率 1 ~ 80Hz 振动频率范围内人体对振动反应的三种不同感觉界限。

1. 暴露极限

暴露极限是指人们在振动环境里可以承受的振动量上限。当人们承受的振动强度在这个极限之内，将保持健康或安全。所有汽车的振动强度不允许超过暴露极限。

2. 疲劳-工效降低界限

疲劳-工效降低界限是指人们在振动环境里因持续振动造成疲劳而导致工作效率下降的振动界限。当驾驶人承受的振动强度在此界限内时，能准确灵敏地反映，保持正常驾驶。疲劳-工效降低界限常作为载货汽车的平顺性评价指标。

3. 舒适-降低界限

舒适-降低界限是指人们在振动环境因持续振动导致舒适程度下降而不令人满意的振动界限。当乘员承受的振动强度在此界限内时，其主观感觉良好，能顺利完成吃、读、写等动作。舒适-降低界限常作为轿车及客车的平顺性评价指标。

上述界限中，暴露极限为疲劳-工效降低界限的 2 倍（增加 6dB）；舒适-降低界限为疲劳-工效降低界限的 1/3.15（降低 10dB）。

振动界限（加速度均方根值）不是固定不变的，它会随着振动方向、振动频率、作用时间不同而变化。通常，在最敏感频率范围时，其振动界限值最小；振动频率相同时，作用时间越长，则振动界限值越小；在振动频率、作用时间相同时，垂直振动与水平振动的振动界限值也不同。

三、提高汽车行驶平顺性的措施

1. 合理设计汽车悬架

悬架系统弹性特性、减振器阻力特性对汽车行驶平顺性的影响最大。采用适当的弹性元件、选择合适的减振器，使悬架具有理想的刚度和良好的减振能力。减小悬架刚度可以降低固有频率，明显减小车身的振动加速度；汽车前后悬架的刚度应匹配，以保证前后悬架具有合适的固有频率；控制悬架系统阻尼既可使车身振动迅速衰减，又要避免过大的冲击，还能改善车轮与道路的接触状况，防止车轮跳离地面，提高操纵稳定性。

2. 选择适当的座椅和座垫

座椅的刚度和阻尼要作适当选择，以使人-座椅系统的固有频率避开人体最敏感的频率范围，且尽量又不与车身的固有频率重合，以免共振。好的座椅具有一定的缓冲和减振作用。为了提高座椅的舒适性，对于悬架较硬的汽车，可采用较软的座垫；对于悬架较软的汽车，可采用较硬的座垫。

3. 采用合适的轮胎

轮胎具有缓冲和减振作用，它与悬架系统共同保证了汽车的平顺性。轮胎对平顺性的影响主要取决于轮胎的缓冲性能、径向刚度和平衡程度。

轮胎的缓冲性能好，既可以减少因路面不平引起的对车身冲击，又可在很大程度上吸收因路面不平所产生的振动。缓冲性能好的轮胎表现出很强的展平能力，使轮心位移曲线较道路断面轮廓曲线圆滑平整。应采用断面宽、空气容量大的轮胎，并相应降低轮胎气压；采用径向弹性大的胎体，如子午线轮胎，其缓冲性能好。

轮胎径向刚度小，可使悬架换算刚度减小，改善汽车行驶平顺性。因此，应适当减小轮胎径向刚度，尽量采用子午线轮胎。

保持车轮及轮胎的动平衡，以免高速行驶时因车轮不平衡而引起汽车振动。因此，不能使用偏磨、翻新或质量不佳的轮胎。

4. 消除汽车引起的振动

加强对发动机的维护，保证发动机具有良好的技术状况，使发动机工作时平稳运转，可避免发动机振动引起的不适。加强对传动系统的维护，保证离合器、传动轴、万向节等传动部件的动平衡，使汽车高速行驶时能平稳传递动力。

5. 加强对悬架系统的维护

加强对减振器及钢板弹簧的维护，以防减振器失效及弹簧片生锈降低弹性元件的作用，提高汽车行驶的乘坐舒适性。

6. 提高驾驶技术

驾驶技术直接影响汽车行驶的乘坐舒适性。如驾驶人随心所欲地驾驶，忽快忽慢地行车，突然转向，猛地制动，急按喇叭等，都会给乘员带来不适、疲劳甚至晕车的感觉。

车速对乘坐舒适性的影响很大，车速越高，车身在不平路面行驶时受到的动载荷越大，乘员的舒适性就会下降。因此，驾驶人应保持适当的车速，路面越恶劣，车速越不能过高。特别应注意的是，对具有一定不平度的路面，必然有一个共振车速，驾驶时必须使常用车速远离共振车速。

7. 改善路面质量

路面不平是汽车行驶振动的主要原因。因此，提高道路级别，改善路面质量，减少路面不平度，可以减小对汽车的冲击，使汽车的振动强度降低，从而改善乘坐舒适性，为汽车的高速行驶创造条件。

第六节　汽车通过性

汽车通过性是指汽车在一定的装载质量下，能以足够高的平均速度通过各种坏路及无路地带和克服各种障碍的能力。汽车通过性主要是针对越野汽车。

一、通过性几何参数

通过性几何参数是指与防止汽车间隙失效(包括顶起失效、触头失效、托尾失效)有关的汽车本身的几何参数，如最小离地间隙、接近角、离去角、纵向通过角等，如图 7-16 所示。

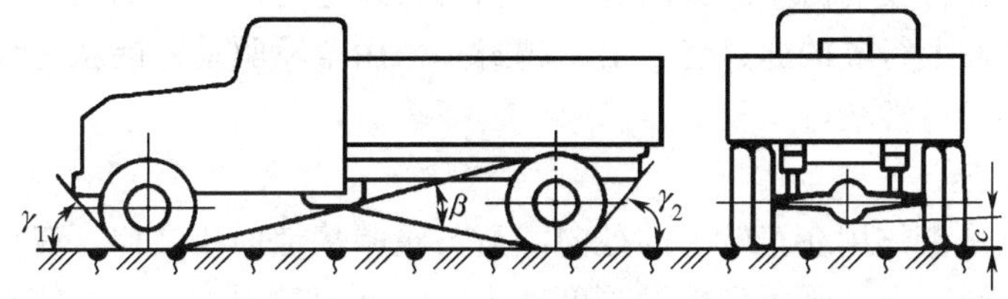

图 7-16　汽车通过性几何参数

这些参数反映了汽车通过高低不平地段、狭窄弯曲地带和越过障碍物的能力。

1. 最小离地间隙

最小离地间隙 c 反映了汽车能无碰撞地越过石块、树桩等障碍物的能力。c 值越大，汽车越不易被顶起失效，通过性越好。越野车因经常需要在较差路面行驶，因而最小离地间隙较大。

2. 接近角和离去角

汽车满载静止时，分别从汽车前、后端突出点向前、后轮引切线，其切线与路面的夹角 γ_1、γ_2 分别称为接近角和离去角。γ_1 反映了汽车接近障碍物不发生碰撞的能力，γ_1 值越大，汽车越不易发生触头失效，通过性越好；γ_2 反映了汽车驶离障碍物不发生碰撞的能力，γ_2 值越大，汽车越不易发生托尾失效，通过性越好。

3. 纵向通过角

汽车满载静止时，在汽车侧视图上通过前、后车轮外缘作切线交于车体下部较低部位所形成的最小锐角 β，称为纵向通过角。β 反映了汽车能够无碰撞地通过小丘、拱桥及凸起路面等障碍物的能力，β 值越大，汽车越不易发生顶起失效，汽车通过性越好。

4. 最小转弯直径和内轮差

转向盘向左或向右转到极限位置时，前外轮印迹中心在其支撑面上的轨迹圆直径中的较大者，称为汽车最小转弯直径 d_H，$d_H = 2R_H$，如图 7-17 所示；内轮差是指前内轮轨迹圆与后内轮轨迹圆的半径之差 d。它们反映了汽车在最小面积内的回转能力和通过狭窄弯曲地带或绕过障碍物的能力，最小转弯直径、内轮差越小，则汽车的通过性就越好。

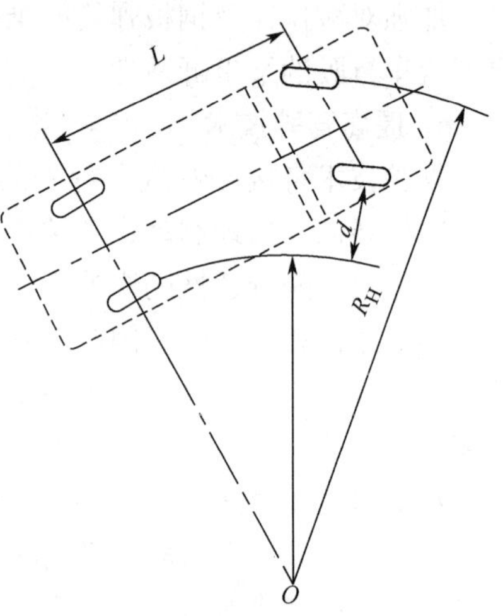

图 7-17 最小转弯直径和内轮差

二、通过性牵引支撑参数

通过性牵引支撑参数是反映汽车在松软土壤、沙漠、雪地、冰面、沼泽等地面通过能力的参数，主要有附着质量系数和车轮接地比压。

1. 附着质量系数

汽车驱动轴载质量称为附着质量，附着质量系数是指附着质量与汽车总质量之比。附着质量系数越大，说明驱动力可利用的附着力越大，附着条件相同时，汽车获得的驱动力就越大，汽车克服道路阻力的能力就越强。

对于在松软路面行驶的汽车，其附着条件相对较差。为此，增加汽车附着质量系数，可以提高汽车在坏路面上行驶的通过性。由于越野车采用全轮驱动，能获得最大的附着质量系数，因此越野车的通过性最好。

2. 车轮接地比压

车轮接地比压是指作用在车轮上的径向载荷与轮胎接地面积之比。在松软路面上行驶的汽车，降低车轮接地比压，既可使轮辙深度减小，降低滚动阻力，又可使车轮接地面积增加而提高附着系数，使车轮不易打滑，从而提高汽车的通过性。

对于在松软路面行驶的汽车，通常采用低气压的宽轮胎来降低车轮接地比压，来获得较

好的通过性。

三、提高汽车通过性的措施

1. 适当提高发动机动力

汽车通过坏路或无路地带时，要克服较大的道路阻力。为提高汽车的通过性，发动机必须提供足够的功率或转矩，因此，应适当提高汽车比功率或汽车单位质量的发动机转矩。

2. 选择合适的传动系传动比

增大传动系最大传动比，既可增加汽车驱动力，以克服坏路面较大的道路阻力，又可降低最低稳定车速，以减小车轮对松软路面的冲击，从而提高汽车通过性。因此，越野车均设有副变速器或使用两档分动器，来增加传动系的总传动比。

3. 采用液力传动

采用液力传动能改善汽车在松软路面行驶的通过性。采用液力传动的汽车起步时转矩增加平缓，可避免对路面的冲击；行车时传动系载荷稳定，可减轻车轮对土壤的破坏；在坏路面能低速(0.5～1km/h)行驶，可减少车轮滑转倾向；可实现无级变速，能避免换档冲击。

4. 选用高摩擦式差速器及差速锁

普通锥齿轮式差速器由于具有在驱动轮间平均分配转矩的特性，当一侧车轮出现滑转时，另一侧车轮只能产生与滑转车轮相等的驱动力，使得汽车在滑溜路面行驶时通过性差。

在越野汽车上采用高摩擦式差速器，可以使转得较慢的车轮得到较大的驱动力，从而使总驱动力增加，有利于提高汽车的通过性。采用差速锁可使两边车轮的驱动力按各自附着力来分配，改善通过性的作用比高摩擦差速器更明显。

5. 选择合适的轮胎

加大轮胎宽度可以大幅度增加接地面积，直接降低轮胎的接地面比压，提高附着能力，在松软路面行车时，可以减少道路阻力。因此，在沙漠、雪地、沼泽、田间行驶的汽车，适宜采用宽轮胎。

越野汽车采用宽而深花纹的越野轮胎，在松软地面上行驶时，其花纹能较好地嵌入土壤，使附着能力提高；在潮湿路面上行驶时，只有花纹的凸起部分与路面接触，增加了车轮的接地比压，有利于挤出水分，提高附着系数。越野汽车行驶的道路条件较差，因此，应采用越野轮胎。

汽车在松软路面上行驶时，降低轮胎气压可以增加轮胎与路面的接触面积，减小车轮接地比压，使附着系数提高，路面变形减小，道路阻力下降。在沙漠、雪地、沼泽、田间行驶的汽车，可以采用特殊的低压轮胎，如拱形轮胎。在硬路面上行驶时，适当提高轮胎气压，可以减小轮胎变形，使行驶阻力减小。有的越野汽车装有中央充气系统，驾驶人在驾驶室内可根据路面情况调整轮胎气压，以确保汽车具有良好的附着性能和较小的行驶阻力，提高汽车通过性。

6. 采用前、后轮距相同的布置

采用轮胎宽度相等、前后轴轮距相同的布置形式，行车时后轮沿前轮压实的轮辙行驶，可使全车的行驶阻力减小，提高汽车通过性。现代越野汽车普遍采用这种布置形式。

7. 采用全轮驱动

全轮驱动汽车附着条件最好，附着质量系数最大，能获得较大的驱动力，通过性最好。

因此，越野汽车均采用全轮驱动。

8. 提高驾驶技术

驾驶技术随时随地都影响着汽车通过性。为保证汽车具有较好的附着性能、较大的驱动力和良好的通过性，在松软地面驾驶汽车，起步不能过猛；应尽量使用低速档；尽量避免换档和加速；尽量采用低速行车；尽量保持直线行驶。对装有差速锁的汽车，还应根据路面条件，及时把握差速器锁止和脱开的时机。

第七节　汽车环保性

汽车环保性主要是指汽车排放和汽车噪声方面的性能。汽车在为人类带来福利的同时，也给人类环境造成了危害。目前，绝大多数汽车属于燃烧燃油的内燃机汽车，因此其排放和噪声每天都在污染着环境。如果使用中能对车辆的环保性能进行改善，减少排放污染物，降低噪声，则整个人类的生存环境就会更美好。

一、汽车排放性能

1. 汽车排放污染物及其危害

汽车排放污染物主要有 CO、HC、NO_x、微粒(PM)等。汽油机主要排放污染物是 CO 和 HC，柴油机主要排放污染物是炭烟微粒。

（1）CO　它是燃料不完全燃烧的产物，是一种无色无味的有毒气体，它进入人体后极易与血液中的血红蛋白结合。CO 与血红蛋白的亲合力是氧的 300 倍，因此，CO 可使血液携带氧的能力降低而引起缺氧。CO 大量吸入后会使人感觉恶心、头晕及疲劳，严重时会使人窒息死亡。

（2）HC　它是各种没有燃烧和没有完全燃烧的碳氢化合物的总称。它能引起光化学反应生成光化学氧化剂，且生成甲醛，形成烟雾，对人的眼、鼻和咽喉黏膜有较强的刺激作用，严重时可致癌。

（3）NO_x　它是复杂氮氧化合物的总称，主要包括 NO_2 和 NO。NO 在发动机刚排出时，其毒性较小，但排出之后，NO 在大气中被氧化为剧毒的 NO_2。NO_2 是一种刺激性很强的污染物，它能刺激眼、鼻黏膜，麻痹嗅觉，甚至引起肺气肿；NO_2还是形成酸雨及光化学烟雾的主要物质之一，对人及植物生长均有不良影响。

（4）微粒　它是发动机排气中各种固体或液体微粒的总称。微粒往往吸附许多有机污染物、重金属元素和一些致癌物质。因此，炭烟微粒被人体吸入后，易引起心、肺部病变，甚至致癌，严重危害人体的健康。

随着汽车保有量的急剧增加，汽车排放污染物对大气的污染已经构成公害，它对部分人群尤其是对大城市的人群造成了严重的健康威胁，同时它还损害生态环境，污染河流湖泊，危及野生动植物的生存。

2. 汽车排放性能的影响因素

（1）混合气浓度　混合气过浓时，因空气量不足使燃料不能完全燃烧，随着空燃比减小，CO 和 HC 浓度逐渐增加；但由于混合气过浓时氧的浓度低，燃料中氧和氮化合的机会减少，因而 NO_x的浓度随着空燃比减小而降低。当混合气过稀时，随着空燃比的增大，CO

浓度下降至很小；而 HC 则因空燃比增大后火焰传播中断现象严重，导致其浓度增加；而 NO_x 则因稀混合气燃烧温度低，抑制 NO_x 的生成，导致其浓度下降。当混合气略稀时，燃烧效率最高，CO、HC 浓度较小，但由于燃烧温度高，含氧充足，则导致 NO_x 的排放量最大。

（2）发动机负荷　发动机小负荷时，节气门开度在 25% 以下，进入气缸的可燃混合气较少，缸内残余废气比例相对较大，不利于燃烧。因此，发动机在小负荷时需燃用较浓混合气，使排出的废气中的 CO、HC 浓度较大。但因小负荷时温度较低，氧浓度较小，使得 NO_x 排放较少。

发动机中等负荷时，节气门开度在 25% ~80%，发动机燃用较稀的经济混合气，废气中的 CO、HC 的浓度均较小，但 NO_x 浓度增加。

发动机大负荷时，节气门开度 80% 以上，发动机燃用较浓的功率混合气，废气中的 CO、HC 浓度增大，而 NO_x 浓度则减少。

（3）发动机转速　汽油机怠速时，发动机需燃用浓混合气，废气中的 CO、HC 浓度大大增加。汽油机怠速是 CO、HC 排放最为严重的工况，通常作为汽车检测排放的重点工况。

随着怠速转速升高，火焰传播速度加快，汽油燃烧比较完善，CO、HC 排放浓度逐渐降低，当转速达到最高转速的 65% ~75% 时，废气中的 NO_x 排放浓度达到最大值。

（4）发动机温度　发动机从起动到暖机过程中，冷却液温度较低，燃油雾化不良，燃烧不充分，缸壁激冷作用大，HC 和 CO 排放浓度最高。随着冷却液温度的提高，排出的 HC 减少。当冷却液温度达到正常时（80 ~95℃），由于发动机处于最佳热状态，燃烧正常，CO 排放浓度降低。NO_x 排放量与燃烧的最高温度有关，发动机过热、缸壁温度升高时，NO_x 排放量也增加。

（5）点火提前角　点火提前角增大时，循环压力和温度提高，废气中的 NO_x 浓度明显增大，反之，NO_x 浓度减小。点火滞后时，因补燃增多，气缸及排气系统温度升高，缸壁激冷效应下降，废气中的 HC 浓度有所减小；若点火过迟，因燃烧速度慢，HC 的浓度又有所提高。点火推迟虽然可降低 HC、NO_x 的排放，但点火推迟后将会引起发动机功率下降、油耗增加。

（6）发动机技术状况　发动机燃油供给系、点火系、曲柄连杆机构等技术状况的好坏对废气中有害成分的浓度有直接影响。喷油器喷孔细小，使用中堵塞；空气滤清器维护不良，进气通道脏污；点火系技术状况不良，点火能量不足，点火时刻调整不当；发动机气缸、活塞磨损严重，气缸密封性差；燃烧室积炭严重等，都会导致排气有害物质增多。

3. 改善汽车排放性能的措施

（1）使用高品质燃油　这是改善在用车辆排放污染相当重要的途径之一。燃油的品质与汽车发动机的燃烧过程和燃烧效果有着直接的、不可分割的关系。使用高品质燃油后，发动机燃烧质量会有所提高，某些排放指标能得到一定的改善。

（2）加强排放净化装置的维护　现代汽车有诸多排放净化装置，如曲轴箱通风装置、废气再循环装置、燃油蒸发控制系统、催化转化器、微粒捕集器等。若这些排放净化装置存在故障，工作不正常，则直接影响发动机的排放性能，使排放污染物增加。因此，应加强对发动机排放净化装置的检查与维护，确保排放净化装置技术状况良好，以减少污染物的排放。

（3）保持发动机具有良好的技术状况　发动机技术状况是否良好，直接影响发动机的

排放性能。因而在汽车使用过程中，应经常检查发动机技术状况，并进行正确的维护，使其具有良好的技术状况。如保持正常的气缸压缩压力；保持供油系技术状况良好；保持点火系技术状况良好；保持冷却系技术状况良好。

（4）保持底盘具有良好的技术状况　在汽车行驶时，技术状况良好的发动机只有与技术状况良好的底盘匹配，才能使发动机排放污染物减少。若传动系统技术状况不良，则会导致汽车行驶阻力过大，使发动机负荷过大，从而破坏发动机的排放性能；若变速器存在跳档、脱档、换档困难等故障，则汽车行驶时操纵性变坏，会导致发动机负荷、转速大幅度变化，从而使发动机排放污染物增加。

（5）提高驾驶技术　驾驶车辆时，尽量减少发动机的起动次数；避免连续猛踏加速踏板；换档操作应脚轻手快；档位选择合理，节气门开度适当；保持发动机冷却液温度在80～95℃；避免超速超载等，都有利于减少汽车的污染物排放。

二、汽车噪声

1. 汽车噪声及其危害

噪声是指人们不需要的令人烦躁、讨厌的声音总称。汽车噪声是由多种声源组成的综合性噪声，它主要是指发动机、传动系、轮胎以及车身扰动空气所发出的响声。噪声的强度通常与汽车和发动机的结构形式、技术状况和运行条件（车速、载荷、道路等）有关。

汽车噪声分车外噪声和车内噪声两种。车外噪声造成环境公害，车内噪声直接对驾驶人和乘客造成伤害。汽车噪声不仅会破坏安静的环境，使人心情不安、烦躁、疲倦和工作效率降低，而且还会损害人体健康，引起某些疾病，如听力下降、噪声性耳聋以及神经系统和血液循环系统疾病。噪声的强度越大、频率越高、作用时间越长、个人耐力越小，则危害越严重。据统计，当环境噪声大于45dB时，人会感到明显不适；当噪声达到60～80dB时，会影响睡眠；当噪声超过90dB时，就会对身体产生伤害。而汽车噪声强度一般可达60～90dB，所以汽车噪声是一种环境污染。

汽车是一种移动性噪声源，其噪声影响范围大，干扰时间长，因而受害人员多。另外，车内噪声过大还会影响驾驶人的正常操作而诱发汽车交通事故。

2. 汽车噪声来源

汽车噪声主要来自发动机、传动系统、轮胎和车身等几个方面。

（1）发动机噪声　它包括燃烧、机械、进气、排气、冷却风扇及其他部件发出的噪声。

1）燃烧噪声。它是在发动机工作时，气缸内的气体压力周期性变化而产生的噪声。燃烧噪声是柴油发动机噪声的主要来源，但在汽油机噪声中却只占次要地位。

2）机械噪声。它是在发动机运转过程中，各种运动机构运动件与固定件间、运动件之间相互作用所产生的噪声。如活塞与气缸壁的敲击、气门开闭的冲击、正时齿轮运转、喷油泵泵油等所发出的响声。机械噪声在很大程度上取决于发动机转速，是汽油发动机噪声的主要来源。

3）进、排气噪声。它是在发动机进排气过程中，气体高速流动和压力波动引起振动而产生的噪声。进、排气噪声的强弱随发动机负荷和转速的不同而变化，大负荷、高转速时噪声较大。

4）冷却风扇噪声。它是在冷却风扇运转时，引起的空气动力性噪声和机械噪声。冷却

风扇噪声是汽车大负荷、高速运转时的主要噪声源之一。

（2）传动系统噪声　它包括变速器噪声、传动轴噪声和驱动桥噪声，其中变速器是主要噪声源。

1）变速器噪声。它主要由齿轮传动噪声、轴承声响、润滑油搅拌声和发动机振动传播到变速器壳体而辐射出的噪声等组成。变速器噪声与变速器形式、档位等因素有关，并随着汽车行驶状态、速度、负荷的变化而变化。一般情况下，变速器噪声会随汽车速度、负荷的增加而加大。

2）传动轴噪声。一般传动轴噪声能量很小，在传动系统噪声中不占主要地位，但当传动轴动不平衡非常严重时，其噪声和振动都会很大。

3）驱动桥噪声。它由齿轮传动噪声、轴承声响、润滑油搅拌声等组成，以齿轮传动噪声为主。引起驱动桥噪声的根本原因是驱动桥传动部件磨损松旷、调整不当或润滑不良，当驱动桥承受较大动载荷工作时，技术状况变坏的传动部件会发出较大的噪声。

（3）轮胎噪声　轮胎直接发出的噪声包括：轮胎花纹噪声、道路噪声、轮胎振动噪声以及轮胎旋转时搅动空气而引起的空气噪声。

1）轮胎花纹噪声。它是在汽车行驶时，因轮胎胎面花纹槽内的空气在接地时被挤压，引起周围空气压力变化而产生的噪声。花纹噪声在轮胎噪声中占主要地位，一般所说的轮胎噪声主要是指花纹噪声。

2）道路噪声。它是在汽车通过凹凸不平路面时，路面凹凸坑内的空气受轮胎挤压和排放而产生的噪声。

3）轮胎振动噪声。它是由于轮胎不平衡、胎面花纹刚度变化或路面凹凸不平等原因而激发轮胎振动所产生的噪声。

4）空气噪声。它是在轮胎旋转时搅动周围空气而产生的空气振动声。在一般行驶条件下，由于车速较低，空气噪声可以忽略。

通常，车速越高、轮胎负荷越大、轮胎气压越低、路面状况越差，则轮胎噪声越大。

（4）车身噪声　它是在汽车行驶时，车身与空气摩擦、冲击引起的空气动力性噪声。高速行驶的汽车车身噪声较大。车身噪声与车身的表面质量和车身流线形有关。

汽车噪声除以上所述外，还有制动噪声、储气筒放气声、喇叭声以及各种专用车辆上的动力装置噪声等。由于这些噪声不是连续的，因此不占主要地位。

3. 减少汽车噪声的措施

（1）选择合适的燃油　对于汽油机，选用辛烷值高的燃油（即高牌号汽油）可以防止爆燃，从而减小燃烧噪声及严重的气缸敲击声。对于柴油机，选用十六烷值高的燃油可以减少着火延迟时间内形成的可燃混合气数量，减小气缸内燃烧时的压力增长率，从而减小燃烧噪声，防止柴油机工作粗暴。

（2）保持发动机具有良好的技术状况　发动机技术状况不佳时，噪声会加大。因此，在汽车使用过程中，应经常检查并维护发动机，使其具有良好的技术状况。如保持运动件配合、传动正常；保持合适的点火提前角或供油提前角；保持冷却系风扇状况良好；保持润滑系技术状况良好。

（3）保持底盘具有良好的技术状况　在汽车行驶时，若底盘的技术状况不良，则汽车的噪声会加大。因此，在汽车使用过程中，应经常检查并维护底盘，使其具有良好的技术状况。如保持传动系技术状况良好；保持行驶系技术状况良好；保持制动器技术状况良好。

（4）保持车体具有良好的密封性　汽车高速行驶时，车身表面出现扰流产生的噪声是不可避免的，但应防止车身噪声对车内的影响。保持车体具有良好的密封性，可以有效降低车身噪声引起的车内噪声，尤其对高速行驶过程中的车身噪声有很好的抑制效果。

（5）正确驾驶汽车　平缓起步；采用中速行车；保持稳定行驶，避免急加速、急减速；尽量采用预见性制动，少用紧急制动；少按喇叭等可以减小噪声。

思 考 题

1. 什么是汽车动力性？其评价指标有哪些？
2. 什么是汽车动力因数？其物理意义是什么？
3. 在使用方面如何提高汽车动力性？
4. 什么是汽车燃油经济性？其评价指标有哪些？
5. 在驾驶技术方面如何提高汽车燃油经济性？
6. 什么是汽车的制动效能？其评价指标有哪些？
7. 用制动拖印评价无 ABS 汽车的制动效能可行吗？为什么？
8. 无 ABS 汽车的理想制动状态是什么？能实现吗？为什么？
9. 为什么说后轴侧滑比前轴侧滑更危险？后轴侧滑应采取哪些措施？
10. 现代汽车采用何种转向特性？为什么？
11. 什么是暴露极限、疲劳-工效降低界限和舒适-降低界限？
12. 在使用方面如何提高汽车行驶平顺性？
13. 什么是通过性几何参数？什么是通过性牵引支撑参数？
14. 汽车排放污染物有哪些？各有什么危害？
15. 在使用方面如何改善汽车排放性能？
16. 在使用方面减少汽车噪声的措施有哪些？

第八章

汽车运用

第一节　汽车磨合期的使用

一、汽车磨合期

汽车磨合期是指新车或大修竣工汽车投入使用的初期。它实际上是为了使汽车向正常使用阶段过渡，而在使用中对汽车相互配合的零件摩擦表面进行磨合的阶段。经过磨合期的磨合，可以将零件摩擦表面不平的部分磨去，逐渐形成比较光滑的、耐磨而可靠的工作表面，能承受正常的工作负荷。

汽车磨合期通常用里程表示，一般为 1000 ~ 1500km，其长短取决于汽车零件表面加工精度、装配质量、润滑油的品质、运行条件和驾驶技术等。不同车型其磨合里程也略有差异。

汽车磨合期在整个汽车使用期中虽然短暂，但它对汽车正常使用的影响却很大。正确合理地使用磨合期，可以改善零件摩擦表面几何形状和表面物理性能，延长汽车的大修间隔里程和汽车使用寿命，提高汽车的使用可靠性和燃油经济性。

二、汽车磨合期的使用特点

1. 零件磨损速度快

新车或大修车在出厂前虽按规定进行了磨合处理，但新配合零件表面仍较粗糙且表面单位压力较大，因此开始磨合时会产生较大的摩擦力，使零件表面的磨损速度加快；加之新配合零件之间间隙小，表面凸凹部分嵌合紧密，相对运动时，在摩擦力的作用下有较多的金属屑磨落后进入相配零件之间又构成磨料磨损，使磨损加剧；另外，由于间隙小，磨损过程中表面热量增大，进而使润滑油粘度降低，润滑条件变坏，使零件的磨损量增长较快。

2. 行驶故障多

由于机件在加工、装配时存在一定偏差，同时，还隐藏着一些不易暴露和发现的故障，或者使用不当，未能正确执行磨合规范，均会使磨合期的行驶故障增加。如磨合期内，若零件之间间隙过小，运行时温度过高，润滑条件较差，则容易出现发动机拉缸、烧瓦等故障；另外磨合期内还容易出现气液渗漏、紧固件松动等故障。

3. 润滑油易变质

磨合期内，由于零件表面比较粗糙，配合间隙较小，油膜质量较差，汽车磨合时零件表面和润滑油的温度都很高，同时有较多的金属屑被磨落进入配合零件间隙中，因此润滑油容易受高温氧化、被磨屑污染而变质。

4. 燃油消耗量高

磨合期内，汽车节气门开度小，经常处于小负荷运行，发动机的负荷率较小，混合气偏浓，因而汽车的燃油经常性较差，耗油量较高。同时，磨合期内汽车机件有较大的摩擦阻力，也使得油耗增加。

三、汽车磨合期的使用措施

1. 适当减载

汽车装载质量大小直接影响汽车的磨合质量。若汽车装载质量过大，则发动机和底盘各部受力较大，易使润滑条件变坏，导致汽车磨合条件恶化，严重时还会引发故障。因此，在磨合期内，必须适当减载。通常，磨合期的开始2~3h，汽车一般应空载，整个磨合期应按额定的装载质量减载20%~25%，而且不允许拖挂或牵引其他车辆。

2. 严格限速

轻载高速与重载低速，都是大负荷的表现，对汽车的磨合不利。当载质量一定时，若车速较高，则发动机和传动机件的负荷就较大，容易导致运动机件的磨损加剧，因此在磨合期内应严格限速，各档都需要限速。

通常，磨合期货车的最高行驶速度一般不得超过50km/h，轿车发动机转速不应超过4200~4500r/min。不同类型的汽车可根据其使用说明书的要求，确定其最高的磨合速度。

3. 合理用油

合理使用燃油和润滑油，对汽车磨合期具有重要的作用。为了防止发动机产生爆燃或工作粗暴而加速机件的磨损，汽车在磨合期中应采用优质燃油。为了使运动机件的工作表面得到良好润滑，应选用粘度适当的优质润滑油或加有添加剂的专用润滑油，润滑油的加注数量应略多于规定量，并应按磨合期维护的规定及时更换润滑油。

4. 正确驾驶

正确驾驶汽车可以保证汽车的磨合质量。在磨合期内，驾驶人应做到：起动发动机时不要猛踩加速踏板，严格控制加速踏板行程，避免发动机高速运转；发动机起动后，低速运转预热升温，待冷却液温度升至50~60℃时，平稳起步，以减少对传动机件的冲击；行驶中加速应缓慢，换档要及时，冷却液温度应控制在80~95℃，机油压力应正常；控制行驶路线，不在凹凸不平路面上行驶，以减小振动和冲击；不冲坡行驶，不用加速滑行法行驶，尽量减少汽车突然加速所引起的超负荷现象；尽量避免紧急制动、长时间制动或使用发动机制动。

5. 加强维护

汽车磨合期满后应送入维护厂进行维护。其主要内容有：对汽车进行全面检查、紧固、调整和润滑作业，清洗发动机润滑系统，更换润滑油。其作业项目和深度可参照制造厂的要求进行。通过磨合后的维护，使汽车达到良好的技术状况，保证汽车能够正常地投入运行。

6. 磨合期满后不要拉高速

所谓拉高速，就是新车在磨合期后进入正常使用阶段初期，在满载情况下，每个档位在较高发动机转速下保持一定的时间行车，用以检验发动机、底盘等各个部位的性能。

对于新车，在磨合期满后，车主想拉高车速检验汽车的极限工作状况，暴露高速行驶的

缺陷，有问题早发现，能免费维修，这是无可非议的。但过分地夸大拉高速的作用是不可取的，也是不可信的。实际上，新车磨合期完成并经维护后，汽车已经具备了高速行驶的条件，拉高速是没问题的。但高速、满载大负荷行驶会加快汽车各部件的磨损，降低汽车的使用寿命。因此，刻意地去拉高速就等于有意去伤害汽车，会加速汽车的损坏。

第二节　汽车油液的选用

一、车用汽油的选用

1. 汽油牌号及其含义

我国车用汽油目前有90号、93号、97号三个牌号。车用汽油牌号用辛烷值表示，牌号越大，辛烷值越高，汽油的抗爆性越好。

汽油的抗爆性是指汽油在发动机中燃烧时，抵抗产生爆燃的能力。爆燃是汽油机的一种不正常燃烧，它是指混合气点燃后，在火焰传播过程中，位于火焰前锋未燃烧的混合气发生自燃，形成压力冲击波，产生金属敲击声的一种现象。爆燃能使发动机功率下降，油耗增加，噪声增大，部件磨损加快。采用抗爆性好的汽油，可以抑制或防止爆燃。

辛烷值是评价汽油抗爆性的指标，它是一个约定数值。测定辛烷值的标准燃料，由两种抗爆性相差悬殊的烷烃混合而成。一种是异辛烷，其抗爆性很好，规定其辛烷值为100；另一种是正庚烷，其抗爆性极差，规定其辛烷值为0。它们按不同的体积分数混合，便得到辛烷值从0~100之间的各种标准燃料。测定时，若被测汽油与某一标准燃料的标准爆燃强度相同，则该标准燃料的异辛烷体积分数即为被测汽油的辛烷值。

2. 汽油牌号的选择

汽油牌号越大，则抗爆性越好，但油价也越高。为保证汽车使用的经济性，在发动机用油不爆燃的前提下，尽量选用较低的汽油牌号。汽油牌号的选择方法如下。

（1）根据汽车使用说明书要求选用汽油牌号　汽车发动机结构条件不同，汽车的抗爆性能就不一样，因而汽油的辛烷值(即汽油牌号)应按说明书要求，以在正常运行条件下不发生爆燃为原则选用。

（2）根据驾驶人的经验选用汽油牌号　在没有使用说明书时，选择汽油牌号往往要靠驾驶人对过去用油的感觉，凭经验摸索发动机的爆燃情况，选出最适合自己汽车的汽油牌号。

3. 汽油使用注意事项

1）不要使用长期存放变质的汽油。因为这种汽油使用时容易结胶，堵塞油道和喷油器，对电喷发动机工作尤为不利。

2）不能选用低于汽车使用说明书规定或推荐的汽油牌号，以免影响发动机的工作性能。

3）高原地区的汽油牌号可选低些。因为高原地区空气密度小，发动机气缸压缩终了的压力和温度较低，发动机不易爆燃。

4）夏季或高原地区使用汽油应防止气阻。在炎热夏季和高原地区，由于气温高，气压低，易发生气阻，应加强发动机散热和冷却。

5）使用车用乙醇汽油前，应对车辆进行一次维护，如清洗油路、更换零配件等。因为有些橡胶部件不适应乙醇汽油。

二、车用柴油的选用

1. 柴油牌号及其含义

我国车用柴油目前有七个牌号即：10 号、5 号、0 号、-10 号、-20 号、-35 号、-50号。车用柴油牌号按凝点划分，如-50 号柴油，则表示其凝点温度是-50℃。凝点是指在规定条件下，柴油冷却到液面不能移动时的最高温度。柴油的凝点温度越低，则柴油的低温流动性越好。

低温流动性是指柴油在低温条件下的流动能力。若低温流动性好，则能保证柴油在低温条件下可靠地喷入气缸；若低温流动性差，则汽车在低温条件下使用时，会因柴油失去流动性而中断供油，导致汽车无法行驶。

2. 柴油牌号的选择

柴油凝点越低，低温流动性越好，但油价也越高。为保证汽车使用的经济性，在发动机用油低温不失去流动性的前提下，尽量选用凝点较高的柴油。

柴油牌号的选择，通常是根据当地月风险率为 10% 的最低气温与凝点温度相比确定，所选用的柴油凝点应比当地月风险率为 10% 的最低气温低 4 ~ 6℃。据此，各牌号车用柴油适用的范围如下。

10 号车用柴油：适用于有预热设备的高速柴油机。

5 号车用柴油：适用于月风险率为 10% 的最低气温在 8℃以上的地区使用。

0 号车用柴油：适用于月风险率为 10% 的最低气温在 4℃以上的地区使用。

-10 号车用柴油：适用于月风险率为 10% 的最低气温在-5℃以上的地区使用。

-20 号车用柴油：适用于月风险率为 10% 的最低气温-14℃以上的地区使用。

-35 号车用柴油：适用于月风险率为 10% 的最低气温在-29℃以上的地区使用。

-50 号车用柴油：适用于月风险率为 10% 的最低气温在-44℃以上的地区使用。

3. 车用柴油使用注意事项

1）不要使用长期存放变质的柴油。因为这种柴油使用时容易结胶，易堵塞油道和喷油器，对发动机工作不利。

2）不同牌号的车用柴油可以掺兑使用，能降低高凝点柴油的凝点，以适应不同使用条件的需要，但凝点的调整无严格的加成关系。

3）在车用柴油中不能掺入汽油，因为汽油的发火性差，掺入后将导致起动困难甚至不能起动，而且工作粗暴。

三、发动机机油的选用

发动机机油是发动机的润滑油，具有润滑、冷却、减振、密封和防蚀的作用。

1. 发动机机油等级及牌号

（1）机油的性能等级　发动机机油的使用性能可通过其性能等级来反映。我国参照 API（美国石油学会）的性能分类法将机油划分为汽油机机油（用 S 表示）和柴油机机油（用 C 表示）两个系列。汽油机机油性能等级有 SC、SD、SE、SF、SG、SH、SJ；柴油机机油性能等

级有 CC、CD、CD-Ⅱ、CE、CF-4。机油级别越靠后，性能越好。在我国，还有 ILSAC(国际润滑油标准化和认可委员会)的机油等级，如 GF-1、GF-2、GF-3、GF-4 等，GF 后面的序号越大，则性能越优。

（2）机油的粘度等级　机油的粘度往往随使用温度变化，因此对机油进行粘度等级划分，以利于在不同工作温度下选用合适的机油。我国参照 SAE(美国汽车工程师学会)的粘度分类法将机油分为单级油和多级油。

单级油是冬(低温型)、夏(高温型)专用油，它采用含字母 W(代表冬季)和不含字母两组粘度系列。低温型粘度等级有 0W、5W、10W、15W、20W、25W 等 6 个级号，W 前的数字越小，其低温粘度越小，低温流动性越好，适用的最低气温越低，适用于冬天寒冷地区。高温型粘度等级有 20、30、40、50、60 等 5 个级号，数字越大，其粘度越大，适用的最高气温越高，适用于温度较高地区。

多级油是指能够同时满足低温和高温正常润滑要求的、具有多粘度等级的机油。这类机油低温粘度小，而高温时粘度较高。多级油由低温粘度级号和高温粘度级号组合表示，例如 5W-20，在低温使用时，它具有 5W 的粘度级，在高温使用时，它又具有 20 的粘度级，多级油可以四季通用。

（3）机油的牌号　机油牌号应包括机油的质量(性能)等级、粘度等级和机油的类别。汽油机机油牌号的标记如：SF10W-30 汽油机机油、SE 30 汽油机机油。柴油机机油牌号的标记如：CD10W-30 柴油机机油、CC 30 柴油机机油。

我国已生产出适应汽油机和柴油机的通用机油。通用机油可根据需要在汽油机机油品种和柴油机机油品种中进行组合。任何一种通用机油都能同时满足汽油机机油品种和柴油机机油品种的所有指标要求。通用机油牌号的标记如：SJ/CF-4 5W-30 或 CF-4/SJ 5W-30，前者表示其配方首先满足 SJ 汽油机机油的要求，后者表示其配方首先满足 CF-4 柴油机机油的要求，两者均需同时符合 SJ 汽油机机油和 CF-4 柴油机机油的全部质量指标；5W-30 反映的是粘度等级，它是一种多级油。

2. 发动机机油的选用

（1）机油的选用原则　按照汽车使用说明书中的规定选用机油使用性能等级和粘度等级。或根据发动机结构特性和工作条件要求，先确定机油的使用性能等级，然后依据发动机使用的外部环境温度等条件，选择该使用性能等级中合适的粘度等级，表 8-1 是我国部分轿车发动机机油的选用实例。

表 8-1　我国部分轿车发动机机油规格

汽车公司	车　型	使用性能等级	粘度等级
神龙富康	富康、毕加索、爱丽舍	SJ/CF	10W-40
广州本田	本田雅阁	SL/GF-3	5W-30
上海通用	别克、赛欧	SL/GF-3	5W-30
天津丰田	威驰	SL/GF-3	5W-30
长安福特	嘉年华	SL/GF-3	5W-30
重庆长安	长安铃木	SF	15W-40

（2）发动机机油性能等级的选择　高等级的机油可代替低等级的机油，但经济上不合

算，而低等级的机油绝不能代替高等级的机油，这会造成发动机机件的损坏。

1）汽油机机油性能等级选择。汽油机机油可根据发动机工况、使用条件和生产年代来选用使用性能等级。通常，发动机的最大功率、转矩越大，转速越高，对机油的使用性能等级要求就越高。汽车使用条件恶劣时，对机油的使用性能等级要求较高。如有下列情况之一，机油就应提高一个等级。

① 经常处于停停开开使用状态的出租车，易产生低温油泥。

② 长期低温、低速行驶的汽车，易产生低温沉积物。

③ 长期高温、高速行驶的汽车，机油容易氧化变质。

④ 长期在灰尘大的场所行驶的汽车，机油容易污染变质。

⑤ 较新型号汽车，或近年生产的汽车，由于对高使用性能的追求和对低排放污染的控制，要求机油的使用性能等级较高。

2）柴油机机油性能等级选择。可根据柴油机的强化程度及运行条件来选用柴油机机油的使用性能等级。柴油机的强化程度越高，柴油机的机械负荷和热负荷越大，机油的工作条件越苛刻，则要求选用的机油使用性能等级就越高。通常，柴油机强化程度一般时，可选用CC级柴油机机油；强化程度较高时，应选用CD级以上的柴油机机油。

运行条件可影响机油的工作环境。对运行条件苛刻的柴油车，如林区运材车，高速公路行驶的重负荷货车，重载矿用汽车等，宜选用更高使用性能等级的柴油机机油。

（3）发动机机油粘度等级的选择　机油的粘度等级主要是根据环境温度来选择的，同时还应考虑发动机工况和技术状况对其粘度的要求。温度影响着机油的粘度，通常根据季节、气温来选择机油的粘度等级。为避免冬夏季换油，应尽量选用粘温特性好、粘度指数高的多级油。另外，发动机重载低速时，机油的粘度应选得大些；发动机轻载高速时，机油的粘度应选得小些；发动机磨损严重时，机油的粘度应选得大些；发动机磨合期或新发动机，机油粘度应选得小些。表8-2列出了部分机油粘度等级适用的气温范围和季节。

表8-2　不同粘度等级机油适用的气温和季节

粘度等级	适用的气温范围/℃	适用的季节	粘度等级	适用的气温范围/℃	适用的季节
30	0～30	夏季	10W-30	-25～30	冬夏通用
40	0～40	夏季	10W-40	-25～40	冬夏通用
50	5～50	夏季	15W-30	-20～30	冬夏通用
5W-30	-30～30	冬夏通用	15W-40	-20～40	冬夏通用
5W-40	-30～40	冬夏通用	20W-50	-10～50	冬夏通用

四、汽车齿轮油的选用

汽车齿轮油是指汽车驱动桥、手动变速器、转向器等齿轮传动部件所用的润滑油。它具有润滑、冷却、减振、密封和防蚀作用。

1. 汽车齿轮油等级

（1）齿轮油的性能等级　齿轮油的使用性能可通过其性能等级来反映。API根据齿轮类型、承载能力、使用场合和使用性能，将齿轮油分为GL-1、GL-2、GL-3、GL-4、GL-5和GL-6六级，GL后的序号越大，级别就越高，即越高级，越能满足齿轮在更苛刻的条件下的

工作。

我国参照 API 分类法，根据齿轮的型式和负载情况，把汽车齿轮油分为普通车辆齿轮油、中负荷车辆齿轮油和重负荷车辆齿轮油三个级别。其中，普通车辆齿轮油相当于 API GL-3，中负荷车辆齿轮油相当于 API GL-4，重负荷车辆齿轮油相当于 API GL-5。

（2）齿轮油的粘度等级　我国参照 SAE 分类法，将汽车齿轮油分为 70W、75W、80W、85W、90、140 和 250 等 7 个粘度等级，其中带 W 的表示冬用齿轮油。齿轮油的粘度按牌号的递增而增大。将两个适当的单级油进行组合，可得到同时符合两个粘度等级的多级油，主要有 80W-90、85W-90、85W-140。

目前，普通车辆齿轮油有 80W-90、85W-90、90 等粘度牌号；中负荷车辆齿轮油有 75W、80W-90、85W-90、90、85W-140 等粘度牌号；重负荷车辆齿轮油有 75W、80W-90、85W-90、85W-140、90、140 等粘度牌号。

2. 汽车齿轮油的选用

（1）齿轮油的选用原则　按照汽车使用说明书中的规定选用齿轮油的使用性能等级和粘度等级。或根据齿轮油工作条件的苛刻程度，先确定齿轮油的使用性能等级，然后依据汽车使用环境的温度，选择该使用性能等级中合适的粘度等级。

（2）齿轮油使用性能等级的选择　齿轮油工作条件越苛刻，则齿轮油的使用性能等级应越高。工作条件苛刻程度可用齿面压力 p、滑动速度 v 的乘积 pv 值来度量，pv 值与发热量成正比，是表征齿面烧结危险的大致标准。由于 pv 值取决于传动装置的类型，所以可按齿轮类型和传动装置的功能来选择齿轮油的使用性能级别。通常，手动变速器可选用普通车辆齿轮油或 GL-4 齿轮油；驱动桥主减速器可选用 GL-4 或 GL-5 齿轮油。为减少用油级别，在汽车各传动装置对齿轮油使用性能要求相差不大的情况下，可选用同一使用性能级别的齿轮油。

选择时注意：高等级的齿轮油可代替低等级的齿轮油，但经济上不合算；而低等级齿轮油不能替换高等级的齿轮油，以免加剧磨损；各使用性能等级的齿轮油不能互相混用。

（3）汽车齿轮油粘度等级的选择　齿轮油的粘度应既能保证低温条件下的车辆起步，又能满足油温升高后的润滑要求。齿轮油的粘度等级主要是根据使用环境的气温来选择的，一般是对照当地冬季最低气温来选用适当粘度等级的齿轮油。

通常，江南地区以及冬季气温不低于 -10℃ 的地区，全年可使用 90 号齿轮油；气温特别高时（或大功率或柴油车等）才使用 140 号齿轮油；在江北地区全年都可使用 80W 或 85W 齿轮油；气温低于 -26℃ 的地区冬季应使用 75W 齿轮油。

为避免冬夏季换油，应尽量选用粘温特性好、粘度指数高的多级齿轮油。如年环境温度在 -25℃ ~49℃ 的地区，可全年使用 80W-90 齿轮油；环境温度在 -15℃ ~49℃ 的地区，可全年使用 85W-90 齿轮油。

五、汽车制动液的选用

汽车制动液是汽车液压制动系统中传递制动压力使车轮产生制动的工作介质，俗称刹车油。制动液的优劣直接影响汽车的制动性能和行车安全。

1. 制动液等级

制动液等级在一定程度上反映了制动液的性能，不同的制动液等级能适应不同的气候条件。制动液等级分类标准有多种，如表8-3所示。首先有SAE制动液分类法，然后美国联邦政府运输部(DOT)以SAE为基础，制定了要求更加苛刻的DOT制动液等级分类法。

我国将制动液等级分为HZY3、HZY4、HZY5三个系列。它是以合成液体为基础液并加有多种添加剂制成的合成型制动液，其代号由汉语拼音字母和阿拉伯数字两部分组成，其中H、Z和Y分别为合成、制动和液体的汉语拼音的第一个字母，数字作为区别本系列各品种的标记。HZY3、HZY4、HZY5级别分别对应国际通用产品DOT3、DOT4、DOT5，如表8-3所示。

表8-3　制动液等级按标准分类

分类方法	制动液级别	最低平衡回流沸点		适应气候条件
		干沸点/℃	湿沸点/℃	
SAE	SAE J1703	150		严寒
	SAE J1704	190		正常
	SAE J1705	232		高温
DOT	DOT3	205	140	正常
	DOT4	230	155	高温
	DOT5	260	180	极高温
GB12981-2003	HZY3	205	140	正常
	HZY4	230	155	高温
	HZY5	260	180	极高温

2. 制动液的选用

1）按照汽车使用说明书的要求选用汽车制动液。

2）根据环境条件选择制动液。如高温、高原地区宜选用HZY5制动液。

3）尽量选择合成型制动液。因为合成型制动液具有优良的性能，能满足不同地区、不同季节、不同气候条件、不同工作温度、不同制动负荷、不同汽车制动的要求。

3. 制动液使用注意事项

1）禁用开启后存放半年以上的制动液，因为它已吸收了空气中的潮气，制动时易产生气阻。

2）制动液中不能有水分和矿物油混入，以免制动液的性能变差。

3）不同规格的制动液不能混用，否则会因分层而降低制动效能。

4）制动液装入系统前应进行检查，如发现杂质或白色沉淀等，应过滤后再用。

5）更换制动液时，应将制动系统清洗干净。

六、发动机冷却液的选用

冷却液是水冷式发动机冷却系统中用于循环带走高温零件热量的冷却介质。冷却液可以制成浓缩液，由用户加清洁水稀释后使用，也可以制成一定冰点的产品直接加注使用。

1. 冷却液品种

现代汽车发动机冷却液是由乙二醇、丙二醇、乙醇等化学物质分别与水按一定比例混合

而成，并加入防腐剂、清洁剂、防垢剂和着色剂等添加剂的混合液。冷却液的冰点与乙二醇、丙二醇、乙醇的质量分数有关，改变冷却液的成分和质量分数，可得到不同冰点的冷却液。

（1）乙二醇-水型冷却液　它按冰点不同分为 -25 号、-30 号、-35 号、-40 号、-45 号和 -50 号六个牌号。它具有沸点高、挥发损失小、冰点低（最低能达 -68℃）、热容量大、冷却效率高、流动性好等特点。它可冬季防冻，夏天防沸，全年通用，长期使用，故被称为长效冷却液。目前，汽车发动机用得最多的是乙二醇-水型冷却液。

（2）丙二醇-水型　它具有沸点高、不易蒸发和着火、对金属腐蚀小等特点。其不足是丙二醇降低冰点的效率低，配制同一冰点的防冻液时，丙二醇的用量比乙二醇、乙醇（酒精）的多，成本较高。因此，这种防冻液用得较少。

（3）乙醇-水型　它具有流动性好、散热快、乙醇来源广、配制简单等特点。其不足是易燃，使用不安全；易挥发，导致冰点升高。

2. 冷却液的选用

1）按照汽车使用说明书的要求选用发动机冷却液。

2）根据当地冬季最低气温选用适当牌号的冷却液，冰点应低于最低气温 10℃左右。

3. 冷却液使用注意事项

1）不同厂家、不同类型、不同牌号的发动机冷却液不能混用，以免起化学反应、沉淀或生成气泡，降低使用效果。

2）对冷却液浓缩液进行稀释时，应使用蒸馏水，切勿使用硬水配制，以免产生水垢。

3）加注冷却液前，应检查冷却系的密封性，确保无泄漏。冷却液加注不要过满，一般只能加到冷却系总容量的 95%，以免升温后膨胀溢出。

4）在更换冷却液时，应先将冷却系用净水冲洗干净，然后再加入新的冷却液。

第三节　汽车轮胎的选用

一、汽车轮胎规格

1. 轮胎表示的基本术语

（1）轮胎的主要尺寸　它是指轮胎按规定的压力充气后，在无负荷状态下的外径 D、断面宽度 B、断面高度 H、轮辋名义直径 d（与相对应的轮胎内径一致），如图 8-1所示。

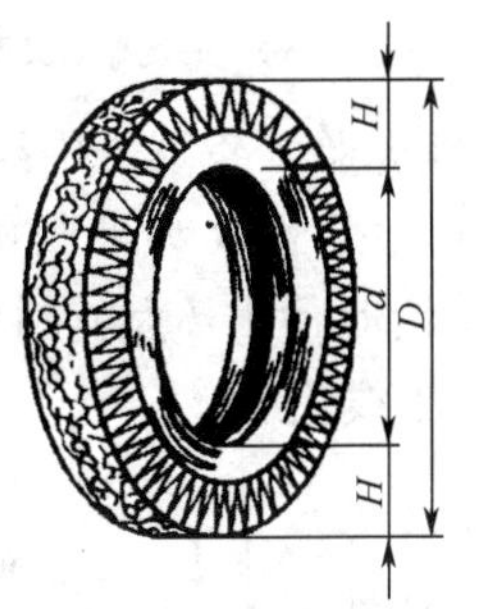

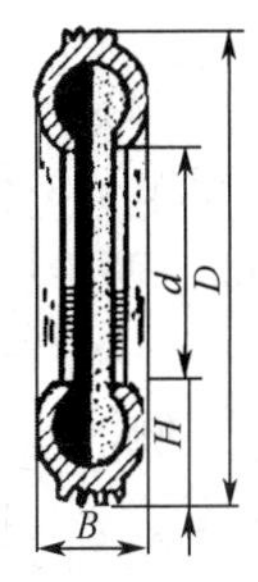

图 8-1　轮胎的主要尺寸

（2）轮胎的扁平率　轮胎扁平率是指轮胎断面高度 H 与断面宽度 B 的百分比，也称轮胎的高宽比。对于扁平轮胎，则按扁平率划分系列。目前，国产轿车子午线轮胎有 80、75、70、65、60 五个系列，分别表示轮胎的高宽比为 80%、75%、70%、65%、60%。其数值越小，则轮胎的相对宽度越大。

（3）轮胎的速度等级　将轮胎最高速度分为若干级，用字母表示，称为速度等级符号。

选用轮胎时，轮胎速度等级应与汽车的最高车速相匹配。轿车轮胎采用 L ~ H 共 10 级速度标志，其符号及所对应的最高行驶速度如表 8-4 所示。

（4）轮胎的负荷能力　它是指在一定行驶速度和相应充气压力时的最大载质量。它可以由轮胎的层级、负荷指数、负荷级别表示。层级（PR）是表示轮胎承载能力的相对层数；负荷指数是指轮胎在规定充气压力、规定车速条件下，表示轮胎负荷能力的数字符号；负荷级别相当于轮胎的层级，但用拉丁字母表示。

我国标准规定以层级表示负荷能力，但国产子午线轮胎还同时标明负荷指数或负荷级别。

表 8-4　轮胎速度等级与最高行驶速度

轮胎速度等级	轮胎最高行驶速度/（km/h）	轮胎速度等级	轮胎最高行驶速度/（km/h）
L	120	R	170
M	130	S	180
N	140	T	190
P	150	U	200
Q	160	H	210

2. 轮胎规格的表示方法

（1）斜交轮胎　我国斜交轮胎规格用 B-d 表示，轿车和载货汽车斜交轮胎尺寸 B、d 均为英寸（in）。

1）轿车斜交轮胎。

例：

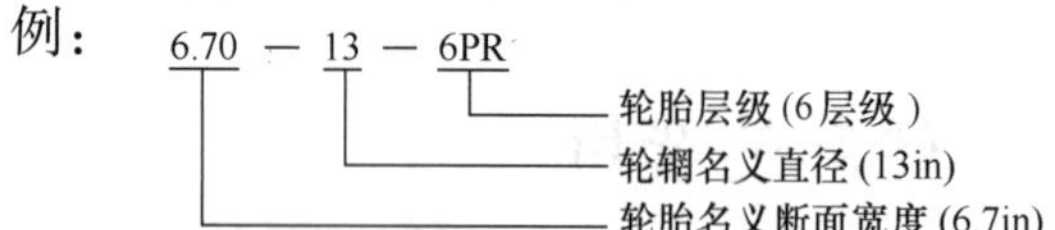

2）载货汽车斜交轮胎。

例：

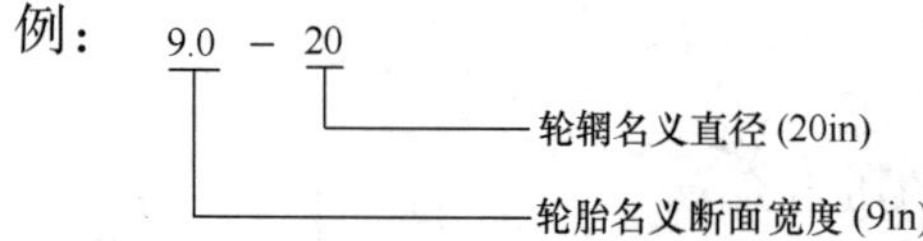

（2）子午线轮胎　我国子午线轮胎的规格用 B R d 表示，其中 R 代表子午线轮胎。国产轿车子午线轮胎尺寸 B 为米制单位（mm）；载货汽车轮胎 B 有英制单位（in）和米制单位（mm）两种；而轮辋尺寸 d 为英制单位（in）。

1）轿车子午线轮胎。

例：

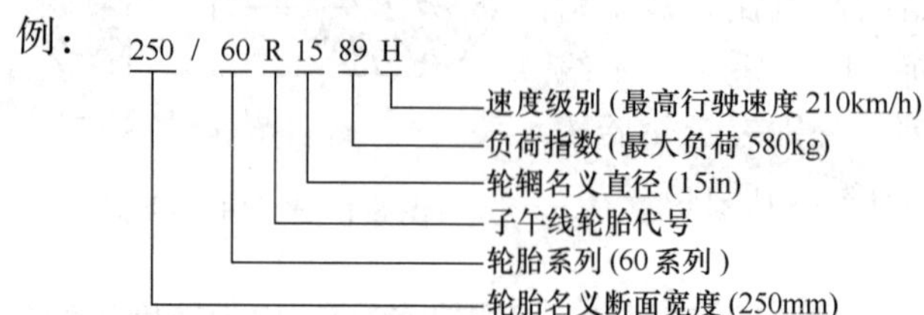

2）载货汽车子午线轮胎。

例：

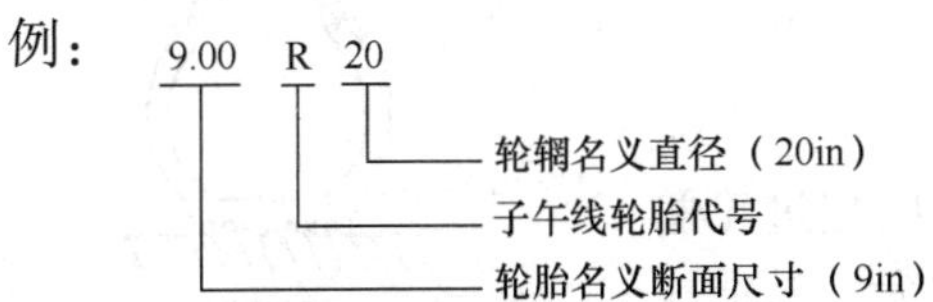

二、汽车轮胎的选配

1. 轮胎选配方法

原则上要按照车辆使用说明书的规定选用轮胎的规格牌号。实际选配时，轮胎的尺寸规格应符合原车的要求；轮胎的速度等级必须与车辆最高行驶速度相适应；轮胎的负荷能力要与载质量相适应；轮胎的花纹要与道路条件相适应。轮胎的尺寸规格、速度等级及负荷能力均标记在胎侧，选用时必须认真核对，使轮胎的规格、性能完全符合该车型及运用条件的要求，这是用好轮胎的前提条件。

2. 轮胎选配注意事项

1）同一辆车所装的轮胎，其厂牌、花纹应一致，不允许混装不同规格的轮胎。否则，会使轮胎磨损加剧、油耗增加、破坏汽车的操纵稳定性。

2）换用新轮胎时，最好全车成套更换。如不能这样，应尽量避免只换一个轮胎，最少应把一轴上的轮胎同时更换，不允许在同一轴上装用新旧差异较大的轮胎。由于轿车多是前轮驱动，它的前轮既是驱动轮，又是转向轮，磨损速度较快。因此，花纹最深的轮胎或新胎应装在前轮上，这样还可使前轮的摆振和侧滑减小，保证行车安全。

三、汽车轮胎的合理使用

合理地使用轮胎，能降低行驶阻力，节省油耗，降低轮胎磨损速度，防止不正常的磨损和损坏，提高轮胎使用寿命，降低汽车运输成本，并有利于行车安全。

1. 保持合适的轮胎气压

轮胎气压标准是根据轮胎的构造、材料强度、实际负荷以及汽车的操纵稳定性、行驶平顺性、汽车的动力性及经济性的要求确定的，因此使用时轮胎的气压应符合规定值。

轮胎气压过高或过低，对汽车的使用性能都不利。如轮胎气压过低，会使轮胎的滚动阻力加大，汽车动力性变差，汽车油耗上升，同时汽车操纵性也受到影响；如轮胎气压过高，则轮胎与路面的附着性能下降，汽车制动距离延长，易发生侧滑。轮胎气压过高或过低还会加剧轮胎的磨损，缩短轮胎的使用寿命，如图8-2所示。轮胎气压过低时，轮胎的刚度也随之下降，造成汽车行驶时胎侧发生强烈弯曲，使胎体产生很大的应力，帘布层受到损害，同时，胎侧弯曲变形时，胎温升高，轮胎胎肩磨损加快，如图8-3所示；轮胎气压过高时，造成胎体应力过大，胎冠中间部分

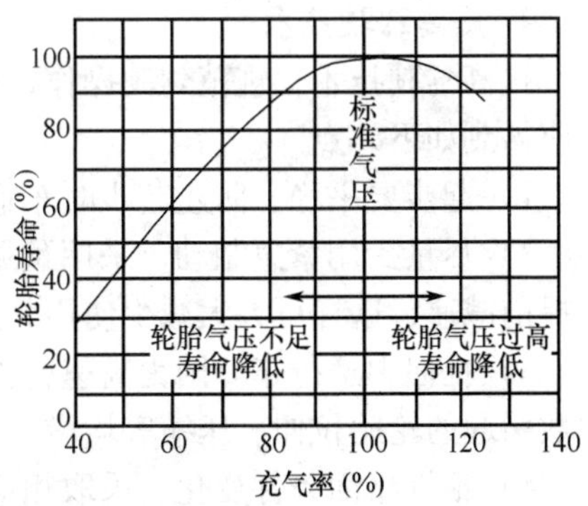

图8-2 轮胎气压与轮胎寿命的关系图

磨损增加，严重时胎冠爆裂。因此，应定期检查和调整轮胎气压，使之符合规定值。

2. 防止轮胎超载

汽车在使用过程中不得超载，轮胎的负荷不应超过轮胎的额定负荷。超载行驶时，轮胎帘线所受压力增大，易造成帘线折断、松散和帘线脱层，当受到冲击载荷时，会引起爆胎，同时因接地面积增大，会加剧胎肩的磨损。

3. 轮胎应定期换位

由于汽车在行驶过程中，前后轮的载荷、受力及功能不同，因而汽车轮胎的磨损不同，为保持轮胎磨损均匀，延长轮胎的使用寿命，并使寿命趋于一致，轮胎应定期换位。轮胎每行驶15000～20000km，应按一定的顺序进行一次换位。

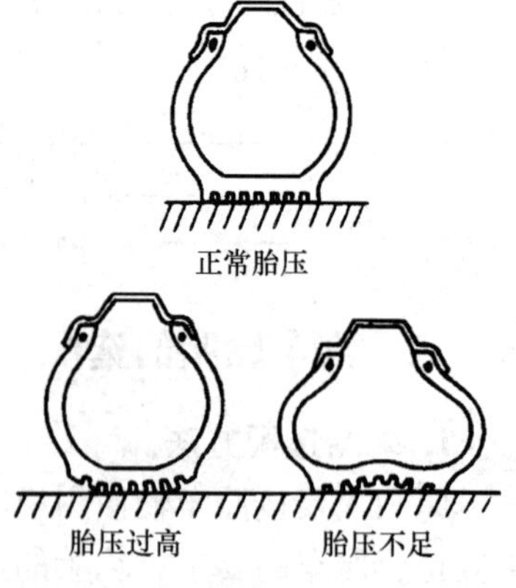

图8-3　轮胎气压状况与轮胎磨损

四轮二轴汽车的轮胎换位可参照图8-4所示的方法进行。普通斜交轮胎常采用交叉换位法，如图8-4a所示；子午线轮胎宜采用单边换位法，如图8-4b所示。子午线轮胎的旋转方向应始终不变，若换位后反向旋转，则会因钢丝帘线反向变形产生振动，导致汽车平顺性变差。

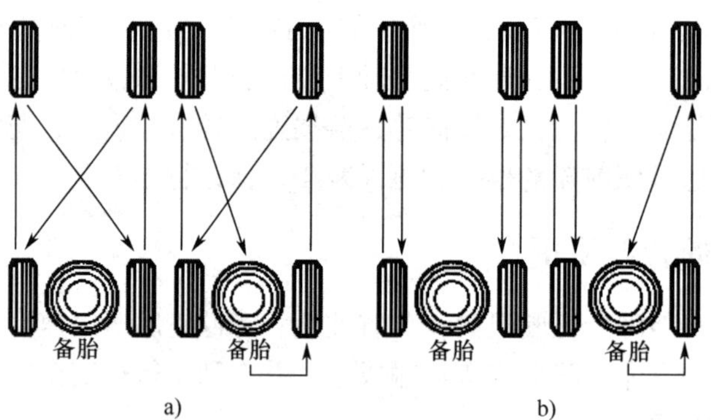

图8-4　四轮二轴轮胎换位法

a）交叉换位法　b）单边换位法

4. 提高驾驶技术

提高驾驶技术，规范驾驶操作，可以延长轮胎的使用寿命。为提高轮胎使用寿命，驾驶人应做到如下几点。

1）起步要平稳，防止起步时车辆窜动，减少轮胎磨损。

2）尽量少用紧急制动，采用预见性制动。行车时注意观察车流、人流等各种情况，遇事提前减速，这样可大大减少使用紧急制动的频率，从而减少轮胎的磨损。

3）提倡中速行车。因为高速行驶时，轮胎承受的冲击负荷、离心力、单位时间内接地次数引起的轮胎拉伸、压缩等均增大，易使轮胎损坏。

4）根据路面条件变化，采取相应对策。路面的好坏对轮胎寿命影响很大，应尽量选择良好路面行驶；若遇有铁路道口和不平路面，则应减速行驶；若遇有石块、锋利物，则应及时处理。

5）注意轮胎温度。轮胎的最高允许工作温度约为80～90℃，若超过这一温度必须停车

散热，绝对不能用放气降压的办法来企图降温，这样会适得其反，更不能泼水降温，这样会使橡胶层骤冷，从而破坏橡胶层和帘线层的结合强度。

6）靠边停车时一定要注意不要让胎侧擦撞很硬的水泥路肩，这对子午线轮胎、无内胎轮胎尤为重要，因为这些轮胎的胎侧较普通斜交轮胎薄。

5. 加强轮胎维护

1）经常检查轮胎有无损坏，并随时除去嵌入轮胎花纹中的杂物。

2）若轮胎出现偏磨，产生不规则磨损，则应检查车轮定位，因为前、后车轮定位参数发生改变时，不仅影响汽车的操纵稳定性，而且还导致汽车轮胎的异常磨损。

3）轮胎的拆装必须使用轮胎拆装机，严禁直接用手工拆装。不正确地拆卸轮胎或装配轮胎往往会使轮胎的胎圈部位变形或损伤，轻则影响轮胎的气密性或导致轮胎胎侧出现鼓包，重则使轮胎胎体帘线断裂而报废。

4）轮胎修补或更换后，装车前应进行动平衡。使用动不平衡的车轮，会使汽车行驶的振动和噪声加大，并且使轮胎出现不规则磨损而缩短轮胎使用寿命。

第四节 汽 车 维 护

汽车维护是指对车辆实施清洁、检查、补给、润滑、紧固、调整等作业内容，保证汽车具有良好的技术状况、延长汽车使用寿命的技术性工作。

一、汽车维护的必要性

汽车在使用过程中，会受到各种各样外界运行条件的影响、内部工作压力的作用以及自然因素的侵蚀，无论车主如何精心爱护，汽车会随着使用时间的增长，行驶里程的增加，其技术状况会逐渐变坏：车身会失去昔日的光泽；紧固的各部件会产生松动；各部配合间隙会因磨损而增大；车上的机油、变速器油、冷却液等会结焦、结垢、变质、失效。这些状况如不及时处理，则会影响汽车的正常工作，甚至导致严重事故。因此，必须采取一系列维护措施，适时地对汽车进行维护，如经常地清洁车身，去污上光打蜡；定期更换各种车用保护液；定期加注润滑脂；定期检查调整各部紧固件和配合间隙等。

只有经常维护汽车，才能保证汽车始终处于完好的技术状态，延长汽车使用寿命。可以说，注重维护是使汽车长葆青春的最佳办法。如果平时不维护，等坏了再修，其结果只能是误事、误时、费车、费钱。

二、汽车维护的原则和目的

1. 汽车维护的原则

车辆维护的原则是：预防为主，强制维护。预防为主就是根据汽车技术状况变化的规律，在其性能下降或故障、隐患发生之前，提前进行维护，做到防患于未然。强制维护就是汽车一旦行驶到规定的维护周期，必须按期强制执行维护，并在维护时按规定的维护作业项目强制进行，保证维护质量。强制维护是在计划预防维护的基础上进行的，其强制目的是为了进一步强调维护的重要性，防止盲目追求眼前利益，忽视及时维护，造成汽车技术状况急剧变化和事故不断的现象出现。

汽车维护时，一般不得对汽车主要总成进行解体，除非主要总成发生故障必须解体。

2. 汽车维护的目的

汽车维护的目的是保持车容整洁，及时发现和消除故障、隐患，防止车辆早期损坏，使车辆达到下列要求。

1）车辆经常处于良好的技术状况，随时可以出车，提高车辆的完好率。

2）在合理使用的条件下，不致因中途损坏而停车，不致因机件事故而影响行车安全。

3）在运行过程中，降低燃、润料以及配件和轮胎的消耗。

4）减小车辆噪声和排放污染物对环境的污染。

5）各部总成的技术状况尽量保持均衡，以延长汽车大修间隔里程。

6）保持车身靓丽、美观。

三、汽车维护分级

我国汽车维护制度将车辆维护分为日常维护、一级维护、二级维护。除此之外，还有磨合期维护和季节性维护。

1. 日常维护

日常维护是日常性作业，由驾驶人负责执行。日常维护属于预防性维护作业，是各级维护的基础，驾驶人在出车前、行车中、收车后必须对车辆进行检视维护。日常维护的目的是发现隐患，确保汽车具有安全行驶的能力以及清洁美观。日常维护的中心内容是清洁、补给和安全检视。

2. 一级维护

一级维护由专业维修工负责执行。当汽车行驶达到一级维护周期时，对汽车应进行强制性的一级维护。一级维护的目的是使汽车继续保持良好的技术状况，减少磨损，确保机件的正常运行。一级维护的中心内容除日常维护作业外，以清洁、润滑、紧固为主，并检查有关制动、转向等安全部件，同时还应有严格的过程检验和竣工检验。一级维护的工艺过程如图 8-5 所示。

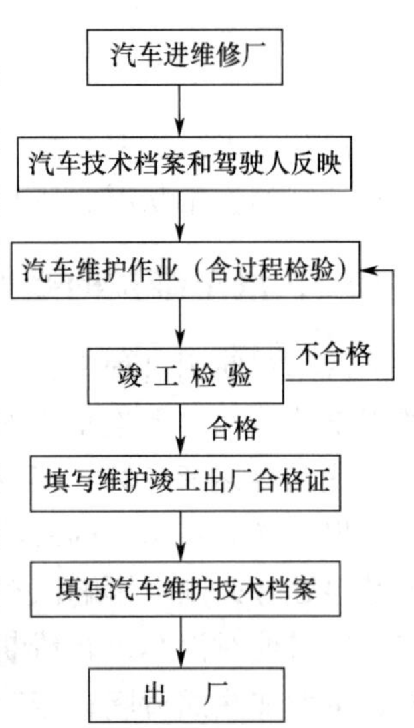

图 8-5 汽车一级维护工艺过程

3. 二级维护

二级维护由专业维修工负责执行。当汽车行驶达到二级维护周期时，对汽车应进行强制性的二级维护。二级维护的目的是为了维持汽车各总成、部件具有良好的工作性能，确保汽车行驶的安全性、动力性和经济性。二级维护前，对汽车要进行检测，检测结果既可确定二级维护附加作业，也可作为签订维护合同的依据之一。二级维护的中心内容除一级维护作业外，以检查、调整为主，并拆检轮胎，进行轮胎换位，视需要进行一些附加作业，同时还应有严格的过程检验和竣工检验。二级维护的工艺过程如图 8-6 所示。

磨合期维护是指磨合期内对汽车进行的维护，一般分为磨合前、磨合中和磨合后维护。磨合后应进行一次全面维护，其作业项目和深度按制造厂的要求进行，主要是检查、紧固调整和润滑。

季节性维护是指汽车进入夏、冬季运行，在季节变换之前对汽车进行的维护，使汽车能

很好地适应变化了的运行条件。季节性维护通常结合定期维护一并进行。

四、汽车维护周期

汽车维护是一种预防性工作，它应在汽车性能下降或故障、隐患发生之前进行，这样可做到防患于未然。同时汽车维护也是一种强制性工作，汽车一旦行驶到规定的维护周期，必须按计划强制执行。

汽车维护周期应根据汽车使用说明书的规定，同时综合考虑汽车的使用条件、使用强度、故障规律、运行材料和配件质量、排放污染控制的强化程度、技术经济条件等因素确定。随着运行条件的变化和新工艺、新技术的采用，维护周期还可进行调整。

由于我国地域辽阔，汽车使用条件复杂，车辆结构性能、制造水平不同等原因，各种车型的维护周期没有作出统一的规定。目前，汽车一、二级维护周期基本上是参照生产厂家汽车使用说明书的规定和以往的使用经验来确定的。

通常，中型货车的一级维护行驶里程约为 3000 ~ 5000km；二级维护行驶里程约为 10000 ~ 15000km。轿车的一、二级维护周期相对长些，具体的数值因车型不同而异，如上海桑塔纳轿车的一级维护为 15000km（或每年），二级维护 30000km（或 2 年），磨合期维护 7500km。

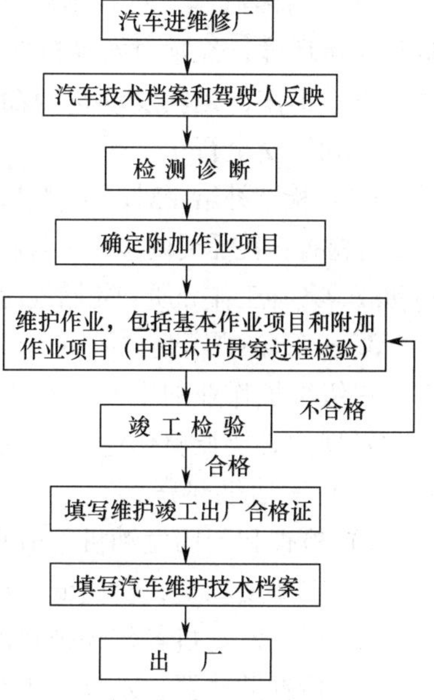

图 8-6　汽车二级维护工艺过程

五、汽车维护作业

1. 汽车维护总体作业

汽车维护作业的总体内容是：清洁、补给、检查、紧固、调整和润滑等。

（1）清洁　清洁工作是提高维护质量、减轻机件磨损和降低油耗的基础，并为检查、紧固、调整和润滑做好准备。清洁工作总的要求是：车容整洁，发动机及各总成、部件和随车工具无污垢，各滤清器工作正常，各管路通畅。

（2）补给　补给是保证汽车连续运行的基础。通过检查，保证汽车油、液、电、轮胎等供给及时和正常。

（3）检查　检查就是通过检视、测量、试验和其他方法，确定汽车以及各总成、部件技术状况是否正常，工作是否可靠，机件有无变异及损坏，为正确维修提供可靠的依据。其要求是：发动机和各总成、部件状况正常，各连接件完好并紧固可靠。

（4）紧固　汽车在运行中由于颠簸、振动、机件热胀冷缩等原因，各紧固件的紧固程度会发生变化，甚至松动、损坏和丢失。紧固是保证车辆正常工作的前提，其要求是：各紧固件必须配齐无损坏，安装可靠，拧紧程度符合技术规定的要求。

（5）调整　调整工作是恢复车辆良好技术性能和正常配合间隙的技术性工作，其好坏直接影响汽车的经济性和可靠性。因此，调整工作必须根据实际情况及时进行，其要求是：熟悉各部调整的技术要求，按照调整方法、步骤认真细致地进行调整。

（6）润滑　润滑工作是减轻汽车磨损、降低汽车噪声、延长汽车使用寿命的重要工作。对润滑工作的要求是：加注润滑剂的工具清洁，加注口和油嘴应擦拭干净，并按不同地区和季节，正确选用润滑剂品种，加注适量的润滑剂。

2. 日常维护作业

（1）清洁汽车　对汽车外观进行清洁，维持车身靓丽，保持车容整洁，以体现车主素质并美化环境；经常对发动机外表，对机油、空气、燃油滤清器和蓄电池进行清洁，保证发动机正常工作，延长发动机寿命；对车室内仪表板进行清洁，确保驾驶人观看信息方便清晰，有利于安全行车。

（2）检查补给　对汽车制动、转向、传动、悬架、灯光、信号等安全部位和发动机运转状态进行检查，视需要调整至正常状态，确保行车安全。对汽车各部润滑油(脂)、燃油、冷却液、制动液、各种工作介质和轮胎气压进行检视并补给，防止汽车漏水、漏油、漏气和漏电。

3. 一级维护作业

一级维护作业的主要内容包括总成和连接件的紧固，主要总成和部件的润滑以及外部检查时发现的必要调整作业。下面以一般汽油车为例说明一级维护的主要作业项目。

（1）发动机部分

1）检查和紧固发动机、散热器固定螺栓及进、排气管螺母。

2）起动发动机，检查低、中、高速有无异响及机油压力是否符合要求。

3）检查发动机各传动带状况和传动带张力，调整传动带的张紧度。

4）检查散热器、水泵，水管等有无漏水现象。

5）检查发动机燃油供给系有无渗漏燃油现象和发动机有无渗漏机油现象。

6）清洗和检查喷油器、汽油泵、汽油滤清器、空气滤清器、机油滤清器。

7）检查曲轴箱通风装置、三元催化转化装置，应齐全、无损坏。

8）对照润滑表对各润滑部位加注润滑油或润滑脂。

（2）电器部分

1）清洁和检查火花塞、分电器并润滑分电器凸轮。

2）清洁和紧固发电机、起动机、蓄电池，检视蓄电池电解液高度，并添加蒸馏水。

3）检查照明灯、信号灯、喇叭及仪表等是否完好。

4）检查各电路连接是否牢靠。

（3）底盘部分

1）检查离合器踏板、制动踏板自由行程和转向盘的自由转动量，并视需要进行调整。

2）检查转向机构各连接螺栓紧固情况，视需要进行紧固。

3）检查驻车制动是否操纵灵活、可靠，并视需要进行调整。

4）检查制动装置及管路，应连接可靠，无渗漏现象。气压制动系应不漏气，液压制动系应不漏油。

5）检查制动液液面高度，应符合规定要求。

6）检查变速器操纵机构是否灵活、可靠，变速器壳有无渗漏现象。

7）检查传动轴总成各连接螺栓紧固情况，视需要进行紧固。

8）检查主减速器壳体有无漏油现象。

9）检查轮毂轴承松紧度和半轴螺栓紧固情况，视需要进行调整和紧固。

10）检查悬架系统，应连接可靠，无损坏。

11）检查轮胎及气压，轮胎应无损坏，并按规定气压充气。

12）对照润滑表对各润滑部位加注润滑油或润滑脂。

（4）车身部分

1）清洁汽车车身及各附件。

2）检查车身表面，应无裂纹、变形现象。

4. 二级维护作业

汽车二级维护作业，除进行一级维护作业内容外，还要增加如下内容。

（1）发动机部分

1）清洗机油滤清器。机油滤清器应密封良好、无堵塞、完好有效，可视情更换机油滤清器。

2）更换发动机机油。机油规格性能指标及液面高度应符合规定。

3）清洁空气滤清器。空气滤清器应清洁有效，安装可靠。恒温进气装置真空软管安装可靠，进气转换阀工作灵敏、准确。

4）检查清洁燃油蒸发控制装置，必要时予以更换。

5）检查、清洁曲轴箱通风装置，确保其清洁畅通，连接可靠，不漏气，各阀门无堵塞、卡滞现象，灵敏有效。

6）检查三元催化装置，必要时可更换。

7）检查散热器、百叶窗、节温器、水泵。要求：散热器及软管无变形、破损及渗漏；散热器盖接合面良好，散热器盖压力阀开启压力符合要求；节温器工作性能符合规定；水泵不漏水，无异响。

8）检查电控燃油喷射系统供油管路密封状况，应密封良好，作用正常。

9）检查调整气门间隙，使其符合规定值。

10）检查气缸盖，应无裂纹、不漏气，并按规定次序和拧紧力矩紧固气缸盖。

11）检查消声器、排气管，应无裂纹、不漏气，消声器性能应良好。

（2）电器部分

1）清洁火花塞，使其电极表面清洁，检查并调整火花塞电极间隙，使其间隙符合规定。必要时可更换火花塞。

2）清洁、检查分电器和高压线，分电器应无松旷、漏电现象，高压线性能应符合规定。

3）检查调整发电机电压调节器，使其电压符合规定。

4）检查蓄电池电解液密度，必要时进行充电。

5）清洁并润滑发电机、起动机，检查发电机、起动机的工作性能，其工作应正常。

6）检查、调整前照灯，必要时修理或更换。

7）检查刮水器，其电动机运转应无异响，连动杆连接应可靠，若不正常应修理或更换。

8）检查空调运转状况，看有无异响，制冷效果是否良好，暖气装置工作是否正常。

9）检查全车电器线路，应连接可靠，绝缘良好，若不正常应修理或更换。

（3）底盘部分

1）拆检车轮制动器，清洗、润滑并调整轮毂轴承，调整制动摩擦片与制动鼓（制动盘）之间的间隙。

2）检查驻车制动性能，检查并调整驻车制动器自由行程。

3）检查转向器传动机构的工作状况和密封性，检查和调整转向盘自由转动量，校紧转向系各部紧固螺栓。

4）检查转向器、变速器、主减速器等润滑油的品质和液面高度，视需要添加或更换润滑油。

5）检查变速器工作状况，看有无异响、跳档、乱档现象。

6）检查传动轴总成工作状况是否正常，防尘罩是否损坏，传动轴承支架有无松动，中间轴承间隙是否符合规定。

7）检查悬架有无松动、裂纹，视情补焊、校正以及紧固。

8）检查前束及转向角，必要时进行调整。

9）检查轮胎，轮胎应无裂纹、老化、变形现象，进行轮胎换位，磨损严重时更换轮胎。对轮胎充气、并紧固轮胎螺栓。

10）全车加注润滑脂的部位全部加润滑脂润滑。

（4）车身部分　检查车身，应无变形、断裂、脱焊现象，其连接螺栓、铆钉处应紧固可靠。

第五节　汽车行驶故障的应急处理

汽车在行驶过程中出现故障尤其是出现常见故障是不可避免的。万一遇到，只要采取合理的有效措施，及时地处理汽车常见故障，则可避免汽车恶性事故发生，保证行车安全。

一、仪表故障灯显示异常

轿车上故障灯的种类越来越多，故障的显示越来越全。当汽车出现某些故障或偏离正常状态时，则相应的故障灯点亮报警，以引起驾驶人注意。如果是红色故障灯点亮，则应立即处理；如果是黄色故障灯点亮，则汽车不妨碍继续行驶，但也要采取相应措施。

1. 机油压力指示灯点亮

（1）故障现象　机油压力指示灯是以机油壶作为标志的红色警告灯。发动机起动一段时间后，红色的机油指示灯不熄灭，或者行车途中该灯突然亮起。

（2）应急处理　机油压力指示灯点亮，说明发动机润滑系统有故障，应及时采取以下措施。

1）首先打开紧急信号灯，换空档，滑行到路边停车，发动机熄火。

2）打开发动机舱盖，抽出机油尺，检查发动机机油量。如果机油量不足，应检查机油量不足的原因：是长时间没有换过机油，还是突发的漏油或者是发动机机油消耗严重。如果是漏机油，要尽快到修理厂检修；如果是消耗引起机油量不足，则设法补充后再上路。

3）如果机油量正常，则检查机油粘度是否过小。用拇指和食指沾少许机油，两指拉开，两指间应有 2～3mm 的油丝，否则机油粘度过小。若机油粘度过小，有条件时可更换机油试车。

4）如果机油量正常且机油粘度合适，但只要发动机一起动，机油压力指示灯仍然会一直点亮，则表示发动机内部有问题，如机油泵故障、机油油道堵塞、轴承磨损过度、机油滤清器堵塞、机油限压阀失控、机油压力指示灯控制电路故障等，应立即送修理厂检修。

2. 冷却液温度指示灯点亮

（1）故障现象　冷却液温度指示灯是红色警告灯。在点火开关接通后，冷却液温度指示灯总是点亮不熄灭，或者行车途中该指示灯突然亮起。

（2）应急处理　冷却液温度指示灯点亮，说明发动机过热，应及时采取以下措施。

1）靠路边停车处理。停车后打开发动机舱盖检查：查看散热器表面，散热片是否倾倒过多，是否脏污，或有树叶、昆虫或其他东西堵塞散热片；观察散热器风扇转动是否正常，现代汽车多为电动双速风扇，其高低速取决于冷却液温度，如富康轿车在冷却液升温过程中，当温度高于97℃时，风扇以低速运转，当温度达到101℃时，风扇以高速运转，既然冷却液温度指示灯点亮，则风扇应高速运转为正常。如果发动机确实过热，而散热器风扇不转或转速过低，则应送入维修厂修复；如果上述检查正常，则进行下一步骤。

2）检查冷却液量。首先检查一下储液罐，如果是空的，那很有可能发动机内冷却液量不足；再打开散热器盖检查散热器中的冷却液量是否充足，如果看不见冷却液，则说明冷却液量过少。

如果冷却液量很充足，则说明发动机内部有故障：若缸盖与散热器进液口处两者温差很大，则说明冷却液循环不良，故障可能在节温器；若节温器正常，则说明水泵有故障。此时应等待发动机冷却液温度降低后，立即将汽车开到就近的维修站检修。如果冷却液量不足，则进行下一步骤。

3）检查冷却液渗漏并补充冷却液。冷却液量不足是因为冷却系有渗漏。因此，应找出有关渗漏部位并排除故障，再及时补充冷却液。

3. 蓄电池充电指示灯点亮

（1）故障现象　蓄电池充电指示灯是红色警告灯。在点火开关接通后、发动机正常运转时，蓄电池充电指示灯总是点亮而不熄灭。

（2）应急处理　汽车行驶发动机正常工作时，蓄电池充电指示灯点亮，说明发电机没有向蓄电池充电，应及时采取以下措施。

1）先把车靠路边停下，将发动机熄火，同时关掉车上所有的用电器和灯，以减少蓄电池电力的消耗。

2）打开发动机舱盖，检查发电机传动带，看是否松弛、断裂，或者是打滑。如果是传动带松弛，上紧即可，然后起动发动机，这时充电指示灯如果熄灭，那就表示故障排除了。如果传动带断裂或者是老化打滑，那只有换新传动带，当然车上要有备用传动带才行。如果发电机传动带问题解决了，充电指示灯仍亮着，则进行下一步骤。

3）检查发电机上的电线接头，看是否接触不良。现在大部分轿车用的发电机都是交流发电机，而且电压调节器都装在发电机壳体里面。如果汽车有独立的充电电压调节器，还得去检查调节器上电线接头的状况。同时也要检查与发电机连接的线路，看电线有无折损？绝缘外皮有无破损？必要时可以把快折断的那截电线剪断，绑接后再用电工胶布缠紧来应急。处理后，若充电指示灯还亮着，则进行下一步骤。

4）检查蓄电池接线柱。如果有松动或腐蚀，则应清洁接线柱桩头，再拧紧试车。通常蓄电池接线柱桩头松动会造成接触不良、电阻增大、桩头发热。在解决蓄电池接线柱问题之后，充电指示灯还是亮着，则故障原因在发电机，只有进厂检修。

4. 制动系统指示灯点亮

（1）故障现象　制动系统指示灯是红色警告灯。在点火开关接通后，行车途中驻车制动杆完全放下时，制动系统指示灯总是点亮而不熄灭。

（2）应急处理　汽车行驶时，制动系统指示灯长期点亮，说明制动液罐中的制动液不足，应及时采取以下措施。

1）小心地将汽车停在路边。

2）打开发动机舱盖，检查制动液储液罐。看制动液液面是否在最低线下方。如果在下方，说明制动液量不足，此时添加建议使用的制动液到 MAX 记号处，再将驻车制动杆完全放松和起动发动机，如果制动系统指示灯熄灭，说明故障是制动液不足引起的。

3）如果制动液量充足，且制动系统指示灯持续亮着不熄灭，可进行制动操作。如果制动效果尚可，同时判断行驶还安全，则可能是警告灯控制电路有问题，应小心驾驶到附近维修站进行检修。

4）如果发现制动液渗漏，或是制动系统指示灯持续亮着不熄灭且制动无法正常作用时，应设法将车辆拖到最近的维修站进行检修。

5. ABS 指示灯点亮

（1）故障现象　ABS 指示灯是一种黄色警告灯。在点火开关接通、汽车行驶时，ABS 指示灯总是点亮而不熄灭。

（2）应急处理　ABS 指示灯亮起后不熄灭或在行车过程中亮起，说明汽车 ABS 工作不正常。此时，不必过于紧张，因为汽车的常规制动系统还是正常的，车辆可以继续行驶，只是制动时已不具备 ABS 功能而已，紧急制动时车轮可以抱死，制动时方向稳定性变差，制动操作应更谨慎，建议尽快检修，恢复 ABS 功能。

汽车行驶时，如果 ABS 指示灯和制动系统指示灯同时亮起，则说明不仅是 ABS 有故障，而且常规制动系统也存在问题。遇到这种情况，应进行制动操作，看是否有制动效果，如果有，请尽快将汽车就近送入维修站检修；如果没有制动效果，应尽快请维修站人员解决。

6. ESP 指示灯点亮

（1）故障现象　ESP 指示灯是一种红色警告灯。在点火开关接通、ESP 功能开启、汽车行驶时，ESP 指示灯总是点亮而不熄灭。

（2）应急处理　汽车行驶过程中该灯常亮表示 ESP 功能关闭或 ESP 存在故障。由于 ESP 是与 ABS 协同工作的，所以当 ABS 出现故障时，ESP 指示灯也会亮起。

当驾驶汽车时，如果发现 ESP 指示灯亮起后不熄灭，先看看是否关闭了 ESP，如果关闭了 ESP，ESP 指示灯点亮是正常的，此时可以开启 ESP 功能，正常时 ESP 指示灯应熄灭。如果是开启的，ESP 指示灯点亮，说明 ESP 确实存在故障，也可能是 ABS 故障引起的，此时不必紧张，车辆可以继续行驶，只是汽车不具备 ESP 功能，操纵稳定性变差而已，当然驾驶风格或习惯也要相应地调整，建议尽快送入维修站检修。

7. 发动机控制系统指示灯点亮

（1）故障现象　发动机控制系统指示灯是一种黄色警告灯。在点火开关接通、汽车行驶时，发动机控制系统指示灯总是点亮而不熄灭。

（2）应急处理 汽车行驶过程中，发动机控制系统指示灯如果长亮，则发动机可能存在电控系统故障、排放控制系统故障。

发动机控制系统指示灯点亮时，发动机控制系统采用安全保障功能，启用后备控制回路，调用备用参数，进入简易控制运行机制，使车辆可以继续行驶。尽管发动机仍然可以运行，但发动机不能工作在最佳状态，使得发动机的动力性、经济性、运转平稳性恶化。因此，行车当中发动机控制系统指示灯点亮时，汽车可以继续行驶，但应尽快送往维修站检修。

二、汽车制动失灵

（1）故障现象 汽车在行驶中，当一脚或连续几脚踩制动时，制动踏板均被踏到底，但没有制动效果，或气压制动时一脚踩下去无制动效果。

（2）应急处理 汽车在高速公路上行驶，如果制动失灵，则应马上向紧急停车道变道，车辆进入紧急停车道后，可以将变速器抢挂低档，然后将发动机熄火，这样可利用发动机的制动作用使车速快速下降，当车速低于30km/h后再用驻车制动将汽车停住。如果是自动档汽车，则应稳住转向盘，并将变速杆置于L位，再慢慢收加速踏板，让汽车慢慢地自行降速，最后用驻车制动将汽车停住。

汽车在普通的平坦道路上行驶，如果制动失灵，则驾驶人应把稳转向盘，保持对车辆行驶方向的控制，以便躲避碰撞，并迅速将变速器换入1档，依靠发动机的阻力作用降低车速，然后再拉紧驻车制动，且不断地用喇叭、灯光警示，使汽车急速停靠公路旁。

汽车在下坡过程中，如果制动失灵，首先抢挂低档，利用发动机制动和驻车制动，若仍无法控制车速，汽车面临下滑、翻车或碰撞危险时，驾驶人应果断地利用道路上的路坎、行道树、栏栅、挡护板、草堆、土堆等天然障碍物，给汽车造成阻力，以消耗汽车的惯性力，迫使汽车减速停车。在山区情况紧急时，可将汽车靠向山边一侧，利用车厢侧面与山崖的擦碰，强制汽车减速停车，避免恶性事故发生。需要指出的是：不减速就直接向周围障碍物冲去是极其危险的，因为高速剧烈的乱撞会直接损坏车辆并容易引起强烈反弹使乘员受到严重伤害；不要将建筑物、其他车辆作为碰停的目标，以免造成更大的事故；选择应急擦碰停车时，应避开油箱或加油口一侧，以免引起火灾。

在进入弯道或转弯之前制动失灵时，驾驶人应先控制住方向并快速地抢入低档，利用发动机制动，可视情决定是否利用驻车制动。进入弯道前，可配合使用驻车制动将车速降下来；进入弯道后，如果是急转弯行车，则不要拉紧驻车制动，否则会造成车辆甩尾，从而导致更大的事故。

三、汽车转向失灵

（1）故障现象 驾驶车辆转向时，突然感到打转向盘的感觉变空、变轻，无法控制转向轮的行驶方向。

（2）应急处理 汽车在行驶中转向突然失灵，应立即踏下制动踏板，控制车速，尽可能安全平稳地将车辆停靠路边。注意：高速制动太急时，容易导致汽车侧滑甚至翻车。如果情况尚可，应采取缓踩制动踏板的方法使车辆慢慢停住。当车辆转向失灵，行驶方向偏离，事故已经无可避免时，应紧急制动，尽快减速，极力缩短停车距离，减轻撞车力度。

如果车辆在险恶的弯道行驶时发生转向失灵，车辆往往会冲出路面导致撞车或翻车。此时，驾驶人应一边紧急制动，一边紧紧抓住转向盘，同时让身体后仰，紧贴着背垫，随着车体翻滚，一定要避免身体在乘员舱里滚动，以免撞伤。如果车辆从高空下坠，则应在下坠过程中，看清下坠方向的地理情况，以便落地后采取适当的逃离措施。当看到汽车即将坠到地面时，应缩头弓背，双手抓紧车上固定物体，作好受冲击准备。若来得及调整身体姿势，可让腿部朝着坠地方向，保护头部，避免受致命创伤。

汽车转向失灵是很危险的，但在一定程度上它是可预防的。在转向失灵前一般会有前兆，如方向摇摆、跑偏、有异常响声、转向盘的自由行程突然增大、打转向盘沉重等。遇到这些情况应停车检修。另外，驾驶人在出车前要检查转向操纵机构是否正常，在驾驶中应尽量避免打死转向盘。

四、汽车行驶爆胎

(1) 故障现象　汽车在行驶中，轮胎突然爆破，车辆向发生爆胎的一侧跑偏、转向。

(2) 应急处理　汽车在行驶中爆胎，驾驶人要松开加速踏板，紧握转向盘，控制车辆直线行驶，并轻踩制动或利用车辆的自然阻力使车辆靠边停下。注意：不要采取紧急制动，否则会导致车辆跑偏加剧、自行转向，尤其是在弯道上爆胎更是如此。

如果是前轮爆胎，则危险较大，因为这样会大大地影响驾驶人对转向盘的控制。此时，驾驶人应尽可能地轻踩制动踏板，避免爆破的轮胎产生更大的制动力而脱离轮辋，使车头部分承受太大的应力，同时驾驶人应双手紧握转向盘，在汽车大幅度偏左或偏右时，立即进行校正。

如果是后轮爆胎，汽车的尾部就会摇摆不定，颠簸不已。此时，驾驶人应双手紧握转向盘，保持汽车直线行驶。同时，轻踩制动踏板，不仅可降低车速，而且还可使汽车的重心前移，使完好的前轮胎受力，减轻爆破的后轮胎所承受的载荷。

汽车行驶爆胎容易引发恶性事故，驾驶人应预防爆胎。通常，轮胎爆胎的原因很多，如气压不足易使轮胎侧壁弯曲折断而发生爆胎；气压过高或者汽车超载，轮胎有缺陷或老化容易导致爆胎；在天气炎热的夏天或长时间高速行驶产生驻波现象，使轮胎温度过高而导致爆胎；锐利的石头和其他物品刺破轮胎可引发爆胎。因此，驾驶人应定期检查轮胎，常测胎压，保持轮胎气压在标准范围内；及时清理轮胎沟槽的异物；更换有裂纹或有损伤的轮胎；严禁超载；杜绝超速行驶。

五、汽车行驶侧滑

(1) 故障现象　汽车在行驶中，车轮突然出现侧向滑移，方向难以控制。

(2) 应急处理　高速行驶的汽车以出现甩尾或后轴侧滑居多。汽车侧滑后，应根据产生侧滑的原因采取相应的措施。如果是制动造成的侧滑，应立即停止制动，同时把转向盘转向后轮侧滑的一侧，打转向盘时不能过急，否则汽车可能向相反的方向滑动；如果是加速造成的侧滑，应立即减速，使驱动力变小以消除驱动轮滑转引起的侧滑，同时用转向盘控制方向，消除侧滑对方向的影响；如果是转弯时离心力过大造成的侧滑，则应迅速减速，并打转向盘配合；如果是路滑造成的侧滑，则应降低车速，同时用转向盘修正方向。

侧滑往往是严重车祸的前奏。为了防止侧滑，车速必须放慢，根据路面的条件不能超过规

定的行车速度。在溜滑路面行驶时每次起动、停车、转弯都必须缓慢，以避免侧滑。在溜滑路面或转弯行车时，或侧滑发生后，应尽量避免紧急制动，必要时可采用点制动或发动机制动。

六、汽车行驶突然熄火

（1）故障现象　汽车在运行中，因驾驶人操作失误或车辆技术故障等原因，导致发动机突然熄火而又无法起动，使汽车不能继续行驶。

（2）应急处理

1）在铁路道口铁轨上突然熄火。汽车驶到铁路道口铁轨上突然熄火而无法起动时，应立即设法使汽车迅速离开轨道，以免火车与汽车相撞。可采取以下几种紧急措施。

① 起动机驱车离轨。将汽车迅速挂入 1 档，并松开离合器踏板，起动发动机，利用起动机驱动车辆离开铁路轨道。

② 人力推车离轨。如起动机驱车不动，可将汽车迅速挂入空档，并放松驻车制动，驾驶人可下车推车离轨。如推不动，赶紧呼唤求救，请人协助将车推离铁路道口。

③ 他车拖车离轨。将汽车挂入空档，并放松驻车制动，请求车前或车后汽车，把车拖出铁路道口。

用上述方法仍不能使汽车迅速脱离险区时，应设法以最明显的标志或电信手段通知火车，以便火车提前制动停车，避免险情发生。

2）在高速公路上突然熄火。当汽车在高速公路或汽车专用公路上突然熄火而无法起动时，应利用汽车的行驶惯性驶离主车道，将车停到紧急停车带或路边，并在车后设立警告标志，夜间应同时开启示宽灯。

在多车道高速公路的内侧车道上突然熄火时，如果外侧车道后面没有来车，可打开右转向灯，利用汽车的惯性驶离内侧车道，经外侧车道将车停在路肩上。若外侧车道后面有其他车辆，在打开右转向灯的同时，应反复轻踏制动踏板（在制动器起作用之前，抬起制动踏板），使制动灯产生信号，尽早通知本车道内的后车，使其减速，防止后车追尾。

3）在一般道路上突然熄火。当汽车在一般道路上突然熄火而无法起动时，若周围环境允许，应利用惯性将汽车停到路边；若周围环境不允许或汽车突然不动而停在道路中间，应设法将车推至路边，以免堵塞交通。如果无法移动车辆，应在车后设立警告标志，夜间应同时开启示宽灯。

第六节　汽车更新与报废

随着汽车行驶里程的增加，汽车技术状况总会逐渐由好变坏，最后失去其全部功能而报废。因此，当汽车使用一定年限后，应进行更新。汽车的更新与报废是汽车拥有者必须面对的问题。

一、汽车更新

汽车更新与汽车使用寿命密切相关，它是建立在汽车使用寿命的基础上进行的。了解汽车使用寿命，掌握汽车更新理论，对汽车的更新具有重要作用。

1. 汽车使用寿命

汽车使用寿命可以用累计使用年数或累计行驶里程数表示。根据汽车终止使用的原则不同，汽车使用寿命可分为：汽车技术使用寿命、经济使用寿命和合理使用寿命。

（1）汽车技术使用寿命　它是指汽车从全新状态投入使用开始，直至汽车达到技术极限状态而不能用修理的方法恢复其主要使用性能的使用期限。

汽车一旦达到技术使用寿命，则意味着汽车寿命的终结，此时汽车性能低劣，物料超耗严重，排放污染物超标，维修费用过高，汽车应进行报废处理，其零部件也不能再当成配件使用。

（2）汽车经济使用寿命　它是指汽车从全新状态投入使用开始，到汽车年均总费用最低的使用期限。

汽车年均总费用是汽车年平均折旧费用与该汽车发生的经营费用之和。汽车使用时间越长，每年分摊的折旧费越少；但随着使用年限的增加和行驶里程的延长，汽车技术性能逐渐下降，汽车的运行材料费、维修等经营费用不断增加。因此，年均总费用是随使用时间而变化的函数，如图 8-7 所示。当汽车使用至一定年限后会出现年均总费用的最低值，此值所对应的横坐标上的年限，就是汽车的经济使用寿命，简称经济寿命。

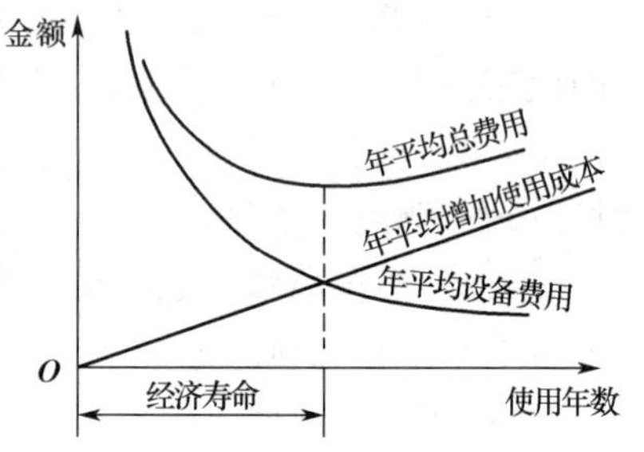

图 8-7　汽车年均总费用曲线

汽车经济使用寿命是汽车经济效益的最佳时期，是确定汽车最佳更新时机的依据。当汽车使用期限超过经济寿命时，在技术上仍可继续使用，但年均总费用上升，汽车使用的经济性将会变差，不宜继续使用，应将汽车予以更新。

我国曾对主要国产车型进行过经济使用寿命的研究。按汽车年平均行驶里程(货车 4. 5 万 km,客车 5 万 km)计算，我国客车的经济使用寿命约为 10 年，货车经济使用寿命约为 9 年。

（3）汽车合理使用寿命　它是指以汽车经济使用寿命为基础，考虑整个国民经济发展和能源节约的实际情况后，所制定出的符合我国实际情况的使用期限。也就是说，汽车已经达到经济寿命，但是否更新应视国情而定，如更新汽车的来源是否畅通、更新资金是否充足等。为此，国家根据上述情况，制定出汽车更新的技术政策，规定车辆的更新期限。

汽车合理使用寿命一般介于技术使用寿命和经济使用寿命之间。但随着国家汽车工业的发展和国民经济实力的增强，汽车合理使用寿命将会趋近或等于经济使用寿命。

2. 汽车更新理论

汽车更新是指以新车或高效率、低消耗、性能先进的汽车更换在用车辆。汽车更新主要是针对在用汽车的劣化问题，主要受到汽车有形磨损和无形磨损的影响。

（1）汽车有形磨损　它是指汽车在使用或闲置过程中，由于载荷或周围介质的作用，使汽车发生的实体磨损。

汽车的有形磨损是逐渐进行的，当汽车有形磨损发展到一定程度，就会出现故障，使维修费用、运行材料费用增高，运输效率降低，若继续使用下去，经济上将是不合算的，此时应考虑更新车辆。当有形磨损致使车辆技术状况恶化而不能作为运输工具使用时，车辆已达到完全磨损的程度，此时必须更新车辆。

（2）汽车无形磨损　它是指汽车在使用或闲置过程中，由于技术的进步，生产率的提高，导致相同结构车辆再生产价值的降低，或者出现性能更好、效率更高的车辆，使得在用车辆的原有价值贬值。

相同结构新车的大幅跌价是典型的无形磨损，它是由于生产该类车辆的社会必要劳动耗

费相应降低而导致的，它不会改变现有车辆的使用价值。因此，不会产生提前更换现用车辆的需要，对车辆的使用寿命没有实质性影响。

因生产出性能更完好、效率更高的新型车而使现有车辆贬值的无形磨损，会使原有车型显得技术性能落后，如继续使用原车型就会降低运输生产的经济效益，会引起原车型的局部或全部使用价值的损失，其结果使原车型在有形磨损未发展到完全磨损之前，就可能出现车辆的更新。其车辆更新的经济合理性，取决于现有车辆的贬值程度以及继续使用旧型车辆时其经济效果下降的程度。

（3）汽车更新与磨损期关系　任何汽车在使用过程中都会发生有形磨损和无形磨损，当汽车的这些磨损达到一定程度时，汽车就需要进行更新。根据有形、无形磨损期的相互关系，汽车更新有下列三种情形。

1）有形磨损期与无形磨损期接近。这意味着当汽车达到应该大修时刻，市场就出现了新型车或有跌价的同型车，汽车也就到了该更新的时刻。这是一种“无维修设计”的理想方案，随着汽车工业的发展，这种理想方案将会实现，但目前没有。

2）有形磨损期短于无形磨损期。这意味着当汽车已遭到完全有形磨损时，而它的无形磨损期还未到来，此时既可对原车进行大修处理，也可更换新车(同型车)。采用何种处理方法比较合理，需要对该车的技术状况、维修费用以及继续使用时的经营费用和购买新车的价格等因素进行综合研究。

3）有形磨损期长于无形磨损期。这意味着当汽车没有完全有形磨损时，市场就出现了更先进的新型车或同型车出现了大幅跌价，此时是继续使用原有汽车，还是更新车辆来使用更先进的新型车或同型新车，需要将经济性和可能性相结合进行分析，才能作出正确决定。

3. 合理更新汽车

（1）确定汽车更新年限　汽车最佳更新年限确定的核心问题是计算汽车的经济使用寿命，主要计算方法有低劣化数值法、应用现值及资本回收系数估算法、判定大修与更新界限法和面值法等。

汽车经济使用寿命除取决于使用时间或里程外，还受使用强度和使用条件等因素的影响。我国地域辽阔，各地运行条件差异很大，因而汽车的经济使用寿命也必然不同。因此，应根据具体情况对计算得到的经济寿命进行必要的修正，最后确定汽车的最佳更新年限。

通常，当汽车维护较好、使用合理、管理妥当时，汽车最佳更新年限相对长些；当汽车使用条件较好，如气候条件、道路条件、运输条件与汽车相适应时，则汽车最佳更新年限相对长些。

（2）合理更新汽车　汽车最佳更新年限确定之后，就应当对现有的汽车进行更新。汽车更新不仅包括同类型新车辆或性能优越车辆去更换尚未达到报废条件的性能较差的车辆，也包括已达到报废条件车辆的更新。对运输企业来说，车辆更新不仅仅是以新换旧和原有车型的重复，还应是对运输单位车辆配置的调整。通过更新，达到优化车辆配置、提高运输效率、降低运输成本的目的。更新车辆是选原车型还是新车型，应根据购买者的经济实力、运输市场情况以及客、货源的变化来决定。

对必须更新的车辆应坚决进行更新。如已达到报废条件的车辆必须更新；如汽车性能低劣、生产效率低或因汽车主要零部件磨损变形超过一定的极限状态，经修理仍不能恢复其使用性能，或在技术上虽能修复，但经济上修复非常不合算的车辆，也必须更新。对汽车使用年限已达到经济使用年限的车辆，建议更新，最好进行更新。

二、汽车报废

报废汽车是指达到国家报废标准，或者虽未达到国家报废标准，但发动机或者底盘严重损坏，经检验不符合国家机动车运行安全技术条件或者国家机动车污染物排放标准的机动车。

1. 汽车报废的必要性

汽车经长期使用后，车型老旧，性能低劣，物料超耗严重，维修费用过高，如果继续使用，则不经济、不安全，对环境的污染大，因此应根据汽车的报废条件对这些汽车进行报废处理。当然，汽车如果提前报废，则会造成运力损失，浪费资源。

2. 汽车报废的条件

根据机动车使用和安全技术、排放检验状况，国家对达到报废条件的机动车实施强制报废，对达到一定行驶里程的机动车鼓励报废。凡在我国境内注册登记的机动车，属下列情况之一的应强制报废。

1）达到使用年限或行驶里程的。各类车型的使用年限及行驶里程如表 8-5 所示。

2）经修理和调整仍不符合机动车国家安全技术标准要求的。

表 8-5　机动车使用年限及行驶里程

<table>
<tr><th colspan="5">车辆类型与用途</th><th>使用年限/年</th><th>行驶里程/(10^4km)</th></tr>
<tr><td rowspan="22">汽车</td><td rowspan="15">载客</td><td rowspan="13">营运</td><td rowspan="3">出租车</td><td>小、微型</td><td>8</td><td>60</td></tr>
<tr><td>中型</td><td>10</td><td>50</td></tr>
<tr><td>大型</td><td>12</td><td>60</td></tr>
<tr><td rowspan="2">租赁车</td><td>小、微型</td><td>10</td><td>50</td></tr>
<tr><td>大、中型</td><td>15</td><td>60</td></tr>
<tr><td rowspan="3">教练车</td><td>小、微型</td><td>10</td><td>50</td></tr>
<tr><td>中型</td><td>12</td><td>50</td></tr>
<tr><td>大型</td><td>15</td><td>60</td></tr>
<tr><td colspan="2">公共汽车</td><td>13</td><td>40</td></tr>
<tr><td>旅游、公路客运车</td><td>大型</td><td>15</td><td>60</td></tr>
<tr><td rowspan="3">其他</td><td>小、微型</td><td>8</td><td>60</td></tr>
<tr><td>中型</td><td>15</td><td>50</td></tr>
<tr><td>大型</td><td>15</td><td>60</td></tr>
<tr><td rowspan="2">非营运</td><td colspan="2">小、微型</td><td>—</td><td>60</td></tr>
<tr><td colspan="2">大、中型</td><td>20</td><td>50</td></tr>
<tr><td rowspan="2" colspan="2">载货</td><td colspan="2">微型</td><td>12</td><td>50</td></tr>
<tr><td colspan="2">重、中、轻型</td><td>15</td><td>60</td></tr>
<tr><td rowspan="4" colspan="2">其他</td><td colspan="2">半挂牵引车</td><td>15</td><td>60</td></tr>
<tr><td colspan="2">三轮汽车、装用单缸发动机的低速货车</td><td>9</td><td>—</td></tr>
<tr><td colspan="2">装用单缸以上发动机的低速货车</td><td>12</td><td>30</td></tr>
<tr><td colspan="2">专项作业车</td><td>—</td><td>50</td></tr>
<tr><td colspan="4">无轨电车</td><td>13</td><td>40</td></tr>
</table>

（续）

车辆类型与用途		使用年限/年	行驶里程/(10^4km)
挂车	半挂车、中置轴挂车	15	—
	全挂车	10	—
摩托车	正三轮摩托车	10～12	10
	其他摩托车	11～13	12

3）经修理和调整或者采用排放控制技术后，排气污染物及噪声不符合在用机动车排放国家标准的。

4）因故损坏，车辆发动机、车架(或承载式车身)需要更换的。

5）因故损坏，车辆发动机、车架(或承载式车身)之一需要更换，且变速器总成、驱动桥总成、非驱动桥总成、转向系统、前悬架、后悬架中3个或3个以上总成需要更换的。

6）在一个机动车安全技术检验周期内连续3次检验不合格的。

7）在检验合格有效期届满后连续两个机动车安全技术检验周期内未参加检验或者未取得机动车检验合格标志的。

条件中的机动车是指上道路行驶的汽车、挂车和摩托车；营运车辆是指从事社会运输并收取运费的车辆；非营运载客汽车是指个人或单位不以获取利润为目的而使用的载客汽车；检验周期是指《中华人民共和国道路交通安全法实施条例》规定的机动车安全技术检验周期。

3. 报废汽车的管理

1）报废汽车的拥有者应当及时向公安机关办理机动车报废手续。公安机关应当于受理当日，向报废汽车的拥有者出具《机动车报废证明》，并告知其将报废汽车交售给报废汽车回收企业。

2）报废汽车的拥有者应当及时将报废汽车交售给报废汽车回收企业。

3）报废汽车回收企业凭《机动车报废证明》收购报废汽车，并向报废汽车的拥有者出具《报废汽车回收证明》。

4）报废汽车的拥有者凭《报废汽车回收证明》，向汽车注册登记地的公安机关办理注销登记。

5）报废汽车回收企业对回收的报废汽车应当逐车登记；发现回收的报废汽车有盗窃、抢劫或者其他犯罪嫌疑的，应当及时向公安机关报告。报废汽车回收企业不得拆解、改装、拼装、倒卖有犯罪嫌疑的汽车及其“五大总成”和其他零配件。“五大总成”是指从报废汽车上拆解下的发动机、前后桥、变速器、转向器、车架。

6）任何单位或者个人不得将报废汽车出售、赠予或者以其他方式转让给非报废汽车回收企业的单位或者个人；不得自行拆解报废汽车。

7）禁止任何单位或者个人利用报废汽车“五大总成”以及其他零配件拼装汽车。禁止报废汽车整车、“五大总成”和拼装车进入市场交易或者以其他任何方式交易。禁止拼装车和报废汽车上路行驶。

思 考 题

1. 汽车为什么要有磨合期？磨合期应采取哪些措施？
2. 如何选择汽油和柴油的牌号？
3. 如何选择发动机机油的性能等级和粘度等级？
4. 如何选择齿轮油的性能等级和粘度等级？
5. 如何选用制动液和冷却液？
6. 怎样选配汽车轮胎？如何合理使用？
7. 汽车为什么要维护？汽车维护的原则是什么？
8. 汽车维护如何分级？各级维护的中心内容是什么？
9. 什么是汽车经济寿命？研究汽车经济寿命的意义是什么？
10. 什么是汽车更新？汽车更新的意义是什么？

第九章

汽车营销与保险

第一节　汽 车 营 销

一、汽车营销的重要性

汽车营销是指进行汽车市场调研、分析与竞争研究，并进行汽车产品营销策划的一系列活动。旨在满足社会需求，实现企业经营目标。

汽车营销是众多汽车厂家、众多品牌和车型充斥市场时最好的选择，汽车卖方市场已经完全进化为买方市场，汽车行业正在加快优胜劣汰的进程。作为潜力巨大的汽车行业，任何品牌和任何经营者都有胜出的机会，其前提是：必须做好汽车营销，必须卖好车。

汽车营销是实现汽车企业核心价值的重要手段，没有汽车营销的拉动，汽车企业的一切资源都无法发挥其作用。总体上看，汽车营销在企业销售结果中的贡献，应该定位在30% ~ 40%。汽车营销对汽车产业具有关键性影响，一个优秀的营销体系，尽管不能从根本上改变汽车整体的竞争态势，但是，它可以把汽车潜在的优势和竞争能力发挥到极限，并最大程度地提升汽车品牌的市场占有率，从而为汽车企业成功地提升自己的竞争能力争取时间和资金。从这一角度考虑，营销尽管不是产品最终售出的决定力量，但却是关键力量。

汽车营销能促进汽车在市场中的流通，间接促进汽车产业及其他行业的发展，汽车产业的发展直接关系到国家的经济及各行各业的发展。汽车产业是我国国民经济的支柱产业，2009年中国汽车产、销量突破1300万辆，2010—2011年产、销量屡创新高，双双超过1800万辆，已连续三年居全球产销第一。作为世界上最大的汽车生产、消费国，汽车营销对我国汽车企业开拓汽车市场、建立有效运营机制具有举足轻重的作用，做好汽车营销，可以使中国汽车走进亿万中国家庭和世界各地。这说明，中国汽车业已经进入了竞争激烈的汽车营销时代。

二、汽车营销模式

随着汽车市场的不断发展，我国汽车市场营销模式发生了深刻变化，既与国际现代营销模式接轨，又有中国特色的创新模式。我国汽车营销模式已呈现多元化特征，主要营销模式如下。

1. 汽车代理制

代理制是借助中间商的分销系统来销售产品，这是一种已被证明且非常有效的分销网络模式。同汽车生产需要专业化分工协作一样，汽车的销售也要走专业化协作的道路。世界上许多国家都建立了汽车代理制，不少国家还成立了汽车代理商协会。由代理商组成的销售网，成了各大汽车公司的重要销售渠道。

我国一些有实力的经销商经过多年的发展，已经形成了集团化规模；一些有经营实力、有一定规模的销售网络渠道为将来汽车的批发代理奠定了基础；私人经营汽车的产生与发展，也将为零售代理创造条件。目前，一些企业和一些汽车经销单位都已经或正在开展我国汽车销售的代理制业务。如一汽大众当初为了直销奥迪，在开拓西南区市场的时候，就选择了云南昆明的一家经销商作为西南区的独家代理。从整车销售方面看，代理制的优点主要如下。

1）可实现产销分工，调动生产厂家和代理商两方面的积极性。产销分离可以减轻企业的负担，降低企业的经营成本，分担企业的经营风险。

2）产销分离，销售专业化，有利于提高销售效率，更符合市场经济机制的要求。

3）建店成本低，销售网点可以更多、更贴近用户，使销售活动更灵活主动，有利于促销，易适应市场变化。

4）代理商一头连着用户，另一头连着企业销售部门或其分支机构，渠道通畅，经营成本低。

汽车营销代理制是中国汽车产品销售的必然趋势，随着今后形势的发展，代理制的形式和内容也将不断完善和丰富。

2. 汽车品牌专营

汽车品牌专营是指由汽车生产企业向经销商授权，只经营销售专一汽车品牌，向消费者提供全方位服务的汽车营销模式。

品牌专营模式是目前各大厂商发展的重点。这种专营模式适合于实力比较强的一些汽车生产厂家，它们生产的汽车产品系列全、款式多，可以在很大程度上满足不同消费者的需求，比如奇瑞、吉利、比亚迪、上海大众、广州本田、上海通用、一汽等国内厂家，目前已经开始构建自己的品牌营销模式。这些专卖店集整车销售、零配件供应、售后服务和信息反馈功能于一体，即“四位一体(4S)”模式，有的品牌专营店在“四位一体”的基础上，延伸其服务项目，增加了汽车召回功能，即“五位一体”模式。

品牌专营模式在经营、销售和服务方面都比较规范，从根本上体现了服务的专业化、方便化、优质化。其服务项目不断扩展，标识十分醒目，并讲究外在形象的塑造，可以为消费者提供更完善的服务和保障。品牌专营模式有利于整顿混乱的营销局面，强化营销资质认定，规范汽车交易行为，对销售队伍的优胜劣汰可以起到净化汽车流通市场的积极作用。

品牌专营模式节省了汽车企业的人力财力。品牌专卖店由经销商投资，也由经销商自行管理。这使制造商的资金流出要少于自己开设销售店，有利于以更快的速度发展业务而突破自身资金限制，同时也可以突破自身人力和地域的限制，在全国范围甚至在全世界范围迅速扩张。这种模式也方便制造企业掌握营销过程和客户信息，有利于促进汽车工业的健康发展。

3. 汽车特许经营

特许经营是指汽车特许经营权拥有者以合同约定的形式，允许被特许经营者有偿使用其名称、商标、专有技术、产品及运作管理经验等从事汽车营销活动的商业经营模式。汽车产品经厂商、特许经销商销售到用户手中。汽车特许经营店类似于国外的汽车商店模式，它可以进行多品牌经营。在本质上讲，特许经营制是一种连锁经营的市场销售模式。国内汽车市

场上，以“四位一体”为核心的特许经营模式以其自身的优势和与我国国情的良好匹配，赢得了国内汽车生产销售企业和用户的一致认可，并表现出强大的生命力。对于消费者来说，汽车特许经营的最大好处就是可以为消费者提供完善和周到的售后服务。

4. 汽车连锁销售

汽车连锁销售是指通过与制造商建立品牌专卖或买断资源经营方式，建立全国性的统一服务网络，利用连锁规模为用户提供服务的汽车营销模式。连锁店销售的主要特点：经营理念统一；经营管理统一；企业识别系统及经营商标统一；商品和服务统一。连锁销售店铺点多、分布面广，管理制度标准化，能获得规模经营的各种利益。

目前，中国汽车市场已经全面进入品牌经营时代，汽车连锁店应运而生。北京亚飞汽车连锁总店是典型的汽车连锁销售公司，它在全国200多座城市设立了400多家连锁分店，亚飞总店与分店采用“统一订货、统一配送、统一管理、统一形象、统一服务标准”，以消费信贷、租赁销售等新方式进行销售，在推动汽车流通和市场秩序化方面，发挥了一定的作用，并且形成了具有较强市场覆盖力和突破力的销售网络。

在连锁销售中，应将连锁经营的规模优势与制造企业的品牌结合起来，充分利用网络和资金优势，强化品牌，发挥汽车销售水平。

5. 汽车超市

汽车超市模式也称之为汽车城、汽车园、汽车交易市场等，就是在城市中规划出一块专业销售汽车的市场，其中聚集了众多的汽车经销商和各种品牌的汽车专卖店，同时还建有保险公司、金融机构、餐饮服务店等，集汽车销售、服务、信息、文化等多种功能于一体。这种销售模式营业面积较大，销售品种齐全，市场内部竞争激烈，因此，消费者可从这种模式中获得更多的收益。由于汽车超市具有咨询、选车、贷款、保险、上牌等服务项目，并能使消费者容易货比三家，因此这种模式具有很大的吸引力，它是中国最具特色的销售模式。但这种模式容易造成恶性竞争，商户存在一定的生存压力，不够稳定，易使用户产生不信任感。

6. 汽车网络营销

汽车网络营销是指通过互联网进行汽车销售，它是21世纪最具代表性的一种低成本、高效率的全新汽车营销模式之一。在网络经济时代，随着网络信息技术的发展，电子商务活动影响到了汽车产业，在汽车营销中也充分运用了网络所带来的优势，开展网上汽车直销。这种模式可以让消费者轻松地了解、比较各种汽车产品的信息，可以通过定制服务、一对一营销来满足消费者个性化的需求，也可以将自己的需求公布在网页上进行商品招标。同时，网络的信息丰富、实时传递、成本低廉、跨越时空限制等优点让消费者从网络营销模式中获得更多的实惠。它将是信息社会汽车营销模式中新的发展趋势。汽车网络营销与汽车市场营销情况相比，有如下特点。

1）网民的汽车订单大部分集中在知名度相对较高的企业产品。例如，广州本田、上海通用、北京现代、一汽大众、上海大众、丰田、东风雪铁龙等。由此反映出网民对汽车品牌的认知度和消费水平。

2）网民订车的价位相对较高，20万元以上价格的车的订单约占订单总数的40%。这个比例远大于该价位车在汽车市场实际销量中所占的比例，这反映了中高档车在网上销售的潜力。

3）网民订车到实际购买行为完成的时间一般都不长，在3个月以内购车的比例可达60%。这反映了在网上车市订车的消费者中，大部分是购买意向明确、有效、高质量的汽车消费群体。

4）网络营销表现出一定的局限性。汽车网络营销的新模式毕竟处于初级阶段，网站本身、汽车厂家、经销商所开展的所谓网络销售，多数也仅仅限于进行传播、在线交流和互动等较浅层次的活动。准确地说，对网络营销更多的是有限地使用，而不是更高层次的运作，光顾的人数较少。由于在汽车网络营销的过程中，消费者只能看到车型的一些图片和相关资料介绍，不能接触到实物，从而在一定程度上影响了消费者的购买欲望，再者网络安全方面的问题也是制约汽车网络营销的一个因素。

三、汽车营销策略

在激烈的市场竞争环境下，营销行为如果仅停留在“买卖”这个层面上，而缺乏对消费需求、产品定位的分析和研究，缺乏在策划、创意上的深入和拓展，是不可能有任何发展前景的。为了抢占市场，汽车制造商和经销商的营销策略也在不断推陈出新，下面略举几例。

1. 娱乐营销

娱乐营销就是借助娱乐的元素或形式将产品与客户的情感建立联系，从而达到销售产品目的的营销方式。娱乐营销既有着和媒体广告、促销活动类似的传播时效性，又因其传播周期较长，在一段时期内会持续奏效。好产品和好片子以恰当的方式结合起来，则会最大化地延长传播效果，扩大宣传广度，影响宣传深度。如奇瑞汽车为配合新车QQme的上市造势，曾携手湖南卫视联袂演出汽车娱乐营销大戏，取得了传奇的营销效果。这样的营销案例很多，如荣威汽车娱乐营销、东风雪铁龙的娱乐营销、北京现代i30借助韩国明星李孝利的娱乐营销等。

2. 植入营销

植入营销是指将产品、品牌及其代表性的视觉符号甚至服务内容融入到影视等作品中，强化品牌宣传效果，继而达到营销目的的营销方式。现今植入性营销已成了汽车厂商推广产品的良方，每年影视大片中大腕明星们所驾驶的豪华汽车是植入营销的典型。值得注意的是：制作植入营销广告是一门艺术，它需讲究融合度，不能破坏影视作品等的情节，其最高境界是“随风潜入夜，润物细无声”。如上海大众的斯柯达明锐轿车参与了拍摄电影《疯狂的赛车》，斯柯达明锐在影片中充当了重要角色，和电影情节环环相扣，成为剧情发展不可或缺的一“角”。东风日产汽车公司在CCTV第六届电视模特大赛中的“汽车秀”，更是植入营销的一个经典案例。

3. 互动营销

互动营销是指商家们在推行营销策略的过程中，充分考虑消费者的爱好兴趣和切实需求，并将这些信息应用于活动的设计和规划，建立起可靠的交流平台，实现互动，达到营销目的的营销方式。2009年，东风日产骊威轿车的营销是汽车互动营销的经典之作。其运作方式：第一期活动是起始阶段，当时，主办方就前瞻性地考虑到将经典游戏“连连看”和经典小车骊威合二为一，必然能成就出众多兴奋点，骊威连连看由此诞生；第二期活动是品牌形象巩固阶段，更高通关难度、更多趣味道具，甚至更为丰富的精美奖品，都成为这款游

戏在玩家心目中依旧“保鲜”的原因；第三期游戏，主办方“别出心裁，以新制胜”的意愿更为强烈，举动更为明显，联合四大知名网络媒体，举行网络擂台赛，这无疑为骊威连连看布下了更广的参与平台。这种互动营销吸引了数千人参与销售市场的试驾，使得骊威连续11个月蝉联细分市场销量冠军，2009年7月，销量超越万台。

4. 体验营销

体验营销是指企业通过采用让目标顾客观摩、聆听、尝试、试用等方式，使其亲身体验企业提供的产品或服务，让顾客实际感知产品或服务的品质或性能，从而促使顾客认知、喜好并购买的一种营销方式。体验营销是企业自信的表现，在营销汽车的同时，也考验了企业自身的全面能力。随着竞争的激烈，车企或经销商会争相推出体验营销活动，以充分展现自己的实力。如长安马自达2009年在全国15座重点城市，借助马自达2、马自达3全系车型，开展了近半年的品牌体验活动，以趣味体验的方式突出操控性能，在活动过程中融入明星、竞技等色彩，让参与活动者感受长安马自达系列车型运动与时尚的产品特性。

5. 运动营销

运动营销就是利用汽车运动而产生的品牌形象和知名度营销汽车。由于汽车与生俱来就有运动的概念，因此，汽车运动已越来越成为目前汽车营销中非常重要的手段。奥迪就是凭借在勒芒耐力赛中多次夺冠、创造神话而很好地树立品牌形象的。汽车运动营销方式已成为我国企业的共识，东南汽车、长安福特、东风雪铁龙等都积极投身汽车运动中。福田欧曼已经赞助“全国卡车大赛”五年，在推广汽车文化的同时，极大地提高了企业的品牌影响力。长城汽车多年来一直致力于汽车运动的开展，积极参加各种汽车赛事，2006~2010年，多次夺得全国越野场地锦标赛冠军，并以汽车运动带动产品研发，以产品研发促进汽车运动，让汽车运动发展成为检验产品的一个重要途径，同时通过赛事平台传递给广大用户和潜在用户，为汽车营销营造良好的环境。

6. 活动营销

活动营销是指企业通过介入重大的社会活动或整合有效的资源策划大型活动而迅速提高企业及其品牌知名度、美誉度和影响力，促进产品销售的一种营销方式。汽车活动营销是近年来国内外十分流行的营销手段，它以具有重要意义的大型活动为载体，集新闻效应、广告效应、公共关系、形象传播、客户关系于一体来展开营销。互联网的飞速发展给活动营销带来了巨大契机。2009年7月，奥迪汽车举办的奥迪百年华诞系列活动就是典型的活动营销，它进行了一系列推广营销，如“越百年·驭经典”系列试驾、各种增值服务活动、品牌体验活动等，在全国掀起了“奥迪百年华诞”的热潮，充分显示了一个百年成功企业的雄厚实力和品牌内涵，使消费者对其品牌认知度和信赖度大幅提高，提升其品牌在消费者心目中的地位。

7. 网络营销

网络营销就是以互联网为主要手段进行的、为达到一定营销目的的营销活动。如今，对于汽车生产商而言，可以通过网络迅速地使其产品直接面向市场和用户。这种网络营销模式将汽车生产企业、经销商和用户有机地联系在一起。汽车网络营销包括网上宣传、网上市场调研以及网上直销等。

做好网络营销必须要有完美的网站服务系统，用以吸引并服务顾客，保证顾客消费具有安全感；要有精英的营销团队，他们是经销商和客户直接沟通的桥梁，能及时了解客户需求

并准确向公司反映，能解决客户问题；充分利用有效资源，利用网络资源、传统媒体、著名车展等，做好销售汽车的品牌宣传。

8. 视频营销

汽车视频营销是指汽车企业将各种视频短片以各种形式放到互联网上宣传汽车的营销手段。网络视频广告的形式类似于电视视频短片，平台却在互联网上。视频与互联网的结合，让这种创新营销形式具备了两者的优点。从奢侈品牌宝马、保时捷、奥迪、兰博基尼到马自达、本田以及东风、奇瑞，世界范围内的大小厂商和品牌纷纷试水网络视频短片营销。

汽车行业对于视频网站的广告投放正在快速增长，2011 年，汽车行业全面进入视频营销阶段。例如，酷 6 网专门成立汽车事业部，策划和推出体系完善的汽车视频营销产品，通过定制汽车品牌宣传，与网友进行深度互动，帮助汽车品牌有针对性地开展营销活动。

9. 环保营销

环保营销就是利用汽车品牌在环保方面的优势营销汽车。国家“促进新能源汽车消费的支持政策”出台后，新能源立即成为汽车行业最热门的话题，同时也昭示着汽车行业未来的发展趋势。比亚迪作为国内最早开始研制电动车的企业，成功地推出了绿色环保营销。比亚迪利用自身在能源方面的优势，成功搭上政策直通车，推出了在国内自主品牌中具有超前意识的 F3DM 双模电动车。

10. 品牌联合营销

品牌联合营销是指两个以上的企业或品牌拥有不同的关键资源，进行战略联盟、合作开展的营销活动。通常，合作者彼此的市场有某种程度的区分，但为了彼此的利益，愿意交换或联合彼此的资源，以创造竞争优势。品牌联合营销的最大好处是优势互补，还可以使联合体内的各成员以较少费用获得较大的营销效果，有时还能达到单独营销无法达到的目的。如 2009 年长城汽车与美国壳牌油品在全国开展长达 1 个多月的“购长城车赠壳牌油”的品牌联合营销行动，双方表示，除了在终端促销、展示上的有效互动外，鉴于汽车与润滑油的天然亲密感，再加上双方的用户群体有着相当高的契合度，因此双方在客户资源上也进行了有益的互换尝试。

第二节　汽 车 保 险

一、汽车保险的基本概念

1. 保险

保险是以法令或合同形式，集合多数经济单位或个人，根据合理计算，共同建立专用基金，对特定危险事故所致损失或约定事件的发生给予经济补偿或给付的一种社会互助性质的经济制度。通过保险，将社会上具有相同危险的人们组织起来，使大多数人用分摊损失的方法对其中少数人在遭遇自然灾害、意外事故等不幸事件所造成的经济损失给予补偿。

2. 汽车保险

汽车保险即机动车辆保险，简称车险，是指汽车由于自然灾害或意外事故所造成的人身伤亡或财产损失，保险公司承担赔偿责任的一种保险。汽车保险以合同的形式表现，保险合同一般由保险条款、投保单、保险单、批单和特别约定组成。汽车车主依照保险规定参加保

险，能将汽车在使用中无法预计的意外损失，变为固定的、小量的保险费支出，把风险转嫁给保险公司。凡参加汽车保险的个人或单位称为被保险人，而保险公司则称为保险人。汽车保险后，保险人按承保类别承担相应的保险责任。

3. 保险责任

保险责任是指保险人承担的经济损失补偿或人身保险金给付的责任。即保险合同中约定由保险人承担的危险范围，在保险事故发生时所负的赔偿责任，包括损害赔偿、责任赔偿、保险金给付、施救费用、救助费用、诉讼费用等。被保险人签订保险合同并交付保险费后，保险合同条款中规定的责任范围，即成为保险人承担的责任。

4. 责任免除

责任免除又称除外责任，是指根据保险合同约定，保险人对某些风险造成的损失不承担赔偿保险金的责任。责任免除大多采用列举的方式，即在保险条款中明文列出保险人不承担赔偿责任的范围。

二、汽车保险的种类

汽车保险分为交强险和商业险，交强险是强制保险，商业险可以选择投保。汽车商业险的险种可以分为基本险和附加险两部分。

1. 车辆交强险

交强险是指机动车交通事故责任强制保险，是由保险公司对被保险机动车发生道路交通事故造成受害人(不包括本车人员和被保险人)的人身伤亡、财产损失，在责任限额内予以赔偿的强制性责任保险。交强险是我国首个由国家法律规定实行的强制保险制度。凡是在中华人民共和国境内道路上行驶的机动车的所有人或者管理人都必须投保交强险，否则公安机关交通管理部门有权扣留其机动车，并处应缴纳保险费的 2 倍罚款。

（1）保险责任　在中华人民共和国境内(不含港、澳、台地区)，被保险人在使用被保险机动车过程中发生交通事故，致使受害人遭受人身伤亡或者财产损失，依法应当由被保险人承担的损害赔偿责任，保险人按照交强险合同的约定对每次事故在下列赔偿限额承担负责赔偿：死亡伤残赔偿限额为 110000 元；医疗费用赔偿限额为 10000 元；财产损失赔偿限额为 2000 元；被保险人无责任时，无责任死亡伤残赔偿限额为 11000 元，无责任医疗费用赔偿限额为 1000 元，无责任财产损失赔偿限额为 100 元。

（2）责任免除　下列损失和费用，交强险不负责赔偿和垫付：因受害人故意造成的交通事故的损失；被保险人所有的财产及被保险机动车上的财产遭受的损失；被保险机动车发生交通事故，致使受害人停业、停驶、停电、停水、停气、停产、通信或者网络中断、数据丢失、电压变化等造成的损失以及受害人财产因市场价格变动造成的贬值、修理后因价值降低造成的损失等其他各种间接损失；因交通事故产生的仲裁或者诉讼费用以及其他相关费用。

无论被保险人是否在交通事故中负有责任，保险公司均将按照交强险条款的具体要求在责任限额内予以赔偿。实行交强险制度不仅有利于道路交通事故受害人获得及时有效的经济保障和医疗救治，而且有助于减轻交通事故肇事方的经济负担。交强险制度对于维护道路交通通行者的人身财产安全、确保道路交通安全具有重要作用，同时可以减少法律纠纷、简化处理程序，确保受害人获得及时有效的赔偿。

2. 车辆基本险

基本险包括车辆损失险、第三者责任险、车上人员险和全车盗抢险。

（1）车辆损失险　车辆损失险是指保险车辆遭受保险责任范围内的自然灾害或意外事故，造成保险车辆本身损失，保险人依据保险合同的规定承担赔偿责任的保险。它是以车辆自身为目标的保险，常称为“车损险”。

各保险公司的车辆损失险条款基本上都包括保险责任，责任免除，保险金额，保险期限，保险费，赔偿处理，保险人义务，投保人、被保险人义务，无赔款奖励，其他事项等章节。虽然各保险公司的具体条款的内容在一定程度上有所不同，但在保险责任及责任免除方面较为相似。

1）保险责任。保险公司负责赔偿由碰撞、倾覆、火灾、爆炸、外界物体倒塌、空中物体坠落、保险机动车行驶中坠落等意外事故和雷击、暴风、暴雨、洪水、龙卷风、雹灾、台风、海啸、热带风暴、地陷、崖崩、滑坡、泥石流、雪崩、冰陷、雪灾、冰凌等自然灾害引起的保险车辆的损失及发生保险事故时，被保险人或其允许的合格驾驶人对保险车辆采取施救、保护措施所支出的合理费用。

2）责任免除。保险公司对由下列原因造成的保险车辆损失不负责赔偿：地震及其次生灾害；战争、军事冲突、恐怖活动、暴乱、扣押、罚没、政府征用；竞赛、测试；在营业性维修场所修理、维护期间；利用保险车辆从事违法活动；驾驶人员饮酒、吸食或注射毒品、被药物麻醉后使用保险车辆；保险车辆肇事逃逸或故意破坏、伪造现场、毁灭证据；驾驶人员无驾驶证或驾驶证有效期已届满；驾驶的机动车与驾驶证载明的准驾车型不符等。

（2）第三者责任险　车辆第三者责任险是指保险车辆因意外事故，致使第三者遭受人身伤亡或财产直接损失时，保险人依照保险合同的规定承担赔偿责任的保险。第三者是指保险车辆发生意外事故的受害人，但不包括被保险人以及保险事故发生时保险车辆上的人员。

虽然各保险公司第三者责任险的具体条款内容在一定程度上有所不同，但在保险责任及责任免除方面较为相似。

1）保险责任。保险车辆在被保险人允许的合法驾驶人使用过程中发生意外事故，致使第三者遭受人身伤亡或财产的直接损失，依法应当由被保险人承担的损害赔偿责任，保险人依照本保险合同的约定，对于超过交强险各分项赔偿限额以上的部分负责赔偿。

2）责任免除

① 保险车辆造成下列人身伤亡和财产损失，不论在法律上是否应当由被保险人承担赔偿责任，保险人也不负责赔偿：被保险人及其家庭成员的人身伤亡、所有或代管的财产损失；本车驾驶人员及其家庭成员的人身伤亡、所有或代管的财产损失；本车上一切人员的人身伤亡或财产损失。

② 下列情况，不论任何原因造成的对第三者的经济赔偿责任，保险人均不负责赔偿：地震及其次生灾害；战争、军事冲突、恐怖活动、暴乱、扣押、罚没、政府征用；竞赛、测试；在营业性维修场所修理、养护期间；利用保险车辆从事违法活动；保险车辆肇事逃逸；保险车辆不具备有效行驶证件；保险车辆拖带未投保第三者责任险的保险车辆（含挂车）或被未投保第三者责任保险的其他车辆拖带；无驾驶证或驾驶车辆与驾驶证准驾车型不相符；驾驶人饮酒、吸食或注射毒品、被药物麻醉后使用保险车辆；非被保险人允许的驾驶人员使用保险车辆等。

③ 下列损失和费用，保险人不负责赔偿：保险车辆发生意外事故，致使第三者停业、停驶、停电、停水、停气、停产、通信中断的损失以及其他各种间接损失；因保险事故引起的任何有关精神损害赔偿；因污染(含放射性污染)造成的损失；第三者财产因市场价格变动造成的贬值、修理后因价值降低引起的损失；保险车辆被盗窃、抢劫、抢夺造成第三者人身伤亡或财产损失；被保险人或驾驶人员的故意行为造成的损失；车辆所载货物掉落、泄漏、腐蚀造成的损失。

(3) 车上人员责任险　车上人员责任险是指被保险人或其允许的合法驾驶人在使用保险车辆过程中发生意外事故，致使车上人员伤亡，依法应由被保险人承担的经济赔偿，由保险人承担赔付责任的保险。

虽然各保险公司车上人员责任险的具体条款内容在一定程度上有所不同，但在保险责任及责任免除方面较为相似。

1) 保险责任。投保了本保险的车辆在合法驾驶人使用过程中，发生意外事故，致使车上人员遭受人身伤亡，依法应当由被保险人承担的损害赔偿责任，保险人依照本保险合同的约定给予赔偿。

2) 责任免除

① 保险车辆造成下列人身伤亡，不论在法律上是否应当由被保险人承担赔偿责任，保险人均不负责赔偿：被保险人或驾驶人的故意行为造成的人身伤亡；被保险人及驾驶人以外的其他车上人员的故意、重大过失行为造成的自身伤亡；违法、违章搭乘人员的人身伤亡；车上人员因疾病、分娩、自残、斗殴、自杀、犯罪行为造成的自身伤亡；车上人员是在保险车辆下面遭受的人身伤亡等。

② 下列情况，不论任何原因造成的对车上人员的损害赔偿责任，保险人均不负责赔偿：地震及其次生灾害；战争、军事冲突、恐怖活动、暴乱、扣押、收缴、没收、政府征用；竞赛、测试、教练；在营业性维修、养护场所修理、养护期间；利用被保险机动车从事违法活动；驾驶人饮酒、吸食或注射毒品、被药物麻醉后使用被保险机动车；事故发生后，被保险人或其允许的驾驶人在未依法采取措施的情况下驾驶被保险机动车或者遗弃被保险机动车离开事故现场，或故意破坏、伪造现场、毁灭证据；无驾驶证或驾驶证有效期已届满；驾驶的被保险机动车与驾驶证载明的准驾车型不符；实习期内驾驶公共汽车、营运客车或者载有爆炸物品、易燃易爆化学物品、剧毒或者放射性等危险物品的被保险机动车，实习期内驾驶的被保险机动车牵引挂车等。

③ 下列损失和费用，保险人不负责赔偿：精神损害赔偿；因污染(含放射性污染)造成的人身伤亡；仲裁或者诉讼费用以及其他相关费用；应当由机动车交通事故责任强制保险赔偿的损失和费用；其他不属于保险责任范围内的损失和费用。

(4) 全车盗抢险　全车盗抢险是指保险车辆因全车被盗、被抢劫或被抢夺时，保险人对其直接经济损失按保险金额计算赔偿的保险。赔偿后保险责任终止，该车辆权益归保险人所有。

虽然各保险公司全车盗抢险的具体条款内容在一定程度上有所不同，但在保险责任及责任免除方面较为相似。

1) 保险责任。保险车辆被盗窃、抢劫、抢夺，经出险当地县级以上公安刑侦部门立案证明，满 60 天未查明下落的全车损失；保险车辆全车被盗窃、抢劫、抢夺后，受到损坏或

车上零部件、附属设备丢失需要修复的合理费用；保险车辆在被抢劫、抢夺过程中，受到损坏需要修复的合理费用。

2）责任免除

① 下列情况，不论任何原因造成保险车辆损失，保险人均不负责赔偿：地震及其次生灾害；战争、军事冲突、恐怖活动、暴乱、扣押、收缴、没收、政府征用；竞赛、测试、教练；在营业性维修、养护场所修理、养护期间；利用被保险机动车从事违法活动；驾驶人饮酒、吸食或注射毒品、被药物麻醉后使用被保险机动车；非被保险人允许的驾驶人使用被保险机动车；租赁机动车与承租人同时失踪；除另有约定外，发生保险事故时被保险机动车无公安机关交通管理部门核发的行驶证或号牌，或未按规定检验或检验不合格；被保险人索赔时，未能提供机动车停驶手续或出险当地县级以上公安刑侦部门出具的盗抢立案证明等。

② 保险车辆的下列损失和费用，保险人不负责赔偿：自然磨损、朽蚀、腐蚀、故障；遭受保险责任范围内的损失后，未经必要修理继续使用被保险机动车，致使损失扩大的部分；市场价格变动造成的贬值、修理后价值降低引起的损失；标准配置以外新增设备的损失；非全车遭盗窃，仅车上零部件或附属设备被盗窃或损坏；被保险机动车被诈骗造成的损失；被保险人因民事、经济纠纷而导致被保险机动车被抢劫、抢夺；被保险人及其家庭成员、被保险人允许的驾驶人的故意行为或违法行为造成的损失；保险车辆被盗窃、抢劫、抢夺期间造成人身伤亡或本车以外的财产损失等。

3. 车辆附加险

车辆附加险是相对于基本险而言的，是指附加在主合同下的附加合同。附加险不能单独投保，只有在投保了基本险种后方能投保相对应的附加险。附加险与基本险相配合，能满足汽车用户在保障方面的多重需要与选择，能为用户建立灵活全面的风险保障计划，达到最佳的保障效果。附加险的险种很多，各保险公司的险种也不尽相同，下面介绍几种常用的车辆附加险。

（1）玻璃单独破碎险　它是指保险车辆发生玻璃单独破碎，由保险人承担赔付责任的保险。投保人在与保险人协商的基础上，自愿按进口风窗玻璃或国产风窗玻璃选择投保，保险人根据其选择承担相应保险责任。

保险车辆在停放和使用过程中发生本车玻璃的单独破碎（不含灯具、车镜玻璃），保险人按实际损失计算赔偿。但对被保险人或其驾驶人员的故意行为，以及安装、维修车辆过程中造成的玻璃破碎不予负责。

玻璃单独破碎险是车辆损失险的附加险，已投保车辆损失险的车辆方可投保本附加险。

（2）车身划痕损失险　它是指保险车辆的车身产生划痕造成的修复损失，由保险人承担赔付责任的保险。保险车辆在使用期间，若产生无明显碰撞痕迹的车身划痕损失，则保险人按实际修理费用计算赔偿，但累计金额不得超过保险金额。若是被保险人及其家庭成员、驾驶人员及其家庭成员的故意行为造成的损失，则保险人不予赔偿。

车身划痕损失险是车辆损失险的附加险，已投保车辆损失险的车辆方可投保本附加险。

（3）自燃损失险　它是指保险车辆在使用过程中的自燃造成的损失或费用，由保险人承担赔付责任的保险。

在保险期间内，保险车辆在使用过程中，因本车电器、线路、油路、供油系统、供气系统、货物自身发生问题、机动车运转摩擦起火引起火灾，造成保险车辆的损失，以及被保险

人在发生本保险事故时，为减少保险车辆损失所支出的必要合理的施救费用，保险人负责赔偿。但下列损失保险人不负责赔偿：被保险人在使用保险车辆过程中，因人工直接供油、高温烘烤等违反车辆安全操作规则造成的损失；因自燃仅造成电器、线路、油路、供油系统、供气系统的损失；运载货物的损失；被保险人的故意行为或违法行为造成保险车辆的损失。

自燃损失险是车辆损失险的附加险，已投保车辆损失险的车辆方可投保本附加险。

（4）车辆停驶损失险　它是指保险车辆在使用过程中，因发生汽车保险事故，导致车辆本身损毁，致使保险车辆需进厂修理，造成保险车辆停驶的损失，由保险人承担合同规定赔付责任的保险。但保险人对下列停驶损失不负责赔偿：车辆被罚没、扣押、查封期间的损失；因车辆修理质量不合要求，造成返修期间的损失；其他附加险项下发生保险事故时造成车辆停驶的损失。

车辆停驶损失险是车辆损失险的附加险，已投保车辆损失险的车辆方可投保本附加险。

（5）代步车费用险　它是指保险车辆在使用过程中，因发生汽车保险事故，造成保险车辆损毁需要修理，导致被保险人租用代步车发生的费用，由保险人按保险合同的规定承担赔付责任的保险。但保险人对下列停驶损失不负责赔偿：车辆被罚没、扣押、查封期间的代步车费用；因车辆修理质量不合要求，造成返修期间的代步车费用；其他附加险项下发生保险事故时需租车的费用。

代步车费用险是车辆损失险的附加险，已投保车辆损失险的车辆方可投保本附加险。

（6）新增加设备损失险　它是指保险车辆在使用过程中，因发生汽车保险事故，造成车上新增设备的直接损毁，保险人依据保险车辆驾驶人在事故中所负事故责任比例，按保险合同的规定承担赔付责任的保险。但新增设备单独被盗或丢失，不属本附加险赔偿责任。

新增加设备损失险是车辆损失险的附加险，已投保车辆损失险的车辆方可投保本附加险。

（7）车上货物责任险　它是指保险车辆在使用过程中发生意外事故，致使保险车辆上所载货物遭受直接损毁，依法应由被保险人承担的经济赔偿责任，保险人依据保险车辆驾驶人在事故中所负事故责任比例，按保险合同的规定承担赔付责任的保险。但由于以下原因引起的损失，保险人不负责赔偿：货物遭哄抢、自然损耗、本身缺陷、短少、死亡、腐烂、变质；违法载运或因包装、紧固不善，装载、遮盖不当；车上人员携带的私人物品或违章所载货物；由于保险车辆驾驶人的故意行为、紧急制动；其他不属于保险责任范围内的损失和费用。

车上货物责任险是商业第三者责任险的附加险，已投保商业第三者责任险的车辆方可投保本附加险。

（8）载货物掉落责任险　它是指保险车辆在使用过程中因所载货物从车上掉落，造成第三者人身伤亡或财产直接损毁的损失，依法应由被保险人承担的经济赔偿责任，保险人在扣除交强险应赔偿部分后，按照本合同的规定在保险单载明的赔偿限额内计算赔偿的保险。但下列损失，保险人不负责赔偿：被保险人或驾驶人及他们家庭成员的人身伤亡、财产损失；驾驶人故意行为或车上所载气体、液体泄漏所造成的损失；装卸货物造成的损失；应由交强险赔偿的损失和费用。

载货物掉落责任险是商业第三者责任保险的附加险，已投保商业第三者责任保险的车辆方可投保本附加险。

（9）交通事故精神损害赔偿险　它是指保险车辆在使用过程中，因发生交通事故，致使第三者或本车上人员受害，受害方提出的精神损害赔偿，依照法院判决应由被保险人承担的精神损害赔偿责任，保险人在扣除交强险应赔偿部分后，按本合同约定在赔偿限额内负责赔偿的保险。但在下列情况下，被保险人承担的精神损害赔偿，保险人不负责赔偿：驾驶人在交通事故中无过错；保险车辆未发生碰撞事故，仅由惊恐引起，造成第三者或车上人员的行为不当所引起的伤残、死亡或怀孕妇女意外流产；法院调解书中确定的应由被保险人承担的精神损害赔偿；其他不属于保险责任范围内的损失和费用；应由交强险赔偿的金额。

交通事故精神损害赔偿险是商业第三者责任保险和车上人员责任险的附加险，已投保商业第三者责任保险或车上人员责任险的车辆方可投保本附加险。

（10）多次事故免赔特约险　它是指保险车辆在保险期间内发生三次及以上保险事故（自然灾害引起的事故除外），在事故责任免赔率的基础上，绝对免赔率从第三次保险事故开始每次增加5%，但累计增加不超过25%的保险。选择适用多次事故免赔特约条款的，对其车辆损失险保费一般予以优待。

多次事故免赔特约险是车辆损失险的附加险，已投保车辆损失险的车辆方可投保本特约险。

（11）基本险不计免赔率特约险　它是指经特别约定，保险事故发生后，按照投保人选择投保的商业第三者责任保险、车辆损失险或车上人员责任险的事故责任免赔率计算的，或按照全车盗抢险的绝对免赔率计算的，应当由被保险人自行承担的免赔金额部分，保险人负责赔偿的保险。但下列金额，保险人不负责赔偿：因违反法律法规中有关机动车辆装载规定而增加的免赔金额；因保险车辆实际行驶区域超出保险单的约定范围而增加的免赔金额；因投保时指定驾驶人但保险事故发生时为非指定驾驶人驾驶保险车辆而增加的免赔金额，因提供的指定驾驶人信息不真实而增加的免赔金额；因应当由第三者负责赔偿但无法找到第三者而增加的免赔金额；保险车辆全车被盗窃、抢劫、抢夺，因被保险人如不能提供机动车登记证书、机动车行驶证、购车发票等机动车来历证明、车辆购置税完税证明或者免税凭证而增加的免赔金额；保险车辆全车被盗窃，因原配的全套车钥匙缺失而增加的免赔金额；根据多次事故免赔特约条款的绝对免赔率计算的应当由被保险人自行承担的免赔金额。

基本险各险种的不计免赔率特约责任彼此独立存在，投保人可选择分别投保，并适用不同的费率。

（12）附加险不计免赔率特约险　它是指经特别约定，保险事故发生后，按照投保人选择投保的附加险的事故责任免赔率和绝对免赔率计算的，应当由被保险人自行承担的免赔金额部分，保险人负责赔偿的保险。但下列金额，保险人不负责赔偿：因违反法律法规中有关机动车辆装载规定而增加的免赔金额；因保险车辆实际行驶区域超出保险单的约定范围而增加的免赔金额；因投保时指定驾驶人但保险事故发生时为非指定驾驶人驾驶保险车辆而增加的免赔金额，因提供的指定驾驶人信息不真实而增加的免赔金额；因应当由第三者负责赔偿但无法找到第三者而增加的免赔金额；根据多次事故免赔特约条款的绝对免赔率计算的应当由被保险人自行承担的免赔金额。

附加险各险种的不计免赔率特约责任作为整体存在，投保人不可选择分别投保。

三、汽车保险投保

1. 投保的一般程序

汽车保险的投保是指汽车所有人或管理人向保险公司办理汽车保险手续。车险投保前应先了解现在经营汽车保险业务的各家保险公司的服务情况，从中选择一家相对负责、信得过而又方便的保险公司，然后按下列程序进行投保。

（1）了解汽车保险条款　仔细阅读机动车辆保险条款，尤其对于条款中的保险责任、责任免除、赔偿条款和义务条款要认真研究，同时对于条款中不理解的条文要记下来，以便投保时向保险业务人员咨询。

（2）选择投保险种　根据对条款的初步了解和自身的情况，选择适合自身需要的投保险种。险种并不是买得越多越好，因为购买的险种越多就意味着开支越多。除了国家强制购买的交强险之外，有些险种是特别需要购买的，如商业第三者责任险，它是对交强险的补充，因为交强险是强制性保险，保险金额低，一般不足以弥补交通事故损失。

（3）填写投保单　携带行车执照、车主身份证以及有关投保车辆的相关证件，将投保车辆开到保险公司指定地点，经保险公司业务人员验明证件认为可以投保后，如实填写《机动车辆保险投保单》。投保单是投保人向保险人申请订立保险合同的依据，也是保险人签发保单的依据。投保单的主要内容有：投保的险种、被保险人名称、保险标的、车辆厂牌型号、牌照号、发动机号、车辆识别代号/车架号、吨(座)位数、使用性质；保险金额、赔偿限额、保险费率、保险费；附加险险种及保险费；投保人地址、保险责任起讫日期和投保人签章、投保日期等。

（4）保险公司核保　核保是指保险公司的业务人员对投保人的申请进行风险评估，决定是否接受这一风险，并在决定接受风险的情况下，决定承保的条件，包括使用的条款和附加条款、确定费率和免赔额等。核保是保险公司在业务经营过程中的一个重要环节，其主要内容是审核投保人资格、投保人或被保险人的基本情况、投保人或被保险人的信誉、保险标的、保险金额、保险费、附加条款等。

（5）保险公司承保及签发单证　保险公司业务人员核保符合保险条件后，接受承保，确定起保时间，核收保险费，填制保险单或保险凭证。保险人向投保人签发保险单或保险凭证。保险单或保险凭证是载明保险合同双方当事人权利和义务的书面凭证，是被保险人向保险人索赔的主要依据。因此，投保人要注意核对保险单正本上的内容是否准确，保险证是否填写齐全，理赔报案电话、地址是否清晰、明确。

2. 投保的基本方式

在仔细阅读比较多个保险公司汽车保险条款选中保险公司后，就要选择投保车险的方式。目前，投保车险的方式多种多样，有多种渠道可供车主选择，车主可根据自己的实际情况选择一种。

（1）通过代理投保　目前，很多汽车经销商、汽车维修商等单位通过与保险公司签订协议，成为保险公司的代理。车主可以通过代理来投保车险，当然选择代理来投保需要多付一些费用。值得注意的是，代理商通常代理几家公司的保险，代理商高度推荐的保单，可能是对代理商佣金最高的保单，不一定是最合适的保单，对于车险而言，价格重要，服务更重要。拿到保单后，最好跟保险公司确认一下保单的有效性和有效期。

（2）到保险公司投保　保险公司有对外营业的窗口，车主可以选择适合的保险公司，花上一些时间亲自去办理保险。这样可以直接与保险公司取得联系，但要浪费一些时间和精力。

（3）电话投保　保险公司开通有专门的服务电话，有专门的人员接听客户电话，解答客户的各种问题，协助客户办理投保手续。因此，车主可以通过电话完成投保车险的全过程，投保省时、省事。

（4）网络投保　保险公司设有专门的网站，车主可以网上投保。这对于熟悉汽车保险的客户比较适用，自主选择性强，同时网络投保还可以获得更多的优惠。但如果想了解更多更详细的内容，就要车主自己调查了解。

3. 汽车投保技巧

汽车投保时，要做到既省钱，又有相对好的保障范围和服务水准，追求高的性价比，这就有技巧。

（1）选择合适的保险公司　目前，承办汽车保险业务的保险公司很多，各家保险公司都有自己的特点，如何选择一个经济实惠、信誉好、手续简单、理赔方便的保险公司对车主来说至关重要。如要选择一家合适的保险公司，车主需要调查了解汽车保险市场。

首先要比较各保险公司汽车保险条款的差异，比较的基本原则是：保险责任越多越好，责任免除和投保人、被保险人义务越少越好；赔偿金额越高越好，免赔率越低越好。再是在相同的保障范围时，比较各保险公司相应险种的费率，着重了解浮动系数的种类和给予条件，了解保险公司的费率优惠条件和无赔款优待的规定，从而确定各保险公司的价格优势。另外，还需要考察保险公司的服务水准。有的公司在车主购买保险时考察得较为严格，但在理赔时能够充分考虑客户的利益，极大地满足客户的需求；但有的公司承保条件很宽松，只是以收取保费为目的，而在理赔时对客户的要求很严。要了解保险公司与客户沟通的渠道是否畅通、简便，了解保险公司对客户的服务承诺。保险人的承诺既是保险公司自身实力的体现，也是客户的需求。

通常，规模大的保险公司信誉度高，定损网点多，可以借助修理厂实行远程网上定损，理赔速度比较快，服务质量好，但保单价格相对较贵；而小一点的保险公司其保费相对便宜一些，但理赔可能比较慢、比较苛刻。不过也有一些小保险公司，为了创牌子、争市场，不但保费便宜，而且服务一流。

（2）合理确定保险金额　保险金额是计算车险赔款、车险保费的基础，故应合理确定保险金额。若保险金额大于车辆价值，超出部分无效，则会损失投保费用；若保险金额小于车辆价值，索赔时保险人按保险金额与保险价值的比例计算赔付，可能会造成赔款损失。因此，建议按新车购置价或实际价值确定保险金额。这样，一旦发生事故，保险公司的赔付可以使车主的损失最少或可以满足修车的需求。

（3）正确选择第三者责任险赔偿限额　赔偿限额是计算第三者责任险赔款、第三者责任险保费的基础，赔偿限额越高，保费越高，车主的风险就越小。汽车第三者责任险的赔偿限额有六个档次：5 万元、10 万元、20 万元、50 万元、100 万元和 100 万元以上。目前，广大的农村地区保 5 万元、10 万元，绝大多数城市车辆保 10 万元、20 万元赔偿限额比较合适，保费适中，且一般的事故都能应付。但有的城市（如深圳），其车辆投保这些档次的赔偿限额，车主的风险较大，故建议其保 50 万元或 100 万元赔偿限额。

（4）选择合适的险种　险种选得越多，则保障越好，但保费越高。如果出险概率较小的险种或者对自己及车辆保险意义不大的险种不投保，则往往能够节省保费，同时其保障程度也不会明显下降。因此，投保时车主应根据自己车辆的状况、使用性质、停放地点等具体情况选择对自己最有投保意义和价值的险种，既经济实惠，又有安全保障。

1）新车投保。建议车辆损失险、全车盗抢险、第三者责任险、车上人员责任险必保，而车辆附加险则可根据自己的实际情况选保，可选不计免赔特约险。

2）二手车投保。建议第三者责任险、车上人员责任险必保，而车辆损失险、全车盗抢险则可根据二手车的实际情况选保，如车辆实际价值较高，则加保。

3）特别情况特别保

① 对于临近报废期的车辆，建议只保第三者责任险，因为这类车辆的车况较差，实际价值低，投保金额太多显然不划算。

② 对于有安全防盗装置、有车库或固定停车场地而很难被偷走的车辆，建议不保全车盗抢险；车辆价值不高，小偷不太关注的车辆，建议不保全车盗抢险；而对于小区治安状况不太好，或是经常跑外地的车主，建议最好投保全车盗抢险。

③ 对于高档新车，建议最好投保玻璃单独破碎险、划痕险，因为这类损伤容易发生而且修复费用较高。

④ 对于轿车尤其是新轿车，建议不保自燃险，因为自燃险是对车辆因油路或电路的原因自发燃烧造成损失进行的担保，而轿车自燃事故极为少见。

⑤ 对于车技不佳的新手开新车，建议最好将车损险和第三者险保足，并投保车上人员责任险和不计免赔特约险。

（5）充分利用优惠政策　认真研究保险公司的汽车保险条款，了解费率的优惠条件、险种的免赔率等情况，充分利用保险公司的优惠政策，使在相同的保障条件下交纳较少的保险费用。

投保费用与很多因素有关，如是否指定驾驶人员，驾驶人员的性别、年龄、驾龄，行驶区域，车龄和车型，是否有固定车位、ABS、安全气囊、防盗装置等，要详细记录。

对于续保车辆来说，影响投保费用最重要的是车主的驾驶记录。上一保险期间未发生保险赔偿的保险车辆续保，且保险期间均为一年时，可享受无赔偿保险费优待。连续多个保险期间未发生保险赔偿的，保险费优待比例逐年提高。上一保险期间发生保险赔偿的，根据发生保险赔偿的次数，续保时提高保险费。因此，如果保险车辆仅仅是一些小刮、小擦毛病，去修理厂修车也花费不了多少钱，则车主不妨自己花钱修理，来获得车辆在第二年续保时保费下调更多的回报。

另外要清楚，汽车保险中免赔率条款越多，对车主就越不利。条款中的免赔率意味着车辆发生保险事故时，保险人可以免赔部分损失，而车主的损失就会增加。免赔率越高，车主的损失就会越大。因此，对于车损险、第三者责任险中的免赔条款多、免赔率高而采取的最好措施就是投保不计免赔特约险，从而将风险转嫁给保险人。

4. 汽车投保注意事项

1）要选择国家批准的保险公司所属机构投保，而不能随便找一家保险代理机构投保，更不能被所谓的低保费所引诱，只求小利而上大当。

2）注意保险范围，保险尽量保全。并不是只要投保了车险，无论汽车出什么保险意外，保险公司都会理赔的，保险公司只会保障车主所投保的险种。各险种都有各自的保险责任，如果车主为了节省保费，少保几种险，假如车辆真的出事，保险公司只能依据当初订立的保险合同承担保险责任给予赔付，而车主的其他的一些损失就得不到赔偿。

3）汽车保险金额要按新车购置价确定，第三者责任险赔偿限额档次应适当选高些。这样一旦出现车辆保险事故，车主的损失就会少些。例如：第三者责任险在赔偿限额太低情况下出险时，若第三者损失较大，超出交强险与第三者责任险的赔偿限额，则差额部分由车主赔偿，这个差额有时可能是几十万元，不可小视。

4）对保险业务人员作出的一些有利的承诺，一定要落实到文字上，或者在条款中有明文规定，或者在保险单特别约定栏注明，否则今后一旦发生争议，车主就会很难取证。

5）要认真审核保险单证。当接到保险单证时，一定要认真审阅，对不符合要求的单证拒绝签单；当保险手续办理完毕并拿到保单正本后，应立即核对保险单上列明的项目如车牌号、发动机号等是否有错漏，如有错漏，应立即提出并更正。

6）不要重复投保，这只会增加保费，而不会得到超价值赔款。因为保险法规定各保险人的赔偿金额总和不得超过保险价值。

7）要按时交纳保费，以防意外。若正当保险合同到期尚未续交保费之时，意外发生车险，则损失只有车主承担。因此，要记住保险的截止日期，应该提前办理续保手续。

四、汽车保险理赔

1. 车险理赔概念

车险理赔是指保险汽车在发生风险事故后，保险人依据保险合同的约定对被保险人提出的索赔请求进行处理的行为。汽车事故损失有的属于保险责任，有的属于非保险责任，即使属于保险责任，因多种因素制约，被保险人的损失不一定等于保险人的赔偿额，所以说，汽车保险理赔涉及保险合同双方的权利与义务的实现，是保险经营中的一项重要内容。

2. 车险理赔原则

车险理赔涉及面广，情况复杂。为确保工作快捷与高效，在车险理赔时，保险公司应遵循三个基本原则。

（1）坚持实事求是原则　在现场查勘、事故车辆修复定损以及赔案处理方面，要尊重客观事实，以事实为依据，以条款为准则，做到恰当赔付补偿。

（2）重合同、守信用原则　保险合同条款复杂，专业性强，对于一般的投保人或被保险人不易理解和掌握，所以保险人在处理赔案时，必须加强法制观念，履行其应尽的义务和责任，严格按条款办事，该赔的一定要赔，而且要按照赔偿标准及规定赔足，不属于保险责任范围的损失不滥赔，同时还要向被保险人讲明道理，拒赔部分要讲事实、重证据。

（3）坚决贯彻“主动、迅速、准确、合理”的八字原则　主动是指主动热情受理案件，积极主动展开调查，了解和勘查现场，对事故进行科学分析，确定保险责任，对前来索赔的客户要热情接待，多替保户着想，急保户所急，在最大限度内维护保户利益，它体现了公司对理赔的重视程度。迅速是指迅速查勘，迅速定损，迅速赔偿，它体现了公司理赔的效率。准确是指准确认定责任，准确核定损失程度，准确核定赔付金额，保证双方权益，杜绝差错，避免“同样案子不同公司尺度不一样，同一公司不同理赔员标准不一样，同一理赔员不同时间标准不一样”，它体现了公司理赔的公平。合理是指实事求是，重合同、坚持条

款，结合案情，合理理赔，它体现了公司理赔的信用。保险公司做好车险理赔，既是提高被保险人满意度的良机，也是扩大公司车险业务的基石。

3. 车险理赔流程

保险汽车发生风险事故后，被保险人向保险公司报案，对于属保险责任范围内的风险事故，保险公司就会在其承担的范围内进行理赔。其理赔的一般流程是：受理案件、现场查勘、损失确定、赔款理算、赔付结案。

（1）受理案件　被保险人在发生风险事故后，应及时向承保的保险公司报案，及时报案是被保险人履行合同义务的重要内容，除不可抗拒力外，一般应在48h内报案。报案方式有电话报案、上门报案、传真报案等，最普遍的就是电话报案，各个保险公司都有专门的服务电话来受理报案。保险公司在受理报案后，应向被保险人提供《保险车辆出险通知书》和《索赔须知》，并指导客户填写《保险车辆出险通知书》及告知索赔程序，同时应核实其保单信息，根据报案人对风险事故的描述，初步确定是否属于承保的风险责任，对于符合保险合同中的承保范围内的案件，保险公司业务人员应进行立案登记，正式确定案件，统一编号并对其进行程序管理，对于明显不符合保险合同承保范围的，应在出险通知书和机动车立案登记簿上签注："因××不予立案"，并向被保险人做出书面通知和必要的解释。

受理案件后，应及时调度定损人员进行现场查勘与核定损失。

（2）现场查勘　现场查勘是指用科学的方法与现代化技术手段，对交通事故现场进行实地验证和查询，将所得的结果完整而准确记录下来的工作过程。现场查勘是查明事故真相的根本措施，是分析事故原因与确定责任的基本依据。现场查勘的主要内容是查明（或核实）出险时间、出险地点、出险车辆情况、驾驶人情况、事故原因、协助施救与受损财产、损失程度。在客观事实的基础上形成现场查勘记录报告，如有可能应力争由被保险人或驾驶人对形成的现场查勘记录确认签字。

（3）损失确定　根据保险合同的规定和现场查勘的实际损失记录，在尊重客观事实的基础上，确定保险责任，然后对事故损失进行定损及赔款计算工作。

损失确定包括车辆损失、人身伤亡相关费用、其他财产损失。车辆损失由车辆的修理工时费、更换配件的项目与配件的价格、施救费用等组成，涉及人身伤亡的案件还应核定人身损害赔偿的相关项目与内容。涉及有其他财产损失，还应核定其他财产损失的金额。这是一个定责与定损的过程，理赔人员在客观事实的基础上核定该事故损失的程度与金额，通过核损后并以此损失的金额进行赔款理算，是赔款理算的依据。

（4）赔款理算　赔款理算是保险公司按照保险合同的约定与相关法律的规定，并根据保险事故的实际情况，依照损失确定的金额，核定和计算应向被保险人赔付金额的过程。理赔人员应本着认真负责的态度做好理算工作，准确计算出应赔付的金额，确保被保险人能得到应有的赔偿，也维护保险公司的利益。在理算过程中，首先要对收集的单证核实其真实性、合法性和合理性，然后在其保险合同承保的各个险种下计算出赔偿的金额，正确缮制赔款计算书。赔款理算应做到项目齐全，计算准确，再送交核赔人员。在完成核赔与审批手续后，转入赔付结案程序。

（5）赔付结案　赔款理算完成并经过充分核赔审查无误后，理赔人员根据核赔的审批金额，填发《赔款通知书》及赔款收据，保险公司财会部门依赔款通知向被保险人支付赔款，被保险人在领取赔款手续完成后，保险人要对所有的与案件理赔相关的单证进行整理、装订、登记、归档，做到一案一卷。至此，理赔案件结案完成。

4. 车险理赔顺序

交通事故发生后，理赔顺序应当遵循先强制后商业的赔偿顺序。先由保险公司在交强险责任限额范围内予以赔偿。超过责任限额部分，如果车主已经投保了商业保险，则保险公司按照商业保险合同内容进行理赔，超出商业险的部分由个人承担；如果车主没有投保商业险，则交强险赔偿以外剩余部分在事故责任范围内由车主承担。

思考题

1. 什么是汽车营销？汽车营销的模式有哪些？
2. 什么是汽车品牌专营？其优势是什么？
3. 什么是活动营销？试举例说明。
4. 什么是汽车保险？它有哪些种类？
5. 什么是保险责任？什么是责任免除？
6. 什么是车辆交强险？设置车辆交强险的意义是什么？
7. 如何选择汽车投保险种？试举例说明。
8. 如何合理选择第三者责任险赔偿限额？
9. 什么是车险理赔？如何理赔？

第十章

汽车文化

历经百年的汽车创造了灿烂辉煌的汽车文化，如汽车品牌与商标、汽车运动、汽车博览等，无一不蕴含着丰富的文化内涵。

第一节 汽车品牌与商标

汽车品牌与商标赋予汽车品质和内涵，能体现企业的文化和精神。汽车商标造就了一个个著名的汽车品牌，如奔驰、宝马、解放、红旗等，每一个成功品牌的后面都隐含着汽车企业文化和精神的力量。汽车商标就像一座座丰碑，体现了各国人民不同的文化气质和独特的艺术品位，记载着汽车名人的丰功伟绩，并丰富了汽车文化这座辉煌的宫殿。

一、汽车品牌、商标及命名

汽车品牌是汽车价值的外在体现，是用来标识某些车型的特殊符号。汽车品牌一旦经过注册即为商标。

1. 汽车商标

汽车商标是汽车制造商设计的一种法律上保证独家使用的、作为汽车产品明显标记的文字、图案或符号。它基本上由图形、名称及特定色彩三部分组成，并且不论运用的场合和大小变化，都具有一定的构图、尺寸比例和规范。

一般来说，汽车商标可以分为主商标和副商标。主商标就是企业名称，如福特、克莱斯勒、通用、丰田、大众和日产等。它们一般来源于企业创始人的姓氏。副商标才是真正代表不同车型的商标，如野马、道奇、雷克萨斯、皇冠、桑塔纳等。

汽车在百余年的发展进程中，创造出了许多经典的汽车商标，它们不仅仅是给公众识别的汽车标记，更是现代文明流动的雕塑，是汽车文化的精华。

2. 汽车品牌的命名

（1）用公司创始人或其他名人的姓名命名　奔驰车以德国著名汽车发明人卡尔·本茨的名字命名；丰田车以日本丰田公司的创始人丰田喜一郎的姓氏命名；美国林肯轿车以美国总统林肯的名字命名，用以显示轿车档次的尊贵。

（2）用地名命名　如中国的松花江、黄河、江淮、北京、长安等汽车以名山大川及地名命名。桑塔纳原本是美国加州的一个盛产名贵葡萄酒的山谷，那里常常刮起一股强劲的旋风，人们称旋风为桑塔纳(Santana)，德国大众引用“Santana”作为公司产品的名字，就是希望这种汽车能如旋风般风靡全球。

（3）用神话、传说或比喻来命名　如美国通用公司的泰坦，其名称“泰坦”来源于希腊神话，泰坦是位大力士，以此命名表示轿车动力强劲，使人满意。

（4）用动物名称来命名　通常用虎、豹、马、狮等奔跑速度极快的动物命名轿车，喻示汽车动力强劲，能飞速奔跑。如美国福特的美洲狮、英国品牌的捷豹等轿车。

（5）用爵位、职位和其他身份命名　如日产汽车公司有用总统、公爵王、王子和贵夫人命名的轿车，美国克莱斯勒公司有君王、男爵轿车，美国福特汽车公司有君主轿车。

（6）用寓含政治意义和时代特征的词汇命名　如中国的解放、跃进、红旗和东风等汽车。

（7）用合资企业的组合命名　如北京现代、上海大众、天津一汽、广州本田等轿车。

二、世界著名汽车公司及品牌

1. 通用汽车公司

通用汽车公司(General Motors Corporation)创立于1908年，创始人威廉·杜兰特(William Crapo Durant)。1927年，通用成为世界上最大的汽车公司，其生产轿车的厂家主要有：雪佛兰部、庞蒂克部、别克部、凯迪拉克部、奥兹莫比尔部、土星部和GMC部。1929年，通用收购了德国欧宝汽车公司，后来在世界几十个国家设立制造、销售汽车公司，1997年，与中国上海汽车公司合资建立了上海通用汽车公司。目前，通用汽车公司是一个大规模的跨国公司，总部在美国底特律，最近几年汽车年产量达900万辆左右，排名世界第2。通用汽车公司以生产大型轿车和各类载货汽车驰名世界，主要汽车品牌有雪佛兰、别克、凯迪拉克、奥兹莫比尔、土星、欧宝、悍马、沃克斯豪尔、莲花、绅宝等。

（1）通用标志　“GM”是美国通用汽车公司的标志(图10-1)，取自通用汽车公司英文全称的前两个单词的第一个大写英文字母。

（2）雪佛兰商标　雪佛兰部前身是雪佛兰汽车公司，创建于1911年，1918年并入通用。雪佛兰汽车公司以其创始人路易斯·雪佛兰的姓氏Chevrolet命名。商标(图10-2)似一个红十字，是图形化了的蝴蝶领结，象征雪佛兰汽车的大方、气派和风度。雪佛兰汽车销售量在美国名列前茅，雪佛兰汽车已成为美国生活方式的一部分。图10-3为雪佛兰SPARK，它是为年轻群体打造的个性化高端微型小车，具有运动风格的时尚造型、创意十足的细节设计、充足的空间和新潮的音乐娱乐设施，并满足低油耗、低排放的高环保标准，2002年曾获得“世界最漂亮的小车”称号。

图10-1　通用标志

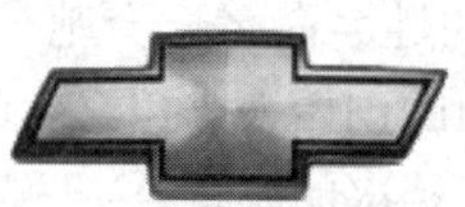

图10-2　雪佛兰商标

图10-3　雪佛兰SPARK

（3）别克商标　别克部前身是别克汽车公司，创建于1903年，1908年并入通用。商标的英文“BUICK”取自于该公司创始人大卫·别克的姓氏，图形商标(图10-4)为三把利剑，从左到右红、白、蓝依次排列，高度节节上升，给人一种积极进取、不断攀登的感觉，喻示

别克汽车采用顶级技术、刃刃见锋，是无坚不摧、勇于攀登的勇士。图 10-5 为别克林荫大道(Park Avenue)，它是别克汽车的旗舰品牌，其经典形象是宽大、舒适、雍容、贵气。自 1959 年起，林荫大道产品历经六代车型演变，已将别克的经典豪华和动力操控完美融合到极致，已成为与林肯、凯迪拉克齐名的美国豪华车代表。

图 10-4　别克商标图

图 10-5　别克林荫大道

（4）凯迪拉克商标　凯迪拉克部前身是凯迪拉克汽车公司，1902 年由美国人亨利·利兰创建，1909 年被通用公司并购。凯迪拉克以通用汽车公司发源地密歇根州底特律市创始人——法国的皇家贵族、探险家安东尼·凯迪拉克(CADILLAC)的名字命名，并以他随身武器盾牌图案作为图形商标(图 10-6)。凯迪拉克商标图案是目前轿车商标最复杂的图案，其含义也较广泛、风趣。盾牌图案象征着凯迪拉克家族勇猛和大胆的传统、智慧和完美的品德、皇家朝廷的贵族血统以及底特律市创始人的荣誉。其商标显示了凯迪拉克汽车的高贵、豪华、气派和潇洒，喻示该公司具有巨大的市场竞争力和取胜的信念。凯迪拉克产品是通用公司的最高档次，凯迪拉克的历史代表着美国豪华车的历史，凯迪拉克已在美国人民乃至世界人民心目中成为豪华车的象征，美国白宫也选用其作为总统专车，图 10-7 为美国总统奥巴马专车——凯迪拉克野兽。

图 10-6　凯迪拉克商标

图 10-7　总统专车——凯迪拉克野兽

（5）欧宝商标　1862 年，德国人阿德姆·欧宝(Adan OPel)创建了欧宝公司。1897 年开始生产汽车，1924 年建成德国第一条汽车生产流水线，1929 年被美国通用汽车公司收购，成为通用在德国的子公司。欧宝商标之名源自创始人欧宝家族的姓氏 OPel，其图形商标(图 10-8)像闪电划破长空，震撼世界，喻示汽车如风驰电掣，同时也炫耀其在空气动力学方面的研究成就。欧宝汽车公司重视技术创新，不断向广大社会群体提供价廉物美的汽车产品。欧宝汽车是欧洲最畅销品牌之一，其精良的技术深入人心，众口皆碑；其创新性、灵活多样性、无穷动感和优异品质会给人们带来清新自信的驾乘体验和汽车文化。图 10-9 为欧宝 Corsa，它是欧宝在小型车领域的出色代表，具有良好的动感外观，其

图 10-8　欧宝商标

百公里油耗仅为4.5L。

2. 福特汽车公司

福特汽车公司(Ford Motor Company) 创立于1903年，创始人亨利·福特。1908年，福特汽车公司推出了举世闻名的T型汽车，1913年在底特律建成了世界上第一条汽车流水生产线，在20世纪初是世界上最大的汽车公司。目前，福特汽车公司是一个大规模的跨国公司，总部设在美国密歇根州迪尔伯恩市，在世界各地30多个国家设立汽车制造、销售公司，2001年与中国长安汽车公司合资成立长安福特汽车公司。最近几年汽车年产量在500~600万辆左右，2010年排名世界第5。福特汽车公司以生产大型轿车和各类载货汽车驰名于世。目前，福特汽车公司的主要品牌有福特、林肯和马自达等。

(1) 福特商标　福特汽车公司用创始人亨利·福特的姓氏Ford命名，公司商标(图10-10)蓝底白字，选用艺术化的“Ford”英文字母，形似一只活泼可爱、充满活力的小白兔奔向前方，以象征福特汽车奔驰在世界各地，令人爱不释手。图10-11为福特皮卡，热爱自由、追求力量的美国人喜欢福特皮卡庞大的体积、强劲而有力的心脏，因而在同类车型中福特皮卡是首选。

图10-9　欧宝Corsa

图10-10　福特商标

(2) 福特·野马商标　福特·野马为福特汽车公司旗下的一品牌车系，以跑车为主。其图形商标是野马(图10-12)。野马是墨西哥和加利福尼亚出产的一种马，它身强力壮、善于奔驰，喻示该车动力强劲、速度极快。野马跑车凭借其极富力量感的外形当之无愧地成为典型的美式跑车代表，众多的年轻人曾痴迷于野马，它能深刻体现美国汽车文化和人文文化。图10-13为福特·野马跑车，2011款野马采用可变气门正时系统、3.7L的V6全铝发动机，最大输出功率227kW，最大转矩380N·m，它具有良好的操控性能，能提供丰富的驾驶乐趣。

图10-11　福特皮卡

(3) 林肯商标　林肯(Lincoln)汽车公司由亨利·利兰于1907年创立，1922年被福特汽车公司收购成立为林肯部。林肯以美国第16任总统亚伯拉罕·林肯命名，显示该部生产轿

车的高级、华贵，是顶级轿车。林肯曾是美国豪华轿车的首选品牌，是政界、商界领袖和社会名流的常备坐骑。林肯图形商标是在一个矩形中含有一颗闪闪放光的星辰(图 10-14)，表示林肯总统是美国联邦统一和废除奴隶制的启明星，也喻示林肯牌轿车具有光辉灿烂的明天。林肯·大陆被誉为福特汽车公司的传世佳作。图 10-15 为林肯牌加长轿车，它是高贵、豪华、地位的象征，在中国它主要是婚宴、礼仪用车。

图 10-12　福特·野马商标

图 10-13　福特·野马跑车

图 10-14　林肯商标

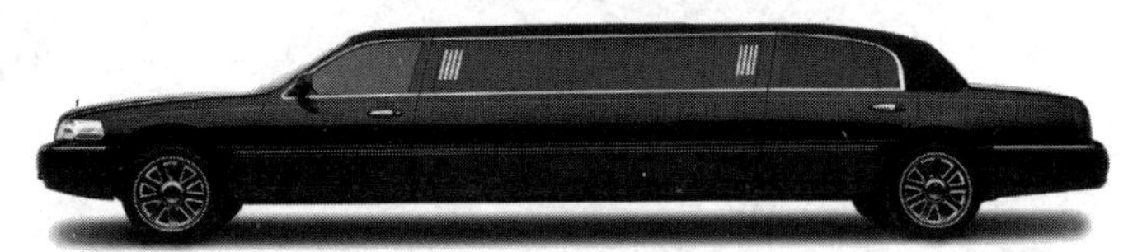

图 10-15　林肯牌加长轿车

3. 克莱斯勒汽车公司

克莱斯勒汽车公司(Chrysler Corporation)成立于 1925 年，创始人瓦尔特·克莱斯勒，总部在美国汽车城底特律。1928 年收购了道奇、普利茅斯等公司，逐步发展壮大。20 世纪 30 年代是其黄金时期，汽车产量甚至一度超越福特汽车公司。但后来一直低于福特汽车公司，成为美国第三大汽车公司。1998 年 5 月，克莱斯勒与奔驰公司合并成立了戴姆勒-克莱斯勒汽车公司，但在 2007 年 10 月正式与戴姆勒分离。克莱斯勒汽车公司在加拿大、墨西哥等国建有分公司，1984 年，与中国北京汽车公司合资。2011 年，菲亚特收购克莱斯勒，成为联合体，计划在 2014 年汽车年产量达 600 万辆。克莱斯勒以生产轿车为主，各种载货汽车也得到较大发展。目前，克莱斯勒汽车公司的主要品牌有克莱斯勒、道奇和吉普等。

(1) 克莱斯勒商标　它用克莱斯勒汽车公司创始人的姓氏 Chrysler 命名，其图形商标是一个飞翼标志，中间是金色的克莱斯勒印章，两侧是一对跃跃试飞的银色翅膀(图 10-16)，象征着克莱斯勒公司的欣欣向荣和崛起腾飞。图 10-17 为克莱斯勒 ME4-12，它是一款后轮驱动、发动机中置的超级跑车，它采用全铝结构、12 缸 4 涡轮 6L、电控顺序多点燃油喷射系统的发动机，应用超轻型碳纤维车体及支撑结构，使用电脑控制的车尾主动扰流器。

图 10-16　克莱斯勒商标

图 10-17　克莱斯勒 ME4-12 超级跑车

ME4-12 具有优良的操控性和强劲的动力，最高速度约为 248km/h，0→100km/h 的加速时间约为 6.2s。

（2）道奇商标　道奇汽车公司(Dodge)由道奇兄弟约翰·道奇和霍瑞斯·道奇于 1914 年创建，1928 年被克莱斯勒收购成为道奇部，主要生产轿车。道奇的文字商标采用道奇兄弟的姓氏“DODGE”，图形商标是在一个五边形中有一羊头形象(图 10-18)，象征道奇车的强壮剽悍、善于决斗，也喻示道奇产品的朴实无华、美观大方。道奇牌轿车素以价廉和大众化著称，颇受欢迎。图 10-19 为 2011 款道奇酷威，它具有灵动的车内空间、强劲的动力配置、领先的安全设施、卓越的操控性能和时尚的外观特征，成为多元化跨界人群的新宠。

图 10-18　道奇商标

图 10-19　道奇酷威

（3）吉普商标　克莱斯勒公司 1987 年收购了由法国雷诺公司控股的美国汽车公司(AMC)，成立了鹰·吉普部。它是专门生产轻型越野汽车的分部，是世界上最大的越野汽车制造厂。鹰·吉普部生产的汽车用鹰图案作为标志(图 10-20a)。鹰在美国被喻为神鸟，也是美国人对著名战斗机飞行员的俚称，其商标表示该部具有雄鹰的优秀品质，能迎风斗险，勇攀技术高峰。

1998 年，鹰品牌退出生产，吉普部的车标简单地用公司缩写字母“Jeep”（图 10-20b）。图 10-21 为名牌越野车切诺基·吉普车(Cherokee·Jeep)，“切诺基”取自美洲印第安部族切诺基土人，由于他们世代居住在山区，擅长在山地攀行，以此来表示切诺基汽车能攀过岩石、涉过泥沙，征服任何艰难险阻，到达胜利的彼岸。

图 10-20　吉普商标
a）鹰·吉普车标　b）吉普车标

图 10-21　切诺基·吉普车

4. 丰田汽车公司

丰田汽车公司(Toyota Motors Company)是日本最大的汽车公司，创立于 1937 年，创始人丰田喜一郎。丰田汽车公司经历了 20 世纪 60 年代、70 年代日本国内成长期后，在 80 年代开始了它全面走向世界的国际战略，它先后在美国、英国、东南亚、中国建立独资或合资企业，并将研究发展中心建在当地，实施当地研发设计生产的国际化战略。目前，丰田汽车公司是世界最大的跨国汽车公司，其总部在日本爱知县丰田市。最近几年，丰田汽车产量达 949 万辆，名列世界首位。丰田汽车公司的主要汽车品牌有世纪、皇冠、雷克萨斯、佳美、

大发等。

（1）丰田商标 丰田汽车公司用丰田喜一郎(TOYOTA)的姓氏作为公司的名称和商标。1989年10月，丰田汽车公司推出新商标(图10-22)，它由三个椭圆环巧妙地组合在一起，每个椭圆都是以两点为圆心绘制的曲线组成，象征用户与汽车厂家的心连在一起，具有相互依赖感。其商标图案具有空间感，并将TOYOTA寓于图形商标之中：大椭圆内的两个椭圆垂直交叉组合成一个字母T，代表丰田汽车公司；大椭圆表示地球，中间的字母T与外面的椭圆重叠，使字母T最大限度地占据了椭圆空间，更显突出，喻示丰田汽车面向未来，走向世界。图10-23为丰田RAV4多用途越野车，它拥有全新开发的智能动态转矩控制四轮驱动系统，在城市道路和越野路段具有优异的行驶性能。

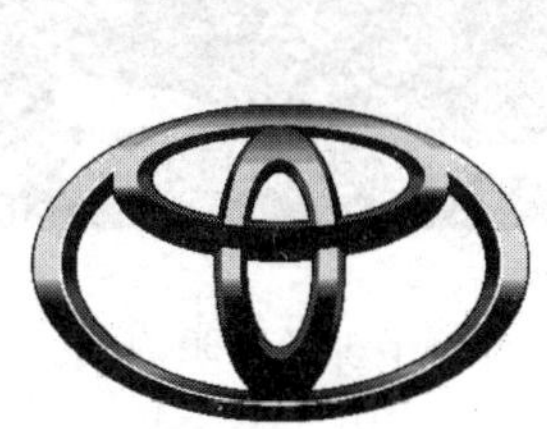

图10-22 丰田商标

图10-23 丰田RAV4

（2）世纪商标 世纪轿车(Century)是丰田车系中的旗舰产品，有“日本劳斯莱斯”之称。世纪轿车是仅供国家元首、政府要员或大公司老板乘坐的豪华轿车。该车造型华丽、价格昂贵。世纪轿车的图形商标是一只金色凤凰的浮雕(图10-24)，这个图案出自日本古代建筑“宇治平等院”，表示该车豪华、秀丽、大方、气派和风度。图10-25为日本皇室御用车——Century ROYAL。

图10-24 世纪商标

图10-25 丰田世纪轿车的Century ROYAL

（3）皇冠商标 皇冠牌轿车(Crown)是一款外形美观、线条流畅、性能优越的中高级轿车，它畅销世界，是日本汽车进入中国市场的开路先锋。其商标是一顶皇冠(图10-26)，象征着此车的高贵和典雅。图10-27为13代皇冠轿车，它备有超级智能化电子控制系统、六

图10-26 皇冠商标

图10-27 13代皇冠轿车

档自动变速器、驾驶响应及加速管理系统，能让驾驶的乐趣倍增。

(4) 雷克萨斯商标　雷克萨斯轿车(Lexus)是丰田汽车公司20世纪90年代推出的豪华型高级轿车，档次高但价格低，具有较强的市场竞争力，已发展成了一个庞大的车系。雷克萨斯轿车商标(图10-28)是在一个椭圆中镶嵌英文“Lexus”的第一个大写字母L，椭圆表示地球，喻示该车像一匹黑马，驰骋在世界各地的道路上。图10-29为雷克萨斯GS300，它具有独具魅力的动感设计和卓越的动力性能，更配备多项前瞻性智能科技，为消费者打造尊崇舒适的驾乘感受，其优雅的流线形和强劲的运动风格令人热血沸腾。

图10-28　雷克萨斯商标

图10-29　雷克萨斯GS300

5. 本田汽车公司

本田汽车公司(Honda Motors Company)创立于1946年，创始人本田宗一郎。20世纪50年代主要生产摩托车，是世界上最大的摩托车生产厂家。20世纪60年代中期开始生产小型轿车，取得显著进展。汽车的动感、豪华、流畅是本田的一贯风格；设计动力强劲、低油耗、低公害发动机是本田的技术目标；靠先进而实用的设计、卓越的制造质量和相对低廉的价格吸引顾客是本田的取胜宗旨；“人、车、环境协调一致”是本田的发展方向。由于重视技术研究开发，所生产的轿车在国际上获得广泛信誉，本田汽车被称为日本汽车技术发展的排头兵。本田公司已是一个跨国的汽车生产集团，总部设在东京，先后在美国、加拿大、英国、中国等数十个国家建有生产基地，2008年其汽车年产量达391万辆，2010年汽车年产量名列世界第7。本田公司主要汽车品牌有本田(Honda)和讴歌(Acura)。

(1) 本田商标　本田商标如图10-30所示，它是本田公司在20世纪80年代从来自世界各地的2500多件设计图稿中，确定的三弦音箱式商标，也就是带框的“H”，图案中H是Honda的第一个字母H。其商标充分体现了本田技术创新、职工完美和经营坚实的特点。本田品牌下的主要车型有雅阁、思域、里程、序曲和飞度等。图10-31为本田雅阁轿车，它采用世界领先技术，集高动力、低油耗的优异性能于一身，其外形稳重大气，是中级车型中少有的尊贵级造型。

图10-30　本田商标

图10-31　本田雅阁轿车

（2）讴歌商标　讴歌（Acura）是本田汽车公司 1986 年在美国创立的高档豪华车品牌。“Acura”意为“精确”，其商标是英文字母 A 的变形，犹如一把精确测量的卡钳（图 10-32），喻示其公司汽车制造“精确”的主题。讴歌追求动感、个性和前瞻科技的“运动豪华”理念，为顾客带来全新的价值感受。其品牌一经推出即在北美市场获得了巨大的成功。目前，讴歌品牌旗下拥有在北美设计、开发和生产，充分迎合北美市场需求的轿车、SUV、跑车等多种产品系列。图 10-33 为讴歌 ZDX 轿车，它集动感外型、卓越运动性能与先进技术优势于一身，能完美呈现驾驶的最高乐趣。

图 10-32　讴歌商标

图 10-33　讴歌 ZDX 轿车

6. 日产汽车公司

日产汽车公司（Nissan Motors Company）创建于 1933 年，从 20 世纪 50 年代起，日产汽车公司得到很快发展，在 20 世纪 70 年代末到 80 年代初，进入世界十大汽车公司之列，90 年代初，曾成为世界第五大汽车公司。20 世纪 80 年代，日产汽车开始实施其国际化战略，相继在美国、英国、西班牙、意大利、东南亚、澳大利亚和中国建立分公司或装配厂或合资建厂，已发展成为一个庞大的跨国集团公司，总部在东京。2010 年，日产汽车公司年产量为 398 万辆，名列世界第 6。日产公司的汽车品牌主要有尼桑、公爵、蓝鸟、千里马、总统、阳光和地平线等。

日产汽车公司商标是将 NISSAN 一词置于火红的太阳之上的图案（图 10-34）。NISSAN 是日语“日产”的字母形式，其商标象征着日产汽车以旭日和诚心向汽车的明天奋进。图 10-35 为日产骊威，它具有动感的外形、豪华的内饰、宽适的驾乘空间，能充分展现驾乘人的激情和活力。

图 10-34　日产商标

图 10-35　日产骊威

7. 大众汽车集团

大众汽车集团的核心是大众汽车公司，它是德国最大也是最年轻的汽车公司，创建于 1938 年，创始人是世界著名汽车设计大师波尔舍。大众汽车集团是一家国际性集团公司，在全世界许多国家设有生产厂，总部在德国的沃尔夫斯堡。2010 年，大众汽车集团的汽车年产量达734万辆，名列世界第3。目前，大众汽车集团的主要汽车品牌有大众、奥迪、兰博基尼、布加蒂、本特利、西亚特、斯柯达等。

（1）大众商标　大众汽车公司的德文Volks Wagenwerk，意为大众使用的汽车，图形商标(图10-36)是德文单词中的两个首字母V和W叠合，再镶嵌在一个大圆圈内，形似3个V字，像是用中指和食指作出的V形，表示大众公司产品“必胜—必胜—必胜”。商标简洁明快，令人过目不忘。图10-37为大众辉腾，它是德国大众的旗舰产品，代表了德国造车工艺的至高境界，它是集德国传统的手工技艺和创新的尖端科技于一体的顶级豪华轿车。它采用四轮驱动，最高车速可达到250km/h，0→100km/h的加速时间为6.1s。

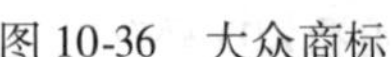

图10-36　大众商标

图10-37　大众辉腾

（2）奥迪商标　奥迪汽车公司是大众汽车公司的子公司，生产奥迪系列汽车。奥迪汽车公司历史悠久，1932年奥迪(Audi)、霍希(Horch)、漫游者(Wanderer)和迪开瓦(DKW)四家公司联合成立奥迪汽车联盟股份公司(Audi Auto Union AG)；1945年二战结束后，奥迪汽车公司被前苏联占领军没收；1964年，奥迪汽车公司被大众汽车公司收购。奥迪汽车公司名称是创始人霍希以前所办公司的拉丁文名称的字头Audi；商标是4个半径相等的连环圆圈(图10-38)，表示当初公司是由四家公司合并而成的，象征同舟共济和兄弟情谊，如兄弟手挽手，共创大业，平等、互利、协作，意味着团结就是力量，团结勇往向前。图10-39为奥迪R8，它是一款超级跑车，功率达500kW以上，0→100km/h的加速时间为4.6s，最高车速可达301km/h。奥迪R8是突破传统设计，将奥迪无数场赛车取胜经验与领先科技完美融合的结晶。

图10-38　奥迪商标

图10-39　奥迪R8

（3）兰博基尼商标　兰博基尼汽车公司是一家位于意大利圣亚加塔·波隆尼的超级跑车制造公司。创立于1963年，创始人费鲁齐欧·兰博基尼(Ferruccio Lamborghini)，早期曾因公司营运不善，数度易手经营权，1998年被奥迪公司收购。兰博基尼商标是一头浑身充满了力气、正准备向对手发动猛烈攻击的犟牛(图10-40)。据说兰博基尼本人就有这种不甘示弱的牛脾气，有一种唯我独尊的霸气，这正体现了兰博基尼汽车大功率、高速度运动型跑车的特点，并使兰博基尼在汽车界树立起显赫的地位。图10-41为兰博基尼超级跑车，是举世难得的艺术品，其每一个棱角、每一道线条都是如此完美，都在默默诠释兰博基尼近乎原

始的美。没有多少人可以拥有兰博基尼，因为它昂贵到无可想象的地步。

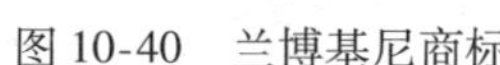
图 10-40 兰博基尼商标

图 10-41 兰博基尼超级跑车

8. 戴姆勒·奔驰汽车公司

戴姆勒·奔驰汽车公司于 1926 年由戴姆勒汽车公司和奔驰汽车公司合并而成，是超级的汽车跨国集团，总部设在德国的斯图加特，以生产优质、舒适的豪华汽车闻名于世。戴姆勒·奔驰高级轿车在技术和设计上堪称世界汽车工业的典范，誉满全球，已成为世界各国首脑、工业大亨、商界巨子的首选。戴姆勒·奔驰汽车高品质、高质量、性能优良、乘坐舒适、驾驶安全。戴姆勒·奔驰汽车公司主要汽车品牌有梅赛德斯-奔驰、迈巴赫。

戴姆勒·奔驰汽车公司使用“三星叉”标志。戴姆勒·奔驰汽车公司将两家公司的标志合二为一，设计出两个商标：第一个是桂冠商标，在二个嵌套的圆中含有一颗三叉星，MERCEDES 字样在上，BENZ 字样在下，两边有月枝树叶，形似桂冠（图 10-42a），它源自于希腊神话故事，象征阿波罗勇士头上的桂冠及凯旋者的光环，商标内的三叉星象征着吉星高照。第二个商标是第一个商标的简化图案(图 10-42b)，类似汽车转向盘，其三叉星表示在海陆空全方位的机动性，圆环寓意着公司汽车营销全球、驰骋世界，图案简洁明快，一见就令人难忘。图 10-43 为梅赛德斯-奔驰(Mercedes-Benz)轿车。梅赛德斯是汽车界的著名品牌，在质量、技术、豪华诸方面都是世界一流的。

图 10-42 戴姆勒·奔驰商标

图 10-43 梅赛德斯-奔驰轿车

9. 宝马汽车公司

德国宝马汽车公司成立于 1916 年，总部在慕尼黑，创始人为卡尔·拉普和马克斯·弗里茨。初始时期，主要生产摩托车和航空发动机等，1928 年开始生产轿车，二战期间改为生产军用车辆。20 世纪 50 年代，再次生产轿车，开发出一系列高品质的轿车，受到用户青睐。宝马公司 1994 年收购罗孚汽车集团、1998 年购买劳斯莱斯品牌后，其实力得到增强。2001 年，宝马集团与中国华晨汽车公司合资组建了华晨宝马汽车公司，宝马汽车公司在十多个国家和地区设有子公司。宝马汽车公司以汽车的高质量、高性能和高技术为追求目标，汽车产量不高，但在世界汽车界和用户中享有与奔驰汽车同等的声誉。宝马汽车加速性能和高速性能在世界汽车界数一数二，因而各国警方的警车首选的就是宝马汽车。宝马汽车公司主要汽车品牌有宝马、劳斯莱斯、迷你等。

（1）宝马商标　宝马汽车公司(Bayerische Motoren Werk AG)的商标(图 10-44)，采用蓝天(蓝色)、白云和运转不停的飞机螺旋桨(白色)，字母 BMW 为公司名缩写，喻示宝马公司源远流长的历史，既象征该公司过去在航空发动机技术方面的领先地位，又象征公司的一贯宗旨和目标：在广阔的时空中，以最先进的科学技术、最新的观念，满足顾客的最大愿望，反映了公司蓬勃向上的精神和日新月异的新面貌。图 10-45 为宝马跑车，它具有高贵的身价、活泼的外形、令人眼花缭乱的神韵和心驰神往的魅力，其操控性能超凡，驾乘乐趣无限，时而温顺、时而奔放，是人们想象中能高速飞驰的宝“马”。如宝马 M5 最高车速可达 301km/h，0→100km/h 加速时间仅需 4.4s。

图 10-44　宝马商标

图 10-45　宝马跑车

（2）劳斯莱斯商标　劳斯莱斯公司创立于 1906 年，其创始人是劳斯和莱斯。公司生产的劳斯莱斯高级轿车，以外形独特、古色古香、性能优良而驰名世界，被公认为是世界豪华轿车之最、极品和“皇冠”。劳斯莱斯几乎等同于大英帝国的权力、尊贵和豪华。现劳斯莱斯品牌属于宝马集团。劳斯莱斯汽车商标是由两创始人姓氏巧妙组合成的图案(图 10-46a)：在一个长方形框内两个 R 叠加，其上方有 ROLLS、下方有 ROYCE 字样，该标志直观、醒目、有深度感；两个 R 叠合表示你中有我、我中有你，团结奋斗，携手共进。劳斯莱斯商标还采用了“飞翔女神”像(图 10-46b)，其创意取自巴黎卢浮宫艺术走廊的一尊有 2000 年历史的胜利女神雕像，两臂后伸，展翅欲飞，象征着“速度之魂”和“狂喜之灵”，隐喻驾车旅行的最高享受与无限美好。图 10-47 为劳斯莱斯 101EX 双门轿跑车，它是汽车工业的巅峰之作，全由工匠手工组装而成。101EX 配有 V16 发动机，其排量大、功率高、加速快，且超级安静和平顺。

a)

b)

图 10-46　劳斯莱斯商标

图 10-47　劳斯莱斯 101EX 双门轿跑车

10. 标致 · 雪铁龙集团

标致 · 雪铁龙集团是 1976 年由标致汽车公司和雪铁龙汽车公司合并成立的，它是法国第一大汽车生产集团，是世界著名的汽车集团公司。从 20 世纪 50 年代起，标致汽车公司开始得到较快发展，特别是 1976 年雪铁龙公司的并入，使标致汽车公司实力大大加强，标致汽车公司先后在英国、西班牙、前南斯拉夫、印尼、印度等国建立独资或合资企业。雪铁龙

公司在法国汽车工业中占有重要地位，20 世纪 70 年代以前，其汽车产量超过标致汽车公司。1985 年，标致汽车公司与广州汽车厂合资生产标致 505 型汽车；1992 年，雪铁龙公司与中国东风汽车公司合资建立神龙汽车公司。2010 年，标致 · 雪铁龙集团汽车年产量达 360 万辆，名列世界第 8。标致 · 雪铁龙以生产轿车为主，主要汽车品牌有标致(Peugeot)、雪铁龙（Citroën)等。

（1）标致商标 标致汽车公司成立于 1896 年，创始人是法国的阿尔芒 · 标致。标致汽车公司以创始人的姓氏 Peugeot(标致)命名，其商标是狮子图案(图 10-48)。该图案是标致汽车公司创始人标致的家族徽章。狮子商标象征汽车雄悍、英武、高贵；狮子简洁、明快、刚劲的线条，象征着更为完美、更为成熟的“标致”。狮子商标独特的造型，既突出了力量，又强调了节奏，更富有时代气息。图 10-49 为标致 RCZ 双门豪华跑车，它配有 1.6T 双涡轮增压发动机和 6 档自动变速器，具有非凡的操控感，0→100km/h 加速时间为 8.4s，综合油耗为 7.3L/100km。

图 10-48 标致商标

图 10-49 标致 RCZ

（2）雪铁龙商标 雪铁龙公司成立于 1919 年，创始人是法国安德烈 · 雪铁龙，他 1900 年发明了人字形齿轮。雪铁龙汽车公司以创始人的姓氏 Citroën(雪铁龙)命名，其商标是人字齿轮图案(图 10-50)。该商标简洁明了，寓意深刻，既宣扬其创新，也反应出法国人生性开朗，爱赶时髦，喜欢新颖和漂亮的性格，散发着法国人的浪漫气息。图 10-51 为雪铁龙 C6，它是雪铁龙家族中的顶级豪华轿车，集优雅、精致、豪华于一身，融合了诸多独特的先进科技(如主动液压悬架、非主观偏道警示系统、电控扰流板、主动式行人保护机罩等)，具有出色的操控性、极佳的舒适性以及顶级的安全性。

图 10-50 雪铁龙商标

图 10-51 雪铁龙 C6

11. 雷诺汽车公司

法国雷诺汽车公司是世界上最悠久的汽车公司之一，成立于 1898 年。公司以创始人路易斯 · 雷诺(Louis Renault)的姓氏命名。1945 年，法国政府将雷诺汽车公司国有化，在政府资金的扶持下，雷诺汽车公司得到较快发展，成为法国第二大汽车公司。雷诺汽车公司有小客车部和车辆工业部，还先后在西班牙、比利时、捷克、阿根廷等国建立了子公司或合资企业。2010 年，雷诺汽车公司年产量达 271 万辆，名列世界第 10。雷诺汽车公司主要生产轿车，主要汽车品牌有雷诺、达西亚等。

雷诺汽车公司商标是由四个长方形拼成的菱形图案(图 10-52)，以表示创始人“雷诺”三兄弟组成的一个大集体，喻示“雷诺”车能在无限的(四维)空间中竞争、生存和发展。图 10-53 为雷诺 CLIO，它是欧洲销售最好的车型之一，具有精致、时尚、动感的风格，其 0→100km/h 的加速时间为 6.9s。

图 10-52 雷诺商标

图 10-53 雷诺 CLIO

12. 菲亚特汽车公司

菲亚特汽车公司于 1899 年在意大利都灵市创立，创始人是乔瓦尼·阿涅利，公司全称是“Fabbrica Italiana di Automobili Torino”，菲亚特(FIAT)是该公司缩写的译音。菲亚特是世界上第一个生产微型车的生产厂家，通过不断合并和收购其他公司，使自身得到不断发展，成为意大利唯一的大型汽车公司，垄断着意大利全国年汽车总产量的 90% 以上。菲亚特汽车在巴西、俄罗斯、波兰、前南斯拉夫、土耳其、印尼等都建立了合资企业或合作关系，1999 年与中国南京跃进汽车集团合资建立南京菲亚特汽车公司，2011 年收购克莱斯勒成为联合体。菲亚特汽车公司是一个国际性公司，总部设在意大利都灵市。2007 年，菲亚特汽车年产量达 267.9 万辆，名列世界第 8。菲亚特汽车公司以生产轿车为主，主要汽车品牌有菲亚特(Fiat)、法拉利(Ferrari)、阿尔法·罗密欧(Alfa Romeo)、蓝旗亚(Lancia)、玛莎拉蒂(Maserati)等。

(1) 菲亚特商标　菲亚特商标经过历史上的多次变迁，现在使用含有公司全称缩写 FIAT 的商标(图 10-54)。FIAT 在英语中具有法令、许可的含义，因此在客户的心目中，菲亚特轿车具有较高的合法性与可靠性，深得用户的信赖。图 10-55 为菲亚特微型轿车 Panda，

图 10-54 菲亚特商标

图 10-55 菲亚特 Panda

它为菲亚特创造了巨大的奇迹，一直是欧洲 A 级车销售业绩的领军车型。

（2）法拉利商标　法拉利公司是世界上最闻名的赛车和运动跑车生产厂家。它创建于 1929 年，公司总部在意大利的摩德纳，创始人是世界赛车冠军、划时代的汽车设计大师恩佐·法拉利。法拉利公司 1969 年被菲亚特公司收购，但它却能独立于菲亚特公司运营。法拉利汽车大部分采用手工制造，因而产量很低，2010 年的产量是 6573 辆，它创造了法拉利历史上的最佳销量纪录。法拉利公司由恩佐·法拉利的姓氏命名，其文字商标为 Ferrari（法拉利）。图形商标（图 10-56）为黑色“腾马”，底色为摩德纳金丝雀羽毛的颜色。图案“腾马”原为意大利空军战斗英雄佛朗希斯科·巴拉克的护身符，腾马是红色，后来为纪念巴拉克作战勇敢，屡建战功，为国捐躯而改为黑腾马。以腾马作为跑车商标和赛车吉祥物，比喻奔腾向前，搏击长空，一定取胜，与法拉利跑车的刚劲和难以言喻的经典红色造型相结合，更显法拉利跑车魔鬼般令人眩晕的震撼力。在近一个世纪的历史长河里，法拉利推出了众多世界知名的汽车产品，每一辆法拉利汽车都可以说是一件绝妙的艺术品。法拉利跑车和赛车的最大特点是具有绝佳的操控性及优异的动力性。图 10-57 为法拉利 SA Aperta 跑车，它采用法拉利最先进技术，具有良好的空气动力学流线形造型，并配有 V12 高转速（8250r/min）、大功率（8250r/min 可达 492kW）、大转矩（6500r/min 下可达 620N·m）发动机，使得该车具有无与伦比的出色性能，如最高车速 325 km/h，起步加速时间 0→100 km/h 为 3.6s，可以使驾驶人体验到至高无上的感受。

图 10-56　法拉利商标

图 10-57　法拉利 SA Aperta 跑车

13. 现代汽车集团

现代汽车公司（Hyundai Motors Company）成立于 1967 年，总部在韩国首尔，创始人郑周永。公司经历了组装汽车（1968～1975 年）、独立生产（1976～1984 年）、规模发展（1985～1990 年）和自主开发（1991 年以后）四个阶段，1998 年收购起亚汽车公司，组成现代汽车集团。现代汽车集团在世界许多地区建有生产基地，2001 年起亚汽车公司与我国东风汽车集团、江苏悦达组建东风悦达起亚汽车有限公司，2002 年现代汽车公司与我国北京汽车集团公司合资成立北京现代汽车公司，生产索纳塔（Sonata）、伊兰特（Elantra）汽车等。现代汽车集团是韩国最大的汽车生产厂家，并进入世界著名汽车大公司行列。2010 年，现代汽车集团汽车年产量达 576 万辆，名列世界第 4。现代汽车集团轿车生产占主导地位，轿车产量占总产量的 80% 以上，还生产货车、大客车和专用车。主要汽车品牌有现代、起亚等。

（1）现代商标　现代汽车公司文字商标是公司英文名 HYUNDAI。图形商标（图 10-58）是在椭圆中采用斜体字 H，“H”是现代汽车公司英文名的第一个大写字母，椭圆代表汽车转向盘，又可以看成是地球，喻示现代汽车在和谐与稳定中发展、腾飞，遍布全世界。图 10-59 是现代汽车劳恩斯跑车，它是现代汽车首款发动机前置后驱平民级跑车，是采用楔形车身设计的两门车型。

图 10-58 现代商标

图 10-59 劳恩斯跑车

（2）起亚商标 起亚汽车的前身名为京城精密工业（Kyungsung Precision Industry），创立于 1944 年，1952 年生产出第一辆国产自行车，1961 年生产 C—100 两轮助力车，1962 年生产 K—360 三轮货车，1971 年生产 Titan 和 Boxer 四轮货车。起亚公司一直致力于发展韩国的汽车工业。起亚汽车商标如图 10-60 所示。起亚名字源自汉语，表示起于亚洲，反映了起亚的胸襟：崛起亚洲、走向世界。图 10-61 为起亚福瑞迪，它是一款风格简洁、配置丰富、油耗较低的轿车，其外观容易使人倾心，在市区使用能感受到驾驶的乐趣。

图 10-60 起亚商标

图 10-61 起亚福瑞迪

三、中国著名汽车公司及品牌

1. 中国第一汽车集团

中国第一汽车集团始建于 1953 年，总部位于吉林省长春市。近 60 年来，经历了建厂创业、产品换型和工厂改造、上轻型车和轿车三个大规模的发展阶段，逐步形成了立足东北、辐射全国、面向海外的开放式发展格局。第一汽车集团目前由一汽轿车股份公司、一汽大众汽车公司、一汽海南汽车公司、天津一汽丰田汽车公司等组成，并在亚洲、非洲、欧洲、美洲建立了五大地区性公司，设立了 11 个分公司和办事机构，已与 80 多个国家和地区建立了业务关系。第一汽车集团主要生产载货汽车、轿车、轻微型车、客车。拥有解放、红旗、奔腾等自主品牌。

（1）一汽商标 第一汽车集团公司及生产的汽车商标（图 10-62）是阿拉伯数字“1”和汉字“汽”两个字艺术化的组合，构成一只展翅翱翔在蔚蓝天空中的雄鹰。该标志象征不断进取、展翅高飞的中国一汽精神，表达了中国汽车工业冲出国门、走向世界的决心。出口的一汽载货汽车在其前面标有“FAW”字样，意为第一汽车制造厂。

（2）红旗商标 “红旗”是中国轿车第一品牌。“红旗”二字已经远远超出一款轿车品牌的含义，新中国发生的太多历史事件都与“红旗”有关。在国人心里，它有其他品牌所不能替代的位置。红旗图形商标是一面红旗（图 10-63a），立在发动机盖的前端，寓意为毛泽东思想的伟大红旗，表示着团结统一的中华民族，

图 10-62 一汽商标

代表着中华民族的觉醒和美好未来；文字商标采用毛泽东手书的“红旗”（图 10-63b），标注在车尾。另一图形商标（图 10-63c）是椭圆内含“1”的造型，强调“第一”品牌，表示一汽制造，驶向全球，该商标镶嵌在散热器格栅正中。

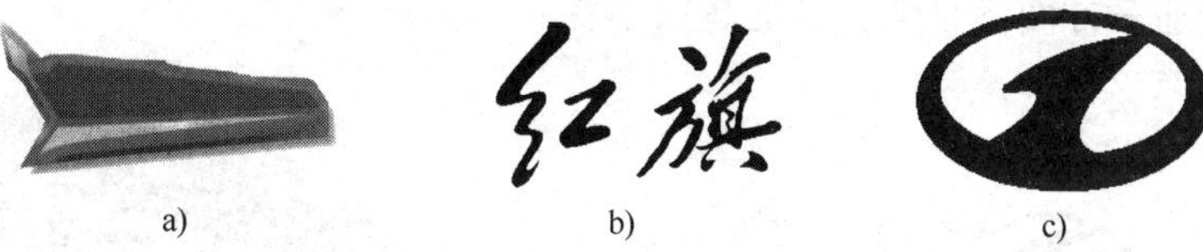

a)　b)　c)

图 10-63　红旗商标

红旗旗舰是红旗品牌的顶级豪华轿车（图 10-64），其整车外形尽显中华民族传统的审美特色，既继承老红旗庄重典雅、厚重气派的风格，又兼有当今国际车坛所流行的豪华时尚、丰满圆润的造型，给人以雍容华贵、尊崇显赫之感。其车体内部融入当今世界汽车制造的高新技术，整车技术代表了我国汽车工业自主设计制造的最高水平。

图 10-64　红旗旗舰

（3）解放商标　解放载货汽车是中国商用车第一品牌，自 1956 年 7 月第一辆解放中型载货汽车诞生至今，已形成轻、中、重型三大系列，数百个车型品种，累计销量已经超过 400 万辆，连续多年保持世界单一品牌载货汽车销量第一和全国市场保有量第一。解放是毛泽东命名的汽车品牌（图 10-65），解放商标是中国驰名商标。图 10-66 为我国第一辆解放牌载货汽车 CA10，载质量 4t，它于 1956 年 7 月 15 日下线。从此，中国汽车有了自己的第一个品牌。

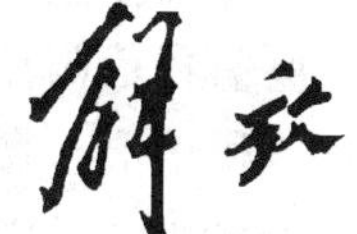

图 10-65　解放商标

图 10-66　解放 CA10 载货汽车

2. 东风汽车公司

东风汽车公司创立于 1969 年，其前身是中国第二汽车制造厂。东风汽车公司经历了艰苦创业、改革发展和结构调整阶段，经过 40 余年艰苦不懈的奋斗，相继建成了十堰、襄樊、武汉、广州四大汽车生产基地，联合发展了云、柳、杭等企业，制造基地分布上海、广州、惠州、深圳等地，成为综合实力居国内行业前三强的跨地区特大汽车集团。东风汽车公司拥有全国最大、亚洲著名的现代化汽车试验场，还积极寻求国际合作，不断提升企业的技术开发能力和核心竞争力。东风汽车公司目前由神龙公司、风神汽车公司、东风本田汽车（武汉）公司、东风日产汽车公司、东风悦达起亚汽车公司、东风汽车股份公司等组成，其产品覆盖重型车、中型车、轻型车和轿车等系列，并拥有东风风神等自主品牌。

东风汽车命名源于毛泽东的“不是西风压倒东风，就是东风压倒西风”。东风汽车公司

商标以艺术变形手法，取燕子凌空飞翔时的剪形尾翼作为图案基础(图 10-67)，含义是双燕舞东风，双燕寓意“二汽”，外圆代表车轮，象征着东风牌汽车车轮不停地旋转，走向全世界。图 10-68 为东风汽车品牌2011 款风神 S30，它秉承风神一贯的卓越品质和完美表现，在时尚、性能、舒适三方面满足消费者的超值享受。

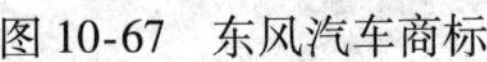

图 10-67 东风汽车商标

图 10-68 风神 S30

3. 上海汽车工业(集团)总公司

上海汽车工业(集团)总公司简称上汽集团。在改革开放方针指引下，上汽集团得到快速发展。上汽集团在上海、柳州、烟台、沈阳、青岛、仪征等地建立了自己的生产基地，在美国、欧洲、中国香港、日本和韩国设有海外公司。通过加强与德国大众、美国通用等全球著名汽车公司的战略合作，形成上海通用、上海大众、上汽双龙、上汽通用五菱、上海申沃等系列产品，并推进自主品牌，逐步形成合资品牌和自主品牌共同发展的格局。上汽集团从2004 年起，进入《财富》杂志世界 500 强企业行列，最近几年整车销售在国内汽车集团中保持领先地位，2008 年整车销售超过 182. 6 万辆，是中国汽车工业具有代表性的大型企业集团之一。上汽集团主要从事乘用车、商用车和汽车零部件的生产、销售、开发、投资及相关的汽车服务贸易和金融业务，并拥有荣威、MG 名爵、双龙等品牌。

(1) 上汽集团商标　上海汽车工业集团总公司(Shanghai Automotive Industry Corporation)的商标如图 10-69 所示，其中的“SAIC”是公司的英文缩写。

(2) 荣威商标　荣威(ROEWE)品牌的命名取意于“创新殊荣，威仪四海”，其商标图案(图 10-70)充分体现其经典、尊贵气质，整体形象中西合璧，包蕴自信内涵，充分阐释上海汽车以自主掌控、自主创新的信念，传承世界先进技术的决心和信心。图 10-71 是荣威750，它是一款中高端轿车，造型优雅、尊贵，尽显豪华风范，其发动机采用可变进气控制系统和超高压涡轮增压技术，其最高车速可达 205km/h，0→100 km/h 加速时间为 9. 5s，百公里油耗为 6L。

图 10-69 上汽集团商标

图 10-70 荣威商标

图 10-71 荣威 750

4. 长安汽车(集团)有限责任公司

长安汽车(集团)有限责任公司创建于 1995 年，由原长安机器制造厂和江陵机器厂合

并而成。总部位于重庆长江和嘉陵江两江汇合处，下辖重庆长安汽车股份有限公司、长安铃木汽车有限公司、长安福特马自达汽车有限公司、长安福特马自达南京公司、长安福特马自达发动机公司、南京长安汽车有限公司、河北长安汽车有限公司、河北保定客车有限公司、重庆长安跨越车辆有限公司、江西江铃控股有限公司、长安金陵零部件有限公司、长安地产有限公司等十余家公司。产业涉及整车、发动机、零部件、房地产等领域。

长安汽车在经历“引进、吸收，创新”之后，实现了百年企业的跨越式发展。公司于1984年引进日本铃木微型汽车技术，开发生产微型汽车及微车发动机，是全国最大的微型汽车及发动机生产厂家。经过多年的发展，创立了一代名车“长安”牌微型汽车和名机“江陵”牌发动机。长安汽车现已形成微型客货车、轿车、MPV、SUV、货车、大中客车、全新发动机等产品系列，汽车年生产能力达100多万辆，发动机年生产能力达100多万台，跻身全国汽车行业前四强。站在新起点的长安汽车，以“引领汽车文明，造福人类生活”为使命，以打造世界一流企业为愿景，志存高远，开拓创新，铸造世界著名汽车品牌。长安汽车现拥有许多完全自主知识产权的微型车、经济型轿车和中级轿车品牌，如长安奔奔、长安之星等。

(1) 乘用车商标　长安汽车主流乘用车图形商标如图10-72所示，它以“V”为核心创意：雄浑刚健的V形，好似飞龙在天，龙首傲立于蓝色地球之上，同时又是Victory和Value的首字母，代表着长安汽车致力于打造世界一流企业的战略愿景和为消费者与股东创造价值的企业责任感；刚柔并济的V形，恰似举起的双手，传递出长安汽车科技创新、关爱永恒的价值追求；雄心勃勃的V形，仿佛羊角矗立，喻示长安汽车将是未来汽车行业的“领头羊”；永远向上的V形，像直立欲飞的翅膀，象征长安汽车的一种气势、一种信念以及高瞻远瞩、放眼未来的奋斗精神。图10-73为长安CX30，它是长安汽车新一代低碳环保休闲家用轿车，最高车速可达170km/h，综合油耗7.3L/100km。

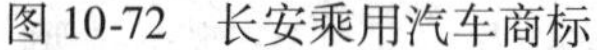

图10-72　长安乘用汽车商标

图10-73　长安CX30

(2) 商用车商标　长安商用车图形商标如图10-74所示，它以天体运行轨迹椭圆为基础，捕捉“长安”汉语拼音“CHANG AN”中的“C”、“ A”两个关键发音字母作为其造型设计的基本元素，经过抽象、组合、变形而成一个永恒运行的天体、一个攀升的箭头、一个精致的转向盘，又如一辆轻巧的汽车奔行于阡陌纵横的公路之上，喻示长安汽车和谐发展并驰骋在世界各地。图10-75为长安之星2，它是中国微车著名品牌，整车线条流畅完美，造型稳重大气，外观时尚，采用多点电喷系统发动机，动力强劲，节能环保，其最高车速可达100km/h，油耗6.3L/100km。

图 10-74　长安商用汽车商标

图 10-75　长安之星 2

5. 奇瑞汽车有限公司

奇瑞汽车股份有限公司于 1997 年成立，1999 年 12 月 18 日，第一辆奇瑞轿车下线；2007 年 8 月 22 日，奇瑞公司第 100 万辆汽车下线，标志奇瑞实现了通过自主创新打造自主品牌的第一阶段目标，正朝着通过开放创新打造自主国际名牌的新目标迈进。奇瑞公司自成立以来，一直坚持发扬自立自强、创新创业的精神，坚持以“聚集优秀人力资本，追求世界领先技术，拥有自主知识产权，打造国际知名品牌，开拓全球汽车市场，跻身汽车列强之林”为奋斗目标，在激烈的市场竞争中，不断增强核心竞争力。奇瑞积极实施“大国际”战略，全面推进全球化布局，先后与美国的量子、克莱斯勒，意大利菲亚特等企业建立合作合资关系，已建或在建的海外工厂达 15 个，深度覆盖亚、欧、非、南美和北美五大洲的汽车市场，开创了中国汽车工业跨国合作的新阶段。经过 10 多年来的跨越式发展，奇瑞公司已拥有整车、发动机及部分关键零部件的自主研发能力、自主知识产权和核心技术，已具备年产整车 65 万辆、发动机 65 万台和变速器 40 万套的生产能力。目前奇瑞公司已成为我国最大的自主品牌乘用车研发、生产、销售、出口企业。奇瑞公司 2009 年以超过 50 万辆的成绩位居全球汽车企业第 22 位，汽车产品向全球 70 余个国家和地区出口。2010 年，奇瑞汽车以超过 68 万辆的总销量名列全球汽车企业第 12 位，连续 10 年排名国内自主品牌乘用车企业销量第一，连续 8 年稳居国内乘用车企业出口销量第一。奇瑞汽车有限公司的品牌有奇瑞、瑞麒、开瑞和威麟。

奇瑞汽车名称的奇瑞是指神奇的吉祥如意。奇瑞汽车商标的整体(图 10-76)是英文字母 CAC 的一种艺术化变形：CAC 是奇瑞汽车有限公司(CHERY AUTOMOBILE CORPORATION LIMITED)的英文缩写；中间 A 为一个变体的“人”字，预示着公司以人为本的经营理念；徽标两边的字母 C 向上环绕，如同人的两个臂膀，象征着一种团结和力量，环绕成地球形的椭圆状；中间 A 在椭圆上方的断开处向上延伸，寓意奇瑞公司发展无穷，潜力无限，追求无限；整个标志又是 W 和 H 两个字母的交叉变形设计，为“芜湖”一词的汉语拼音的声母，表示公司的生产制造地在芜湖市。图 10-77 为奇瑞新东方之子，它整车造型大气稳重，

图 10-76　奇瑞汽车商标

图 10-77　奇瑞新东方之子

不失动感，其豪华配置堪称高级商务轿车典范，无论是家用还是商务都可以得到物超所值的享受。

6. 比亚迪汽车有限公司

比亚迪股份有限公司创立于 1995 年，2003 年正式收购陕西秦川汽车有限责任公司，组建比亚迪汽车有限公司(简称比亚迪)，进入汽车制造与销售领域，开始了民族自主品牌汽车的发展征程。比亚迪坚持多年不懈努力，打造“平等、务实、激情、创新”的核心价值观，以“技术为王，创新为本”的发展理念，坚持自主研发、自主品牌、自主生产的发展模式，以“造世界水平的好车”为产品目标，以“打造民族的世界级汽车品牌”为产业目标，立志振兴民族汽车产业。目前，比亚迪已建成西安、北京、深圳、上海四大产业基地，在整车制造、模具开发、车型研发等方面都达到了国际领先水平，产业格局日渐完善。比亚迪年产汽车能力可达 80 万辆，2009 年全球汽车企业年产量排名第 24 位，2010 年以 51.98 万辆的总销量名列全球汽车企业第 13 位，比亚迪已进入中国汽车行业十强。汽车产品包括各种高、中、低端系列燃油轿车、双模电动汽车及纯电动汽车，代表车型有 F3、F3R、F6、F0、G3、L3 等传统高品质燃油汽车，S8 运动型硬顶敞篷跑车、高端 SUV 车型 S6 和 MPV 车型 M6，以及领先全球的 F6DM 和 e6 等轿车。

比亚迪汽车商标如图 10-78 所示：椭圆象征地球，“BYD”是英文 Build Your Dream 的缩写，表示比亚迪汽车成就梦想、超越梦想，以强大的实力驰骋在世界各地。图 10-79 为比亚迪 F6DM，它是双模电动汽车，既可充电又可加油。其续驶里程可达 430km(电动模式 100km + 混合动力模式 330km)，最高车速可达 160km/h。F6DM 在充电站快充 10min 可达 50% 电量，在家慢充 9h 可充 100% 电量。

图 10-78　比亚迪汽车商标

图 10-79　比亚迪 F6DM

7. 吉利控股集团有限公司

吉利控股集团有限公司始建于 1986 年，1997 年进入汽车产业，是一家以汽车及汽车零部件生产经营为主要产业的大型民营企业集团。吉利本着“沟通、合作、敬业、创新”的精神，以灵活的经营机制，不断推陈出新，积极参与国际竞争与合作，取得了快速的发展。吉利总部设在杭州，相继在浙江临海、宁波、路桥和上海、兰州、湘潭、济南等地建有汽车整车和动力总成制造基地，在澳大利亚拥有 DSI 自动变速器研发中心和生产厂，2010 年收购沃尔沃汽车公司。吉利从 1998 年 8 月 8 日第一辆汽车在浙江临海下线，经过十多年的跨越式发展，2009 年产量突破 30 万辆，已形成年产 60 万辆整车、60 万台发动机、60 万台变速器的生产能力，连续八年进入中国企业 500 强，连续六年进入中国汽车行业十强。2010 年吉利以超过 41 万辆的总销量名列全球汽车企业第 14 位。吉利正在秉承“快乐人生，吉利相伴”的核心价值理念，以先进的技术、优质的产品和精细的服务，打造中国汽车工业自主品牌。吉利汽车主要拥有吉利、沃尔沃、华普、美人豹等自主品牌。

（1）吉利商标　吉利汽车老商标如图10-80a所示：圆形象征地球，表示吉利汽车面向世界、走向国际；中间图案六个“6”有多重含义：象征太阳的光芒，象征“六六大顺”、如意、吉祥；象征一步一个台阶，不断超越，发展无止境；图案内圈蔚蓝，象征广阔的天空，超越无止境，发展无止境；图案外圈深蓝，象征无垠的宇宙，超越无限，空间无限。这些都喻示着吉利的宏图大志和美好未来。

吉利汽车新商标如图10-80b所示：椭圆为基本图形构架，椭圆在动态中是最稳定的，喻示吉利汽车稳如磐石，在风雨中屹立不倒；中间是东方神鸟以傲起之势雄视全球，喻示吉利汽车有信心、有能力屹立在世界东方，笑傲五洲。新商标喻示天下：有吉利神鸟相伴，吉祥就能如愿而至。图10-81为吉利新自由舰，它是微型轿车，其车身流线形圆润而柔和，时尚而富有活力。新自由舰配置三缸1.0L JL3G10A发动机，燃油经济性好，综合油耗为6.0L/100km。

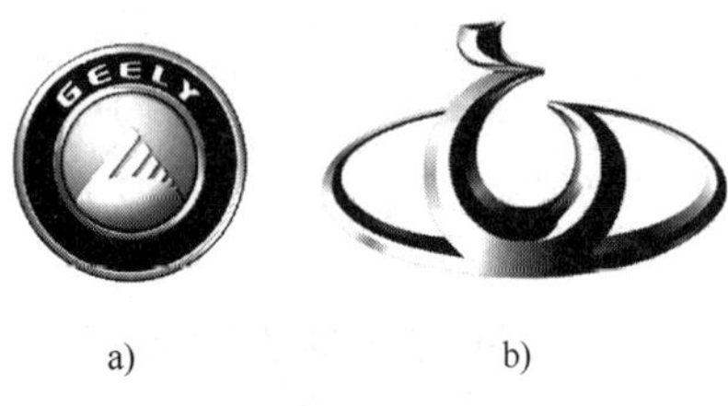

a)　　b)

图10-80　吉利汽车商标

a）老商标　b）新商标

图10-81　吉利新自由舰

（2）沃尔沃商标　沃尔沃汽车公司创建于1924年，是瑞典最大的工业企业集团，1927年开始生产汽车，第二次世界大战后，该公司的轿车生产占主导地位，还生产大客车、重型汽车、工程机械等。1999年被福特汽车公司收购，2010年被吉利汽车收购，现属吉利品牌。

沃尔沃(VOLVO)也译为“富豪”，其商标(图10-82)由图标和文字两部分组成，图形图标画成车轮形状，并有指向右上方的箭头，文字商标“VOLVO”为拉丁语，是滚滚向前的意思，寓意沃尔沃汽车的车轮滚滚向前和公司兴旺发达，前途无量。图10-83为沃尔沃全轮驱动新一代SUV车型，它是沃尔沃最为自豪的产品之一，是市场上最安全也最令人心动的完美产品，在美国曾被评为最佳SUV的荣誉。

图10-82　沃尔沃商标

图10-83　沃尔沃SUV

第二节 汽 车 运 动

汽车运动是指利用汽车在各种道路上进行汽车速度、耐力、油耗等性能方面和驾驶技术比赛的一种活动。汽车运动由来已久，五花八门，是风行世界的体育项目。多姿多彩的赛车运动使冰冷坚硬的汽车充满了柔情蜜意，赛车运动的激烈、惊险、浪漫、刺激，不仅使成千上万的观众为之痴迷，还使世界汽车技术的发展日新月异。

一、汽车运动的起源

19 世纪 80 年代，欧洲出现了最早的汽车，随之，汽车运动也兴起并发展，距今已超过 100 年的历史。起初，汽车比赛的目的是为厂商检验车辆性能，宣传使用汽车的安全性和可靠性，因此，汽车厂商对此积极资助，以期推销其产品。最早的赛车是在城市间公路上进行的，许多车手因为公路比赛极大的危险性而丧生，于是专业赛道应运而生。

世界最早的车赛由法国《汽车》杂志社主办，于1887 年4 月20 日在巴黎举行，只有一辆蒸汽汽车参加。

世界最早有蒸汽汽车、汽油汽车参加的比赛，由法国汽车俱乐部和《鲁·普奇·杰鲁纳尔》报联合举办，于 1895 年 6 月 11 日在巴黎举行，共有 23 辆汽车参赛，结果汽油汽车战胜了蒸汽汽车，从而为汽车的发展开辟了道路。

世界最早的汽车跑道赛于 1896 年在美国的普罗维登斯举行。第一次富有刺激性和挑战性的真正意义上的场地汽车大奖赛于 1905 年在法国的勒芒市举行。从此，汽车大奖赛成为世界体育舞台上一项非常重要的赛事，小城勒芒也因此闻名于世。

随着赛车运动的发展，赛车运动种类越来越多。为推动汽车工业发展，法国、英国、德国、比利时等欧洲国家于 1904 年 6 月 20 日在法国巴黎成立了国际汽车联合会(FIA)组织，总部设在法国巴黎，现移至瑞士苏黎世。FIA 负责汽车运动赛事及监管，使得世界赛车运动更加健康、蓬勃地开展起来。中国汽车联合会于 1975 年成立，1983 年加入国际汽车联合会。

由于要求赛车有强大的功率、最小的空气阻力及最小的质量，促使汽车厂家为此作出最大的努力，直接推动了汽车工业的发展。汽车上的不少最新技术都是在赛车上首先采用的。一些著名的汽车品牌也是在汽车竞赛中出现的，如意大利的法拉利。

二、汽车运动的种类

汽车运动的竞赛种类很多，比较著名、影响较大的项目大致可分为以下几类。

1. 汽车道路比赛

汽车道路比赛是指用成批生产的汽车在现有道路上进行的比赛，如拉力赛、越野赛，其车速较低，但赛程较长，比赛很艰苦。

2. 汽车耐久赛

汽车耐久赛是指用成批生产的汽车或特制的运动版原型车，在固定赛场或圈围好的现有道路上进行的长时间连续比赛，如法国勒芒 24h 耐力赛，车速很高，比赛既刺激又艰苦。

3. 汽车场地赛

汽车场地赛是指用特制的专用赛车，在固定的赛场中进行的比赛，如方程式车赛、印第车赛，车速很高，赛程只有2～3h，比赛激烈，刺激性强。

其他还有创纪录赛、冲刺赛、技巧赛、节油车赛、卡丁车赛、太阳能车赛等多种。

三、著名汽车运动

1. 方程式汽车赛

方程式(Formula)本是一个数学名词，意思是公式、定式、准则、方案等，与汽车和汽车比赛没有任何关系。但中国香港一家汽车杂志最初将按某一规则进行比赛的汽车运动译为方程式汽车赛，把英文“Formula One”译为“一级方程式”，实际按原文意思应是“第一级别”。后来叫的人多了，已约定俗成，只好叫一级方程式。方程式汽车赛是汽车场地比赛的一种，其赛车必须依照国际汽车联合会制定的车辆技术规定的程式设计和制造。按照国际汽车联合会的规则，根据发动机最大排量划分，方程式汽车赛有三个级别：一级方程式、方程式3000和三级方程式。

（1）一级方程式世界锦标赛　一级方程式世界锦标赛(Formula One World Championship)简称F1，也叫一级方程式汽车大奖赛，是汽车场地比赛项目中最高级别的比赛。F1大赛由FIA组织，始于1950年。F1大赛规则经常修改，逐渐完善。目前，F1参赛车队不超过12个，每个车队有两辆车参加比赛，并指定赛车手代表车队驾车出赛，每年规划在世界各地有17～19站的比赛，累积获得总积分最高者即为世界冠军。

图10-84　F1赛车

从2006年开始，F1赛车(图10-84)采用排量为2.4L、8缸、不加增压器的自然吸气式发动机。F1赛车的底盘采用碳化纤维板制造，重量轻，强度高。赛车的底盘很低，最小离地间隙仅有50～70mm。最小车重605kg(包括车手及比赛装备)。与普通汽车相比，F1赛车有许多独特的地方，它的车身细而长，车身高度很低，宽大的车轮极为显眼，而且是完全暴露的。

F1车手必须持有FIA签发的“超级驾驶执照”。该执照只发给在F3000、F3系列赛事表现杰出的车手，通常一位车手要花8年时间从小型卡丁车逐步晋级到F1。每年全世界能有资格驾驶F1赛车的车手不超过100名，而且只有少数的优秀车手有资格参加决赛，仅有极少数人能够有能力与机会登上赛车金字塔的顶端。

F1赛场严格按照FIA要求建成。F1大赛每年都要在世界各地选择地理条件迥然不同的多个(17～19)赛场。有的选在高原上，那里空气稀薄，用以考验车手身体素质；有的则是街道串成的赛道，那里路面相对狭窄曲折，车手弄不好就会撞车；有的赛场显得路面宽阔，但也有上下坡考验车手的技术；还有的赛场建在树木葱郁的森林中，那里跑道起伏大，车手很难控制赛车。

F1每站大奖赛前先进行排位赛，然后根据排位赛的成绩决定起跑顺序。当起跑信号灯变绿色时，各赛车同时出发，跑完规定圈数(每场为超过305km的最小圈数)，时间短者获

胜。一场 F1 比赛时间不能超过 2h。

F1 赛车是世界上最昂贵、速度最快、科技含量最高的运动，是商业价值最高、魅力最大、最吸引人观看的体育赛事。每辆 F1 赛车都是世界著名汽车厂家的精心杰作，从设计到制造都凝聚着众多研制者的心血，并代表着一家公司乃至一个国家的高科技最新水平，很多新的科技都是在 F1 上得以最初实践的，一辆赛车的价值往往超过七百万美元。汽车大赛还是各国科技人才素质的较量。据悉，德国约有 2000 多名专业人才、美国约有 1 万人、日本近 2 万人直接从事赛车的设计、制造和研究工作。

F1 赛车与奥运会、世界杯并称世界三大体育赛事，得到了世人的广泛认可。F1 大赛举办最多的是欧洲，其次是北美洲，最少的是大洋洲。中国上海国际赛车场自 2004 年起都参与 F1 赛车。

（2）方程式 3000 汽车赛　方程式 3000 汽车赛简称 F3000，是方程式汽车场赛的项目之一。设有国际大奖赛等比赛，其赛车是四轮外露的单座位纯跑道用的方程式赛车，装用自然吸气式汽油发动机，输出功率约为 349kW。F3000 名称的由来是因为这种方程式赛车初期使用的科斯沃斯 DFV 赛车发动机，其气缸工作总容积为 3000mL。F3000 汽车赛难度比一级方程式稍低，但比三级方程式高，因此 F3000 是给予有志参加 F1 的车手一个晋级的阶梯。

（3）三级方程式汽车赛　三级方程式汽车赛简称 F3，是方程式汽车场赛的项目之一。F3 赛车是四轮外露的单座位纯跑道用方程式赛车，外形与一级方程式赛车类似，但车型比较细小，最低质量为 455kg，配备自然吸气式排量为 2L 的汽油发动机，输出功率约 125kW。赛事等级次于 F3000 和 F1。许多 F1 车手在进入一级方程式赛车前都曾参加过三级方程式赛车，所以三级方程式赛车一向被视为培育一级方程式车手的摇篮。

2. 汽车拉力赛

汽车拉力赛（Rally）又称多日赛、集合赛，是汽车道路比赛项目之一，在有路基的土路、沙砾路或柏油路上进行。拉力赛可在一个国家内或者跨越国境举行，它是既能检验车辆性能和质量，又能考验驾驶技术的长途比赛。拉力赛是使用规定的赛车、按规定的平均速度，在完全或部分对普通交通开放的道路上进行的一项汽车赛事。世界拉力锦标赛（World Rally Championship）简称 WRC，是最为著名的汽车拉力赛。

汽车拉力赛赛车必须使用在国际汽联注册、年产量超过 5000 辆的标准 4 座小客车和旅行车，并按比赛规则改装，图 10-85 为雪铁龙拉力赛车。每辆参赛车由两个车手共同驾驶，其中一位叫车手，另一位则称领航员或副车手。车手在领航员的配合下，任凭沙石滚滚、大雾弥漫或者雨雪交加，会以超乎人们想象的速度驶过每一路段，最终那些能够征服大自然重重障碍，以最短时间完成比赛的选手将赢得胜利。

图 10-85　雪铁龙拉力赛车

比赛在规定的日期内分若干阶段进行，每阶段内设置由行驶路段连接的数个测试速度的特殊路段：走一段赛一段，交替进行。每个特殊路段的长度不超过 30km。比赛采用单个发车的方法，参赛车辆必须按照比赛规定在若干个集结点重新集合，然后再按顺序依次发车。

比赛成绩按照每辆参赛车完成全部特殊路段的比赛用时，加上在行驶路段所受的处罚时间，再加上其他受罚时间，即为比赛时间。总时间越少，比赛成绩越好，总时间最少者为冠军。拉力赛分车手冠军和制造商冠军。

国际汽联每年组织的汽车拉力赛主要有：世界拉力锦标赛(16 站)、欧洲拉力锦标赛(11 站)、亚洲拉力锦标赛(6 站)、非洲拉力锦标赛(5 站)、中东拉力锦标赛(6 站)等众多大型赛事。当然中国也有自己的拉力赛事——全国汽车拉力锦标赛(CRC)。

3. 汽车耐力赛

汽车耐力赛(Grand Touring Car)亦称“GT”赛，是一种在规定赛道上进行长时间连续行驶的耐久性比赛，它可以考验汽车的动力性、可靠性和驾驶人的耐力。比赛车辆分旅行车和运动版原型车两类，并根据发动机的工作容积分为若干级别。比赛中每车可设 2 ~ 3 名车手，轮流驾驶。最著名的是法国勒芒(Le Mans) 24h 耐久赛。

勒芒 24h 耐力赛在法国勒芒举行。从 1923 年开始，每年 6 月份(1936 年和 1940 ~ 1948 年除外)举行汽车连续行驶 24h 的比赛，它与 F1 及世界拉力锦标赛并列为世界汽车三大赛事。勒芒赛道是环行跑道，长 13.535km，其中大部分是封闭式的高速公路。比赛时每辆车配备 3 名车手轮番驾驶，每人连续驾驶时间不超过 4h，主车手总驾驶时间不超过 14h。在 24h 的赛程中，由于夜间气温较低，轮胎附着性最好，机件运行也进入良好状态，所以赛手都趁“夜深人静”之际拼命奔跑，此时竞争最为激烈。汽车每隔 50min 就要加油检修，昼夜汽车行驶约 5000km，平均时速超过 200km，在直线路段行驶最高时速超过 400km。在 24h 内行驶距离最长者获胜。

纵观勒芒大赛历史，前 58 届冠军均被欧美车手垄断。但在 1991 年的第 59 届比赛中，杀出了黑马——日本马自达。1992 年冠军再次被标致夺走，丰田获得亚军。1993 年标致包揽三甲，尽显雄风；第 4 ~ 6 名全被丰田车队夺走。

2000 ~ 2008 年的勒芒大赛中，奥迪包揽了 8 次冠军，以至于奥迪 R8、R10 已经成为全球最为成功的勒芒 24 小时耐力赛赛车的代名词。

2009 年法国雄狮终结了奥迪长期统治勒芒赛场的局面，标致车手吉内 · 马克驾驶 9 号赛车，凭借明显的车速优势领跑全程，在经过艰苦的 24h 之后，近乎咆哮着冲过终点，以 382 圈总计 5206km 的成绩夺得第 77 届勒芒 24h 耐力赛冠军，而奥迪车手屈居第三。

2010 ~ 2011 年奥迪再发神威，夺回勒芒大赛冠军，续写着勒芒 24h 耐力赛的胜利篇章。图 10-86 为 2011 年第 79 届勒芒 24h 耐力赛冠军赛车奥迪 R18 TDI。

图 10-86 奥迪 R18 TDI 赛车

4. 印第车赛

印第车赛是汽车场地比赛的一种，也叫印第方程式赛，设有世界锦标赛。该车赛起源于美国，原为美国汽车协会主办的锦标赛。1978 年由 18 支印第车队联合成立了“印第锦标赛赛车队有限公司”，建立赛事管理机构，举办系列车赛，制订独特的比赛规则。1979 年举办第一次比赛，成为不受国际汽车联合会管辖的汽车比赛。印第车赛的赛程根据赛道的类型不

同，可从较短的 100mile(1mile = 1.609km) 到 500mile 不等。

印第赛车的整体结构类似一级方程式的四轮外露式单座位纯跑道用赛车(图 10-87)，但比 F1 赛车重，且采用甲醇燃料涡轮增压发动机。印第赛车上不允许使用各种先进的电子装置，它使用普通离合器、普通变速换档装置。

印第 500mile 大赛是美国车坛最重要的赛事，奖金最高，现场观众最多。赛道周长 4km，赛车要跑 200 圈，总赛程 500mile(800km)。美国赛车手希望赢得印第大赛冠军，比赢得美国方程式锦标赛更重要。印第车赛不只是美国赛车界参加，欧洲赛车界也十分重视且积极参赛。

图 10-87　印第 500 赛车

5. 卡丁车赛

卡丁车赛(Karting)是汽车场地比赛项目的一种，分方程式卡丁车和国际 A 级、B 级、C 级、E 级、普及级六类，共 12 个级别。卡丁车赛始于 1940 年，20 世纪 50 年代开始普及。国际汽车联合会在 1962 年专门成立了世界卡丁车委员会。

卡丁赛车是采用轻钢管结构、无车体外壳、装配 100mL 或 125mL 或 250mL 汽油发动机的 4 轮单座位微型赛车(图 10-88)，其驾驶便捷，操纵简单。赛车在曲折的环形路线上行驶，比赛速度。卡丁车赛是赛车运动中最低的起步运动，是世界方程式赛车的最初级形式，是进入 F1 方程式赛车的摇篮。

图 10-88　卡丁赛车

卡丁车赛具备所有赛车运动的基本内容，加上结构简单、操作灵活、费用低廉、安全性好，因此在欧美及日本等地迅猛发展和流行。

中国汽联在 1995 年加入国际卡丁车委员会，并从 1997 年起创立中国卡丁车锦标赛(CKC)，每年一届。1997 年，举办了首届中国卡丁车锦标赛，吸引了众多的卡丁车手参赛。按照国际惯例，中国卡丁车锦标赛以分站赛积分制进行，每年最后一站比赛结束后排出各级

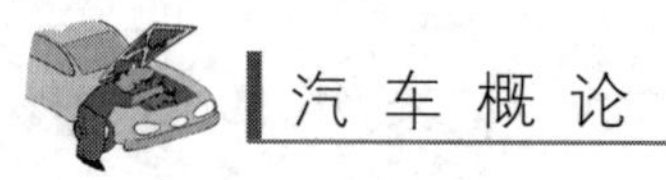

别总成绩的车手名次。中国卡丁车赛起步较晚，但发展很快，全国已建成不同运动等级的室内外卡丁车运动场近200个，年参与活动人次已达1000多万。

第三节　汽车博览

一、世界四大汽车城

1. 美国底特律

底特律是美国通用汽车公司和克莱斯勒汽车公司总部所在地，全美1/4的汽车产于底特律，全城约有90%的人以汽车工业为生。在由机场通往市区的公路旁，每个进入底特律的人，都会看到一座巨大的汽车轮胎雕塑，这是底特律市的标志。另外，还有一个巨大的计数器，不停地按分、按时、按天地显示出美国造出的汽车数目。到了这里，人们会感到只有汽车没有别的，这是个名副其实的汽车城。

2. 日本丰田市

爱知县丰田市因丰田公司在此而闻名于世，有“东洋底特律”之称。丰田市从业人员均服务于丰田汽车公司，是100%的汽车城。丰田市年满20岁的职工都可分到一辆丰田汽车。丰田市出口港名古屋，建有世界第一的最高容量为5万辆的丰田汽车专用码头。

3. 德国斯图加特

斯图加特是著名的戴姆勒·奔驰汽车公司所在地，全城人口约60万，每年要接待14万来自全球各地的汽车用户和汽车商。誉满全球的奔驰汽车就在这里离开生产线，它也是著名的博世公司所在地，这里还有大名鼎鼎的奔驰博物馆。

4. 意大利都灵

都灵市工业发达，被称为意大利工业之都。它是意大利最大汽车集团菲亚特公司总部所在地，每年生产的汽车占意大利总产量的75%，有一半以上的人口服务于菲亚特，这里还有著名的菲亚特汽车博物馆。可以毫不夸张地说，菲亚特汽车品牌已经牢牢掌控着整个都灵的经济命脉。

二、汽车博物馆

世界汽车巨头们不仅在提高其产品竞争力和扩大市场份额上下工夫，也越来越重视企业自身的文化建设，不惜投入重金倡导汽车文化。当公众接受了企业的汽车文化，则企业也就推销了自己的品牌，潜移默化之中，公众也就成为了潜在的客户群。由于人文、历史、地域的不同，尽管巨头们致力倡导的汽车文化各具特色，但汽车博物馆则是其共同的选择。悠久的汽车史和发达的汽车业已成为世界汽车巨头的骄傲，它们都设有自己的汽车博物馆，既可记载其辉煌历史，还可推行其汽车文化，汽车博物馆是其品牌最好的推广之地。

1. 奔驰汽车博物馆

奔驰汽车博物馆设在奔驰公司总部，它陈列着19世纪末以来该公司生产的全部款式汽车，还收藏了很多赛车和破纪录车辆的发动机。这些车辆造型、功率、时速、性能以及科技含量都不同，每辆陈列车都标有生产年代以及主要性能。奔驰汽车博物馆展览内容非常丰富，走进博物馆，就如同走进了一个汽车王国。沿着陈列通道看完陈列的全部车辆，也就如

同读完一部记载奔驰公司的发展史。从世界最早期的汽车，到日本昭和天皇的座驾，从第一部命名为梅赛德斯的汽车以至最新款的跑车，均可在此博物馆中看到。奔驰公司在发展汽车事业的同时，也在传播汽车文化。在奔驰博物馆内，不仅可领略到奔驰汽车公司的创业精神，也可深深感觉到奔驰公司那浓浓的汽车文化氛围。

2. 奥迪汽车博物馆

奥迪汽车博物馆位于德国因戈尔施塔特奥迪公司总部旁边，博物馆收藏了奥迪公司1899年以来具有代表性的50辆汽车珍品。在独具特色的汽车博物馆建筑氛围里，参观者可经历一次难忘的穿越时空之旅，一睹奥迪绚丽多彩的历史画卷，见证奥迪波澜壮阔的百年历史。奥迪汽车从无到有，由衰入兴，两次世界大战的洗礼，数次经济危机的磨难，被前苏联没收，被奔驰并购，被转售给大众，它经历过数十年的辉煌，也走到过几近消失的边缘，这是一个古老而又新锐、历尽辉煌而又饱含沧桑的品牌，几经沉浮和跌宕，百年风云变幻，但最终屹立在全球高档车之林，并正在赶超奔驰、宝马，要成为全球高档车第一品牌。

3. 大众汽车博物馆

大众汽车博物馆设在德国沃尔夫斯堡市大众汽车总部现代化汽车主题公园内，它将漂亮的建筑与离奇的展览结合在一起。在古典的汽车博物馆内，集中收藏了数量庞大的世界各大汽车公司生产的著名品牌经典汽车，藏品甚至包括1886年产的三轮奔驰汽车以及大众公司早期的甲壳虫汽车。每个大众旗下的子品牌都建造有造型各异、彰显不同风范的展示厅。在那里，可以一睹大众汽车发展的辉煌历史和现代汽车的靓丽。

4. 米卢兹汽车博物馆

法国米卢兹汽车博物馆是欧洲最大的汽车博物馆，收藏有从1878年以来的各种老爷车400多辆，法国汽车制造厂生产的98种样式的汽车，品种齐全。从布加迪到法拉利，再到罗尔斯，那里几乎包罗了法国各个时期最精致漂亮的汽车。在这个汽车博物馆里还有一个叫做“发现空间”的角落，那里用来展出新车。

5. 福特博物馆

福特博物馆在美国底特律，陈列了从一个多世纪前汽车诞生之初的开放式手摇曲柄车到现代汽车的各种代表车型，浓缩了现代汽车文明的发展历程。这里还陈列着福特本人当年亲手制造汽车的各种工具，还有一些非比寻常的物证，讲述着美国历史。1908年，物美价廉的福特T型车隆重问世，使汽车成为美国普通民众的交通工具，将人类社会带入了汽车时代；有美国前总统的座驾“透明防弹罩”流线形汽车，有美国前总统遇刺身亡和遇刺脱险时乘坐的林肯轿车；有引发美国社会大规模反种族隔离运动的著名公共汽车。如果没有去过福特博物馆，也许不能真正体会汽车对美国以及对美国人生活的深远影响。

6. 比尔·哈拉汽车博物馆

举世闻名的比尔·哈拉汽车博物馆在美国雷诺城，该馆的展览大厅足有3个足球场那么大。它收藏了各个时期的老式汽车达1200辆之多，且大都是罕见的稀世珍品，展品按生产的年份依次排列。藏品中最早的汽车是1890年德国制造的奔驰，有1929年生产的“戴克赛”以及其他各国名车，每辆车都保养得光彩照人，就像刚刚出厂一样。第一大厅陈列的汽车尤其引人注目，各类展品款式奇特，珍藏品令人拍案叫绝。1908年在竞赛中获得优异成绩的费利厄赛车，虽然年代久远，但仍以崭新的面目出现在展厅。一辆德国设计的公主牌迪森贝格汽车，成为博物馆的稀世之物和镇馆之宝，因这种车总共只生产7辆。

7. 丰田汽车博物馆

丰田公司分别在1977年和1989年设立了丰田汽车会馆、丰田汽车博物馆。丰田会馆是以丰田产销的车款为展示主题；而丰田汽车博物馆则以“认识汽车演进史”为主要内容，旨在传播通俗的汽车文化。作为日本第一和世界著名的丰田公司，除了生产优秀汽车产品之外，还把传播自己的汽车文化作为公司的主旨。

8. 上海汽车博物馆

上海汽车博物馆位于上海国际汽车城的汽车博览公园内，是融汽车历史、人物、技术和创意为一体的专业博物馆。它汇集历史博览馆、现代科技馆、古董车收藏馆与品牌文化展示的不同特点，形成全新的综合概念。博物馆以汽车为载体，表达行业特征，展示汽车发展历程，体现汽车对人类社会的深远影响，以中性化的视角，表现上海“海纳百川”的城市精神。上海汽车博物馆是大众了解汽车历史、技术与文化的最佳场所，是传播汽车文化的重要基地。

三、汽车展览会

汽车展览是汽车制造商们展示新产品、树立企业形象、显示公司实力、争夺汽车市场的舞台。在那里可以观赏到不同风格、不同文化背景下诞生的新车型、新技术，能感受到世界汽车工业跳动的脉搏。著名国际车展能洞察世界汽车工业发展潮流，也是进行汽车技术交流、发展经贸合作的良好机会，它对汽车文化的交流、对汽车工业的发展起到极大的推动作用。

1. 法兰克福车展

德国是世界最早举办国际车展的地方。法兰克福车展前身为柏林车展，创办于1897年，1951年移到法兰克福举办，它是世界上规模最大的车展，有“汽车奥运会”之称。法兰克福车展原来两年一次，现改为每年一次，轿车和商用车轮换展出，一般安排在9月中旬开展，为期两周。参展商家主要来自欧洲、美国和日本，尤其以欧洲汽车商居多。法兰克福地处德国，唱主角的自然是德国企业，这似乎与底特律车展、东京车展的地域性同出一辙。德国是现代汽车的发祥地，是奔驰公司、大众公司、奥迪公司等老牌公司的老家，法兰克福车展正是它们一展身手的好机会。2005年第61届法兰克福车展，来自中国的吉利、华晨和江铃三家汽车公司正式作为参展商登台，全球顶尖车展的舞台上首次出现中国车商的身影。

2. 巴黎车展

巴黎车展起源于1898年的国际汽车沙龙会，直至1976年每年一届，此后每两年一届。在9月底至10月初举行。法国的汽车设计一向以新颖独特著称于世，富于浪漫和充满想象力的法国人，总在追求别具一格的车型、风驰电掣的速度和豪华舒适的享受，并在巴黎车展中显露无遗。具有悠久历史并充满时尚的巴黎车展，总能给人新车云集、争奇斗艳的感觉。巴黎车展也是概念车的海洋，各款新奇古怪的概念车常常使观众眼前一亮。2006年9月的第78届巴黎车展上，中国民族品牌长城汽车的三款新车和江铃陆风两款车型，首次以中国汽车的形象双双亮相。

3. 日内瓦车展

日内瓦车展创办于1905年，每年3月份在瑞士日内瓦举行。瑞士很特殊，虽然没有自己的汽车制造公司，但它却有一个庞大的汽车消费市场，在瑞士的大街小巷，常常可以看到

本特利、保时捷等名车。日内瓦车展是各大汽车商首次推出新产品的最主要展出平台，素有“国际汽车潮流风向标”之称。日内瓦车展不仅档次高、水准高，更重要的是车展很公平，没有任何歧视，无论是汽车巨头还是小制造商，都可以在日内瓦车展上找到一席之地。2007年3月8日举行的第77届日内瓦车展，代表中国的华晨汽车BS6、BS4轿车和BC3跑车首次接受了欧洲市场的检阅。

4. 北美车展

北美车展始于1907年，最早叫做“底特律车展”，是世界上最早、规模最大车展之一。1957年，欧洲车厂远渡重洋，首次出现了沃尔沃、奔驰、保时捷的身影，并获得了美国民众的高度重视，底特律车展的“王旗”正式树起。从1965年起，展览移师科博会议展览中心。1989年底，底特律车展更名为北美国际汽车展，每年一月办展。北美车展每年总能出现四五十辆新车。在2007年1月举办的北美车展上，中国湖南长丰集团受邀参展，展示了其最新的自主品牌两款运动型多功能车、两款小型货车和一款概念车。拉开每年车展序幕的是北美车展，因此北美车展被誉为全球汽车的风向标。

5. 东京车展

东京车展始于1966年，每年10月在日本东京举行，交替展出商用车和小轿车。东京车展历来是日本本土生产的汽车唱主角，聚集大量的五花八门、千姿百态的小型汽车，以及各种各样的汽车电子设备和技术。东京车展历来以规模大、注重新产品和新技术的推出、展出产品实用性强而闻名于世。

6. 北京车展

北京车展创始于1990年，逢双数年举办，已成功举办了11届车展。经过20多年的发展，北京车展的品质、规模、档次逐届提高，展会的硬件设施和各项服务日渐完善，已经成为在全球有相当影响的品牌展览会。众多国际知名汽车公司将北京车展列为全球A级车展，国内汽车企业也在北京车展上展示自主知识品牌的最新成果。以“绿色畅想未来”为主题的第11届北京国际汽车展览会于2010年4月23日~5月2日在北京举行，展出面积近20万m^2，来自16个国家和地区的2100家汽车厂商参展，展出990辆各式汽车，包括95辆新能源汽车、全球首发的新车89辆、一批概念车以及大量节能减排新技术。

7. 上海车展

上海车展创办于1985年，是中国最早的专业国际汽车展览会，逢单数年举办，目前已成功举办了14届，是亚洲最大规模的车展。经过20多年的积累和发展壮大，上海车展已成为中、外汽车产业广泛交流与合作的重要展示平台和引导汽车消费、引领产业发展的重要载体，国际汽车巨头均以国际A级车展的水平参加上海车展。上海车展已成长为中国最权威、国际上最具影响力的汽车大展之一。以“创新·未来”为主题的第14届上海国际汽车工业展览会于2011年4月21~28日在上海新国际博览中心举行，车展占地23万平方米，展出车辆达1100辆，75款(国际19款、国内56款)新车，86辆新能源车，海外知名汽车厂商、国内各大汽车公司集团推出各品牌成就上海车展，堪称当年全球规模、影响力最大的车展之一。

思 考 题

1. 什么是汽车品牌？什么是汽车商标？

2. 汽车品牌或商标常用的命名方法有哪些?
3. 世界前三大汽车公司是哪些? 各有哪些著名的汽车品牌?
4. 什么是汽车运动? 主要有哪些种类?
5. 世界著名的汽车赛事有哪些?
6. 世界四大著名汽车城是指哪些城市? 它们主要依赖于哪些汽车公司?
7. 汽车博物馆的作用是什么? 著名的汽车博物馆有哪些?
8. 汽车展览会的作用是什么? 著名的汽车展览会有哪些?

参 考 文 献

[1] 蔡兴旺. 汽车概论[M]. 北京：机械工业出版社，2010.
[2] 李鹏. 汽车概论[M]. 上海：同济大学出版社，2008.
[3] 邓书涛. 汽车概论[M]. 西安：西安电子科技大学出版社，2006.
[4] 任恒山. 现代汽车概论[M]. 北京：人民交通出版社，2009.
[5] 宋景芬. 汽车文化[M]. 北京：人民交通出版社，2007.
[6] 赵英勋. 汽车实用知识一本通[M]. 北京：国防工业出版社，2006.
[7] 赵英勋. 会开车更要会用车[M]. 北京：国防工业出版社，2011.
[8] 冯晋祥. 汽车构造[M]. 北京：人民交通出版社，2007.
[9] 汤定国. 汽车发动机构造与维修[M]. 北京：人民交通出版社，2005.
[10] 周福林. 汽车底盘构造与维修[M]. 北京：人民交通出版社，2011.
[11] 史文库. 汽车新技术[M]. 北京：人民交通出版社，2010.
[12] 杜子学. 汽车造型[M]. 北京：人民交通出版社，2005.
[13] 邵毅明. 汽车新能源与节能技术[M]. 北京：人民交通出版社，2008.
[14] 简晓春，杜仕武. 现代汽车技术及应用[M]. 北京：人民交通出版社，2003.

读者沟通卡

一、申请课件

本书附赠教学课件供任课教师采用，可在机械工业出版社教育服务网（www.cmpedu.com）注册后免费下载；也可扫描二维码关注“机工汽车”微信订阅号获取课件。

<table>
<tr><td>
机工汽车</td><td>免费下载　教学课件、学习视频、海量学习资料
➤扫描二维码，关注“机工汽车”
➤点击“粉丝互动”→“视频课件”</td></tr>
</table>

二、机工汽车教师群

任课教师可加入“机工汽车教师群”，与教材主编、编辑直接沟通交流。“机工汽车教师群”提供最新教材信息、教材特色介绍、专业教材推荐、样书申请、出版合作等服务。

QQ群号码：7348129，本群实施实名制，请以“院校名称+姓名”的方式申请加入。

三、微信购书

<table>
<tr><td>
车界瞭望</td><td>关注汽车分社微信订阅号“车界瞭望”，可直达机工社旗下网络购书平台“汽车书院”，第一时间购买新书，获取车界前沿资讯</td></tr>
</table>

四、意见反馈和编写合作

联系人：赵海青　齐福江　母云红

电话：010-88379353、88379160、88379439

电子信箱：13744491@qq.com、502135950@qq.com、2455675943@qq.com

地址：北京市西城区百万庄大街22号汽车分社

邮编：100037